21世纪高等学校
经济管理类规划教材

INTRODUCTION TO ECONOMIC LAW

经济法概论

王胜伟 主编
徐丽媛 刘芳 李朝庆 副主编

ECONOMICS AND MANAGEMENT

人民邮电出版社
北京

图书在版编目（C I P）数据

经济法概论 / 王胜伟主编. -- 北京 : 人民邮电出版社, 2014.9 (2017.2 重印)
21世纪高等学校经济管理类规划教材
ISBN 978-7-115-35938-4

Ⅰ. ①经… Ⅱ. ①王… Ⅲ. ①经济法－中国－高等学校－教材 Ⅳ. ①D922.29

中国版本图书馆CIP数据核字(2014)第155065号

内 容 提 要

本书依据最新颁布的法律法规，介绍了经济管理工作平常用的法律规范，主要包括个人独资企业法、合伙企业法、公司法、破产法、合同法、竞争法、消费者权益保护法、产品质量法、票据法、金融法、税法等。本书的编写突出理论重点和实务中常见的法律问题，理论结合实际，引入大量的现实案例以及思考题，提高学生的学习积极性，有助于培养学生的法律思维及运用法律解决纠纷的能力。

本书可广泛适用于各高校本科、专科经济管理专业学生、高职院校经济管理专业学生及经济管理类研究生等。

◆ 主　　编　王胜伟
　副 主 编　徐丽媛　刘　芳　李朝庆
　责任编辑　武恩玉
　执行编辑　刘向荣
　责任印制　彭志环　杨林杰

◆ 人民邮电出版社出版发行　　北京市丰台区成寿寺路 11 号
　邮编　100164　　电子邮件　315@ptpress.com.cn
　网址　http://www.ptpress.com.cn
　北京圣夫亚美印刷有限公司印刷

◆ 开本：787×1092　1/16
　印张：17.5　　　　2014 年 9 月第 1 版
　字数：474 千字　　2017 年 2 月北京第 5 次印刷

定价：38.00 元

读者服务热线：(010)81055256　印装质量热线：(010)81055316
反盗版热线：(010)81055315

前 言 Preface

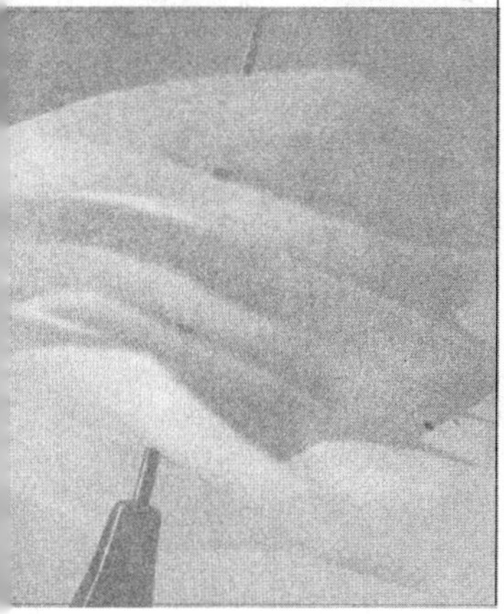

经济法课程是教育部确定的全国普通高校法学专业、经济管理专业的核心课程之一。作为高校经济管理专业的学生，在当前法治经济的背景下，知法懂法有着极为重要的现实意义。随着近年来教学改革的发展，对于教学的认识也发生了转变，各高校更加注重在教学方面将学生培养成为应用型、复合型和实践型的综合性人才。经济法的教学，正是希望培养学生的法律思维以及处理实际法律问题的能力，但是经济管理专业学生，缺乏相关的法学基础理论，因而需要老师在教学中根据经管学生的特点，因材施教，而这首先要求有一本合适的教材。

本书以最新颁布或修订的经济法律、法规、司法解释、专家研究成果等为基础，介绍经济法律基础知识，内容深入浅出，在考虑法律严谨性的基础上也兼顾其通俗性，尽量让法律知识易懂而有趣。在教材的编写上，考虑到经济管理类专业学生的知识结构以及专业要求，在每章的前面都安排了学习重点与难点、主要法律法规、课前预习等内容，以便学生做好预习工作，在课堂上能更快地进入课程内容。每章的正文中，包含大量的案例分析、课堂思考题等，以提高学生的学习兴趣和积极性，调动课堂的学习气氛。在每章的后面，配有课后复习题、课后探讨题、案例分析题等，便于学生加强复习和思考，巩固学习成果。而且本书中的案例都是编者们精心选择的，具有典型现实意义，在当前具有极大的社会影响，这都有利于提高学生对法律的学习兴趣和参与课堂讨论的积极性。

在教材的内容上，本书比较全面地介绍了经济管理专业学生应当掌握的经济法基础理论知识、企业法律制度、合同法律制度、破产法律制度、竞争法律制度、金融法律制度等。这些法律制度基本包含了市场经济体制下从事经济活动所需要的法律法规，满足了高校经济管理专业学生对于经济法律知识的需求。当然，因为经济管理专业经济法课时有限，内容相对较多，在教学的时候，可以根据具体需要对相关内容进行取舍。学生自学时，可以认真系统地学习全部经济法内容，也可以根据自己的专业、兴趣等有选择性地学习。

本书由具有多年经济法教学经验、科研工作实践以及法学实践的教师编写。王胜伟（华东交通大学）担任主编，徐丽媛（江西财经大学法学院）、刘芳（华东交通大学）、李朝庆（华东交通大学）担任副主编，参加编写的人员具体分工如下：王胜伟编写第一章、第七章、第八章、第九章、第十一章、第十四章；徐丽媛编写第二章、第五章；刘芳编写第三章、第四章、第十二章；李朝庆编写第六章、第十章、第十三章。最后由王胜伟负责、徐丽媛协助全书的审核和统稿工作。

本书在编写过程中，参考和借鉴了大量法学专家、学者以及其他高校同仁的研究成果，但限于篇幅有限，不能一一注明，在此一并表示感谢。

由于水平有限，书中难免存在不足之处，敬请广大读者与同仁批评指正！

编 者

2014 年 6 月

目 录 Contents

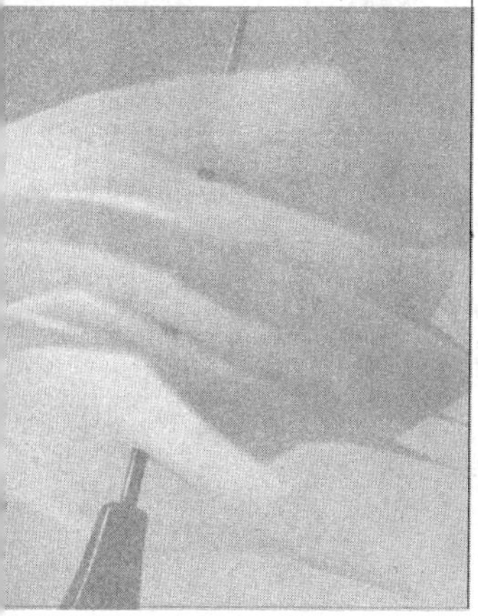

第三章　合伙企业法

第四章　公司法

第五章　破产法

第六章　合同法

第十章 票据法

第十一章 知识产权法

第十二章 保险法

第十三章　证券法

第十四章　税法

参考文献 / 268

第一章 经济法概述

服从法律：无论是我或任何人都不能摆脱法律的光荣的束缚。

——卢梭：《论人类不平等的起源和基础》

学习重点与难点

经济法概念，特征、调整对象

经济法律关系的概念

经济法律关系的构成

课前预习

调整经济关系、经济纠纷的法律是否都属于经济法

有关法学界对“经济法”的不同定义

第一节 法律的概念及特征

一、法律的概念

当今，法律以各种方式影响着每个人的日常生活与整个社会。何为法律？法律是社会规则的一种，一般而言，法律是指由国家制定或认可，并由国家强制力（即军队、警察、法庭、监狱等）保证实施的，以规定当事人权利和义务为内容的，具有普遍约束力的一种特殊行为规范。法律是维护人民权利的工具。

二、法律的特征

（一）法律是调整社会关系的行为规范

因为社会是指以物质生产为基础而结成的人们的总体，法律的调整是指向人们行为的，是对人们行为所设立的标准，通过对人们行为的调控，进而调整人的社会关系而实现社会控制、调整的，即调整一定的社会关系。

（二）法律是一种概括、普遍、严谨的行为规范

法律首先是指一种行为规范，所以规范性就是它的首要特性。规范性是指法律为人们的行为提供模式、标准、样式和方向。法律同时还具有概括性，它是人们从大量实际、具体的行为中高度抽象出来的一种行为模式，它的对象是一般的人，是反复适用多次的。法律还具有普遍性，即法律所提供的行为标准是按照法律规定所有公民一概适用的，不允许有法律规定之外的特殊，即要求“法律面前人人平等”，一旦触犯法律，便会受到相应的惩罚、教育和改良。

法律规范不同于其他规范的另一个重要特征是它的严谨性。法律由特殊的逻辑构成，包括法律原则、法律概念和法律规范。每一个法律规范由行为模式和法律后果两个部分构成。行为模式是指

法律为人们的行为所提供的标准和方向。法律后果是指引行为人的具有法律意义上的行为在法律上所应承受的结果，分为肯定性法律后果和否定性法律后果。

（三）法律是国家制定和认可的行为规范

这是法律来源上的一个重要特征。国家制定和认可是指法律产生的两种方式。国家制定形成的是成文法，国家认可形成的通常是习惯法。

（四）法律是国家确认权利和义务的行为规范

法律所规定的权利和义务，不同于其他社会规范的权利和义务，它是由国家认可和保障的一种关系，这是法律的一个重要特征。

（五）法律是由国家强制力保障实施的行为规范

由于法律是一种国家意志，它的实施就由国家强制力来保障。法律所规定的权利和义务是由专门的国家机关以强制力保证实施的，国家的强力部门包括军队、警察、法庭、监狱等有组织的国家机关。

（六）法的可诉性

法的可诉性是指基于法律规定，法律关系的主体在自身权益受到损害时，可以通过法院诉讼来寻求救济。比如民法就有民事诉讼对应，刑法有刑事诉讼对应。

第二节 经济法的概念及调整对象

一、经济法的产生

经济法作为法律体系中的一个部门法，是一门新兴的法律学科，其产生与发展经历了一个历史过程，是生产力和生产关系发展到一定阶段的产物，并随着生产力与生产关系的发展而发展，是市场经济发展的客观要求。

经济法这个概念最早是由法国空想社会主义者摩莱里（Morelly）在其1755年所著《自然法典》一书中提出来的，以后法国的空想社会主义者德萨米（Dezamy）在1842年出版的《公有法典》一书中也使用了经济法这一概念。两位空想社会主义者所述的经济法更多的是指在未来的理想社会公平分配财富的分配法。

现代意义上的经济法概念则产生于20世纪初期的德国。德国学者莱特（Ritter）在1906年创刊的《世界经济年鉴》中也使用了经济法这一概念，用来说明与世界经济有关的各种法规，这些法规有一个共同特征，即强调国家对社会经济的干预。而后，经济法的概念逐渐在德国流行开来，并传播到欧亚其他国家。

经济法这一概念在我国的流行则始于1979年。当时国家处于改革开放的初期，强调以经济建设为中心。当时，中共中央、全国人大和国务院颁布的文件频繁使用经济法这一词汇，而后经济法在包括法学研究和教学在内的社会各界均被广泛使用至今。

案例探讨

20世纪初期，德国为满足国家协调和干预经济运行的法律需求，颁布了一些对重要物资和产品价格实行国家统一管制的法律和法令，如《关于限制契约的最高价格通知》《确保战时国民粮食措施令》和《战时经济复兴令》等。后来，为应对战后国内经济危机、负担巨额战争赔款和摆脱经济上的困境，解决垄断经济组织操纵市场所带来的经济社会问题，德国进一步加大对经济干预力度。比如，1919年8月生效的《魏玛宪法》规定，基于国家的需要可以对土地进行征收，土地之矿藏及可利用天然力均处于国家监督之下，并对私有工业实行“社会化”，实行完全的国家所有制、公私合营的半国家所有制和国家指定须受国家监督的企业由资本家、工人和消费者代表组成的管理机构进行管理，同时还佐以相关法规从不同角度干预市场运行，如《煤炭经济法》《钾素经济法》和《防止滥用经济力法令》(《卡特尔令》) 等。蕴藏于这些法律中的法律规范具有不同于以往法律规范的特征：国家有权对私人企业的经营活动进行干预、对经济要素进行协调，从而可以对垄断组织进行一定的限制，并在一定程度上取消或限制了契约自由原则和私权神圣原则。由于法律的实施产生了明显的经济绩效，这些不同于传统民商法和行政法倾向或特质的法律规范得到了德国社会和国家的确认，并逐渐成为一个新型的法律部门。

探讨：是否只要调整经济关系的法律都为经济法？现代意义上的经济法是不是古代社会就已经产生？

二、经济法的概念及内涵

自摩莱里提出经济法这个概念以来，经济法的内涵发生了重大变化。当代经济法学者一般认为，经济法是调整特定经济关系即物质利益关系的。而关于经济法含义的确切表述，学术界的分歧是很大的，如杨紫煊教授认为，经济法是调整在国家协调的本国经济运行过程中发生的经济关系的法律规范的总称。[①]李昌麒教授认为，经济法是国家为了克服市场调节的盲目性和局限性而制定的调整需要国家干预的具有全局性和社会公共性的经济关系的法律规范的总称。[②]漆多俊教授认为，经济法是调整在国家调节社会过程中发生的各种社会关系，以保障国家调节，促进社会经济协调、稳定发展的法律规范总称。王家福教授在 1998 年给全国人大所作的第 5 次法制讲座中指出，经济法是国家从社会整体利益出发，对市场干预、调控、管理的法律。对于经济法的概念，在将来相当长的时期内，似乎也很难达成共识。

本书认为，经济法是调整国家在干预或协调经济运行过程中发生的经济关系的法律规范的总称。这一定义有以下 3 层含义。

（1）经济法是调整经济关系的法律。不同的部门法调整不同的社会关系。经济法调整的社会关系仅限于经济关系，一些经济关系之外的其他社会关系，例如人身关系则不属于经济法调整范畴。

（2）经济法调整一定范围的经济关系。经济关系范围是很广泛的，但经济法并不调整一切经济关系，而是只调整一定范围的特定的经济关系。这个“一定范围”指的是“国家在协调经济运行过程中发生的”。在此需要理解清楚的是国家在其中充当的角色和作用。市场经济本质特点就是由市场这只“无形之手”来配置资源，但这只“无形之手”不是万能的，也会给市场经济带来诸如垄断、欺诈等自身无法克服的缺陷，这时，就需要国家对经济关系进行协调。经济法就是为国家协调经济而确立的法律规则。因此，经济法也可以称为国家协调经济之法。一些排斥国家公权力的经济关系，如财物赠与关系、财产继承关系等，不属于经济法的调整范围。

案例探讨

20世纪70年代，在新自由主义思潮的影响下，金融业的竞争逐步开放。1999年美国国会通过的《金融服务现代化法》确定了金融控股公司可以通过银行的子公司同时从事全部或部分商

① 杨紫煊：《经济法》（第三版），北京：北京大学出版社、高等教育出版社，2008。
② 李昌麒：《经济法学》，北京：中国政法大学出版社，2002。

业银行、投资银行业务、证券与保险营销等金融性或与金融相关业务。自此，金融业更加开放，金融效率得以提高。但是，监管的失控也造成金融风险的大量聚集。

2007年，美国次贷危机引发了金融危机，当年10月，美国国会签署了《紧急经济稳定法案》以图恢复金融系统的流动性和稳定性，增强投资者信心、保护存款人的资金安全和稳定房价。2010年7月，美国总统奥巴马签署了自经济大萧条以来规模最大的金融改革法案——《多德—弗兰克华尔街改革和个人消费者保护法案》。该法案规定扩大监管机构权力，允许分拆陷入困境的所谓“大到不能倒”的金融机构和禁止使用纳税人资金救市；可限制金融高管的薪酬；限制大金融机构的投机性交易，尤其是加强对金融衍生品的监管，以防范金融风险。

探讨：相关经济法产生的背景和目的分别是什么？

（3）经济法是法律规范的总称。我国并无一部专门的经济法典，现有经济法不是单指某一部法律，而是一个法律规范的集合体，其中包含了众多的经济法律、法规、规章等规范性法律文件，如《反不正当竞争法》《反垄断法》等。

三、经济法的调整对象

经济法作为法律体系中的一个部门法，具有自己特定的调整对象。为了正确把握每一门法律学科的内容及精神实质，就必须首先研究该法律学科的调整对象。因此，我们在对“经济法”这一概念学习、研究之前，必须明确经济法的调整对象是什么，从而把经济法与其他法律部门区别开来。日本著名经济法学家金泽良雄指出，经济法不外是适应经济性即社会协调性要求的法律。换句话说，经济法就是为了以“国家之手”代替“无形之手”来满足各种经济性即社会协调性的要求而制定之法。因此，本书认为，在国家协调经济运行过程中所发生的经济关系应由经济法来调整。经济法的调整对象具体如下。

（一）企业组织管理关系

企业组织管理关系是指市场主体在设立、变更、终止及内部管理过程中发生的经济关系。市场主体是指市场生产经营活动的参与者或财产责任的承担者，包括经济组织和个人。企业无疑是最主要的主体，它又可划分为公司企业、合伙企业、个人独资企业。调整企业组织管理关系的经济法律主要有《公司法》《合伙企业法》《个人独资企业法》，还有专门调整外商投资企业的《中外合资经营企业法》《中外合作经营企业法》《外商投资企业法》等。此外，调整企业组织管理关系的经济法律还应包括《破产法》。

（二）市场管理关系

市场管理关系指的是国家为建立统一、开放、公平、竞争、有序的市场秩序和市场体系而对市场的运行进行干预或协调而形成的经济关系。目前，调整市场管理关系的经济法律主要有《反不正当竞争法》《消费者权益保护法》《产品质量法》《反垄断法》《商标法》《专利法》等。

（三）宏观经济调控关系

所谓宏观调控，是指国家为满足全局利益和长远利益的要求，保障经济持续、稳定、协调发展，实现总量平衡，而对市场进行的调节与控制。在这种宏观调控中所形成的经济关系，就是宏观经济调控关系。目前我国宏观经济调控的目标是经济增长、通货稳定、充分就业和国际收支平衡。采用的调控手段主要是间接的经济手段如计划、财政、税收、物价、金融、审计等，而相对应的调整宏观经济调控关系的经济法律主要有《计划法》《预算法》《价格法》《审计法》及《金融法》《税法》等。

（四）社会经济保障关系

要实行社会主义市场经济，必须建立多层次的社会保障体系。国家为保证社会成员的基本生活权利而提供救助和补贴的过程中产生的经济关系，简称社会经济保障关系。调整社会经济保障关系的主要有《劳动法》《社会保险法》等。

第三节 经济法的特征和渊源

一、经济法的特征

经济法的特征既是经济法区别于其他法的基本方面，也是经济法性质的外在表现。经济法具有一般法律的基本特征，如国家意志性、强制性等，同时经济法也有自己的一些特征，具体表现在以下几个方面。

（一）经济性

经济法直接作用于经济领域，并具有经济目的性，故经济法的经济性是不言而喻的。经济法的经济性特征主要表现在经济法调整对象为特定的经济关系，即国家在干预或协调经济运行过程中发生的经济关系，具有经济性。

（二）隶属性

经济法所调整的特定经济关系主要表现为主体之间的地位是不平等的。经济法中，主体的一方是国家机关，它处于管理、干预、调控另一方主体的地位，主体之间具有隶属性。

（三）政策性

经济法是在国家干预和协调社会经济活动过程中个发生的社会关系，具有反映和回应社会经济生活和宏观政策的特性，其所调整的国家调节经济的活动需要根据经济政策的变化而变化。

（四）综合性

经济法的综合性主要表现在经济法的调整手段、调整范围以及规范构成等方面都具有综合的因素。如调整对象上，经济法调整的经济关系既有宏观调控关系，也有微观调控关系，既有主体之间的管理和被管理关系，也有主体之间的平等关系。经济法律规范大多数内容属于强制性规范，但也有一些内容属于任意性规范。既有实体法，也有程序法。

二、经济法同其他部门法的关系

（一）经济法同民法的关系

民法是调整平等主体的自然人、法人和其他组织之间的财产关系和人身关系的法律规范的总和。经济法同民法的联系最为密切。两者都以一定的经济关系（财产关系也是经济关系）为调整对象。民法作为调整财产关系的大法，对经济法的产生和形成有着重大的影响。两者的一些概念、原则等都可以通用，如关于法人、所有权、代理等的概念。

经济法同民法有以下区别。

1. 调整对象不同

经济法以国家在管理和协调国民经济运行过程中发生的经济关系为调整对象，具有显著的服从性，属于公法范畴；民法则调整作为平等主体的自然人、法人之间的财产关系和人身关系，以平等性为基本特征，属于私法的范畴。经济法调整的都是经济关系，民法调整的有经济关系也有非经济关系。

2. 主体不同

经济法主体的法律地位不一定完全平等，而民事法律关系主体的法律地位却是平等的。经济法主体的范围比民事法律关系主体的范围广泛，除了具有法人资格的国家机关和社会组织外，还有个体工商户、农村承包户，还有不具有法人资格的社会组织的分支机构、职能科室和车间班组。而不具有法人资格的这些职能科室不能作为民事法律关系的主体。

3. 法律属性不同

经济法强调社会本位，以社会利益和社会责任为基本原则，着眼于维护全局的、长远的利益；而民法则突出个体权利的本位性，强调社会个体的权利、平等和自由，能够调动和保护个体的积极性及创造性，充分运用和体现市场竞争机制。

4. 调整方法不同

经济法以强制性规范为主，对违法行为综合运用财产责任、行政责任、刑事责任 3 种制裁形式，具有惩罚性；民法则更多地采用任意性规范，当事人可以依法自由处分权利，对违法行为采取民事制裁形式，具有补偿性。

5. 权利和义务的性质不同

经济权利和经济义务通常不具有对等性，是一种强制性质的权利和义务，民事权利和义务具有对等性，是一种等价性质的权利和义务。

（二）经济法同行政法的关系

所谓行政法，是指行政主体在行使行政职权和接受行政法制监督过程中而与行政相对人、行政法制监督主体之间发生的各种关系，以及行政主体内部发生的各种关系的法律规范的总称。其重心是控制和规范行政权，保护行政相对人的合法权益。经济法同行政法的联系是：经济法所调整的宏观经济管理关系有很多也具有行政关系的性质；经济法在调整经济关系时，必要时也要采用行政手段。

经济法同行政法有以下区别。

1. 调整对象不同

经济法所调整的行政关系具有经济内容，如财政关系、税收关系等。而行政法所调整的行政关系不具有经济内容，如组织行政关系、公安行政关系等。

2. 主体范围不同

经济法主体具有广泛性，不仅包括国家机关、企事业单位、公民，社会经济组织的内部机构也是经济法的主体。行政法是调整国家、社会组织和公民的行政关系，社会经济组织的内部机构不能成为行政法的主体。

3. 处理纠纷的程序不同

经济法规定处理经济纠纷的程序包括行政程序、仲裁程序和诉讼程序等。行政法规定的处理行政纠纷的程序只有行政程序和诉讼程序。

（三）经济法同刑法的关系

刑法是规定犯罪、刑事责任和刑罚的法律，是掌握政权的统治阶级为了维护本阶级政治上的统治和经济上的利益，根据其阶级意志，规定哪些行为是犯罪并应当负何种刑事责任，给予犯罪人何种刑事处罚的法律。经济法和刑法规定的内容有相互衔接的关系：经济领域的犯罪，两者都有规定，只是重点不完全相同。经济法基本上规定经济犯罪的构成，刑罚则由刑法具体规定。

经济法同刑法的区别如下。

1. 调整的对象不同

经济法调整的是在国家协调经济运行过程中发生的经济关系。刑法调整的是刑事社会关系。

2. 规定的内容不同

经济法规定的主要是经济权利和经济义务，以及违反经济法应承担的法律责任。刑法主要规定的是犯罪和刑罚的问题。

3. 调整方法不同

经济法采用的是命令与服从、建议与协商的方法来调整经济关系。刑法采用的则是惩罚与教育相结合的方法调整刑事社会关系。

三、经济法的渊源

法律的渊源（法律形式）：指那些来源不同（制定法与非制定法、立法机关制定与政府制定等）、因而具有法的不同效力意义和作用的法的外在表现形式。经济法的渊源是指现行经济法律规范的表现形式。具体包括以下方面。

（一）宪法

宪法是国家的根本大法，是一个国家的总章程，在全国具有最高的法律效力。它是一切法的立法基础和原则，因而也是经济立法的基础，是经济法的渊源。我国宪法中关于社会主义市场经济体制的确定、经济制度、经济政策的规定，对经济法具有特别重要的意义。

（二）法律

法律是由全国人大及其常委会依据宪法制定和颁布的，其法律效力仅次于宪法，在全国均有约束力，如《中华人民共和国公司法》《中华人民共和国商标法》等。

（三）行政法规

行政法规是国务院根据宪法和法律的规定所制定的，以“条例”“规定”“办法”等形式表现出来，如《中华人民共和国公司登记管理条例》。

（四）地方性法规

地方性法律是各省、自治区、直辖市、省级政府所在地的市、经国务院批准的较大市的人大及其常委会依据宪法、法律和行政法规，结合本地区的具体情况制定、颁布的，名称多采用条例、办法、规定、规则、实施细则等，其效力低于宪法、法律和行政法规，并且仅在本辖区内有效，如《江西省城乡规划条例》《广东省土地管理实施办法》等。

课堂讨论

宪法、行政法规、地方性法规等不是法律吗？

（五）行政规章

行政规章具体分为两种：一是国务院各部委根据国家法律和国务院的行政法规、决定、命令而制定和发布的规范性文件，俗称部门规章。二是省、自治区、直辖市和省、自治区政府所在地的市和经国务院批准的较大的市的人民政府，根据法律和行政法规制定和发布的规范性文件，俗称地方规章、地方性规章。部门规章只在本行业的全国范围内生效，地方性规章只在本行政区域范围内有效。

（六）司法解释

司法解释是指由最高人民法院和最高人民检察院根据法律赋予的职权，对审判和检察工作中具体应用法律所作的具有普遍司法效力的解释，如《最高人民法院关于审理道路交通事故损害赔偿案件适用法律若干问题的解释》《最高人民法院关于适用〈中华人民共和国婚姻法〉若干问题的解释（一）》等。最高人民法院是我国最高司法机关，严格地说没有立法权，但在司法实践中，最高法院针对审判过程中如何适用法律所发布的意见、批复、解答、通知等司法解释也是法律渊源，且操作性更强，在某种意义上对下级法院来说更具权威性。

（七）国际条约、协定

我国参加制定、缔结或认可的国际条约、双边或多边协定、国际惯例等，如联合国《国际货物销售合同公约》、世界贸易组织的相关协定等。对于国际协定的适用，我国《民法通则》第一百四十二条规定："中华人民共和国缔结或者参加的国际条约同中华人民共和国的民事法律有不同规定的，适用国际条约的规定，但中华人民共和国声明保留的条款除外。中华人民共和国法律和中华人民共和国缔结或者参加的国际条约没有规定的，可以适用国际惯例。"

课堂讨论

习惯和判例可否成为法律渊源？

课堂练习

下列规范性文件中，属于行政法规的是（　　）。

A. 全国人民代表大会常务委员会制定的《中华人民共和国公司法》

B. 国务院制定的《中华人民共和国外汇管理条例》

C. 深圳市人民代表大会制定的《深圳经济特区注册会计师条例》

D. 中国人民银行制定的《人民币银行结算账户管理办法》

思考：法律与其他法规、地方性法规、规章的区别？

第四节 经济法律关系

一、经济法律关系概念和特征

法律规范在调整人们之间权利义务的过程中形成的关系，即法律关系。每个特定的法律部门都有自己调整的特定的法律关系。经济法作为一个独立的法律部门也有自己调整的经济法律关系。

课题讨论

法律关系与社会关系的区别是什么？法律、法律关系、社会关系产生的先后顺序如何排列？

经济法律关系，是指经济法所调整的，国家在协调经济运行过程中发生的经济权利和经济义务关系。其特征有以下4点。

（一）经济法律关系的存在，以经济关系为前提

作为经济关系，存在于人类的一切社会，即从原始社会到高度发达的共产主义社会，始终存在。而经济法律关系不同，它是历史的产物，产生和存在于人类历史发展的一定阶段，其存在和发展，

受一定社会经济制度的制约和影响。

（二）经济法律关系是由经济法律规范确认、调整的社会关系

社会关系种类繁多，法律关系只是其中一部分。经济法律关系与经济法的调整对象有密切的联系。经济法的调整对象是一定范围的经济关系。经济关系是客观存在的物质利益关系，属于经济基础范畴，不会自动变为经济法律关系。只有被法律规范确认、调整的社会关系才是法律关系。因此，法律关系是一种通过人们的意识而发生的思想社会关系，属于上层建筑范畴。

（三）经济法律关系是以经济权利和经济义务为内容的

任何法律关系都是以当事人之间一定的权利和义务关系为内容。在经济法律关系中的两个不可分割的方面则是以经济权利和经济义务为内容，否则不是经济法律关系。这种经济权利和经济义务直接反映当事人之间的经济利益，体现了经济性。

（四）由国家强制力保证实现

由于经济法律关系为经济法律规范所确认，而经济法律规范由国家所制定，所以，经济法律关系一旦形成就会受到国家的保障。也就是说，经济法律关系是由国家强制力保证实现的。通常，参加经济法律关系的当事人是能够实现他所享有的经济权利（力）和履行他所承担的经济义务的。当经济法律关系的实现遇到障碍时，或权利人不能完全行使和享有权利，或义务不履行时，就需要法院强制执行，责令义务人履行义务，甚至给予违法行为人以必要的制裁，以有效地保证经济法律关系的实现。

二、经济法律关系的构成

经济法律关系同其他法律关系一样，也是由主体、客体和内容 3 种要素组成的。三者相互联系，缺一不可。其中，主体是经济权利和经济义务的承受者，这是构成经济法律关系的先决条件。客体是经济权利和经济义务指向的目标，没有客体，主体的活动也就失去了意义。内容是连接主体和客体的桥梁，是经济法律关系的实质。

（一）经济法律关系的主体

经济法律关系的主体，即经济法主体，是指参加经济法律关系，依法享有经济权利、承担经济义务的当事人。作为经济法主体应具备一定的资格，如应具备法定的权利能力和行为能力；参加某些特定经济法律关系应取得相关的资格证书。经济法律关系主体的种类主要有国家机关、社会组织（企业、事业单位和社会团体）、个体工商户、农村承包经营户、自然人等。

课题探讨

自然人与公民的区别有哪些？哪一个涵盖的范围要大？请举例说明。

（二）经济法律关系的客体

经济法律关系的客体，是指经济法律关系主体享有的经济权利和承担的经济义务所共同指向的对象。经济法律关系客体的种类主要有以下几种。

1. 财物

财物是指具有一定价值，能够被人们占有、使用和处分的物质财富。包括货币和有价证券，称为财；还包括能为人们实际控制、具有一定经济价值的生产资料和生活资料，称为物。

案例探讨

西班牙女子登记太阳为私有财产

西班牙女子安吉拉斯·杜兰自2010年9月开展成为“太阳主人”的行动。她指出，联合国《外

层空间条约》上虽然有协议规定不得有国家宣称拥有任何行星或恒星，但对个人却无此规定。她说："没有问题，我的主张合法，我可不愚蠢，我了解法律。我这样做，其他人也可以这么做，只是刚好我抢了先。"

杜兰到西班牙公证处做太阳主人的公证时，公证员耐心地接待了杜兰这位"来自地球"的顾客，接受了她的申请。颁发的文件宣称，"这位西班牙妇女是太阳的主人，该恒星的光谱类型为G2的，位于太阳系正中央，与地球的平均距离为1.496亿公里。"

思考：法律上的物与一般意义上的物是否有区别，太阳是否能成为法律上的物？

2. 行为

行为是指经济法律关系主体为实现一定的经济目的而进行的活动。主要有：经济管理行为，如审计行为、征税行为等；完成一定工作的行为，如加工承揽行为、建设工程行为；提供一定劳务的行为，如仓储保管、货物运输等。

3. 知识产权

知识产权也称非物质财富，是指人们通过脑力劳动创造的成果，如商标、专利、专有技术等。随着经济和科学技术的不断发展，以知识产权作为客体的经济法律关系将越来越广泛。

（三）经济法律关系的内容

经济法律关系的内容是指经济法律关系主体依法享有的经济权利和承担的经济义务，它是经济法律关系的核心。经济权利是指经济法律关系主体依法能够自己为或不为一定行为，要求他人为或不为一定行为的资格。享有经济权利的主体叫权利主体。经济义务是指经济法律关系主体依法为满足权利主体的要求必须为或不为一定行为的责任。承担义务的主体叫义务主体。

三、经济法律事实

经济法律事实是指依照经济法的规定能够引起经济法律关系产生、变更和终止的客观情况。经济法律事实是产生、变更和终止经济法律关系的原因。经济法律关系是经济法律事实出现的结果。根据是否以经济法律关系主体意志为转移，经济法律事实可以分为行为和事件两大类。

（一）行为

行为是指以经济法律关系主体意志为转移的、意识的行动。行为是经济法律关系主体有目的的各种经济活动，按其与法律规范的要求是否一致，分为合法行为和违法行为，如完成工作的行为、提供劳务的行为、达成贸易协定的行为等。

（二）事件

事件是指不以经济法律关系主体意志为转移的客观情况，包括自然事件和社会事件。自然事件是指由于自然现象引起的客观事实，如水旱灾害、地震等。社会事件是指由于社会上发生了不以个人意志为转移的、难以预料的重大事变所形成的客观事实，如战争、社会动乱、政府禁令等。

案例探讨

甲承包本村水库，用来养殖大量鱼苗，一年夏天，连降暴雨，甲承包的水库蓄洪功能有限，最终被水冲垮。甲水库中放养长大的成鱼全部顺水而下，流入下流乙承包的邻村水库中，当时乙承包水库中的成鱼已经全部捕捞出售，此时该水库中只有乙刚刚放养的部分鱼苗。甲于是要求乙返还自己水库中流入乙水库中的全部成鱼，乙认为该部分成鱼是自己流入其承包的水库中的，自己没有做任何违法侵权之事，拒绝返还。为此双方发生纠纷，经两村干部调解不成，甲将乙诉至该县人民法院。

思考：你认为本案应该如何处理？为什么？引起该双方法律关系变化的是事件还是行为？行为和事件引起的法律后果是否会有不同？

复习思考题

1. 经济法的概念、调整对象分别是什么？
2. 经济法的特征、渊源分别是什么？
3. 经济法与民商法、行政法的关系分别是什么？
4. 经济法律关系的概念及构成要素分别是什么？

课后讨论

1. 经济法是否等同于调整经济的法？
2. 法律与道德的区别有哪些？

案例分析

2005年10月14日，北京市工商行政管理局发现北京月球村航天科技有限公司从事月球土地销售活动。同日，予以立案调查。查明自2005年10月14日至28日月球村公司向雷某某、王某、程某某等33人出售“月球土地”48英亩，每英亩售价为人民币298元，销售款共计人民币14 304元。市工商局认为月球村公司的上述行违反了《投机倒把行政处罚暂行条例》的规定，于2005年12月21日作出京工商朝处字（2005）14 380号行政处罚决定，对其罚款5万元并吊销营业执照。法院经审理认为，被告市工商局作为工商行政管理机关为了维护正常的市场经济秩序，可以对特定的物作出行政强制措施。被告市工商局具有对投机倒把行为人实施行政处罚的法定职权。原告在被告处依法登记、取得法人资格，被告是原告的公司登记机关，对原告的投机倒把一案有管辖权。原告销售的月球土地并不具有合法的所有权，月球土地也不具有商品的特性，且月球村公司以每英亩2美元的价格从丹尼斯霍普处购买月球土地，又以每英亩人民币298元的价格卖出，赚取可高额非法利润，已经扰乱了正常的市场经济秩序。因此，市工商局认定月球村公司销售月球土地的行为构成投机倒把嫌疑并无不当。此外，市工商局在对原告月球村公司作出行政处罚决定的过程中，履行了相关的行政程序，符合相关法律规范的规定。鉴此，法院判决驳回原告北京月球村航天科技有限公司的诉讼请求。

问题：你是如何评价北京月球村航天科技有限公司买卖月球土地一案的？

第二章 个人独资企业法律制度

只要不违反公正的法律，那么人人都有完全的自由以自己的方式追求自己的利益。

——[英国]亚当·斯密《国富论》

学习重点与难点

个人独资企业的概念、特征、设立条件

个人独资企业的事务管理

主要法律法规

《中华人民共和国个人独资企业法》

课前预习

个人独资企业与一人公司的区别是什么？

企业是人的要素和物的要素相结合的，以营利为目的从事生产经营或服务性活动的，具有法律主体资格的经济组织[①]。个人独资企业和合伙企业是古老的、传统的企业形式。个人独资企业具有设立程序比较简单、经营方式比较灵活等特制；合伙企业建立在合伙人之间信赖的基础之上，普通合伙人对合伙企业的债务承担无限连带责任、合伙事务由合伙人共同经营管理、对入伙和退伙有严格的限制；合伙企业建立在合伙人之间信赖的基础之上，普通合伙人对合伙企业的债务承担无限连带责任、合伙事务由合伙人共同经营管理、对入伙和退伙有严格的限制等。正是这些特点使这两种古老的企业在市场经济中仍具有生命力，仍为市场经济下企业的基本形态之一，各国都通过立法的形式对此予以肯定。

第一节 个人独资企业的概念和法律特征

一、个人独资企业的概念

个人独资企业，指依据《中华人民共和国个人独资企业法》在中国境内设立，由一个自然人投资，财产为投资人个人所有，投资人以其个人财产对企业债务承担无限责任的经营实体。个人独资企业是市场经济条件下的企业基本形态之一，它具有不受投资额限制、设立方便、经营灵活等特征。它在吸收社会闲散资金用于生产，满足公民就业，为社会提供丰富多样的产品和服务上有着大企业所不具备的优势，因而为各国所重视。

《中华人民共和国个人独资企业法》（以下简称《个人独资企业法》）由中华人民共和国第九届全国人民代表大会常务委员会第十一次会议于 1999 年 8 月 30 日通过，自 2000 年 1 月 1 日起施行。这部法律对规范个人独资企业的行为，保护个人独资企业投资人和债权人的合法权益，维护社会经济秩序，促进社会主义市场经济的发展起着重要的作用。

① 杨紫烜：《经济法》，北京：北京大学出版社，2009，第 132 页。

二、个人独资企业的法律特征

与合伙企业、公司相比，个人独资企业的法律特征主要表现在以下几方面。

（一）个人独资企业的投资人为一个自然人

根据《个人独资企业法》的规定，设立个人独资企业只能是一个自然人，国家机关、国家授权投资的机构或者国家授权的部门、企业、事业单位等都不能作为个人独资企业的设立者。投资主体单一，且投资人的法律身份为自然人，是个人独资企业区别于合伙企业和公司的重要特征。

（二）个人独资企业的财产归投资人个人所有

个人独资企业只有一个自然人投资，企业的财产应当归属于这个投资人所有。投资人对企业的财产享有占有、使用、收益和处分的权利。这里的企业财产不仅包括企业成立时投资人投入的初始财产，而且包括企业存续期间积累的财产。

课堂探讨

个人独资企业是否要缴纳税收？如果要，该缴纳什么税？

（三）投资人以其个人全部财产对企业债务承担无限责任

投资人以其个人全部财产对企业债务承担无限责任，这是个人独资企业的重要特征。所谓的无限责任，指如果企业财产不足以清偿经营活动中所欠的债务，投资者应当用个人其他财产清偿债务。投资者若以其家庭共有财产作为个人出资的，则以家庭共有财产对企业债务承担无限责任。

（四）个人独资企业不具有法人资格

尽管个人独资企业可以起字号，并可对外以企业名义进行经营活动，但这只是自然人进行商业活动的一种特殊形态，属于自然人企业范畴。因投资人的人格与个人独资企业的人格并未分离，这是它同法人型企业的本质区别。

课堂练习

个人独资企业的投资人对企业债务承担何种责任？（　　）

A. 以出资额为限承担责任　　B. 以企业财产为限承担责任

C. 以其个人财产承担无限责任　　D. 以其个人财产承担连带无限责任

第二节　个人独资企业的设立

一、个人独资企业的设立条件

《个人独资企业法》第八条规定了设立个人独资企业应当具备的条件，包括：

（1）投资人为一个自然人。

投资人是指向企业投入资金、实物或技术的人。个人独资企业的投资人只能是自然人，而不能是法人或其他组织。该自然人应该是具有完全民事行为能力的人，否则无法进行经营活动。另外，我国《个人独资企业法》第四十七条规定，外商独资企业不适用本法，因此，企业的投资人应为具有中国国籍的人。而且依据我国相关法律的规定，并不是所有的中国公民都可以投资设立个人独资企业，国家公务员、法官、检察官、现役军人等法律、行政法规禁止从事营利性活动的人，不得作为投资人申请设立个人独资企业。

课堂思考

什么样的人是具有完全民事行为能力的人？

（2）有合法的企业名称。

个人独资企业的名称是其作为经营实体对外交往的标志。企业只准使用一个名称，且其名称中不得使用“有限”“有限责任”或公司字样，可以叫厂、店、部、中心、工作室等。

（3）有投资人申报的出资。

《个人独资企业法》对设立个人独资企业的出资数额未做限制，但投资人申报的出资额应当与企业的生产经营规模相适应。投资人可以个人财产出资，也可以家庭共有财产作为个人出资。以家庭共有财产作为个人出资的，投资人应当在设立（变更）登记申请书上予以注明。

课堂思考

个人独资企业的出资是否有最低注册资本要求？

（4）有固定的生产经营场所和必要的生产经营条件。

（5）有必要的从业人员。

二、个人独资企业的设立程序

（一）提出申请

申请设立个人独资企业，应当由投资人或者其委托的代理人向个人独资企业所在地的登记机关提交设立申请书、投资人身份证明、生产经营场所使用证明等文件。委托代理人申请设立登记时，应当出具投资人的委托书和代理人的合法证明。

向登记机关提交的个人独资企业设立申请书，应当载明下列事项：①企业的名称和住所；②投资人的姓名和住所；③投资人的出资额和出资方式；④经营范围。其中个人独资企业的名称应当与其责任形式及从事的营业范围相符合。

（二）审核和登记

登记机关应当在收到设立申请文件之日起十五日内，对符合个人独资企业法规定条件者，予以登记，发给营业执照；对不符合个人独资企业法规定条件者，不予登记，并给予书面答复，说明理由。

个人独资企业营业执照的签发日期，为个人独资企业的成立日期。在领取个人独资企业营业执照前，投资人不得以个人独资企业名义从事经营活动。

个人独资企业存续期间登记事项发生变更的，应当在作出变更决定之日起的十五日内向登记机关申请办理变更登记。

第三节 个人独资企业的投资人及事务管理

一、个人独资企业的投资人

根据《个人独资企业法》规定，法律、行政法规禁止从事营利性活动的人，不得作为投资人申请设立个人独资企业。个人独资企业投资人对本企业的财产依法享有所有权，其有关权利可以依法进行转让或继承。

二、个人独资企业的事务管理

个人独资企业投资人可以自行管理企业事务，也可以委托或者聘用其他具有民事行为能力的人负责企业的事务管理。投资人委托或者聘用他人管理个人独资企业事务，应当与受托人或者被聘用的人签订书面合同，明确委托的具体内容和授予的权利范围。

投资人对受托人或者被聘用的人员职权的限制，不得对抗善意第三人。这里所称善意第三人是指本着合法交易的目的，诚实地通过受托人或者被聘用的人员，与个人独资企业之间建立经济法律关系的法人、非法人团体或自然人。个人独资企业投资人对受托人或者被聘用的人员之间有关权利的限制，只对受托人或被聘用的人员有效，对第三人并无约束力。受托人或者被聘用的人员超出投资人的限制与善意第三人的有关业务交往应当有效。

受托人或者被聘用的人员应当履行诚信、勤勉义务，按照与投资人签订的合同负责个人独资企业的事务管理。不得有下列行为：①利用职务上的便利，索取或者收受贿赂；②利用职务或者工作上的便利侵占企业财产；③挪用企业的资金归个人使用或者借贷给他人；④擅自将企业资金以个人名义或者以他人名义开立账户储存；⑤擅自以企业财产提供担保；⑥未经投资人同意，从事与本企业相竞争的业务；⑦未经投资人同意，同本企业订立合同或者进行交易；⑧未经投资人同意，擅自将企业商标或者其他知识产权转让给他人使用；⑨泄露本企业的商业秘密；⑩从事法律、行政法规禁止的其他行为。

案例探讨

万某因出国留学将自己的独资企业委托陈某管理，并授权陈某在5万元以内的开支和50万元以内的交易可自行决定。设若第三人对此授权不知情，则陈某受托期间实施的下列哪一行为为我国法律所禁止或无效的？（　　）

A. 未经万某同意与某公司签订交易额为100万元的合同

B. 未经万某同意将自己的房屋以1万元出售给本企业

C. 未经万某同意向某电视台支付广告费8万元

D. 未经万某同意聘用其妻为企业销售主管

第四节 个人独资企业的权利和义务

个人独资企业可以依法申请贷款、取得土地使用权，并享有法律、行政法规规定的其他权利。任何单位和个人不得违反法律、行政法规的规定，以任何方式强制个人独资企业提供财力、物力、人力；对于违法强制提供财力、物力、人力的行为，个人独资企业有权拒绝。

个人独资企业应当依法设置会计账簿，进行会计核算。个人独资企业招用职工的，应当依法与职工签订劳动合同，保障职工的劳动安全，按时、足额发放职工工资。个人独资企业应当按照国家规定参加社会保险，为职工缴纳社会保险费。

第五节 个人独资企业的解散和清算

一、个人独资企业的解散

个人独资企业的解散是指个人独资企业终止活动使其民事主体资格消灭的行为。根据《个人独资企业法》的规定，个人独资企业有下列情形之一时，应当解散：①投资人决定解散；②投资人死亡或者被宣告死亡，无继承人或者继承人决定放弃继承；③被依法吊销营业执照；④法律、行政法规规定的其他情形。

二、个人独资企业的清算

个人独资企业解散时，应当进行清算。个人独资企业的清算可以由投资人自行清算，也可以由债权人申请人民法院指定清算人进行清算。投资人自行清算的，应当在清算前十五日内书面通知债权人，无法通知的，应当予以公告。债权人应当在接到通知之日起三十日内，未接到通知的应当在公告之日起六十日内，向投资人申报其债权。个人独资企业解散后，原投资人对个人独资企业存续期间的债务仍应承担偿还责任，但债权人在五年内未向债务人提出偿债请求的，该责任消灭。

案例思考

张某于2006年3月成立一家个人独资企业。同年5月，该企业与甲公司签订一份买卖合同，根据合同，该企业应于同年8月支付给甲公司货款15万元，后该企业一直未支付该款项。2007年1月该企业解散。2009年5月，甲公司起诉张某，要求张某偿还上述15万元债务。

下列有关该案的表述哪些是错误的？（　　）

A. 因该企业已经解散，甲公司的债权已经消灭

B. 甲公司可以要求张某以其个人财产承担15万元的债务

C. 甲公司请求张某偿还债务已超过诉讼时效，其请求不能得到支持

D. 甲公司请求张某偿还债务的期限应于2009年1月届满

个人独资企业解散的，财产应当按照下列顺序清偿：①所欠职工工资和社会保险费用；②所欠税款；③其他债务。

清算期间，个人独资企业不得开展与清算目的无关的经营活动。在按规定清偿债务前，投资人不得转移、隐匿财产。个人独资企业财产不足以清偿债务的，投资人应当以其个人的其他财产予以清偿。

个人独资企业清算结束后，投资人或者人民法院指定的清算人应当编制清算报告，并于十五日内到登记机关办理注销登记。

复习思考题

1. 个人独资企业的概念、特征分别是什么？
2. 个人独资企业的设立条件是什么？

3．个人独资企业的解散条件是什么？

课后讨论

作为未来可能的创业者，在计划一个人设立企业的情况下，你是愿意选择个人独资企业还是一人公司的形式？为什么？

案例分析

王某是一名成年人，现在在某高校读研究生，经济上独立于其家庭。2011年8月其在工商行政管理机关注册成立了一家主营信息咨询的个人独资企业，注册资本为人民币1万元。由于营业形势看好，收益甚丰，于是后来黄某与王某协议参加该个人独资企业的投资经营，并注入投资5万元人民币。经营过程中先后共聘用工作人员10名，对此王某认为自己开办的是私人企业，并不需要为职工办理社会保险，因此没有给职工缴纳社会保险费也没有与职工签订劳动合同。后来该独资企业经营不善导致负债10万元。王某决定于2013年10月自行解散企业，但因为企业财产不足清偿而被债权人、企业职工诉诸人民法院。法院审理后认为王某与黄某形成事实上的合伙关系，判决责令王、黄补充办理职工的社会保险并缴纳保险费，由王某与黄某对该企业的债务承担无限连带责任。

请根据上述事实回答下列问题。

1．王某设立个人独资企业是否合法？为什么？

2．法院的判决是否合理？为什么？

第三章 合伙企业法

人们在一起可以做出单独一个人所不能做出的事业；智慧+双手+力量结合在一起，几乎是万能的。

——[美国]韦伯斯特

学习重点与难点

普通合伙企业与有限合伙企业的异同

有限合伙企业与有限责任公司的区别

主要法律法规

《中华人民共和国合伙企业法》

课前预习

我国合伙企业法修改增加有限合伙企业的原因

合伙企业的优势与劣势

有限合伙人与普通合伙人能互相转化吗？

第一节 合伙企业概述

合伙企业是人类最古老的生产经营组织形式之一。合伙企业，是指自然人、法人和其他组织依照《中华人民共和国合伙企业法》在中国境内设立的，由两个或两个以上的合伙人通过订立合伙协议，共同出资经营、共负盈亏、共担风险的企业组织形式。其包括普通合伙企业和有限合伙企业。合伙企业可以由部分合伙人经营，其他合伙人仅出资并共负盈亏，也可以由所有合伙人共同经营。合伙企业一般无法人资格，不缴纳企业所得税。

《中华人民共和国合伙企业法》（以下简称合伙企业法），是调整合伙企业法律关系的法律规范，于 1997 年 2 月 23 日颁布，自同年 8 月 1 日起施行。2006 年 8 月 27 日，修订后的《中华人民共和国合伙企业法》公布，自 2007 年 6 月 1 日起施行。新修订的合伙企业法对合伙企业的定义及调整范围做出了一些修改，主要包括以下内容。

第一，新法将设立合伙的主体范围从原有的“自然人”主体扩展到“自然人、法人和其他组织”。一方面扩展了法人、其他组织转投资的渠道；另一方面也增加了合伙的适用范围。

第二，对合伙企业的定义方式，由原来的统一定义，转变为新法中合伙企业是指“普通合伙企业和有限合伙企业”的表述，并分别对普通合伙企业和有限合伙企业在后续两款中给出定义。

第三，鉴于合伙企业种类的增加，合伙定义中合伙人的责任承担方式也发生变化，即由原来统一“对合伙企业债务承担无限连带责任”转变为按照合伙人种类不同而分别承担有限责任或者无限责任的情形。

合伙企业法立法的目的是为了规范合伙企业的行为，保护合伙企业及其合伙人、债权人的合法权益，维护社会经济秩序，促进社会主义市场经济的发展。

第二节 普通合伙企业

普通合伙企业由普通合伙人组成，合伙人对合伙企业债务依照《合伙企业法》规定承担无限连带责任的一种合伙企业。

一、普通合伙企业设立条件

设立合伙企业，应当具备下列条件。

第一，有两个以上合伙人。合伙人为自然人的，应当具有完全民事行为能力。

第二，有书面合伙协议。

第三，有合伙人认缴或者实际缴付的出资。合伙人可以用货币、实物、知识产权、土地使用权或者其他财产权利出资，也可以用劳务出资。合伙人以实物、知识产权、土地使用权或者其他财产权利出资，需要评估作价的，可以由全体合伙人协商确定，也可以由全体合伙人委托法定评估机构评估。合伙人以劳务出资的，其评估办法由全体合伙人协商确定，并在合伙协议中载明。合伙人应当按照合伙协议约定的出资方式、数额和缴付期限，履行出资义务。以非货币财产出资的，依照法律、行政法规的规定，需要办理财产权转移手续的，应当依法办理。

第四，有合伙企业的名称和生产经营场所。合伙企业名称中应当标明“普通合伙”字样。合伙企业的名称应当符合《企业名称登记管理规定》的要求，即法律禁止使用的名称不能作为合伙企业的名称。

二、普通合伙企业的财产

普通合伙企业的财产包括合伙人的出资和合伙企业累积部分。合伙人的出资包括合伙人按照法定的出资方式出资而形成的财产，对这一部分财产，它的性质如果是以所有权出资，那么归全体合伙人共有；如果是以使用权出资，那么归全体合伙人共用。合伙企业的积累部分包括在合伙企业存续期间以合伙企业的名义取得的收益。它既包括财产的所有权，也包括财产的使用权，如果取得的是所有权，归全体合伙人共有，如果取得的是使用权，归全体合伙人共用。

课堂思考

普通合伙人与合伙财产和公司股东与公司资产的关系有何不同？

三、合伙事务执行及合伙人的相关权利

（一）合伙企业事务执行

合伙企业事务执行是指为实现合伙目的而进行，合伙企业事务的执行选择哪种执行方式由合伙人协商确定，具体包括以下几种。

第一，按照合伙协议的约定或者经全体合伙人决定，可以委托一个或者数个合伙人对外代表合伙企业，执行合伙事务。合伙人对执行合伙事务享有同等的权利。作为合伙人的法人、其他组织执行合伙事务的，由其委派的代表执行。

委托一个或者数个合伙人执行合伙事务的，其他合伙人不再执行合伙事务。不执行合伙事务的合伙人有权监督执行事务合伙人执行合伙事务的情况。由一个或者数个合伙人执行合伙事务的，执

行事务合伙人应当定期向其他合伙人报告事务执行情况以及合伙企业的经营和财务状况，其执行合伙事务所产生的收益归合伙企业，所产生的费用和亏损由合伙企业承担。合伙人为了解合伙企业的经营状况和财务状况，有权查阅合伙企业会计账簿等财务资料。受委托执行合伙事务的合伙人不按照合伙协议或者全体合伙人的决定执行事务的，其他合伙人可以决定撤销该委托。

案例探讨

张三、李四和王五成立了一家合伙企业，由张三执行合伙事务，并对其权利做了规定。一日，张三超越企业授权代表合伙企业与某一贸易公司签订了买卖合同，现贸易公司要求履行合同，李四和王五主张合同无效。

问：李四和王五的主张是否成立?

第二，合伙人分别执行合伙事务。合伙人分别执行合伙事务的，执行事务合伙人可以对其他合伙人执行的事务提出异议。提出异议时，应当暂停该项事务的执行；如果合伙人之间因此发生争议，应当由合伙人按照合伙企业约定的表决方式进行表决。合伙协议未约定或者约定不明确的，实行合伙人一人一票并经全体合伙人过半数通过的表决方法。

课堂思考

甲、乙、丙、丁、戊5人共同成立一个合伙企业，约定委托甲和乙负责执行合伙事务，那么下列说法中符合《合伙企业法》规定的是（　　）。

A. 丙、丁、戊不再执行合伙事务，但有权监督甲和乙执行合伙事务的情况

B. 甲和乙应当定期向丙、丁、戊报告合伙事务执行情况以及合伙企业的经营和财产状况

C. 所有合伙人都有权查阅合伙企业的财务会计账簿等财务资料，以了解企业的财务状况和经营状况

D. 当甲和乙不按照合伙协议执行合伙事务的，丙、丁、戊可以决定撤销委托

（二）合伙企业事务的决定

合伙企业事务的执行以合伙企业事务的决定为前提，事务的决定关系到全体合伙人的利益，因此，一些关于合伙企业的重大事项必须由全体合伙人共同决定。

合伙人对合伙企业有关事项做出决议，按照合伙协议约定的表决办法办理。合伙协议未约定或者约定不明确的，实行合伙人一人一票并经全体合伙人过半数通过的表决办法。本法对合伙企业的表决办法另有规定的，从其规定。除合伙协议另有约定外，合伙企业的下列事项应当经全体合伙人一致同意。

（1）改变合伙企业的名称；

（2）改变合伙企业的经营范围、主要经营场所的地点；

（3）处分合伙企业的不动产；

（4）转让或者处分合伙企业的知识产权和其他财产权利；

（5）以合伙企业名义为他人提供担保；

（6）聘任合伙人以外的人担任合伙企业的经营管理人员；

（7）合伙人按照合伙协议的约定或者经全体合伙人决定，可以增加或者减少对合伙企业的出资。

（三）竞业禁止和自我交易禁止

合伙人不得自营或者同他人合作经营与本合伙企业相竞争的业务；除合伙协议另有约定或者经全体合伙人一致同意外，合伙人不得同本合伙企业进行交易；合伙人不得从事损害本合伙企业利益的活动。

课堂讨论

为什么禁止合伙人自营或者同他人合作经营与本合伙企业相竞争的业务?

（四）合伙企业的利润分配、亏损分担

第一，按照合伙协议的约定办理；合伙协议未约定或者约定不明确的，由合伙人协商决定；协商不成的，由合伙人按照实缴出资比例分配、分担；无法确定出资比例的，由合伙人平均分配、分担。

第二，合伙协议不得约定将全部利润分配给部分合伙人或者由部分合伙人承担全部亏损。

四、入伙与退伙

（一）入伙

入伙是指在合伙企业存续期间合伙人以外的人加入合伙企业并取得合伙人资格的法律行为。入伙的新合伙人与原合伙人享有同等权利，承担同等责任。入伙协议另有约定的，从其约定。新合伙人对入伙前合伙企业的债务承担无限连带责任。入伙人对其入伙前合伙企业的债务承担连带责任，不论入伙人与原合伙人就此问题是否有其他约定，那么其约定都不得对抗合伙企业的债权人。只有在入伙人履行偿债的义务后才能按照与原合伙人的约定去处理他们内部的关系。

（二）退伙

退伙是在合伙企业存续期间合伙人退出合伙企业并使其合伙人资格归于消灭的法律行为。依照合伙企业法的规定，退伙包括以下 4 种情形。

第一，合伙协议约定合伙期限的，在合伙企业存续期间，有下列情形之一的，合伙人可以退伙。

（1）合伙协议约定的退伙事由出现；

（2）经全体合伙人一致同意；

（3）发生合伙人难以继续参加合伙的事由；

（4）其他合伙人严重违反合伙协议约定的义务。

第二，合伙协议未约定合伙期限的，合伙人在不给合伙企业事务执行造成不利影响的情况下，可以退伙，但应当提前三十日通知其他合伙人。合伙人违反上述的规定退伙的，应当赔偿由此给合伙企业造成的损失。

第三，退伙事由实际发生之日为退伙生效日。合伙人有下列情形之一的，当然退伙。

（1）作为合伙人的自然人死亡或者被依法宣告死亡；

（2）个人丧失偿债能力；

（3）作为合伙人的法人或者其他组织依法被吊销营业执照、责令关闭、撤销，或者被宣告破产；

（4）法律规定或者合伙协议约定合伙人必须具有相关资格而丧失该资格；

（5）合伙人在合伙企业中的全部财产份额被人民法院强制执行。

第四，合伙人有下列情形之一的，经其他合伙人一致同意，可以决议将其除名。

（1）未履行出资义务；

（2）因故意或者重大过失给合伙企业造成损失；

（3）执行合伙事务时有不正当行为；

（4）发生合伙协议约定的事由。

对合伙人的除名决议应当书面通知被除名人。被除名人接到除名通知之日，除名生效，被除名人退伙。被除名人对除名决议有异议的，可以自接到除名通知之日起三十日内，向人民法院起诉。

课堂思考

甲、乙、丙欲成立一普通合伙企业，则下列关于其设立程序与条件的说法中，正确的是（　　）。

A. 甲、乙可以是自然人，也可以是法人或者其他组织

B. 三者必须签订书面合伙协议

C. 可以货币、实物、土地使用权、知识产权或者其他财产权利出资，但不得以劳务出资

D. 合伙企业名称中应当标明“普通合伙”字样

五、特殊的普通合伙

我国2006年修订的《合伙企业法》的亮点之一就是建立了特殊的普通合伙制度，特殊普通合伙企业是指以专门知识和技能为客户提供有偿服务的专业服务机构，这些服务机构可以设立为特殊的普通合伙企业。例如律师事务所、会计师事务所、医师事务所、设计师事务所等。特殊的普通合伙企业必须在其企业名称中标明“特殊普通合伙”字样，以区别于普通合伙企业。

特殊的普通合伙仅适用于以专门知识和技能（如法律知识与技能、医学和医疗知识与技能、会计知识与技能等）为客户提供有偿服务的机构，是因为这些专门知识和技能通常只为少数的、受过专门知识教育与培训的人才所掌握，而在向客户提供专业服务时，个人的知识、技能、职业道德、经验等往往起着决定性的作用，与合伙企业本身的财产状况、声誉、经营管理方式等都没有直接的和必然的联系，合伙人个人的独立性极强。

我国新《合伙企业法》第五十七条规定：“一个合伙人或者数个合伙人在执业活动中因故意或者重大过失造成合伙企业债务的，应当承担无限责任或者无限连带责任，其他合伙人以其在合伙企业中的财产份额为限承担责任。合伙人在执业活动中非因故意或者重大过失造成的合伙企业债务以及合伙企业的其他债务，由全体合伙人承担无限连带责任。”即在特殊的普通合伙企业的合伙人中，一个合伙人或者数个合伙人在执业活动中因故意或者重大过失造成合伙企业债务的，应当承担无限责任或者无限连带责任，而其他合伙人以其在合伙企业中的财产份额为限承担责任。合伙人在执业活动中非因故意或者重大过失造成的合伙企业债务以及合伙企业的其他债务，由全体合伙人承担无限连带责任。为了保护债权人利益，合伙企业法规定，特殊的普通合伙企业应当建立执业风险基金、办理职业保险。执业风险基金用于偿付合伙人执业活动造成的债务。执业风险基金应当单独立户管理。具体管理办法由国务院规定。

所以特殊的普通合伙的“特殊”之处在于，合伙人的责任形态不同于一般的普通合伙，后者合伙人的责任形态是无限连带责任，而前者的合伙人的责任却是一种有限责任与无限连带责任的混合体。作为普通合伙，其合伙人可以在具备一定条件的情况下，享受有限责任。在普通合伙企业中适用有限责任，是对传统合伙人责任的重大突破，是有限责任制度的重大发展，必将对有限责任制度带来深远的影响。

第三节 有限合伙企业

一、有限合伙企业的设立

有限合伙企业由普通合伙人和有限合伙人组成，普通合伙人对合伙企业债务承担无限连带责任，有限合伙人以其认缴的出资额为限对合伙企业债务承担责任。有限合伙企业由2个以上50个以下合伙人设立；但是，法律另有规定的除外。有限合伙人以其认缴的出资额为限对合伙企业债务承担责任；合伙企业法特别规定对有限合伙人的出资包括货币、实物、知识产权、土地使用权或者其他财

产权利应作价，并在企业登记事项中予以载明。有限合伙企业名称中应当标明“有限合伙”字样。

课堂思考

有限合伙企业与有限责任公司的区别有哪些？

课堂练习

关于有限合伙企业的设立，下列说法中正确的是（　　）。

A. 设立有限合伙企业，应至少有一名普通合伙人和一名有限合伙人

B. 有限合伙企业由2个以上50个以下合伙人设立

C. 有限合伙企业的名称中应当标明“有限合伙”的字样

D. 其登记事项中应当载明有限合伙人的姓名或名称及其认缴的出资额

二、有限合伙人的权利

（1）有限合伙人可以同本有限合伙企业进行交易；但是，合伙协议另有约定的除外。

（2）有限合伙人可以自营或者同他人合作经营与本有限合伙企业相竞争的业务；但是，合伙协议另有约定的除外。

（3）有限合伙人可以将其在有限合伙企业中的财产份额出质；但是，合伙协议另有约定的除外。

（4）有限合伙人可以按照合伙协议的约定向合伙人以外的人转让其在有限合伙企业中的财产份额，不需要其他合伙人的同意，但应当提前三十日通知其他合伙人。

三、有限合伙人的义务

有限合伙人可以用货币、实物、知识产权、土地使用权或者其他财产权利作价出资，但是有限合伙人不得以劳务出资。有限合伙人应当按照合伙协议的约定按期足额缴纳出资；未按期足额缴纳的，应当承担补缴义务，并对其他合伙人承担违约责任。

有限合伙人，不得对外代表有限合伙企业。有限合伙企业由普通合伙人执行合伙事务。执行事务合伙人可以要求在合伙协议中确定执行事务的报酬及报酬提取方式。有限合伙人的下列行为，不视为执行合伙事务。

（1）参与决定普通合伙人入伙、退伙；

（2）对企业的经营管理提出建议；

（3）参与选择承办有限合伙企业审计业务的会计师事务所；

（4）获取经审计的有限合伙企业财务会计报告；

（5）对涉及自身利益的情况，查阅有限合伙企业财务会计账簿等财务资料；

（6）在有限合伙企业中的利益受到侵害时，向有责任的合伙人主张权利或者提起诉讼；

（7）执行事务合伙人怠于行使权利时，督促其行使权利或者为了本企业的利益以自己的名义提起诉讼；

（8）依法为本企业提供担保。

新入伙的有限合伙人对入伙前有限合伙企业的债务，以其认缴的出资额为限承担责任。

四、有限合伙人的退伙

有限合伙人有本法下列情形之一的，当然退伙。

（1）作为合伙人的自然人死亡或者被依法宣告死亡；

（2）作为合伙人的法人或者其他组织依法被吊销营业执照、责令关闭、撤销，或者被宣告破产；

（3）合伙人在合伙企业中的全部财产份额被人民法院强制执行。

作为有限合伙人的自然人在有限合伙企业存续期间丧失民事行为能力的，其他合伙人不得因此要求其退伙。

作为有限合伙人的自然人死亡、被依法宣告死亡或者作为有限合伙人的法人及其他组织终止时，其继承人或者权利承受人可以依法取得该有限合伙人在有限合伙企业中的资格。

有限合伙人退伙后，对基于其退伙前的原因发生的有限合伙企业债务，以其退伙时从有限合伙企业中取回的财产承担责任。

复习思考题

1. 依据《合伙企业法》第七十～七十三条，思考有限合伙人与普通合伙人权利的不同点。
2. 普通企业的设立条件是什么？
3. 特殊的普通合伙其特殊性有哪些？
4. 有限合伙人与普通合伙人的区别有哪些？

课后讨论

1. 思考有限合伙人与公司股东权利的异同。
2. 合伙企业和有限公司有什么区别呢？各有什么利弊？

案例分析

案例一

甲、乙、丙、丁4人拟成立一家普通合伙企业，其合伙协议内容如下。（1）注册资本为10万元，甲出资4万元，乙出资3万元，丙以桌椅板凳出资作价1.8万元，丁以劳务出资作价1.2万元。（2）甲、乙、丙实际缴付各自出资的70%以上即可，剩余部分何时缴付视情况而定。（3）合伙人对合伙企业债务以合伙企业财产为限。（4）利润分配比例：甲45%、乙35%、丙20%；亏损承担比例：甲35%、乙25%、丙15%、丁25%。（5）甲、丁为事务执行人，对外代表合伙企业，其权限：①负责企业日常管理；②对外交易，签订合同；③改变合伙企业名称；④必要时聘任第三人为经营管理人员。（6）乙、丙不参与合伙企业的日常经营管理，但有权了解经营状况，监督甲、丁执行合伙企业事务的执行情况。（7）退伙人两年内对退伙前合伙企业的债务承担连带责任。

1. 该合伙协议中哪些不符合法律规定？为什么？
2. 你如果要和其他人成立合伙企业，你需要做好哪些工作？

案例二

2012年1月，赵、钱、孙、李4人决定设立普通合伙企业，并签订书面协议，内容如下：（1）赵出资10万元，钱以实物折价出资8万元，经其他人同意孙以劳务出资6万元，李货币出资4万元。（2）赵、钱、孙、李、4人按2：2：1：1比例分配利润和承担风险。（3）由赵执行合伙企业事务，对外代表企业，但签订大于1万元的销售合用应经其他人同意。协议未约定经营期限。

合伙企业成立后发生以下事实。

（1）2012年5月赵擅自以合伙企业名义与甲公司签订合同，甲公司不知道其内部限制。钱获知后，向甲公司表示不承认。

（2）2013年1月，李提出退伙，并不给企业造成任何不利影响。2013年3月李经清算退伙。4月新合伙人周出资4万元入伙。2013年5月，合伙企业的债权人乙公司就合伙人李退伙前的24万元现由合伙人和李共同承担连带责任。李以自己退伙为由，周以自己新入伙为由拒绝承担。

（3）赵为了改善企业的经营管理，于2013年4月独自聘任田某为合伙企业的经营管理人，并以合伙企业的名义对丙公司提供担保。

（4）2014年4月，合伙人钱在与戊公司的买卖合同中，无法偿还到期债务8万元。戊公司于2014年6月向人民法院提起诉讼。戊公司胜诉，于2014年8月申请强制执行钱在合伙企业中的财产份额。

据以上事实回答下列问题。

（1）赵跟甲公司的合同是否有效？为什么？

（2）李的主张是否成立？为什么？如果李向乙公司偿还24万元，可以向哪些当事人追偿，金额多少？

（3）周的主张是否成立？为什么？

（4）赵聘用田某及为丙公司担保是否合法？为什么？

（5）合伙人钱被人民法院强制执行其份额后，合伙企业决定对其除名是否符合法律规定？为什么？

（6）李的退伙属于何种情况，其退伙应符合哪些条件？

第四章 公司法

现代社会最伟大的发明，就是有限责任公司！即使蒸汽机和电气的发明也略逊一筹！

——哥伦比亚大学校长布特（Bulter）

学习重点与难点

公司的资本制度与组织制度

公司的有限责任制度

主要法律法规

《中华人民共和国公司法》

《最高人民法院关于适用〈中华人民共和国公司法〉若干问题的规定（一）》

《最高人民法院关于适用〈中华人民共和国公司法〉若干问题的规定（二）》

《最高人民法院关于适用〈中华人民共和国公司法〉若干问题的规定（三）》

课前预习

公司法律制度的起源和发展

公司有限责任制度的利弊分析

2013年公司法修改的原因以及具体内容

第一节 公司法概述

一、公司法及公司概述

（一）公司法的概念及发展

公司法的概念有广义、狭义之分。广义上的公司法，是指规定各种公司的设立、组织、活动、解散以及公司对内对外关系的法律规范的总称，包括涉及公司的所有法律、法规，如《公司法》、《公司登记管理条例》等。狭义上的公司法，专指以“公司法”命名的立法文件，在我国，即由立法机关颁布的《中华人民共和国公司法》，它是国家管理公司和公司自身活动必须遵循的行为规范。

公司法的调整对象主要是指在公司设立、组织、运营或解散过程中所发生的社会关系。具体如下。

（1）公司内部财产关系。如公司发起人之间、发起人与其他股东之间、股东相互之间、股东与公司之间在设立、变更、破产、解散和清算过程中所形成的带有经济内容的社会关系。

（2）公司外部财产关系。主要指公司从事与公司组织特征密切相关的营利性活动，与其他公司、企业或个人之间发生的财产关系，如发行公司债券或公司股票。

（3）公司内部组织管理与协作关系。主要指公司内部组织机构，如股东会或股东大会、董事会、监事会相互之间，公司同公司职员之间发生的管理或合同关系。

（4）公司外部组织管理关系。主要指公司在设立、变更、经营活动和解散过程中与有关国家经济管理机关之间形成的纵向经济管理关系，如公司的设立审批、登记，股份与公司债的发行审批、交易管理，公司财务会计的检查监督等。

（二）我国公司法的产生和发展

1950 年政务院颁布了《私营企业暂行条例》，规定私营企业可采取公司形式，公司分为无限公司、两合公司、股份有限公司、股份两合公司和有限责任公司。1954 年我国开始对资本主义工商业进行社会主义改造，至 1956 年社会主义改造完成时，我国建立起了单一的公有制经济结构，公司立法被全民所有制企业立法和集体所有制企业立法所取代。自此之后至党的十一届三中全会前的这段时期，根据工商企业专业化协作的特点，中国建立起了多个全国性和地区性的托拉公司，如中国烟草工业总公司、中国汽车工业公司、华东煤炭工业公司、长江航运公司等。其中有的后来转变为行使企业管理权的管理机构。

党的十一届三中全会以后，随着我国改革开放政策的实行，我国出现了一大批跨省市、跨地区的横向经济联合公司，以及中外合资、中外合作公司，并在 1983～1990 年这段时期出现两次“公司热”。这一时期的公司立法主要如下。

（1）规范外商投资企业的法律，如《中外合资经营企业法》（1979 年）、《中外合作经营企业法》（1988 年）及《外资企业法》（1990 年）。

（2）加强公司管理规范化的法规、规章，如《公司登记管理暂行规定》（1985 年）、《经济联合组织登记管理暂行办法》（1986 年）、《关于清理整顿公司的决定》（1988 年）、《关于进一步清理整顿公司的决定》（1989 年）、《企业法人登记管理暂行条例》（1988 年）、《股份有限公司规范意见》和《有限责任公司规范意见》（1992 年）等。

（3）地方性公司法规，如《广东省经济特区涉外公司条例》（1986 年）、《深圳市股份有限公司暂行规定》（1992 年）等。

由于公司立法的不完善，公司设立过多过滥，公司的运作也不规范，因此，要求制定一部完善的公司法的呼声日益高涨。在此背景下，在总结过去已有的公司立法经验的基础上，1993 年 12 月八届人大第五次会议通过了《中华人民共和国公司法》（以下简称《公司法》），1999 年 12 月，九届人大常委会对该法作出部分修订，以支持有条件的高新技术股份有限公司进入证券市场直接融资以及加强国有独资公司的监督和管理。2004 年 8 月，十届全国人民常委会第对该法作出第二次修正。同时，它在改革中加快了迈向现代化的步伐。2005 年 10 月十届全国人大常委会进行第三次修正。修订后的《公司法》总结并体现了我国改革的经验与成果，它为公司制度的进一步发展提供了一个良好的基础。

但是随着经济的发展以及国家政策的调整，《公司法》的资本制度等仍然显示出一些问题。《公司法》与国家的经济发展水平、社会经济结构成分、经济体系、经济制度密不可分，特别在全球经济一体化和世界经济贸易组织的背景下，我国社会主义市场经济有了新发展和长足进步，为了确保这一来之不易的成果，必须加强以公司法为代表的法律体系的完善工作。通过对相关经验的总结，实现对公司法不断地修改和完善，使其更加适合当前法制化和国际化的基本需求，在十八胜利召开后，在对当前经济和社会背景进行分析的基础上，对原公司法作出修改，以期公司法起到丰富完善、更好服务我国经济的作用。因而在 2013 年 12 月 28 日十二届全国人大常委会第六次会议通过了《中华人民共和国公司法》的修正案，这是我国公司法自颁布以来 20 年的时间中又一次重大的修改，本次修改主要有 12 处，条文顺序也作出相应的调整，新公司法自 2014 年 3 月 1 日起施行。

（三）公司法的特征

1．公司法是组织法

公司法的首要目的是确立公司的法律地位，公司法主要规定公司的类型、设立、变更、终止、公司的权利能力和行为能力、内部组织管理机构等，因此公司法首先是组织法。

2．公司法是行为法

公司法以公司作为调整对象，公司营利性是公司的首要特征。为了营利公司必须进行各种经济活动。为了规范公司的行为，保护投资者利益和维护经济秩序，公司法将公司特有的活动（如股份、债券的发行和转让等）纳入调整范围，因此，公司法又有行为法的特点。

3．强制性规范与任意性规范相结合，以强制性规范为主

公司法从民商法中独立而来，而公司归根结底是为投资者追求利益提供的一种组织形式，因此，公司法必须体现当事人的意思自治，以满足“自由”经济的要求，从而有任意性规范。同时随着公司在社会经济中的地位日益重要，公司的组织与活动对社会经济秩序影响很大，因此，国家须加强对公司的干预，因此公司法中有大量的强制性规范，且强制性规范有日益增多的趋势。如各国公司法对于违反公司法的行为，不仅规定了民事责任，还规定了大量的行政责任条款甚至刑事责任条款。

4．实体法与程序法规范相结合的法律规范

公司法是组织法和行为法，因此公司法里有大量的实体性规范规定公司的组织和活动准则，如公司设立的条件、公司和股东的权利义务等。同时，为规范公司、股东、公司管理人员的行为，公司法又规定了大量的程序性规范。

（四）公司法的作用

建立现代企业制度，是发展社会化大生产和市场经济的必然要求。现代企业按照财产构成可以有多种组织形式。国有企业实行公司制，是建立现代企业制度的有益探索。规范的公司，能够有效地实现出资者所有权与企业法人财产权的分离，有利于政企分开、转换经营机制，企业摆脱对行政机关的依赖，国家解除对企业承担的无限责任，也有利于筹集资金，分散风险。我国的公司立法立足于中国国情，借鉴、吸收了国外公司立法的有用经验，重视了现实的经验，注意了发展的需要，必将发挥重要作用。其主要表现是：它能够适应建立现代企业制度的需要，规范公司的组织和行为，保护公司、股东和债权人的合法权益，维护社会经济秩序，促进社会主义市场经济体制的建立和完善，推动国民经济的发展。

二、公司的概念及特征

（一）公司的概念

公司是现代企业组织形式中的一种重要组织形式，已为世界上许多国家广泛采用。我国在学习和借鉴西方国家先进企业管理经验的基础上，正在建立适合我国国情的公司制度，这也是社会主义市场经济的必然要求。公司是依照法定的条件与程序设立的、以营利为目的的社团法人。根据我国公司法的规定，公司是指两种类型的企业法人，有限责任公司和股份有限公司。有限责任公司的股东以其认缴的出资额为限对公司承担责任；股份有限公司的股东以其认购的股份为限对公司承担责任。

（二）公司的特征

案例思考

A有限责任公司生产的产品出口国外，销路顺畅，利润可观，其股东为老板李某和刘某。2014年，A公司经营出现问题，包括赵某在内的几十家个体户或企业同时被A公司拖欠货款的情况。于是赵某等一些供货商陆陆续续地到了法院起诉A公司，要求支付货款。很快就赢了官司，可到了执行阶段，众经销商发现：A公司的厂房、设备、土地使用权等全部抵押给了银行，所有出口回款首先就被银行留下了，基本无流动资金。

问：赵某等债权人听法官说A公司已没有资产可供执行，于是想找A公司股东李某和刘某本人，请问是否可以？两股东的私车、住房可以执行用来还债吗？

1．股东以承担有限责任为原则

有限责任公司的股东对公司以所认缴的出资额为限对公司承担责任。股份有限公司的股东以其所认购的股份为限对公司承担责任。股份有限公司的股东人数众多，股份有限公司的全部资本均划分为股份，且每一股的金额相等。

2．公司以其全部资产对外承担责任

公司对外仅以其全部资产承担责任。公司债权人只能向具有法人资格的公司追偿债务，无权直接向股东追偿债务。

3．公司是具有法人资格的企业

公司具有各种企业所共有的属性。它既不同于非企业的法人，如国家机关法人、事业单位法人和社会团体法人；也不同于不具有法人资格的企业，如私人企业中的独资企业、合伙企业。它是具有法人资格的企业。

4．公司是以营利为目的的企业法人

这就是说，公司必须是从事商品生产和经营活动的企业组织。那些不从事商品生产和经营活动的行政机关、事业单位，均不属于公司的范畴。

5．公司是依照公司法设立的企业法人

公司设立必须依公司法规定的条件和程序；公司的股东数额、最低资本以及内部组织机构、职权等也必须依公司法的规定。

（三）公司法人人格否认制度

公司法人人格否认制度，是指在特定的法律关系中，对公司股东滥用公司法人人格从事各种不正当行为导致公司债权人损害的，公司债权人可直接请求股东偿还公司债务，公司由有限责任变为无限责任的制度。

根据《公司法》的规定，公司是具有法人资格的企业。法人是具有独立法律人格的社会组织。《民法通则》第三十六条第一款规定："法人是具有民事权利能力和民事行为能力，依法独立享有民事权利和承担民事义务的组织。"这一规定揭示了法人是社会组织的人格化，确认了法人的主体地位，而且也说明了只有那些被法律赋予法人主体资格的社会组织才能成为法人。法人的本质特征使其分别与自然人和合伙组织及其他非法人团体区别开来，法人也因此成为近现代社会经济生活中的生力军和各国法律制度确认的重要法律主体。虽然法人制度在实际运作过程中极大地促进了公司的发展，但是如果在制度上将公司人格独立、有限责任制度绝对化，会使公司法人人格制度在推动经济发展的同时出现了一定的不合目的性，其中最明显而影响重大的就是公司股东滥用公司独立人格和股东有限责任，使公司法人制度本身所具有的社会伦理价值无法实现，导致本应平衡的公司法人人格制度的利益体系向股东一方倾斜。企业法人人格的独立性和出资人的有限责任，犹如罩在法人头上的一幅面纱，将法人的人格及财产与其成员的人格和财产分隔开来，同时也在法人的成员和法人的债权人之间形成一道法律屏障，使法人的债权人无法越过这道屏障直接要求法人的成员承担责任。因此，2005 年 10 月修订的《公司法》引入了公司法人人格否认制度，规定公司股东应当遵守法律、行政法规和公司章程，依法行使股东权利，不得滥用股东权利损害公司或者其他股东的利益；不得滥用公司法人独立地位和股东有限责任损害公司债权人的利益。公司股东滥用股东权利给公司或者其他股东造成损失的，应当依法承担赔偿责任。公司股东滥用公司法人独立地位和股东有限责任，逃避债务，严重损害公司债权人利益的，应当对公司债务承担连带责任。

案例探讨

2010年2月，北京某眼镜护理产品有限公司（以下简称北京公司）因买卖合同纠纷将长沙某眼镜产品有限公司（以下简称长沙公司）诉至法院。5月，北京公司向法院申请将长沙公司的“大股东、法定代表人”朱某追加为共同被告，承担连带责任。北京公司在向法院提交的追加被告申请书中称，其在诉讼过程中发现长沙公司股东朱某利用其持有的被告公司80%股份及其法定代表人的身份实际掌控长沙公司，并将从北京公司购买的货物的90%转交给了上海某眼镜有限公司（以下简称上海公司）进行销售。长沙公司只是名义上的货主，实际上是货物中转的仓库，上海公司才是直接受益人。而且上海公司的股东是朱某和其丈夫，两人各持股50%。北京公司认为朱某以长沙公司名义在长沙向其购货，再将长沙公司的资产转移到上海公司，然后在长沙消失，退租店面，使长沙公司仅剩下一个空壳，债权人即使胜诉，也难以得到执行。因此依据《公司法》第二十条第一款以及第三款的规定，提出申请追加股东朱某为本案共同被告，对长沙公司的对外债务承担连带责任。2006年8月中旬，由于考虑到举证难度、诉讼耗费等问题后，北京公司与朱某达成了庭外和解协议，主动向法院提出了撤诉申请。

思考：怎么看待公司股东朱某的行为？公司股东是否要承担公司的债务？公司股东的有限责任（以其认缴的出资额为限）是否是绝对的？

三、公司的种类

对于公司，根据不同的标准可以进行多种分类。

（一）按公司的财产责任形式，分为无限责任公司、有限责任公司、两合公司、股份有限责任公司和股份两合公司

无限责任公司是全体股东对公司债务负连带无限清偿责任的公司。在无限责任公司中，股东投资风险大，责任重，不得以出资额或盈利分配的多少为由拒绝承担公司债务。两合公司是指由无限责任股东和有限责任股东共同组成的公司。在两合公司中，无限责任股东对公司债务负连带无限责任，有限责任股东仅以出资额对公司债务负有限责任。股份两合公司是两合公司的一种特殊形式，是指由一个以上无限责任股东和一个以上股份有限责任股东所组成的公司。其无限责任股东，对公司债务负无限连带责任，股份有限责任股东以其所认购的股份对公司负责。我国公司法中所称公司仅限于有限责任公司、股份有限公司。

（二）以公司信用基础为标准，公司分为人合公司、资合公司和人合兼资合公司

人合公司的信用基础取决于股东个人的信用，而不在公司资本的多少。资合公司的信用基础取决于公司的资本，与股东个人的信用基础无关。无限责任公司是典型的人合公司。股份有限公司是典型的资合公司，有限责任公司是典型的人合兼资合公司。

（三）以公司股票的转让方式不同，公司可分为上市公司和不上市公司

上市公司是指所发行的股票经国务院或国务院授权的证券监督管理部门批准在证券交易所上市交易的股份有限公司。不上市公司是指所发行的股票不向社会公开发行，不能在证券交易所上市交易的公司。

（四）以公司所属国籍，公司分为本国公司、外国公司和跨国公司

本国公司是指依照中国法律在中国批准登记设立的公司。外国公司是指依照外国法律在中国境外登记设立的公司。跨国公司是指以本国为基地或中心，在不同国家或地区设立分支机构（分公司）、子公司，从事国际性生产经营活动的公司。

（五）依公司的控制依附关系，公司可分为母公司和子公司

母公司是指拥有另一家公司一定比例以上的股份并直接掌握其经营的公司。母公司有时也称为控股公司。子公司是与母公司相对应的法律概念。子公司是指一定比例以上的股份被另一公司所拥有或通过协议方式受到另一公司实际控制的公司。子公司具有法人资格，可以独立承担民事责任。母公司和子公司都是独立的法人；母公司对子公司的控制是以股份的占有为基础的，而非直接通过行政权力控制子公司。

（六）依公司管辖系统，公司可分为总公司和分公司

总公司又称本公司，是指具有独立法人资格，对其组织系统内的全部分支机构行使管辖权的公司。分公司是与总公司相对应的法律概念，是指在业务、资金、人事等方面受总公司管理，不具有法人资格的分支机构。分公司在法律、经济上没有独立性，属于总公司的附属机构，是总公司所管辖的分支机构。实质上，它与总公司是同一公司。

课堂探讨

子公司与分公司的区别有哪些？二者在承担法律责任上是否有不同？

第二节 公司的设立、变更和解散

一、公司的设立

（一）有限责任公司的设立

1．设立有限责任公司的条件

根据《公司法》第二十三条等有关条款的规定，设立有限责任公司应当具备下列条件。

（1）股东符合法定人数。有限责任公司必须由五十人以下股东共同出资设立，这是公司设立的首要条件。

（2）有符合公司章程规定的全体股东认缴的出资额。我国《公司法》在2013年修改前原来规定，公司的设立要求股东认缴的出资达到法定资本最低限额，即要求二人以上投资设立的有限责任公司注册资本的最低限额为人民币三万元，公司全体股东的首次出资额不得低于注册资本的20%，也不得低于法定的注册资本最低限额，其余部分由股东自公司成立之日起两年内缴足；其中，投资公司可以在五年内缴足。一人有限责任公司的注册资本最低限额为人民币十万元，股东应当一次足额缴纳公司章程规定的出资额；法律、行政法规对有限责任公司注册资本的最低限额有较高规定的，从其规定。除对公司注册资本最低限额有另行规定的以外。而在2013年的公司法修改中，放宽了公司注册资本登记制度，取消了有限责任公司、一人有限责任公司最低注册资本分别应达三万元、十万元的限制。不再限制公司设立时股东的首次出资比例以及货币出资比例。通过降低公司设立注册资本的最低限额来降低门槛，股份有限公司取消了关于公司股东应自公司成立之日起两年内缴足出资，投资公司在五年内缴足出资的规定；取消了一人有限责任公司股东

应一次足额缴纳出资的规定，采取公司股东自主约定认缴出资额、出资方式、出资期限等，并记载于公司章程的方式。所以一般有限责任公司的设立，只要法律没有特别规定，没有最低注册资本的要求。

注册资本登记制度改革的目的，是为了进一步简政放权，构建公平竞争的市场环境，促进小微企业特别是创新型企业成长，推动新兴生产力发展。注册资本由实缴登记制改为认缴登记制，降低开办公司成本。在抓紧完善相关法律法规的基础上，实行由公司股东自主约定认缴出资额、出资方式、出资期限等，并对缴纳出资情况真实性、合法性负责的制度。系列措施不仅顺应广大市场主体的热切期盼，而且符合新技术、新产业、新业态等新兴生产力发展的要求，有利于建设服务型政府，减少对市场的微观干预，保障劳动创业权利，营造良好营商环境，创造更多就业机会，使人民群众在深化改革、不断解放和发展生产力中更多受益。

（3）股东共同制定公司章程。公司章程是有限责任公司组织及行为的基本规则，也是他人了解公司状况以及国家对公司进行监督管理的重要依据。由于它规定的是公司的重要事项，不仅关系到公司的发展问题，还直接关系到股东的切身利益问题，因此公司章程要求由全体股东共同制定，并获得一致同意。股东共同制定公司章程是设立有限责任公司的必备条件和必经程序。

（4）有公司名称，建立符合有限责任公司要求的组织机构。公司名称是表明公司性质、公司用以经营并区别于其他公司或企业的标志，它不仅是公司章程的绝对必要记载事项，也是公司登记的绝对必要事项。公司名称应当符合国家有关规定，否则公司登记机关不予登记。公司名称是公司设立的一个必不可少的要件。有限责任公司必须在公司名称中标明“有限责任公司”字样。一人有限责任公司应当在公司登记中注明自然人独资或者法人独资，并在公司营业执照中载明。

公司除要求有名称外，还要求有一套健全的、与有限责任公司性质相适应的组织机构，它是公司对内进行管理，对外代表公司的各种组织机构的总称。公司所建立的组织机构必须要与公司的性质相适应。有限责任公司的组织机构一般包括股东会、董事会、经理和监事会。

（5）有公司住所。公司住所是公司主要业务活动和经营活动的处所。有固定的公司住所，不仅是设立公司的必备要件之一，也是公司取得法人资格的必备要件之一。

课堂讨论

公司的设立，为什么一定要具有公司的住所？（2005年之前我国公司法的规定是“有固定的生产经营场所和必要的生产经营条件”）

上述 5 个条件是有限责任公司设立的必备要件、缺一不可。只有同时具备了这 5 个要件，公司才能获准设立登记。

2．设立有限责任公司的程序

（1）订立公司章程。订立章程是公司设立的必备条件，也是公司成立的必备程序。公司章程要由全体股东共同制定，并获一致同意。国有独资公司的章程由国有资产监督管理机构制定，或者由董事会制订报国有资产监督管理机构批准。股东应在公司章程上签名、盖章，报登记主管机关备案。章程除置于本公司外，股东每人各执一份。

公司章程应载明下列事项：①公司名称和住所；②公司经营范围；③公司注册资本；④股东姓名或名称；⑤股东的出资方式、出资额和出资时间；⑥公司的机构及其产生办法、职权、议事规则；⑦公司的法定代表人；⑧股东会会议认为需要规定的其他事项。

（2）必要的行政审批。我国并非所有的有限责任公司的设立均要求这一程序。我国《公司法》第八条规定：法律、行政法规对设立公司规定必须报经审批的，在公司登记前依法办理审批手续。所以，只有在法律、行政法规对设立公司规定必须报经审批的，才办理审批手续。

例如，设立经营保险业务的有限责任公司，就应当经有关保险监管机构审批，未经批准的不得申请登记。

（3）缴纳出资。股东应当按期足额缴纳公司章程中规定的各自所认缴的出资额。股东可以用货币出资，也可以用实物、知识产权、土地使用权等可以用货币估价并可以依法转让的非货币财产作价出资；但是，法律、行政法规规定不得作为出资的财产除外。取消了原公司法要求全体股东的货币出资金额不得低于有限责任公司注册资本30%的规定。对作为出资的非货币财产应当评估作价，核实财产，不得高估或者低估作价。法律、行政法规对评估作价有规定的，从其规定。股东以货币出资的，应当将货币出资足额存入有限责任公司在银行开设的账户；以非货币财产出资的，应当依法办理其财产权的转移手续。

如果股东不按照规定缴纳出资的，除应当向公司足额缴纳外，还应当向已按期足额缴纳出资的股东承担违约责任。而对于有限责任公司成立后，发现作为设立公司出资的非货币财产的实际价额显著低于公司章程所定价额的，应当由交付该出资的股东补足其差额；公司设立时的其他股东承担连带责任。

（4）登记注册。股东认足公司章程规定的出资后，由全体股东指定的代表或者共同委托的代理人向公司登记机关报送公司登记申请书、公司章程等文件，申请设立登记。

设立有限责任公司的同时设立分公司的，应当就所设分公司向登记管理机关申请登记。

公司登记机关对符合公司法规定条件的，予以核准登记，发给公司营业执照；对不符合条件的，不予登记。公司自营业执照签发之日起正式成立。

案例分析

甲、乙、丙于2010年3月出资设立A有限责任公司。2011年4月，该公司又吸收丁入股。2013年7月，该公司因经营不善造成严重亏损，拖欠巨额债务，被依法宣告破产。人民法院在清算中查明：甲在公司设立时作为出资的机器设备，其实际价额为120万元，显著低于公司章程所定价额300万元；甲的个人财产仅为20万元。

要求：根据有关法律规定，分别回答以下问题。

（1）对于股东甲出资不实的行为，在公司内部应承担何种法律责任？

（2）当A公司被宣告破产时，对甲出资不实的问题应如何处理？

（3）对甲出资不足的问题，股东丁是否应对其承担连带责任？并说明理。

（二）股份有限公司的设立

1. 设立股份有限公司的条件

根据《公司法》第七十六条的规定，设立股份有限公司应当具备下列条件。

（1）发起人符合法定人数。股份有限公司的发起人，又称创办人，是指依法订立公司协议，提出设立申请，并对公司设立承担责任者。发起人既可以是自然人，也可以是法人。《公司法》规定，设立股份有限公司应有二人以上二百人以下为发起人，而且其中必须有半数以上的发起人在中国境内有住所。

（2）有符合公司章程规定的全体发起人认购的股本总额或者募集的实收股本总额。《公司法》在2013年的修改中，同样取消了股份有限公司的最低注册资本要求，原来公司法要求，股份有限公司的设立，发起人认购和募集的股本达到法定资本最低限额，股份有限公司法定资本的最低限额为人民币五百万元。股份有限公司采取发起设立方式设立的，注册资本为在公司登记机关登记的全体发起人认购的股本总额。并且对首次出资以及出资年限等都作出了相关的法律规定。新的《公司法》

将最低注册资本、首次出资限额等一律删除了，只是规定，股份有限公司采取发起设立方式设立的，注册资本为在公司登记机关登记的全体发起人认购的股本总额。在发起人认购的股份缴足前，不得向他人募集股份。股份有限公司采取募集方式设立的，注册资本为在公司登记机关登记的实收股本总额。当然，如果法律、行政法规以及国务院决定对股份有限公司注册资本实缴、注册资本最低限额另有规定的，从其规定。

（3）股份发行、筹办事项符合法律规定。《公司法》对于股份有限公司向社会公开发行股份、募集股本的法律要件及法律程序，甚至包括各类法律文件的制作等都有明确而严格的规定。公司发起人必须严格按照法律的规定，完成筹办事项，公司才能获得设立。

（4）发起人制定公司章程，采用募集方式设立的经创立大会通过。以募集方式设立的股份有限公司，股东人数的无限性决定了其章程不可能由全体股东制定，只能是由全体发起人制定。但由于发起人的人数有一定的局限性，不能够充分代表全体股东的利益，因而为了保护除发起人之外的股东的利益，公司章程还必须经创立大会通过。创立大会要有代表股份总数过半数的认股人出席，才能够举行。

（5）有公司名称、建立符合股份有限公司要求的组织机构。股份有限公司作为企业法人，它必须有自己的名称，必须在名称中标明“股份有限公司”字样，并符合国家有关规定。公司的组织机构是对内进行管理、对外代表公司的各类机构的总称，包括股东大会、董事会、经理和监事会。

（6）有公司住所。有公司住所不仅是公司取得法人资格的必备要件之一，也是设立公司的必备要件之一。公司住所是公司赖以存在和开展生产经营活动的最基本的物质保障。

2．设立股份有限公司的程序

（1）确定发起人。设立股份有限公司要有二个以上二百个以下的发起人，并且其中要有半数以上的发起人在中国境内有住所。

（2）必要的行政审批。并非所有的股份有限责任公司的设立均要求这一程序。我国《公司法》第六条规定：法律、行政法规规定设立公司规定必须报经批准的，在公司登记前依法办理批准手续。所以，只有在法律、行政法规对设立公司规定必须报经批准的，才办理批准手续。

例如，以募集方式设立的股份有限公司公开发行股票的，必须经过国务院证券监督管理机构核准；设立经营保险业务的股份有限责任公司，就应当经有关保险监管机构审批，未经批准的不得申请登记。

（3）制定公司章程。公司章程是规范股份有限公司组织与活动的基本法律文件，必须由全体发起人共同制定，如果股份有限公司采用募集的方式设立，公司章程须经创立大会通过。《公司法》规定，股份有限公司章程应当载明的事项和有限责任公司的规定一致。

（4）认购股份，缴纳股款。股份有限公司采取发起设立方式设立的，注册资本为在公司登记机关登记的全体发起人认购的股本总额。发起人应当书面认足公司章程规定其认购的股份，并按照公司章程规定缴纳出资。以非货币财产出资的，应当依法办理其财产权的转移手续。如果发起人不依照规定缴纳出资的，应当按照发起人协议承担违约责任。在发起人认购的股份缴足前，不得向他人募集股份。股份有限公司采取募集方式设立的，注册资本为在公司登记机关登记的实收股本总额。发起人认购的股份不得少于公司股份总数的百分 35%；但是，法律、行政法规另有规定的，从其规定。

而在股份有限公司成立后，如果发起人未按照公司章程的规定缴足出资的，应当补缴；其他发起人承担连带责任。如果发现作为设立公司出资的非货币财产的实际价额显著低于公司章程所定价额的，应当由交付该出资的发起人补足其差额；其他发起人承担连带责任。

（5）选举董事会和监事会。发起人交付全部认缴的出资后，应选举董事会和监事会。董事会成员为五～十九人，监事会成员不少于三人。

（6）申请设立登记。发起人认足公司章程规定的出资后，应当选举董事会和监事会，由董事会向公司登记机关报送公司章程以及法律、行政法规规定的其他文件，申请设立登记。经公司登记机关核准设立登记并发给《企业法人营业执照》，公司即成立。

二、公司的变更

公司的变更主要包括公司的合并、分立和组织形式的变更。一般来说，公司变更对公司、公司股东、公司的高管人员、债权人等均有较大的影响。

1．公司的合并

公司合并是指两个或两个以上的公司，依照法律规定的程序，通过签订协议合并成一个公司的法律行为。

公司合并表现为两种形式，即吸收合并和新设合并。吸收合并是指一个公司吸收其他公司，被吸收的公司解散。新设合并是指两个以上公司合并设立一个新的公司，合并各方解散。

公司合并必须依照法律规定的程序进行，我国《公司法》对公司合并程序规定如下：①股东会作出决议；②合并各方签订合并协议，并编制资产负债表及财产清单；③通知债权人。公司应当自作出合并决议之日起十日内通知债权人，并于三十日内在报纸上至少公告三次。债权人自接到通知书之日起三十日内，未接到通知书的自公告之日起四十五日内，有权要求公司清偿债务或者提供相应的担保。不清偿债务或者不提供相应的担保的，公司不得合并。公司合并时，合并各方的债权债务，应当由合并后存续的公司或者新设的公司继承。④公司合并，登记事项发生变更的，应向公司登记机关依法办理变更登记；公司解散的，应依法办理注销登记；设立新公司的，应依法办理公司设立登记。

2．公司的分立

公司分立是指一个公司依法分立成两个或两个以上的公司的法律行为。

公司分立可以采取新设分立和派生分立两种形式。新设分立是指一个公司分成两个或两个以上的公司，原有公司解散；派生分立是指由一个公司分成两个或两个以上的公司，保留原有的公司。

公司的分立程序与公司的合并程序基本一致。公司分立应由股东会特别决议，并编制资产负债表和财产清单，公司应当自作出分立决议之日起十日内通知债权人，并于三十日内在报纸上公告。对分立前的债权、债务，公司分立前的债务由分立后的公司承担连带责任。但是，公司在分立前与债权人就债务清偿达成的书面协议另有约定的除外。

公司分立，因登记事项发生变更的，应向公司登记机关依法办理变更登记；公司解散的，应依法办理注销登记；设立新公司的，应依法办理公司设立登记。

3．公司的类型变更

公司的组织变更是指依照法律规定，不中断公司法人资格而使公司变成其他法定类型公司的行为。由于我国目前只有两种类型的公司，公司的类型变更在我国是指股份有限公司和有限责任公司的互相转换。我国《公司法》规定，有限责任公司变更为股份有限公司，应当符合本法规定的股份有限公司的条件。股份有限公司变更为有限责任公司，应当符合本法规定的有限责任公司的条件。有限责任公司变更为股份有限公司的，或者股份有限公司变更为有限责任公司的，公司变更前的债权、债务由变更后的公司承继。

三、公司的解散

公司的解散，是指公司法人资格的消灭。随着公司的解散，公司就丧失了进行业务活动的能力，故公司解散时应终止一切业务经营活动。

1．解散事由

根据《公司法》第一百八十条的规定，公司因下列原因解散。

①公司章程规定的营业期限届满或者公司章程规定的其他解散事由出现；②股东会或者股东大会决议解散；③因公司合并或者分立需要解散；④依法被吊销营业执照、责令关闭或者被撤销；⑤人民法院依照本法第一百八十二条的规定予以解散。（《公司法》第一百八十二条规定：公司经营管理发生严重困难，继续存续会使股东利益受到重大损失，通过其他途径不能解决的，持有公司全部股东表决权10%以上的股东，可以请求人民法院解散公司）。根据《公司法》第一百八十一条的第（一）项、第（二）项、第（四）项、第（五）项规定而解散的，应当在解散事由出现之日起十五日内成立清算组，开始清算。有限责任公司的清算组由股东组成，股份有限公司的清算组由董事或者股东大会确定的人员组成。逾期不成立清算组进行清算的，债权人可以申请人民法院指定有关人员组成清算组进行清算。人民法院应当受理该申请，并及时组织清算组进行清算。

2．清算组的职权

公司解散，应依法组成清算组，对公司进行清算。清算组的职权如下。

（1）清理公司财产，分别编制资产负债表和财产清单；

（2）通知、公告债权人；

（3）处理与清算有关的公司未了结的业务；

（4）清缴所欠税款以及清算过程中产生的税款；

（5）清理债权债务；

（6）处理公司清偿债务后的剩余财产；

（7）代表公司参与民事诉讼活动。

3．清算的具体规定

清算组应当自成立之日起十日内通知债权人，并于六十日内在报纸上公告。债权人应当自接到通知书之日起三十日内，未接到通知书的自公告之日起四十五日内，向清算组申报其债权。债权人申报债权，应当说明债权的有关事项，并提供证明材料。清算组应当对债权进行登记。在申报债权期间，清算组不得对债权人进行清偿。

清算组在清理公司财产、编制资产负债表和财产清单后，应当制定清算方案，并报股东会、股东大会或者人民法院确认。公司财产在分别支付清算费用、职工的工资、社会保险费用和法定补偿金，缴纳所欠税款，清偿公司债务后的剩余财产，有限责任公司按照股东的出资比例分配，股份有限公司按照股东持有的股份比例分配。清算期间，公司存续，但不得开展与清算无关的经营活动。公司财产在未依照前款规定清偿前，不得分配给股东。清算组在清理公司财产、编制资产负债表和财产清单后，发现公司财产不足清偿债务的，应当依法向人民法院申请宣告破产。公司经人民法院裁定宣告破产后，清算组应当将清算事务移交给人民法院。

4．清算完毕

公司清算结束后，清算组应当制作清算报告，报股东会、股东大会或者人民法院确认，并报送公司登记机关，申请注销公司登记，公告公司终止。

第三节 公司的资本制度与组织制度

一、公司的资本制度

（一）股权（份）转让

1. 有限责任公司股东出资凭证

有限责任公司成立后，应当向股东签发出资证明，即股东的出资凭证。出资证明书应载明下列事项：①公司名称；②公司成立日期；③公司注册资本；④股东的姓名或名称、缴纳的出资额和出资日期；⑤出资证明书的编号和核发日期。出资证明书应加盖公司公章。

2. 股权转让的法律规定

我国《公司法》规定，有限责任公司的股东之间可以相互转让其全部或者部分股权。股东向股东以外的人转让股权，应当经其他股东过半数同意。股东应就其股权转让事项书面通知其他股东征求同意，其他股东自接到书面通知之日起满三十日未答复的，视为同意转让。其他股东半数以上不同意转让的，不同意的股东应当购买该转让的股权；不购买的，视为同意转让。经股东同意转让的股权，在同等条件下，其他股东有优先购买权。两个以上股东主张行使优先购买权的，协商确定各自的购买比例；协商不成的，按照转让时各自的出资比例行使优先购买权。公司章程对股权转让另有规定的，从其规定。人民法院依照法律规定的强制执行程序转让股东的股权时，应当通知公司及全体股东，其他股东在同等条件下有优先购买权。其他股东自人民法院通知之日起满二十日不行使优先购买权的，视为放弃优先购买权。

3. 股份的概念和特征

股份是指以股票为表现形式，体现股东权利和义务并按等额划分的公司资本的基本构成单位。

4. 股份的表现形式

股份的表现形式为股票。股票是股份有限公司签发的证明股东所持股份的凭证。股份采用纸面形式或国务院证券监督管理部门规定的其他形式。股票是一种要式证券，它必须载明以下法定事项。

（1）公司名称。

（2）公司成立的日期。

（3）股票种类、票面金额及代表的股份数。

（4）股票的编号。股票由法定代表人签名，公司盖章。发起人的股票，应当标明发起人股票字样。

5. 股份的发行

股份的发行也是股票的发行。股份的发行实行公开、公平、公正的原则，必须同股同权，同股同利。同次发行的股票，每股的发行条件和价格应当相同。任何单位或者个人所认购的股份，每股应当支付相同的价额。股份有限公司发行的股票可以是记名股票也可以是无记名股票。公司向发起人、法人发行的股票，应当为记名股票。对社会公众发行的股票，可以为记名股票，也可以为无记名股票。

公司发行记名股票的，应当置备股东名册，记载下列事项：①股东的姓名或名称及住所；②各股东所持股份数；③各股东所持股票的编号；④各股东取得其股份的日期。

6. 股份转让

股份的转让是通过股票的转让来实现的，其实质是股东资格和股东权利义务转移给新的受让人。

（1）股东转让股份的权利和对转让的限制。股东持有的股份可以依法转让。但是，发起人持有的本公司股份，自公司成立之日起一年内不得转让。公司公开发行股份前已发行的股份，自公司股票在证券交易所上市交易之日起一年内不得转让。公司董事、监事、高级管理人员应当向公司申报所持有的本公司的股份及其变动情况，在任职期间每年转让的股份不得超过其所持有本公司股份总数的百分之二十五；所持本公司股份自公司股票上市交易之日起一年内不得转让。上述人员离职后半年内，不得转让其所持有的本公司股份。公司章程可以对公司董事、监事、高级管理人员转让其所持有的本公司股份作出其他限制性规定。

（2）转让股份的场所和方式。股东转让其股份，必须在依法设立的证券交易所进行或者按照国务院规定的其他方式进行。

记名股票，由股东以背书方式或者法律、行政法规规定的其他方式转让，记名股票的转让，由公司将受让人的姓名或者名称及住所记载于股东名册。

无记名股票的转让，由股东将股票交付给受让人后即发生转让的效力。

（二）转投资的法律规定

一个自然人只能投资设立一个一人有限责任公司。该一人有限责任公司不能投资设立新的一人有限责任公司。除法律另有规定以外，其他有限责任公司和股份有限公司可以向其他企业投资，公司以该出资额为限对所投资企业承担责任。

（三）公司回购股票的法律规定

《公司法》第七十四条规定了有限责任公司异议股东的股权回购请求权。有下列情形之一的，对股东会该项决议投反对票的股东可以请求公司按照合理的价格收购其股权。

（1）公司连续五年不向股东分配利润，而公司该五年连续盈利，并且符合本法规定的分配利润条件的。

（2）公司合并、分立、转让主要财产的。

（3）公司章程规定的营业期限届满或者章程规定的其他解散事由出现，股东会会议通过决议修改章程使公司存续的。

课堂思考

请评价有限责任公司回购股权的法律规定。

《公司法》对股份有限公司收购股票作出了严格的规定，股份有限公司不得收购本公司的股票。但是有下列情形之一的除外。

（1）为减少公司资本而注销股份；

（2）与持有本公司股票的其他公司合并时；

（3）以股份奖励给本公司的职工；

（4）股东因对股东大会作出的公司合并、分立决议持异议，要求公司收购其股份的。

公司因第一项至第三项的原因收购本公司股份的，应当经股东大会决议。公司依照前款规定收购本公司股份后，属于第一项情形的，应当自收购之日起十日内注销；属于第二项、第四项情形的，应当在六个月内转让或者注销。公司依照第三项规定收购的本公司股份，不得超过本公司已发行股份总额的百分之五；用于收购的资金应当从公司的税后利润中支出；所收购的股份应当在一年内转让给职工。此外，公司不得接受本公司的股票作为质押权的标的。

（四）公司增加和减少注册资本的法律规定

有限责任公司增加注册资本时，股东认缴新增资本的出资，依照设立有限责任公司缴纳出资的有关规定执行。股份有限公司为增加注册资本发行新股时，股东认购新股，依照设立股份有限公司缴纳股款的有关规定执行。

公司需要减少注册资本时，必须编制资产负债表及财产清单。公司应当自作出减少注册资本决议之日起十日内通知债权人，并于三十日内在报纸上公告。债权人自接到通知书之日起三十日内，未接到通知书的自公告之日起四十五日内，有权要求公司清偿债务或者提供相应的担保。

（五）公司债券发行和转让的有关规定

公司债券是指公司依照法定程序发行的，约定在一定期限还本付息的有价证券。公司债券主要包括记名债券和无记名债券和可转换为股票的公司债券。可转换为股票的公司债券是一种由上市公司[①]发行的公司债券。上市公司发行可转换为股票的公司债券，由股东大会作出决议，报国务院证券监督管理机构批准。发行此种债券，除应具备发行公司债券的条件外，还应具备发行股票的条件。发行可转换为股票的公司债券，要在债券上标明“可转换公司债券”字样，并在债券存根簿上载明转换公司债券的数额。公司还应当按照其转换办法，向债券持有人换发股票，但债券持有人对转换为股票或者不转换为股票有选择权的债券。

公司债券的转让应当在依法设立的证券交易场所进行。记名债券的转让由债券持有人以背书方式或法律、行政法规规定的其他方式转让，但是未在公司登记债券存根簿变更登记者不得对抗公司。无记名债券由债券持有人在依法设立的证券交易场所交付给受让人后即发生转让的效力。

课堂思考

公司股票与公司债券的区别有哪些？

二、公司的组织制度

公司的组织结构就是确保公司能够按照股东的利益来负责任的、积极主动的行为的一种程序和机制。公司组织结构的核心就是公司内部设立的权力机构、执行机构和监督机构之间的关系，即股东会、董事会、监事会和经理之间的关系。

课堂思考

公司的权利机构是股东会还是董事会？

（一）股东会

1．股东会的性质和组成

股东会是公司的权利机构，依法行使职权。股东会由全体股东组成。除了国有独资公司外，我国《公司法》规定除一人有限责任公司和国有独资公司之外的其他公司都要设股东会。国有独资公司不设股东会，由国有资产监督管理机构行使股东会的部分职权，决定公司的重大事项，但公司的合并、分立、解散、增减资本和发行公司债券，必须由国有资产监督管理机构决定；其中，重要的国有独资公司合并、分立、解散、申请破产的，应当由国有资产监督管理机构审核后，报本级人民政府批准。

2．股东会的类型

股东会会议分为定期会议和临时会议。

定期会议应当定期召开。有限责任公司的定期会议应当按照公司章程的规定定期召开。通常为半年或一年召开一次。股份有限公司的定期会议应当每年召开一次年会。定期会议行使下列职权。

（1）决定公司的经营方针和投资计划；

（2）选举和更换非由职工代表担任的董事、监事，决定有关董事、监事的报酬事项；

（3）审议批准董事会的报告；

① 上市公司是指所发行的股票经国务院或者国务院授权证券管理部门批准在证券交易所上市交易的股份有限公司。有关上市公司股票发行、暂停和终止股票上市的条件和程序，请参阅《证券法》的有关规定。

（4）审议批准监事会或者监事的报告；

（5）审议批准公司的年度财务预算方案、决算方案；

（6）审议批准公司的利润分配方案和弥补亏损方案；

（7）对公司增加或者减少注册资本作出决议；

（8）对发行公司债券作出决议；

（9）对公司合并、分立、解散、清算或者变更公司形式作出决议；

（10）修改公司章程；

（11）公司章程规定的其他职权。

有限责任公司的股东以书面形式一致表示同意前款所列事项的，可以不召开股东会会议，直接作出决定，并由全体股东在决定文件上签名、盖章。

此外，公司法亦对股东会临时会议作出了规定。有限责任公司有下列情形之一的，公司应当在两个月内召开临时股东大会：有限责任公司代表十分之一以上表决权的股东，三分之一以上的董事，监事会或者不设监事会的公司的监事提议召开临时会议的，应当召开临时会议；股份有限公司有下列情形之一的，应当在两个月内召开临时股东大会：董事人数不足本法规定人数或者公司章程所定人数的三分之二时；公司未弥补的亏损达实收股本总额三分之一时；单独或者合计持有公司百分之十以上股份的股东请求时；董事会认为必要时；监事会提议召开时；公司章程规定的其他情形。

3．股东会的议事规则

（1）有限责任公司股东会的议事规则。除公司章程另有规定或全体股东另有约定外，股东会会议由股东按照出资比例行使表决权。股东会的议事方式和表决程序，除公司法有规定的外，由公司章程规定。股东会会议作出修改公司章程、增加或者减少注册资本的决议，以及公司合并、分立、解散或者变更公司形式的决议，必须经代表三分之二以上表决权的股东通过。召开股东会会议，应当于会议召开十五日前通知全体股东；但是，公司章程另有规定或者全体股东另有约定的除外。

有限责任公司设立董事会的，股东会会议由董事会召集，董事长主持；董事长不能履行职务或者不履行职务的，由副董事长主持；副董事长不能履行职务或者不履行职务的，由半数以上董事共同推举一名董事主持。有限责任公司不设董事会的，股东会会议由执行董事召集和主持。董事会或者执行董事不能履行或者不履行召集股东会会议职责的，由监事会或者不设监事会的公司的监事召集和主持；监事会或者监事不召集和主持的，代表十分之一以上表决权的股东可以自行召集和主持。

（2）股份有限公司股东会的议事规则。股东出席股东大会会议，所持每一股份有一表决权。但是，公司持有的本公司股份没有表决权。股东大会作出决议，必须经出席会议的股东所持表决权过半数通过。但是，股东大会作出修改公司章程、增加或者减少注册资本的决议，以及公司合并、分立、解散或者变更公司形式的决议，必须经出席会议的股东所持表决权的三分之二以上通过。公司法和公司章程规定公司转让、受让重大资产或者对外提供担保等事项必须经股东大会作出决议的，董事会应当及时召集股东大会会议，由股东大会就上述事项进行表决。

召开股东大会会议，应当将会议召开的时间、地点和审议的事项于会议召开二十日前通知各股东；临时股东大会应当于会议召开十五日前通知各股东；发行无记名股票的，应当于会议召开三十日前公告会议召开的时间、地点和审议事项。股东大会不得对通知中未列明的事项作出决议。

股东大会会议由董事会召集，董事长主持；董事长不能履行职务或者不履行职务的，由副董事长主持；副董事长不能履行职务或者不履行职务的，由半数以上董事共同推举一名董事主持。董事会不能履行或者不履行召集股东大会会议职责的，监事会应当及时召集和主持；监事会不召集和主持的，连续九十日以上单独或者合计持有公司百分之十以上股份的股东可以自行召集和主持。股东大会选举董事、监事，可以依照公司章程的规定或者股东大会的决议，实行累积投票制。累积投票制，是指股东大会选举董事或者监事时，每一股份拥有与应选董事或者监事人数相同的表决权，股东拥有的表决权可以集中使用。

股东可以委托代理人出席股东大会会议，代理人应当向公司提交股东授权委托书，并在授权范围内行使表决权。股东大会应当对所议事项的决定作成会议记录，主持人、出席会议的董事应当在会议记录上签名。会议记录应当与出席股东的签名册及代理出席的委托书一并保存。无记名股票持有人出席股东大会的，应当于会议召开五日以前至股东大会闭会时止将股票交存于公司。

（二）董事会

1．董事会的性质和组成

董事会是依法产生的由一定数额的董事组成的行使公司经营管理权的执行机关，即公司的执行机构。

有限责任公司可根据其经营规模的大小和股东人数的多少，决定是否设立董事会。公司股东人数多，经营规模大，设立董事会的，董事会成员为3～13人，两个以上的国有企业或者两个以上的其他国有投资主体投资设立的有限责任公司以及国有独资公司，其董事会成员中应当有公司职工代表；其他有限责任公司董事会成员中可以有公司职工代表。董事会中的职工代表由公司职工通过职工代表大会、职工大会或者其他形式民主选举产生。国有独资公司董事会成员由国有资产监督管理机构委派。董事长、副董事长由国有资产监督管理机构从董事会成员中指定。董事会设董事长1人，可以设副董事长。董事长、副董事长的产生办法由公司章程规定。公司经营规模小，股东人数少，不设立董事会的，可设1名执行董事。

股份有限公司设董事会，其成员为5～19人。董事会设董事长1人，可以设副董事长。董事长和副董事长由董事会以全体董事的过半数选举产生。董事会成员中可以有公司职工代表。董事会中的职工代表由公司职工通过职工代表大会、职工大会或者其他形式民主选举产生。

此外，有限责任公司和股份有限公司董事任期由公司章程规定，但每届任期不得超过三年。董事任期届满，连选可以连任。董事任期届满未及时改选，或者董事在任期内辞职导致董事会成员低于法定人数的，在改选出的董事就任前，原董事仍应当依照法律、行政法规和公司章程的规定，履行董事职务。公司的法定代表人依照公司章程的规定，由董事长、执行董事或者经理担任，并依法登记。公司法定代表人变更，应当办理变更登记。

2．董事会的类型

（1）定期会议。有限责任公司董事会的定期会议根据公司章程的规定定期召开，股份有限公司每年度至少召开两次董事会定期会议。定期会议行使下列职权。

① 负责召集股东会，并向股东会报告工作；

② 执行股东会的决议；

③ 决定公司的经营计划和投资方案；

④ 制订公司的年度财务预算方案、决算方案；

⑤ 制订公司的利润分配方案和弥补亏损方案；

⑥ 制订公司增加或者减少注册资本的方案；

⑦ 制订公司发行公司债券的方案；

⑧ 拟订公司合并、分立、变更公司形式、解散的方案；

⑨ 决定公司内部管理机构的设置；聘任或者解聘公司经理及其报酬事项，并根据经理的提名决定聘任或者解聘公司副经理、财务负责人及其报酬事项；

⑩ 制定公司的基本管理制度及公司章程规定的其他职权。

（2）临时会议。有限责任公司根据公司章程的规定提议召开董事会会议。

股份有限公司代表十分之一以上表决权的股东、三分之一以上董事或者监事会，可以提议召开董事会临时会议，董事长应当自接到提议后十日内，召集和主持董事会会议；董事会召开临时会议，可以另定召集董事会的通知方式和通知时限。

3．董事会会议的议事规则

有限责任公司董事会会议由董事长召集和主持；董事长不能履行职务或者不履行职务的，由副董事长召集和主持；副董事长不能履行职务或者不履行职务的，由半数以上董事共同推举一名董事召集和主持。有限责任公司董事会的议事方式和表决程序，除公司法有规定的外，由公司章程规定。有限责任公司董事会应当对所议事项的决定作成会议记录，出席会议的董事应当在会议记录上签名。董事会决议的表决，实行一人一票。

股份有限公司董事长召集和主持董事会会议，检查董事会决议的实施情况。副董事长协助董事长工作，董事长不能履行职务或者不履行职务的，由副董事长履行职务；副董事长不能履行职务或者不履行职务的，由半数以上董事共同推举一名董事履行职务。董事会会议应有过半数的董事出席方可举行。董事会作出决议，必须经全体董事的过半数通过。董事会决议的表决，实行一人一票。董事会会议，应由董事本人出席；董事因故不能出席，可以书面委托其他董事代为出席，委托书中应载明授权范围。董事会应当对会议所议事项的决定作成会议记录，出席会议的董事应当在会议记录上签名。股份有限公司董事应当对董事会的决议承担责任。

股票在证券交易所上市交易的股份有限公司（以下简称上市公司）董事与董事会会议决议事项所涉及的企业有关联关系的，不得对该项决议行使表决权，也不得代理其他董事行使表决权。该董事会会议由过半数的无关联关系董事出席即可举行，董事会会议所作决议须经无关联关系董事过半数通过。出席董事会的无关联关系董事人数不足 3 人的，应将该事项提交上市公司股东大会审议。

案例分析

某食品公司与某农业技术研究院共同设立从事食品生产的有限责任公司，甲公司。协议内容如下。

（1）公司注册资本为1 000万元，食品公司以货币出资，金额200万元，另外以某食品商标作价300万元，研究所新型食品加工专利技术出资，该技术作价500万元（有评估机构出具的评估证明）。

（2）公司董事会由5名董事组成，分别由双方按出资比例选派。董事长由食品公司推荐，公司的经理、财务负责人由董事长直接任命。

（3）双方按5∶5的出资比例分享利润、支付设立费用，分担风险。甲公司于2005年4月登记成立，并指派丁某作为公司董事长。丁某聘任汪某作为公司经理。食品公司方面的某一董事王某称，有证据证明丁某原是研究所下属公司的承包人，承包期因贪污行为曾受到刑事处罚，1993年3月刑满释放，且于1年前向朋友借钱5万元炒股，被套牢，借款仍未还清。另外汪某原先担任某公司的经理，由于管理水平低下，致使该公司经营困难，该公司于2004年3月宣告破产。据上述两个理由，董事A认为丁某无权担任董事长，汪某无权担任公司经理。

（4）食品公司方面另一些董事怀疑公司账目有假，有3人退出董事会，其中一名董事B提出，现董事会成员已不足公司章程所定人数的三分之二，应依法召开临时股东会，更换公司领导。

要求：根据上述事实及有关规定，分别回答下列问题。

（1）食品公司与研究所的协议中，有关出资方式、比例及董事长的产生方式是否合法？请说明理由。

（2）丁某是否有资格担任董事长？为什么？

（3）汪某是否有资格担任公司经理？为什么？

（4）董事B的提议是否符合法律规定？

4. 独立董事制度

《公司法》第一百二十二条规定，上市公司设立独立董事，具体办法由国务院规定。中国证监会于 2001 年 8 月发布的《关于上市公司建立独立董事制度的指导意见的通知》规定，“上市公司在二〇〇二年六月三十日前，董事会成员中应当至少包括 2 名独立董事；在二〇〇三年六月三十日前，上市公司董事会成员至少应包括三分之一的独立董事。独立董事是指不在公司担任除董事外的其他职务，并与其所受聘的上市公司及其股东不存在可能妨碍其进行独立客观判断的关系的董事。”设立独立董事的目的是通过聘请与上市公司或者上市公司的大股东没有重要关系的人为董事，从而加强对公司管理层的内部监督以及对上市公司的监管，保护股东（特别是中小股东）的利益。为了保证独立董事的独立性，有下列情形之一的不能担任独立董事：①在上市公司或者其附属企业任职的人员及其直系亲属、主要社会关系；②直接或间接持有上市公司已发行股份 1%以上或者是上市公司前十名股东中的自然人股东及其直系亲属；③在直接或者间接持有上市公司已发行股东 5%以上的股东单位或者在上市公司前五名股东单位任职的人员及其直系亲属；④最近一年内曾经具有前三项所列情形的人员；⑤为上市公司或者其附属企业提供财务、法律、咨询等服务的人员；⑥公司章程规定的其他人员；⑦证券监督管理机构认定的其他人员。

独立董事除应当具有公司法和其他相关法律、法规赋予董事的职权外，上市公司还应当赋予独立董事以特别职权：①重大关联交易应由独立董事认可后，提交董事会讨论，独立董事作出判断前，可以聘请中介机构出具独立财务顾问报告，作为其判断的依据；②向董事会提议聘用或者解聘会计师事务所；③向董事会提请召开临时股东大会；④提议召开董事会；⑤独立聘请外部审计机构和咨询机构；⑥可以在股东大会召开前向股东征集投票权，并在董事会上发表独立意见。

课堂思考

关于独立董事制度能否成为完善我国上市公司法人治理结构的话题一直是公司制度改革讨论的焦点。目前，关于独立董事的话题大多是一些不和谐的声音。究竟是该项制度的固有缺陷，还是在我国有特色的公司治理结构中“水土不服”？

（三）经理

1. 经理的性质

经理（经理部门）是负责日常经营管理工作的管理机构，也是负责组织实施董事会决议的业务执行机构。经理由董事会聘任或解聘。

2. 经理的职权

经理对董事会负责，行使下列职权。

（1）主持公司的生产经营管理工作，组织实施董事会决议；

（2）组织实施公司年度经营计划和投资方案；

（3）拟订公司内部管理机构设置方案和基本管理制度；

（4）制定公司的具体规章；

（5）提请聘任或者解聘公司副经理、财务负责人；

（6）决定聘任或者解聘除应由董事会聘任或者解聘以外的负责管理人员；

（7）公司章程和董事会授予的其他职权。

经理列席董事会会议。公司不设董事会，只设一名执行董事的，执行董事可以兼任公司经理。

（四）监事会

1．监事会的性质和组成

监事会是公司经营活动的监督机构。

经营规模较大的有限责任公司，设立监事会，其成员不少于三人；股东人数较少或者经营规模较小的有限责任公司，可不设监事会，设一～二名监事。监事的任期每届为三年，任期届满，连选可以连任。监事会应当包括股东代表和适当比例的公司职工代表，其中职工代表的比例不得低于三分之一，具体比例由公司章程规定。监事会中的职工代表由公司职工通过职工代表大会、职工大会或者其他形式民主选举产生。监事会设主席一人，由全体监事过半数选举产生。董事、高级管理人员不得兼任监事。

股份有限公司设监事会，其成员不得少于三人。监事的任期每届为三年，任期届满，连选可以连任。监事会应当包括股东代表和适当比例的公司职工代表，其中职工代表的比例不得低于三分之一，具体比例由公司章程规定。监事会中的职工代表由公司职工通过职工代表大会、职工大会或者其他形式民主选举产生。监事会设主席一人，可以设副主席。监事会主席和副主席由全体监事过半数选举产生。董事、高级管理人员不得兼任监事。

2．监事会的议事规则

有限责任公司监事会主席召集和主持监事会会议；监事会主席不能履行职务或者不履行职务的，由半数以上监事共同推举一名监事召集和主持监事会会议。监事会每年度至少召开一次会议，监事可以提议召开临时监事会会议。监事会决议应当经半数以上监事通过。监事会的议事方式和表决程序，除《公司法》有规定的以外，由公司章程规定。监事会应当对所议事项的决定作成会议记录，出席会议的监事应当在会议记录上签名。

股份有限公司监事会主席召集和主持监事会会议；监事会主席不能履行职务或者不履行职务的，由监事会副主席召集和主持监事会会议；监事会副主席不能履行职务或者不履行职务的，由半数以上监事共同推举一名监事召集和主持监事会会议。监事会决议应当经半数以上监事通过。监事会每六个月至少召开一次会议。监事可以提议召开临时监事会会议。监事会的议事方式和表决程序，除公司法有规定的外，由公司章程规定。监事会应当对所议事项的决定作成会议记录，出席会议的监事应当在会议记录上签名。

3．监事会或监事的职权

（1）检查公司财务；

（2）对董事、高级管理人员执行公司职务的行为进行监督，对违反法律、行政法规、公司章程或者股东会决议的董事、高级管理人员提出罢免的建议；

（3）当董事、高级管理人员的行为损害公司的利益时，要求董事、高级管理人员予以纠正；

（4）提议召开临时股东会会议，在董事会不履行本法规定的召集和主持股东会会议职责时召集和主持股东会会议；

（5）向股东会会议提出提案；

（6）依照《公司法》第一百五十二条的规定，对董事、高级管理人员提起诉讼；

（7）公司章程规定的其他职权。

监事可以列席董事会会议，并对董事会决议事项提出质询或者建议。监事会、不设监事会的公司的监事发现公司经营情况异常，可以进行调查；必要时，可以聘请会计师事务所等协助其工作，费用由公司承担。

（五）股东的权利与义务

作为公司的出资人，股东具有以下权利。

1．资产收益、参与重大决策和选择管理者等权利

有限公司和股份有限公司股东按照实缴的出资比例分取红利；公司新增资本时，股东有权优先按照实缴的出资比例认缴出资。但是，全体股东约定不按照出资比例分取红利或者不按照出资比例优先认缴出资的除外。

有限责任公司和股份有限责任公司的股东会选举产生非由职工代表担任的董事、监事。有限责任公司的股东有权查阅、复制公司章程、股东会会议记录、董事会会议决议、监事会会议决议和财务会计报告。有限责任公司股东可以要求查阅公司会计账簿。股东要求查阅公司会计账簿的，应当向公司提出书面请求，说明目的。公司有合理根据认为股东查阅会计账簿有不正当目的，可能损害公司合法利益的，可以拒绝提供查阅，并应当自股东提出书面请求之日起十五日内书面答复股东并说明理由。公司拒绝提供查阅的，股东可以请求人民法院要求公司提供查阅。

股份有限公司股东有权查阅公司章程、股东大会会议记录和财务会计报告，对公司的经营提出建议或者质询的权利；股东有对公司的重大问题进行表决的权利；股东有分取红利和公司剩余财产的权利。

2．股东诉权

（1）董事、高级管理人员执行公司职务时违反法律、行政法规或者公司章程的规定，给公司造成损失的，有限责任公司的股东、股份有限公司连续一百八十日以上单独或者合计持有公司1%以上股份的股东，可以书面请求监事会或者不设监事会的有限责任公司的监事向人民法院提起诉讼；监事执行公司职务时违反法律、行政法规或者公司章程的规定，给公司造成损失的，股东可以书面请求董事会或者不设董事会的有限责任公司的执行董事向人民法院提起诉讼。

（2）监事会、不设监事会的有限责任公司的监事，或者董事会、执行董事收到前款规定的股东书面请求后拒绝提起诉讼，或者自收到请求之日起三十日内未提起诉讼，或者情况紧急、不立即提起诉讼将会使公司利益受到难以弥补的损害的，前款规定的股东有权为了公司的利益以自己的名义直接向人民法院提起诉讼。

（3）他人侵犯公司合法权益，给公司造成损失的，有限责任公司的股东、股份有限公司连续一百八十日以上单独或者合计持有公司百分之一以上股份的股东，可以依照上述规定向人民法院提起诉讼。

（4）董事、高级管理人员违反法律、行政法规或者公司章程的规定，损害股东利益的，股东可以向人民法院提起诉讼。

（5）公司股东会或者股东大会、董事会的决议内容违反法律、行政法规的无效。股东会或者股东大会、董事会的会议召集程序、表决方式违反法律、行政法规或者公司章程，或者决议内容违反公司章程的，股东可以自决议作出之日起六十日内，请求人民法院撤销。股东依照前款规定提起诉讼的，人民法院可以应公司的请求，要求股东提供相应担保。公司根据股东会或者股东大会、董事会决议已办理变更登记的，人民法院宣告该决议无效或者撤销该决议后，公司应当向公司登记机关申请撤销变更登记。

股东义务是股份有限公司的股东应承担的和股东权利相联系的义务，股东的义务主要有：限责任公司的股东应当按期足额缴纳公司章程中规定的各自所认缴的出资额。股东以货币出资的，应当将货币出资足额存入有限责任公司在银行开设的临时账户；以非货币财产出资的，应当依法办理其财产权的转移手续。股东不按照上述规定缴纳所出资的，应当向已按期足额缴纳出资的股东承担违约责任。有限责任公司成立后，发现作为设立公司出资的非货币财产的实际价额显著低于公司章程所定价额的，应当由交付该出资的股东补交其差额，公司设立时的其他股东承担连带责任。股份有限公司成立后，发起人未按照公司章程的规定缴足出资的，应当补缴；其他发起人承担连带责任。股份有限公司成立后，发现作为设立公司出资的非货币财产的实际价额显著低于公司章程所定价额的，应当由交付该出资的发起人补足其差额；其他发起人承担连带责任。股份有限公司的发起人应当承担下列责任：公司不能成立时，对设立行为所产生的债务和费用负连带责任；公司不能成立时，对认股人已缴纳的股款，负返还股款并加算银行同期存款利息的连带责任；在公司设立过程中，由于发起人的过失致使公司利益受到损害的，应当对公司承担赔偿责任。

（六）董事、监事、高级管理人员义务

1. 董事、监事、高级管理人员忠实义务和勤勉义务

董事、监事、高级管理人员应当遵守法律、行政法规和公司章程，对公司负有忠实义务和勤勉义务。董事、监事、高级管理人员不得利用职权收受贿赂或者其他非法收入，不得侵占公司的财产。董事、高级管理人员不得有下列行为。

（1）挪用公司资金；

（2）将公司资金以其个人名义或者以其他个人名义开立账户存储；

（3）违反公司章程的规定，未经股东会、股东大会或者董事会同意，将公司资金借贷给他人或者以公司财产为他人提供担保；

（4）违反公司章程的规定或者未经股东会、股东大会同意，与本公司订立合同或者进行交易；

（5）未经股东会或者股东大会同意，利用职务便利为自己或者他人谋取属于公司的商业机会，自营或者为他人经营与所任职公司同类的业务；

（6）接受他人与公司交易的佣金归为己有；

（7）擅自披露公司秘密；

（8）违反对公司忠实义务的其他行为。

董事、高级管理人员违反前款规定所得的收入应当归公司所有。董事、监事、高级管理人员执行公司职务时违反法律、行政法规或者公司章程的规定，给公司造成损失的，应当承担赔偿责任。

课堂思考

我国公司法有没有具体规定董事、监事、高级管理人员勤勉义务？

2. 董事、监事、高级管理人员接受股东质询的义务

股东会或者股东大会要求董事、监事、高级管理人员列席会议的，董事、监事、高级管理人员应当列席并接受股东的质询。

3. 董事、监事、高级管理人员配合监事会监督义务

董事、高级管理人员应当如实向监事会或者不设监事会的有限责任公司的监事提供有关情况和资料，不得妨碍监事会或者监事行使职权。

第四节 公司的财务、会计制度

一、公司财务、会计概述

公司财务，是指公司在生产经营活动中所表现的资产筹集、使用和分配等活动。公司会计，是指以货币为计量单位，采用专门方法，对公司的财务收支和经济业务进行核算和监督的管理活动。

公司财务和公司会计是两项密切联系的公司日常业务管理活动。

公司应当依照法律、行政法规和国务院财政主管部门的规定建立本公司的财务、会计制度。《公司法》对此作了专章规定。此外国家还颁布了其他法律、法规，如《中华人民共和国会计法》《企业会计准则》等。这些法律、法规为公司财务、会计制度的规范化提供了法律依据。我国《公司法》中对财务、会计事项的规定主要包括财务会计报告、公积金、利润分配等内容。

二、财务会计报告

公司应当在每一会计年度终了时制作财务会计报告，并依法经审查验证。财务会计报告应包括资产负债表、损益表、财务状况变动表、财务情况说明书、利润分配表等财务报表及附属明细表。有限责任公司应当按照公司章程规定的期限将财务会计报告送交各股东；股份有限公司的财务会计报告应当在召开股东大会年会的二十日前置备于本公司，供股东查阅。公开发行股票的股份有限公司必须公告其财务会计报表。

三、公积金

（一）公积金的概念和种类

公积金是公司为了增强自身经营实力和弥补亏损，依照法律和公司章程规定，从盈余或其他收入中提取的一种积累资金。

公积金分为法定公积金和任意公积金两类。

1. 法定公积金

法定公积金是指法律规定必须提取的公积金。依其来源，又可分为盈余公积金和资本公积金。盈余公积金是指公司从税后纯利润中提取的一定比例的公积金。资本公积金是指直接由公司资本或其他原因所形成的公积金。资本公积金的来源主要包括两个方面：一是股份有限公司依照《公司法》规定，以超过股票票面金额的发行价格所得的溢价款；二是国务院财政主管部门规定列入资本公积金的其他收入。

2. 任意公积金

任意公积金是指公司在提取法定公积金之后，经股东会决议而提取的一种公积金。

（二）公积金的提取

《公司法》规定，法定公积金的提取比例为当年税后纯利润的10%，在累计额为公司注册资本的50%以上时，可不再提取。任意公积金提取与否以及提取比例的大小，由股东会根据公司的发展和当年的盈余情况自主决定，法律不作强制性的规定。

（三）公积金的作用

《公司法》规定，公积金用于弥补公司的亏损，扩大公司生产经营或者转为公司资本。法定公积金不足以弥补上年度公司亏损的，在依法提取法定公积金之前，应先用当年利润弥补亏损。股份有限公司经股东大会决议将公积金转为资本时，按股东原有股份比例派送新股或者增加每股面值。但法定公积金转为资本时，所留存的该项公积金不得少于注册资本的25%。

案例分析

甲、乙、丙、丁4个国有企业和戊有限责任公司投资设立股份有限公司，注册资本为8 000万元。2012年8月1日，丁公司召开的董事会会议情形如下：该公司共有董事7人，有5人亲自出席。列席本次董事会的监事A向会议提交另一名因故不能到会的董事出具的代为行使表决权的委托书，该委托书委托A代为行使本次董事会的表决权。2012年9月1日，公司召开的股东大会作出如下决议：为扩大公司的生产规模，决定发行公司债券500万元；公司法定盈余公积金2 000万元中提取500万元转增公司资本。

要求：根据公司法律制度的规定，分析说明下列问题。

（1）在董事会会议中A能否接受委托代为行使表决权？为什么？

（2）股东大会会议决定发行公司债券是否符合规定？为什么？

（3）股东大会会议决定将法定盈余公积金转增资本是否合法？为什么？

四、股利分配

股利分配是指公司把弥补亏损和提取公积金后的剩余利润，依法按实缴的出资比例或持有的股份比例或约定分配给各股东。股利分配方案由股东会审议批准。公司弥补亏损和提取公积金后所余税后利润，有限责任公司股东按照实缴的出资比例分取红利；公司新增资本时，股东有权优先按照实缴的出资比例认缴出资。但是，全体股东约定不按照出资比例分取红利或者不按照出资比例优先认缴出资的除外；股份有限公司按照股东持有的股份比例分配，但股份有限公司章程规定不按持股比例分配的除外。股东会、股东大会或者董事会违反规定，在公司弥补亏损和提取法定公积金之前向股东分配利润的，股东必须将违反规定分配的利润退还公司。公司持有的本公司股份不得分配利润。

第五节 违反公司法的法律责任

一、公司违反公司法的法律责任

公司违反公司法的责任分为民事责任、行政责任、刑事责任。公司应当承担民事赔偿责任和缴纳罚款、罚金的，其财产不足以支付时，先承担民事赔偿责任。

（一）公司违反关于财务、会计的规定的法律责任

公司违反法律规定，在法定的会计账簿以外另立会计账簿的，由县级以上人民政府财政部门责令改正，处以五万元以上五十万元以下的罚款。公司在依法向有关主管部门提供的财务会计报告等材料上作虚假记载或者隐瞒重要事实的，由有关主管部门对直接负责的主管人员和其他直接责任人员处以三万元以上三十万元以下的罚款。公司不依照本法规定提取法定公积金的，由县级以上人民政府财政部门责令如数补足应当提取的金额，可以对公司处以二十万元以下的罚款。

（二）公司违反关于合并、分立、减少注册资本或者清算的规定的法律责任

公司在合并、分立、减少注册资本或者进行清算时，不依照本法规定通知或者公告债权人的，由公司登记机关责令改正，对公司处以一万元以上十万元以下的罚款。

公司在进行清算时，隐匿财产，对资产负债表或者财产清单作虚假记载或者在未清偿债务前分配公司财产的，由公司登记机关责令改正，对公司处以隐匿财产或者未清偿债务前分配公司财产金额5%以上10%以下的罚款；对直接负责的主管人员和其他直接责任人员处以一万元以上十万元以下的罚款。公司在清算期间开展与清算无关的经营活动的，由公司登记机关予以警告，没收违法所得。

（三）公司违反关于依法开业和变更登记的规定的法律责任

公司违反法律规定，虚报注册资本、提交虚假材料或者采取其他欺诈手段隐瞒重要事实取得公司登记的，由公司登记机关责令改正，对虚报注册资本的公司，处以虚报注册资本金额5%以上10%以下的罚款；对提交虚假材料或者采取其他欺诈手段隐瞒重要事实的公司，处以五万元以上五十万元以下的罚款；情节严重的，撤销公司登记或者吊销营业执照。

未依法登记为有限责任公司或者股份有限公司，而冒用有限责任公司或者股份有限公司名义的，或者未依法登记为有限责任公司或者股份有限公司的分公司，而冒用有限责任公司或者股份有限公司的分公司名义的，由公司登记机关责令改正或者予以取缔，可以并处十万元以下的罚款。

公司成立后无正当理由超过六个月未开业的，或者开业后自行停业连续六个月以上的，可以由公司登记机关吊销营业执照。

公司登记事项发生变更时，未依照本法规定办理有关变更登记的，由公司登记机关责令限期登记；逾期不登记的，处以一万元以上十万元以下的罚款。

二、发起人、股东违反公司法的法律责任

（一）发起人、股东虚假出资的法律责任

公司的发起人、股东虚假出资，未交付或者未按期交付作为出资的货币或者非货币财产的，由公司登记机关责令改正，处以虚假出资金额5%以上15%以下的罚款。

（二）发起人、股东抽逃其出资的法律责任

公司的发起人、股东在公司成立后，抽逃其出资的，由公司登记机关责令改正，处以所抽逃出资金额5%以上15%以下的罚款。

三、董事、监事、经理违反公司法的法律责任

董事、监事、高级管理人员执行公司职务时违反法律、行政法规或者公司章程的规定，给公司造成损失的，应当承担赔偿责任。董事、董事、监事、高级管理人员违反对公司忠诚义务所得收入应当归公司所有。

四、有关单位或者个人违反公司法的法律责任

清算组不依照公司法规定向公司登记机关报送清算报告，或者报送清算报告隐瞒重要事实或者有重大遗漏的，由公司登记机关责令改正。清算组成员利用职权徇私舞弊、谋取非法收入或者侵占公司财产的，由公司登记机关责令退还公司财产，没收违法所得，并可以处以违法所得一倍以上五倍以下的罚款。

承担资产评估、验资或者验证的机构提供虚假材料的，由公司登记机关没收违法所得，处以违法所得一倍以上五倍以下的罚款，并可以由有关主管部门依法责令该机构停业、吊销直接责任人员的资格证书，吊销营业执照。承担资产评估、验资或者验证的机构因过失提供有重大遗漏的报告的，由公司登记机关责令改正，情节较重的，处以所得收入一倍以上五倍以下的罚款，并可以由有关主管部门依法责令该机构停业、吊销直接责任人员的资格证书，吊销营业执照。承担资产评估、验资或者验证的机构因其出具的评估结果、验资或者验证证明不实，给公司债权人造成损失的，除能够

证明自己没有过错的外，在其评估或者证明不实的金额范围内承担赔偿责任。

公司登记机关对不符合本法规定条件的登记申请予以登记，或者对符合本法规定条件的登记申请不予登记的，对直接负责的主管人员和其他直接责任人员，依法给予行政处分。公司登记机关的上级部门强令公司登记机关对不符合本法规定条件的登记申请予以登记，或者对符合本法规定条件的登记申请不予登记的，或者对违法登记进行包庇的，对直接负责的主管人员和其他直接责任人员依法给予行政处分。

复习思考题

1. 公司的概念及特征分别是什么？
2. 公司有哪些分类？
3. 有限责任公司和股份有限公司的概念、设立条件分别是什么？
4. 公司的组织机构如何？
5. 公司股东会、董事会、监事会的权利和义务分别是什么？

课后讨论

1. 公司有限责任制度的利弊分析。
2. 公司取消最低注册资本，会不会导致大量欺诈性公司产生？
3. 公司与合伙企业的区别。

案例分析

案例一

甲、乙、丙、丁、戊拟共同组建一家饮料有限责任公司，在公司章程中约定，注册资本200万元，其中甲、乙各以货币20万元、30万元出资；丙以实物出资，经评估机构评估为40万元；丁以其一项高新专利技术出资，作价100万元；戊以劳务出资，经全体出资人同意作价10万元。全体股东首次出资额拟交60万元，其余部分拟在5年内缴足。公司拟不设董事会，由甲任执行董事；不设监事会，由丙担任公司的监事。

饮料公司成立后经营效益不错，公司连续5年盈利，但是未向股东分配利润。

公司经营到第10年时，因执行董事甲迷恋上炒股，于是挪用公司资金投资于股市，结果导致公司经营效益下降，公司连年亏损，已欠A银行贷款100万元未还。经股东会决议，决定把饮料公司唯一盈利的保健品车间分出去，另成立有独立法人资格的保健品厂。后饮料公司增资扩股，乙将其股份转让给大北公司。1年后，保健品厂也出现严重亏损，资不抵债，其中欠B公司货款达400万元。

问题：

1. 假设公司的设立时间是2014年5月22日，饮料公司组建过程中，公司章程中各股东对出资的约定是否存在不符合公司法的规定之处？为什么？（如果公司的设立时间是2008年，是否会

有不同）

2．各股东的首期出资是否存在不合法之处？为什么？

3．股东甲未按照章程的规定期限足额缴纳出资，应负何种责任？

4．饮料公司的组织机构设置是否符合公司法的规定？为什么？

5．公司连续5年不向股东分配利润，股东应当如何保护自己的权利？

6. 对执行董事甲挪用公司资金的行为，公司和股东应当如何保护自己的权利？债权人应当如何保自己的权利？

7. 饮料公司设立保健品厂的行为在公司法上属于什么性质的行为？设立后，饮料公司原有的债权债务应如何承担？

8．乙转让股份时应遵循股份转让的何种规则？

9．A银行如起诉追讨饮料公司所欠的100万元贷款，应以谁为被告？为什么？

10．B公司除采取起诉或仲裁的方式追讨保健品厂的欠债外，还可以采取什么法律手段以实现自己的债权？

第五章 破产法

破产法的作用不仅仅是将破产财产分配给债权人，而且是鼓励债务回收，并通过调查和规制措施去适应商业道德的要求。

——[英国]科克

学习重点与难点

破产的概念及破产界限

债务人财产的确定

破产清算的程序

主要法律法规

《中华人民共和国企业破产法》

《最高人民法院关于适用〈中华人民共和国企业破产法〉若干问题的规定（一）》

《最高人民法院关于适用〈中华人民共和国企业破产法〉若干问题的规定（二）》

课前预习

钟某某，其前妻章××，于1996年香港楼市处于顶峰时，以钟某某担保，短期借款1.54亿港元，“炒买”5处豪宅和其他项目。1997年亚洲金融危机，香港楼市下滑，其所购各项目大幅度贬值。债权人虽没收这些房产，仍无法偿清债务。由于部分贷款利率高达24%，所余本息现已滚至2.5亿港元。后经法院裁定钟某某破产。了解其他国家或地区的个人破产制度。

1. 我国是否允许个人破产，我国是否应当建立个人破产制度？

2. 新《破产法》（2007年）修改的背景及原因是什么？

第一节 破产法概述

一、破产的概念与特征

（一）破产概念

破产是在债务人不能清偿到期债务时，由法院主持强制执行其全部财产，公平清偿全体债权人，从而使债务人免除不能清偿的其他债务的法律制度。就破产的性质来说，破产乃是一种法律规定的债务清偿的特殊手段，其目的在于通过破产的程序使债权人获得公平受偿、保护债权人的合法权益。

（二）破产特征

1. 债务人不能清偿到期债务

到期债务是指已经到了履行还债义务期限的债务；清偿是指全部偿还；不能清偿是指没有按期清偿的各种可能性。债务人资不抵债并不能当然认定为不能清偿。

2．存在多数债权人

如果只有一个债权人，只需采取一般民事执行程序即可。当存在多数债权人时，如采取一般民事执行程序，由于债权人竞相请求对债务人财产强制执行，可能造成部分债权人得不到偿还或只得到少量偿还的情况，产生显失公平的结果，因而需要一种特殊的程序——破产程序，以保证各债权人的损益公平。

3．债权人公平受偿

债务人的全部财产不足以清偿全部债务，决定了债权人无法实现全部债务。而按照“同质债权、同等地位”的要求，必须依照法定顺序，按照同一比例，将债务人的财产在各个债权人之间分配，以保证债权人之间的公平。

课堂思考

是否企业所有的债务都是一律按比率清偿？不同种类的债务之间是否会存在先后顺序？

4．免除未能清偿的债务

对于破产之后，企业不能偿还的债务，企业不再偿还。

二、我国现行破产法律制度概况

破产法是规定在债务人不能清偿到期债务时，法院强制对其全部财产清算分配，公平清偿债权人，或通过和解、整顿、企业重整清偿债务的法律规范的总称。破产法有广义、狭义之分。狭义的破产法仅指对债务人破产清算的法律。广义的破产法则还包括以避免债务人破产为主要目的的各种和解与企业整顿、重整方面的法律。现代意义上的破产法均就广义而言。

我国的破产法律制度经过多次的修改，在 2007 年以前，以《中华人民共和国企业破产法（试行）》（以下简称《破产法（试行）》）为其主要内容。该法系 1986 年 12 月第六届全国人大常委会第十八次会议通过，适用于全民所有制企业，自《中华人民共和国全民所有制工业企业法》实施满 3 个月后，即自 1988 年 11 月 1 日起正式施行。

1991 年 4 月，第七届全国人大常委会第四次会议修订了《中华人民共和国民事诉讼法》，该法在第 2 篇第 19 章中规定了企业法人破产还债程序，适用于非全民所有制的企业法人，以解决《破产法》调整过窄之不足。

此外，国务院还依据《破产法（试行）》的规定，制定了涉及国有企业破产的一些特殊事宜的规定；最高人民法院也依照法律的规定，出台了有关审理企业破产案件的司法解释。由于现行的企业破产法律的规定还不完善，不能完全适应社会主义市场经济条件下处理企业破产问题的需要，2006 年 8 月 27 日第十届全国人大常委员会第二十三次会议通过《中华人民共和国企业破产法》（以下简称新《破产法》），自 2007 年 6 月 1 日起施行，相应的《破产法（试行）》同时废止。

《破产法》法律条文的数量由《破产法（试行）》的 6 章 43 条增加到 12 章 136 条，不论是对破产实体问题的规定，还是对破产程序问题的规定，都更加明确、具体。

《破产法》适用对象是企业法人，这意味着改变了目前国有企业和国有企业以外的其他所有制的企业法人分别适用不同的法律的现状。

《破产法》还新增设了企业重整制度的规定，其目的是对一些因各种原因面临困境但有挽救希望的企业，通过实施重整，以摆脱困境，恢复生机，尽可能避免因破产清算带来的职工失业、社会财富损失等社会震荡。

破产法与其他法律相比较，具有以下特征。

（1）破产法的调整范围仅限于债务人丧失清偿能力，不能清偿到期债务的特别情况，解决的是如何公平清偿债权人的问题，对于债务纠纷以及债务人有清偿能力而不归还债务的问题，则在破产程序之外通过民事诉讼与执行制度解决。

（2）破产法是集实体与程序两者合一的综合性法律。破产法的基本内容可分为实体性规范、程序性规范、罚则三大部分。实体性规范主要包括破产界限、破产财产、破产债权、取回权、别除权、抵销权、撤销权、破产费用等内容。程序性规范主要包括破产案件的管辖、破产申请的提出与受理、破产宣告、债权人会议、破产管理人（清算组）、破产财产的变价与分配、和解与重整程序、破产程序的终结等内容。罚则主要规定对破产犯罪等违法行为的处罚、破产人的免责与处罚等内容。

（3）破产法是一部社会涉及面甚广的法律，与其他一些法律部门具有密切的联系，其正确实施要靠企业法、公司法、担保法、刑法、劳动法、社会保障法等相关法律、制度的保障。

第二节 破产申请的提出与受理

一、破产界限

破产界限是指企业破产的法定事由，是当事人申请破产和人民法院宣告破产的基本条件，也是法院据以宣告债务人破产的法律标准，也称为破产原因。

《破产法（试行）》规定："企业因经营管理不善造成严重亏损，不能清偿到期债务的，依照本法规定宣告破产。"据此，《破产法（试行）》中的破产界限的实质是不能清偿到期债务，简称不能清偿。

而《破产法》第二条规定："企业法人不能清偿到期债务，并且资产不足以清偿全部债务或者明显缺乏清偿能力的，依照本法规定清理债务。"据此，新《破产法》将"资产不足以清偿全部债务或者明显缺乏清偿能力"与"不能清偿到期债务"并列为破产原因。即只要债务人不能清偿到期债务并且资产不足以清偿全部债务，或者债务人不能清偿到期债务并且明显缺乏清偿能力，人民法院就应当认定企业具备破产原因。

对于"不能清偿债务"的认定，根据破产法司法解释，下列情形同时存在的，人民法院应当认定债务人不能清偿到期债务：债权债务关系依法成立；债务履行期限已经届满；债务人未完全清偿债务。

而资产不足以清偿全部债务的认定，只要债务人的资产负债表，或者审计报告、资产评估报告等显示其全部资产不足以偿付全部负债的，人民法院应当认定债务人资产不足以清偿全部债务，但有相反证据足以证明债务人资产能够偿付全部负债的除外。

对于"明显缺乏清偿能力"的认定，是指即使债务人账面资产虽大于负债，但存在下列情形之一的，人民法院应当认定其明显缺乏清偿能力。

（1）因资金严重不足或者财产不能变现等原因，无法清偿债务；

（2）法定代表人下落不明且无其他人员负责管理财产，无法清偿债务；

（3）经人民法院强制执行，无法清偿债务；

（4）长期亏损且经营扭亏困难，无法清偿债务；

（5）导致债务人丧失清偿能力的其他情形。

课堂思考

试比较新旧破产法对破产界限的不同规定？合伙企业是否适用破产法？

二、破产申请的提出

根据《破产法（试行）》规定，债务人不能清偿到期债务，债权人和债务人均有权提出破产申请。破产申请应以书面形式向对案件有管辖权的人民法院提出。企业破产案件由债务人所在地人民法院管辖。债务人所在地是指企业主要办事机构所在地。县级工商行政管理机关核准登记企业的破产案件一般由基层人民法院管辖，地市以上工商行政管理机关核准登记企业的破产案件一般由中级人民法院管辖。

而《破产法》不仅规定了债权人和债务人在债务人达到破产界限时，均有权提出破产申请，而且还规定："企业法人已解散但未清算或者未清算完毕，资产不足以清偿债务的，依法负有清算责任的人应当向人民法院申请破产清算。"

《破产法》第八条规定：向人民法院提出破产申请，应当提交破产申请书和有关证据。破产申请书应当载明下列事项：①申请人、被申请人的基本情况；②申请目的；③申请的事实和理由；④人民法院认为应当载明的其他事项。其中，债务人提出申请的，还应当向人民法院提交财产状况说明、债务清册、债权清册、有关财务会计报告、职工安置预案以及职工工资的支付和社会保险费用的缴纳情况。新《破产法》第九条还规定人民法院受理破产申请前，申请人可以请求撤回申请。

课堂讨论

在我国，个人是否可以申请破产？如果不可以，是否应当建立个人破产制度？为什么？试谈谈你的理由。

三、破产申请的受理

《破产法》规定，人民法院应当自收到破产申请之日起十五日内裁定是否受理。其中，债权人提出破产申请的，人民法院应当自收到申请之日起五日内通知债务人。债务人对申请有异议的，应当自收到人民法院的通知之日起七日内向人民法院提出。人民法院应当自异议期满之日起十日内裁定是否受理。有特殊情况需要延长受理期限的，经上一级人民法院批准，可以延长十五日。

人民法院受理破产申请的，应当自裁定作出之日起五日内送达申请人。债权人提出申请的，人民法院应当自裁定作出之日起五日内送达债务人。债务人应当自裁定送达之日起十五日内，向人民法院提交财产状况说明、债务清册、债权清册、有关财务会计报告以及职工工资的支付和社会保险费用的缴纳情况。

人民法院裁定不受理破产申请的，应当自裁定作出之日起五日内送达申请人并说明理由。申请人对裁定不服的，可以自裁定送达之日起十日内向上一级人民法院提起上诉。

人民法院应当自裁定受理破产申请之日起二十五日内通知已知债权人，并予以公告。通知和公告应当载明下列事项：①申请人、被申请人的名称或者姓名；②人民法院受理破产申请的时间；③申报债权的期限、地点和注意事项；④管理人的名称或者姓名及其处理事务的地址；⑤债务人的债务人或者财产持有人应当向管理人清偿债务或者交付财产的要求；⑥第一次债权人会议召开的时间和地点；⑦人民法院认为应当通知和公告的其他事项。人民法院裁定受理破产申请的，应当同时指定管理人。

四、债权申报

债权申报是指破产案件受理后，债权人依法定程序主张并证明其债权，以便参加破产程序的法律行为。《破产法》第六条详细规定了债权申报的具体规则：①人民法院受理破产申请后，应当确定债权人申报债权的期限。债权申报期限自人民法院发布受理破产申请公告之日起计算，最短不得少于三十日，最长不得超过三个月。债权人应当在人民法院确定的债权申报期限内向管理人申报债权。②未到期的债权，在破产申请受理时视为到期。附利息的债权自破产申请受理时起停止计息。附条件、附期限的债权和诉讼、仲裁未决的债权，债权人可以申报。③债务人所欠职工的工资和医疗、伤残补助、抚恤费用，所欠的应当划入职工个人账户的基本养老保险、基本医疗保险费用以及法律、行政法规规定应当支付给职工的补偿金，不必申报，由管理人调查后列出清单并予以公示。职工对清单记载有异议的，可以要求管理人更正；管理人不予更正的，职工可以向人民法院提起诉讼。④债权人申报债权时，应当书面说明债权的数额和有无财产担保，并提交有关证据。申报的债权是连带债权的，应当说明。⑤管理人或者债务人依照新《破产法》规定解除合同的，对方当事人以因合同解除所产生的损害赔偿请求权申报债权。⑥债务人是委托合同的委托人，被裁定适用新《破产法》规定的程序，受托人不知该事实，继续处理委托事务的，受托人以由此产生的请求权申报债权。⑦债务人是票据的出票人，被裁定适用新《破产法》规定的程序，该票据的付款人继续付款或者承兑的，付款人以由此产生的请求权申报债权。⑧在人民法院确定的债权申报期限内，债权人未申报债权的，可以在破产财产最后分配前补充申报；但是，此前已进行的分配，不再对其补充分配。为审查和确认补充申报债权的费用，由补充申报人承担。⑨债权人未依照新《破产法》规定申报债权的，不得依照新《破产法》规定的程序行使权利。⑩债务人、债权人对债权表记载的债权无异议的，由人民法院裁定确认。债务人、债权人对债权表记载的债权有异议的，可以向受理破产申请的人民法院提起诉讼。

五、破产程序开始的效力

人民法院受理了破产申请意味着破产程序的开始。根据《破产法》的规定，破产程序开始后的效力主要表现在以下几个方面：①人民法院受理破产申请后，债务人对个别债权人的债务清偿无效。②人民法院受理破产申请后，债务人的债务人或者财产持有人应当向管理人清偿债务或者交付财产。③人民法院受理破产申请后，管理人对破产申请受理前成立而债务人和对方当事人均未履行完毕的合同有权决定解除或者继续履行，并通知对方当事人。管理人自破产申请受理之日起二个月内未通知对方当事人，或者自收到对方当事人催告之日起三十日内未答复的，视为解除合同。人民法院受理破产申请后，有关债务人财产的保全措施应当解除，执行程序应当中止。人民法院受理破产申请后，已经开始而尚未终结的有关债务人的民事诉讼或者仲裁应当中止，在管理人接管债务人的财产后，该诉讼或者仲裁继续进行。人民法院受理破产申请后，有关债务人的民事诉讼只能向受理破产申请的人民法院提起。

第三节 管理人制度和债务人财产

一、管理人概述

破产管理人是破产程序中最重要的一个组织，它具体管理破产中的各项事务。破产程序能否在公正、公平和高效率的基础上顺利进行和终结，与破产管理人的活动密切相关。所谓管理人，是指法院受理破产案件后接管债务人财产并负责债务人财产管理和其他事务的专门机构。破产管理人制度是各国破产法特别是英美法系国家破产法非常重视的一项制度，该项制度的目的是试图在破产程序过程中由熟悉破产业务的专业人员来接管债务人财产和处理与债务人财产相关的事务。管理人一般是一个独立的机构，不受政府的干预；管理人与债务人、债权人之间一般不应当具有利害关系，管理人的报酬应由法院决定；管理人一般应当具备相应的专业资格，管理人应当实行资格准入制度，应当由具有专业资格且具备一定职业道德的律师、会计师等担任管理人，从事破产企业的管理，从而提高清算效率，降低破产费用；破产管理人应当全程参与破产程序，破产程序启动之后，债务人的财产就应当由法院指定的人士进行监督管理，在破产宣告后，必须由管理人管理债务人的全部财产。我国《破产法（试行）》并没有设置管理人制度，只规定了与之相类似的“清算组”制度。按照《破产法（试行）》的规定，主要由政府各有关部门派员共同组成清算组，对破产财产进行清算分配。新《破产法》确立了破产管理人制度。《破产法》第三章规定了管理人的资格、地位、职权、监督、报酬和惩处等内容。

二、管理人的产生

《破产法》规定，管理人由人民法院指定。管理人可以由有关部门、机构的人员组成的清算组或者依法设立的律师事务所、会计师事务所、破产清算事务所等社会中介机构担任。人民法院根据债务人的实际情况，可以在征询有关社会中介机构的意见后，指定该机构具备相关专业知识并取得执业资格的人员担任管理人。个人担任管理人的，应当参加执业责任保险。有下列情形之一的，不得担任管理人。

（1）因故意犯罪受过刑事处罚；

（2）曾被吊销相关专业执业证书；

（3）与本案有利害关系；

（4）人民法院认为不宜担任管理人的其他情形。

管理人的报酬由人民法院确定。管理人没有正当理由不得辞去职务。管理人辞去职务应当经人民法院许可。

三、管理人的职权

根据新《破产法》的规定，管理人履行下列职责：①接管债务人的财产、印章和账簿、文书等资料；②调查债务人财产状况，制作财产状况报告；③决定债务人的内部管理事务；④决定债务人的日常开支和其他必要开支；⑤在第一次债权人会议召开之前，决定继续或者停止债务人的营业；⑥管理和处分债务人的财产；⑦代表债务人参加诉讼、仲裁或者其他法律程序；⑧提议召开债权人会议；⑨人民法院认为管理人应当履行的其他职责。管理人经人民法院许可，可以聘用必要的工作人员。管理人应当勤勉尽责，忠实执行职务。

管理人依照新《破产法》的规定执行职务，向人民法院报告工作，并接受债权人会议和债权人委员会的监督。管理人应当列席债权人会议，向债权人会议报告职务执行情况，并回答询问。

四、债务人财产

债务人财产的界定是破产程序的基础，破产程序一经启动，便涉及何为债务人财产问题，相应地涉及债务人财产的追索、管理、评估、变价、分配等环节。如何界定债务人财产，关系到债权人能回收多少债权，尽量减小损失。债务人财产，是指在破产程序中被纳入破产管理的为债务人所拥有的财产。根据新《破产法》的规定，破产申请受理时属于债务人的全部财产以及破产申请受理后至破产程序终结前债务人取得的财产，为债务人财产。区分债务人的财产，需要理解清楚破产制度中的撤销权、取回权和抵销权。

(一)债务人财产的构成

根据《破产法》及其司法解释规定，债务人的财产除债务人所有的货币、实物外，债务人依法享有的可以用货币估价并可以依法转让的债权、股权、知识产权、用益物权等财产和财产权益，人民法院均应认定为债务人财产。

而对于债务人已依法设定担保物权的特定财产，人民法院应当认定为债务人财产。对债务人的特定财产在担保物权消灭或者实现担保物权后的剩余部分，在破产程序中可用以清偿破产费用、共益债务和其他破产债权。

另外，对于债务人对按份享有所有权的共有财产的相关份额，或者共同享有所有权的共有财产的相应财产权利，以及依法分割共有财产所得部分，属于债务人财产。破产申请受理后，有关债务人财产的执行程序未依照《企业破产法》第十九条的规定中止的，采取执行措施的相关单位应当依法予以纠正。依法执行回转的财产，也认定为债务人财产。

但是下列财产不应认定为债务人财产：债务人基于仓储、保管、承揽、代销、借用、寄存、租赁等合同或者其他法律关系占有、使用的他人财产；债务人在所有权保留买卖中尚未取得所有权的财产；所有权专属于国家且不得转让的财产；其他依照法律、行政法规不属于债务人的财产。

(二)撤销权

为防止债务人财产的不当减少，《破产法》规定，因下列行为而取得的债务人的财产，管理人有权追回。

（1）人民法院受理破产申请前一年内，涉及债务人财产的下列行为，管理人有权请求人民法院予以撤销：①无偿转让财产的；②以明显不合理的价格进行交易的；③对没有财产担保的债务提供财产担保的；④对未到期的债务提前清偿的；⑤放弃债权的。但是按照《破产法司法解释》（二）的规定，破产申请受理前 1 年内债务人提前清偿的未到期债务，在破产申请受理前已经到期，管理人请求撤销该清偿行为的，人民法院不予支持。但是，该清偿行为发生在破产申请受理前 6 个月内且债务人有《企业破产法》第二条第一款规定情形的除外。

（2）人民法院受理破产申请前六个月内，债务人处于不能清偿到期债务，并且资产不足以清偿全部债务或者明显缺乏清偿能力的情形，仍对个别债权人进行清偿的，管理人有权请求人民法院予以撤销。但是，个别清偿使债务人财产受益的除外。

（3）涉及债务人财产的下列行为无效：①为逃避债务而隐匿、转移财产的；②虚构债务。此外，为防止破产财产的不当减少，《破产法》还规定，人民法院受理破产申请后，债务人的出资人尚未完全履行出资义务的，管理人应当要求该出资人缴纳所认缴的出资，而不受出资期限的限制；债务人的董事、监事和高级管理人员利用职权从企业获取的非正常收入和侵占的企业财产，管理人应当追回。

(三)取回权

《破产法》规定的取回权表现在两个方面：一是人民法院受理破产申请后，债务人占有的不属于债务人的财产，该财产的权利人可以通过管理人取回。二是人民法院受理破产申请时，出卖人已将买卖标的物向作为买受人的债务人发运，债务人尚未收到且未付清全部价款的，出卖人可以取回在运途中的标的物。

（四）抵销权

《破产法》规定，债权人在破产申请受理前对债务人负有债务的，可以向管理人主张抵销。抵销权的行使，使得与债务人互负债务的债权人的债权在抵销的范围内得到全额清偿。但是，有下列情形之一的，不得抵销：①债务人的债务人在破产申请受理后取得他人对债务人的债权的；②债权人已知债务人有不能清偿到期债务或者破产申请的事实，对债务人负担债务的；但是，债权人因为法律规定或者有破产申请 1 年前所发生的原因而负担债务的除外；③债务人的债务人已知债务人有不能清偿到期债务或者破产申请的事实，对债务人取得债权的；但是，债务人的债务人因为法律规定或者有破产申请 1 年前所发生的原因而取得债权的除外。

第四节 债权人会议

一、债权人会议的组成与召集

根据《破产法》的规定，债权人会议是由全体依法申报债权的债权人组成的，以维护债权人共同利益为目的，在法院监督下讨论决定有关破产事宜，表达债权人意志的机构。所有依法申报债权的债权人均为债权人会议成员，有权参加债权人会议，享有表决权。第一次债权人会议由人民法院召集，自债权申报期限届满之日起十五日内召开。以后的债权人会议，在人民法院认为必要时，或者管理人、债权人委员会、占债权总额四分之一以上的债权人向债权人会议主席提议时召开。召开债权人会议，管理人应当提前十五日通知已知的债权人。

二、债权人会议的职权与决议

根据《破产法》的规定，债权人会议的职权主要有：（1）核查债权；（2）申请人民法院更换管理人，审查管理人的费用和报酬；（3）监督管理人；（4）选任和更换债权人委员会成员；（5）决定继续或者停止债务人的营业；（6）通过重整计划；（7）通过和解协议；（8）通过债务人财产的管理方案；（9）通过破产财产的变价方案；（10）通过破产财产的分配方案；（11）人民法院认为应当由债权人会议行使的其他职权。债权人会议的职权是以表决通过决议的方式行使的。债权人会议的决议，由出席会议的有表决权的债权人过半数通过，并且其所代表的债权额占无财产担保债权总额的二分之一以上。其中，债权人会议通过重整计划和通过和解协议的方式，《破产法》另有规定。如果债权人认为债权人会议的决议违反法律规定，损害其利益的，可以自债权人会议作出决议之日起十五日内，请求人民法院裁定撤销该决议，责令债权人会议依法重新作出决议。债权人会议的决议，对于全体债权人均有约束力。

三、债权人委员会

《破产法》规定，债权人会议可以决定设立债权人委员会。债权人委员会由债权人会议选任的债权人代表和 1 名债务人的职工代表或者工会代表组成。债权人委员会成员不得超过 9 人，债权人委员会成员应当经人民法院书面决定认可。债权人委员会行使下列职权：①监督债务人财产的管理和处分；②监督破产财产分配；③提议召开债权人会议；④债权人会议委托的其他职权。债权人委员会执行职务时，有权要求管理人、债务人的有关人员对其职权范围内的事务作出说明或者提供有关文件。管理人、债务人的有关人员违反《破产法》的规定拒绝接受监督的，债权人委员会有权就监督事项请求人民法院作出决定，人民法院应当在五日内作出决定。

第五节 重整与和解

进入破产程序的企业并不当然破产，债务人可以提出和解，债务人或债权人还可以提出对破产企业进行重整。

一、重整

破产重整是企业破产法新引入的一项制度，是指在企业无力偿债但有复苏希望的情况下，不对无偿付能力债务人的财产立即进行清算，而是在法院主持下，经债权人同意，允许企业继续经营，实现债务调整和企业重组，使企业摆脱困境，走向复兴的一项制度。重整制度是现代破产法发展的重要趋势，各国《破产法》都十分详细地规定了重整制度。其主要是专门针对可能或已经具备破产原因但又有维持价值和再生希望的企业，经由各方利害关系人的申请，在法院的主持和利害关系人的参与下，进行业务上的重组和债务调整，以帮助债务人摆脱财务困境、恢复营业能力的法律制度。破产重组制度的实施，对于弥补破产和解、破产整顿制度的不足，防范大公司破产带来的社会问题，具有不可替代的作用。

我国 1986 年的《破产法（试行）》第四章专门规定了企业和解和整顿程序，但局限性很大：一是行政色彩强，被认为是在计划体制下政府主管部门对亏损的国有企业采取的一种行政措施；二是整顿程序是与和解程序连为一体的，这就混淆了重整程序与和解程序的差异。我国新《破产法》立足中国国情，借鉴国外经验，确立了新的重整制度。《破产法》专章对重整的适用范围、基本程序、保护措施、重整计划等内容作了规定，目的是使面临困境但有挽救希望的企业避免破产清算，恢复生机。《破产法》关于重整制度的内容主要如下。

（一）重整申请和重整期间

关于重整的原因，《破产法》的规定是比较宽松的，只要是企业法人有明显丧失清偿能力可能的，债务人或者债权人都可以依法直接向人民法院申请对债务人进行重整。其中，债权人申请对债务人进行破产清算的，在人民法院受理破产申请后、宣告债务人破产前，债务人或者出资额占债务人注册资本十分之一以上的出资人，可以向人民法院申请重整。自人民法院裁定债务人重整之日起至重整程序终止为重整期间。在重整期间，经债务人申请，人民法院批准，债务人可以在管理人的监督下自行管理财产和营业事务。在重整期间，对所有债权实行冻结，甚至对债务人的特定财产享有的担保权也暂停行使。但是，担保物有损坏或者价值明显减小的可能，足以危害担保权人权利的，担保权人可以向人民法院请求恢复行使担保权。债务人合法占有的他人财产，该财产的权利人在重整期间要求取回的，应当符合事先约定的条件。在重整期间，债务人的出资人不得请求投资收益分配；债务人的董事、监事、高级管理人员不得向第三人转让其持有的债务人的股权。但是，经人民法院同意的除外。在重整期间，有下列情形之一的，经管理人或者利害关系人请求，人民法院应当裁定终止重整程序，并宣告债务人破产：①债务人的经营状况和财产状况继续恶化，缺乏挽救的可能性；②债务人有欺诈、恶意减少债务人财产或者其他显著不利于债权人的行为；③由于债务人的行为致使管理人无法执行职务。

（二）重整计划的制定和批准

重整计划由债务人或者管理人制定。债务人或者管理人应当自人民法院裁定债务人重整之日起六个月内，向人民法院和债权人会议提交重整计划草案。债务人自行管理财产和营业事务的，由债务人制作重整计划草案。管理人负责管理财产和营业事务的，由管理人制作重整计划草案。如人民法院裁定债务人重整之日起六个月内期限届满，经债务人或者管理人请求，有正当理由的，人民法院可以裁定延期三个月。如债务人或者管理人未按期提出重整计划草案的，人民法院应当裁定终止重整程序，并宣告债务人破产。重整计划草案应当包括下列内容：①债务人的经营方案；②债权分类；③债权调整方案；④债权受偿方案；⑤重整计划的执行期限；⑥重整计划执行的监督期限；⑦有利于债务人重整的其他方案。

关于重整计划的批准，《破产法》规定，人民法院应当自收到重整计划草案之日起三十日内召开债权人会议，对重整计划草案进行表决。债权人会议对重整计划草案的表决方式较复杂，由参加讨论重整计划草案的债权人会议的债权人依照下列债权分类，分组对重整计划草案进行表决：①对债务人的特定财产享有担保权的债权；②债务人所欠职工的工资和医疗、伤残补助、抚恤费用，所欠的应当划入职工个人账户的基本养老保险、基本医疗保险费用以及法律、行政法规规定应当支付给职工的补偿金；③债务人所欠税款；④普通债权。另外，人民法院在必要时可以决定在普通债权组中设小额债权组对重整计划草案进行表决；重整计划草案涉及出资人权益调整事项的，应当设出资人组，对该事项进行表决。如出席会议的同一表决组的债权人过半数同意重整计划草案，并且其所代表的债权额占该组债权总额的三分之二以上的，即为该组通过重整计划草案。各表决组均通过重整计划草案时，重整计划即为通过。自重整计划通过之日起十日内，债务人或者管理人应当向人民法院提出批准重整计划的申请。人民法院经审查认为符合本法规定的，应当自收到申请之日起三十日内裁定批准，终止重整程序，并予以公告。此外，《破产法》还赋予人民法院较大的自由裁量权，规定未通过重整计划草案的表决组拒绝再次表决或者再次表决仍未通过重整计划草案的，如果重整计划草案符合新《破产法》第八十七条规定的条件，经债务人或者管理人申请，人民法院可直接批准重整计划草案。重整计划草案未获得通过且未依照新《破产法》第八十七条的规定获得批准，或者已通过的重整计划未获得批准的，人民法院应当裁定终止重整程序，并宣告债务人破产。

（三）重整计划的执行

重整计划由债务人负责执行。人民法院裁定批准重整计划后，已接管财产和营业事务的管理人应当向债务人移交财产和营业事务。自人民法院裁定批准重整计划之日起，在重整计划规定的监督期内，由管理人监督重整计划的执行。在监督期内，债务人应当向管理人报告重整计划执行情况和债务人财务状况。监督期届满时，管理人应当向人民法院提交监督报告。自监督报告提交之日起，管理人的监督职责终止。经管理人申请，人民法院可以裁定延长重整计划执行的监督期限。经人民法院裁定批准的重整计划，对债务人和全体债权人均有约束力。债权人未依照新《破产法》的规定申报债权的，在重整计划执行期间不得行使权利；在重整计划执行完毕后，可以按照重整计划规定的同类债权的清偿条件行使权利。债权人对债务人的保证人和其他连带债务人所享有的权利，不受重整计划的影响。债务人不能执行或者不执行重整计划的，人民法院经管理人或者利害关系人请求，应当裁定终止重整计划的执行，并宣告债务人破产。人民法院裁定终止重整计划执行的，债权人在重整计划中作出的债权调整的承诺失去效力。债权人因执行重整计划所受的清偿仍然有效，债权未受清偿的部分作为破产债权。按照重整计划减免的债务，自重整计划执行完毕时起，债务人不再承担清偿责任。

二、和解

和解是避免破产的一项重要法律制度。和解程序，是指破产程序开始后，债务人和债权人在法院的主持下，就债务人延期清偿债务、减少债务数额等事项达成协议，从而中止破产程序的制度。适用和解程序有利于使债务人获得复苏的机会，同时，也使债权人有可能获得比破产清算更多的债务清偿。根据《破产法》的规定，我国的和解制度主要有以下规则。

（一）应由债务人提出和解协议

债务人可以依照《破产法》的规定，直接向人民法院申请和解，也可以在人民法院受理破产申请后、宣告债务人破产前，向人民法院申请和解。债务人申请和解，应当提出和解协议草案。

（二）和解协议应经债权人会议通过

人民法院经审查认为和解申请符合《破产法》规定的，应当裁定和解，予以公告，并召集债权人会议讨论和解协议草案。债权人会议通过和解协议的决议，由出席会议的有表决权的债权人过半数同意，并且其所代表的债权额占无财产担保债权总额的三分之二以上。

（三）和解协议应经人民法院裁定认可后生效

债权人会议通过和解协议的，由人民法院裁定认可，终止和解程序，并予以公告。若和解协议草案经债权人会议表决未获得通过，或者债权人会议已经通过的和解协议未获得人民法院认可的，人民法院应当裁定终止和解程序，并宣告债务人破产。

（四）和解协议生效后的效力

经人民法院裁定认可的和解协议，对债务人和全体和解债权人均有约束力。和解债权人是指人民法院受理破产申请时对债务人享有无财产担保债权的人。和解债权人未依照《破产法》规定申报债权的，在和解协议执行期间不得行使权利；在和解协议执行完毕后，可以按照和解协议规定的清偿条件行使权利。和解协议生效后，管理人应当向债务人移交财产和营业事务，并向人民法院提交执行职务的报告。

（五）和解协议对债务人无强制执行力

债务人不能执行或者不执行和解协议的，人民法院经和解债权人请求，应当裁定终止和解协议的执行，并宣告债务人破产。

此外，《破产法》还规定，对债务人的特定财产享有担保权的权利人，自人民法院裁定和解之日起可以行使权利；因债务人的欺诈或者其他违法行为而成立的和解协议，人民法院应当裁定无效，并宣告债务人破产；按照和解协议减免的债务，自和解协议执行完毕时起，债务人不再承担清偿责任。

第六节 破产清算

一、破产宣告

破产宣告是人民法院依据当事人的申请或法定职权裁定宣告债务人破产以清偿债务的行为。破产宣告的对象一般是达到了破产界限，且重整或和解不成功的债务人。债务人被宣告破产后，意味着破产程序进入破产清算阶段，债务人成为破产人，债务人财产成为破产财产，人民法院受理破产申请时对债务人享有的债权成为破产债权。人民法院依照《破产法》规定宣告债务人破产的，应当自裁定作出之日起五日内送达债务人和管理人，自裁定作出之日起十日内通知已知债权人，并予以公告。破产宣告作出后，对破产人的特定财产享有担保权的权利人，对该特定财产享有优先受偿的权利。债权人的优先受偿权在破产法理论上称为别除权。对破产人的特定财产享有担保权的债权人行使优先受偿权利未能完全受偿的，其未受偿的债权作为普通债权；放弃优先受偿权利的，其债权作为普通债权。

二、破产财产的变价

新《破产法》规定，破产宣告作出后，管理人应当及时拟订破产财产变价方案，提交债权人会议讨论。管理人应当按照债权人会议通过的或者人民法院依照《破产法》第六十五条第一款规定裁定的破产财产变价方案，适时变价出售破产财产。变价出售破产财产应当通过拍卖进行。但是，债权人会议另有决议的除外。按照国家规定不能拍卖或者限制转让的财产，应当按照国家规定的方式处理。

三、破产财产的分配

新《破产法》规定，管理人应当及时拟订破产财产分配方案，提交债权人会议讨论。债权人会议通过破产财产分配方案后，由管理人将该方案提请人民法院裁定认可。破产财产分配方案经人民法院裁定认可后，由管理人执行。破产财产在优先清偿破产费用和共益债务后，依照下列顺序清偿。

（1）破产人所欠职工的工资和医疗、伤残补助、抚恤费用，所欠的应当划入职工个人账户的基本养老保险、基本医疗保险费用以及法律、行政法规规定应当支付给职工的补偿金。

（2）破产人欠缴的除前项规定以外的社会保险费用和破产人所欠税款。

（3）普通破产债权。

新《破产法》第四十一条规定，人民法院受理破产申请后发生的下列费用为破产费用：①破产案件的诉讼费用；②管理、变价和分配债务人财产的费用；③管理人执行职务的费用、报酬和聘用工作人员的费用。

新《破产法》第四十二条规定，人民法院受理破产申请后发生的下列债务，为共益债务：①因管理人或者债务人请求对方当事人履行双方均未履行完毕的合同所产生的债务；②债务人财产受无因管理所产生的债务；③因债务人不当得利所产生的债务；④为债务人继续营业而应支付的劳动报酬和社会保险费用以及由此产生的其他债务；⑤管理人或者相关人员执行职务致人损害所产生的债务；⑥债务人财产致人损害所产生的债务。

课堂思考

为什么要优先清偿破产费用和共益债务？

新《破产法》第四十三条还规定，破产费用和共益债务由债务人财产随时清偿。债务人财产不足以清偿所有破产费用和共益债务的，先行清偿破产费用。债务人财产不足以清偿所有破产费用或者共益债务的，按照比例清偿。在破产财产的分配中，破产财产不足以清偿同一顺序的清偿要求的，按照比例分配。破产企业的董事、监事和高级管理人员的工资按照该企业职工的平均工资计算。破产财产的分配应当以货币分配方式进行。但是，债权人会议另有决议的除外。

此外，新《破产法》在附则一章中还规定，新《破产法》施行后，破产人在新《破产法》公布之日前所欠职工的工资和医疗、伤残补助、抚恤费用，所欠的应当划入职工个人账户的基本养老保险、基本医疗保险费用以及法律、行政法规规定应当支付给职工的补偿金，依照新《破产法》第一百一十三条规定的顺序清偿不足以清偿的部分，以新《破产法》第一百零九条规定的特定财产优先于对该特定财产享有担保权的权利人受偿。

课堂练习

某大酒店于2009年3月2日被宣告破产。在破产程序中提出的下列给付请求，哪些能够成为破产债权？（　　）

A. 某女士于2008年3月在酒店被该酒店保安人员殴打致伤，住院治疗8个月，要求赔偿医疗费8 730元。

B. 因该酒店歌舞厅从事色情营业，市公安局于2009年2月6日对其罚款1万元，限7日内缴纳。

C. 某旅行社与该酒店签订的合同，因酒店被宣告破产而终止，旅行社要求赔偿由此造成的损失18 000元。

D. 该酒店经理以酒店名义借用某公司小轿车一辆供其亲属使用，现该公司要求返还。

四、破产程序的终结

新《破产法》第四十三条第四款规定，债务人财产不足以清偿破产费用的，管理人应当提请人民法院终结破产程序。人民法院应当自收到请求之日起十五日内裁定终结破产程序，并予以公告。新《破产法》第一百零八条规定，破产宣告前，有下列情形之一的，人民法院应当裁定终结破产程序，并予以公告：①第三人为债务人提供足额担保或者为债务人清偿全部到期债务的；②债务人已清偿全部到期债务的。

新《破产法》第一百二十条规定，破产人无财产可供分配的，管理人应当请求人民法院裁定终结破产程序。管理人在最后分配完结后，应当及时向人民法院提交破产财产分配报告，并提请人民法院裁定终结破产程序。人民法院应当自收到管理人终结破产程序的请求之日起十五日内作出是否终结破产程序的裁定。裁定终结的，应当予以公告。而管理人应当自破产程序终结之日起十日内，持人民法院终结破产程序的裁定，向破产人的原登记机关办理注销登记。管理人于办理注销登记完毕的次日终止执行职务。但是，存在诉讼或者仲裁未决情况的除外。新《破产法》第一百二十三条还规定："自破产程序依照本法第四十三条第四款或者第一百二十条的规定终结之日起二年内，有下列情形之一的，债权人可以请求人民法院按照破产财产分配方案进行追加分配：①发现有依照本法第三十一条、第三十二条、第三十三条、第三十六条规定应当追回的财产的；②发现破产人有应当供分配的其他财产的。有前款规定情形，但财产数量不足以支付分配费用的，不再进行追加分配，由人民法院将其上交国库。"此外，破产人的保证人和其他连带债务人，在破产程序终结后，对债权人依照破产清算程序未受清偿的债权，依法继续承担清偿责任。

复习思考题

1. 简述企业法人的破产原因。
2. 简述破产法的适用范围。

3．简述破产财产的含义及其构成。

4．简述破产费用的含义及构成。

5．简述破产的清算顺序。

课后讨论

在某企业侵害消费者权益的案件中，法院现在告诉已提起诉讼的受害者家属，即使打赢了官司，因为该企业已经破产，根据破产法，像受害者这样的一般债权人，可能赔偿不一定能拿到。破产法的规定是不是合理，法院能否优先考虑保护受害者的人身伤害索赔权？

案例分析

案例一

某市机械厂因经营管理不善，无力偿还到期债务，该厂于8月14日向当地人民法院提交书面破产申请后，法院于8月20日受理，并于8月23日将受理裁定书面通知该厂，9月5日通知已知债权人并发布公告，同时指定某会计师事务所作为管理人接管该厂。在11月12日召开的第一次债权人会议上，管理人将该厂的财产、债务等情况汇报如下。

（1）该厂全部财产的变现价值为2 675万元。其中包括：已作为银行贷款等值担保物的财产价值为260万元；9月18日管理人发现该厂于上一年度11月5日无偿转让作价为140万元的财产，遂向法院申请予以撤销、追回财产，并于10月25日将该财产全部追回；该厂综合办公楼价值800万元，已用于对欠乙企业贷款500万元的抵押担保，款项尚未支付。

（2）该厂全部债务为7 246万元，其中包括欠发职工工资社会保险费用240万元、欠缴税款80万元；管理人于9月15日解除了该厂与甲企业所签的一份合同，给甲企业造成了120万元的经济损失。

（3）其他：诉讼费20万元，管理人报酬20万元，律师费等费用30万元，评估费30万元，为继续营业而支付的职工工资及社会保险15万元。

问题：

1．本破产案件中哪些属于破产费用？哪些属于共益债务？如何清偿？

2．本破产案件的清偿顺序如何？

3．债权人甲企业的破产债权能获得清偿的数额是多少？

案例二

某针织厂始建于20世纪50年代初期，属地方国有企业，因经营管理不善，长期严重亏损，已不能清偿到期债务。2000年9月1日，该厂向人民法院提出破产申请。人民法院受理此案后，依照法定程序，于2000年12月20日宣布该针织厂破产并于同年12月25日成立了清算组接管该厂。随后，请算组对该针织厂的财产进行了清理。有关清理情况如下。

1. 该针织厂资产总额为6 000万元（变现价值）。其中：流动资产1 000万元，长期投资800万元，固定资产4 000万元，其他资产200万元；负债总额为12 000万元，其中：流动负债1 1000万元，长期负债1 000万元。

2. 该针织厂流动负债的具体情况如下。

（1）应付职工工资及劳动保险费200万元，应缴税金500万元。

（2）短期借款4 200万元。其中：1999年10月5日，以厂房A、机器设备作为抵押，向A银行共贷款2 200万元；2000年2月1日向B银行信用贷款2 000万元。

（3）应付账款3 100万元。其中包括但不限于：①欠甲公司1998年9月到期贷款160万元。甲公司经多次催还无效后，起诉于人民法院，2000年8月2日，人民法院经过二审审理，判决该针织厂支付甲公司欠款及违约金等200万元，随后将该针织厂办公楼予以查封，拟用于抵偿甲公司的债权。人民法院受理该针织厂破产申请时，此判决正在执行之中。②欠乙公司1999年6月到期贷款100万元。乙公司经多次催还无效后，于2000年8月10日起诉于人民法院。人民法院受理该针织厂破产申请时，此案正在审理之中。③欠丙公司2000年5月5日到期的贷款150万元。2000年6月5日，应丙公司的要求，该厂与丙公司签订了一份担保合同。担保合同约定：若2000年8月5日该厂不能支付丙公司150万元欠款，则以厂房B折价抵偿丙公司欠款。

（4）其他流动负债合计3 000万元。

3. 经评估确认，厂房A变现价值为500万元，厂房B变现价值为200万元，办公楼变现价值为300万元，机器设备变现价值为1 400万元。

4. 该针织厂在破产程序中支付的破产费用为100万元。

根据以上事实，在不考虑债权利息的情况下，请分别回答下列问题。

（1）A 银行的破产债权额是多少？

（2）该针织厂欠甲公司、乙公司、丙公司的货款是否属于破产债权？为什么？

（3）该针织厂的破产财产应为多少？依照破产法的规定应按何种顺序分配？

（4）B 银行应分配的财产具体数额是多少？

合同法 第六章

契约是当事人之间的法律；习惯与合意可以使法律无效。

——法律谚语

学习重点与难点

合同的概念及特征

合同的订立程序：要约与承诺

无效合同、效力待定合同、可变更可撤销合同的概念、特征及其包含的各种情形

违约责任的归责原则

承担违约责任的方式

主要法律法规

《中华人民共和国合同法》

《中华人民共和国合同法司法解释（一、二）》

《中华人民共和国担保法》

课前预习

你是否与人订立过合同？请举例说明。

如果合同订立后一方违约，守约方因此遭受损害，并且觉得精神痛苦，是否可以要求精神损害赔偿？

第一节 合同法概述

一、合同的概念和特征

依据1999年3月15日第九届全国人民代表大会第二次会议通过的《中华人民共和国合同法》（以下简称《合同法》）第二条规定："本法所称合同是平等主体的自然人、法人、其他组织之间设立、变更、终止民事权利义务关系的协议。婚姻、收养、监护等有关身份关系的协议，适用其他法律的规定。"这是我国《合同法》对合同所下的法定定义，简单来说，合同是指当事人之间设立、变更、终止民事关系的协议。依法成立的合同，受法律保护。从我国合同法的规定看，我国合同法所指的合同为债权合同，身份合同不适用该法。

课堂探讨

合同与契约是否为等同概念？

知识扩展

合同曾有契约与合同之分。契约是双方当事人基于相互对立的意思表示一致而成立的民事

法律行为，如买卖契约。合同是双方或者三方以上当事人基于方向并行的意思表示一致而成立的民事法律行为，如合伙合同。我国现行法律不再作这样的区分，把二者统称为合同。

《合同法》调整的合同有以下法律特征。

（1）合同是一种民事法律行为。民事法律行为作为一种民事法律事实，它是民事主体实施的能够引起民事权利和民事义务的产生、变更或终止的合法行为。合同是一种民事法律行为意味着民法关于民事法律行为的一般规定，如民事法律行为的生效要件、民事行为的无效和撤销等，均可适用于合同。

（2）合同当事人的法律地位平等。合同主体地位平等，是指各方在合同订立和履行过程中，都平等地享有民事权利和承担民事义务，都有独立、自由、自主表达意思的权利，都平等地受法律的保护和约束，任何一方都不得将自己的意志强加给另一方。这也意味着非平等主体之间订立的如行政法上的行政合同等，《合同法》原则上不调整。

（3）合同以设立、变更或终止民事权利义务关系为目的，这就是说，订立合同不仅可以导致民事法律关系的设立，而且可以成为民事法律关系变更和终止的原因。“设立”是指民事法律关系的产生、确立。“变更”是指有关民事法律关系的变化，如主体的变化、客体的变化、内容的变化。“终止”是指民事法律关系的消灭。

（4）合同是一种合意或协议。合同应包括以下要素：两个以上的当事人；互相作出意思表示；意思表示一致。

二、合同的分类

（一）双务合同和单务合同

根据当事人双方权利义务的分担方式的不同，可以将合同分为双务合同和单务合同。双务合同是合同当事人双方互负对等给付义务的合同。双务合同的一方当事人所享有的权利，即为他方当事人所负有的义务，买卖、租赁、承揽等合同均属双务合同。单务合同是合同当事人双方并不互相享有权利和义务，而主要由一方负担义务，另一方只享有权利并不负有相对义务的合同，如借用合同、赠与合同。区分单务合同和双务合同的法律意义主要在合同履行中当事人的抗辩权不同。

（二）有偿合同和无偿合同

根据合同当事人是否因给付而取得利益，可以将合同分为有偿合同和无偿合同。有偿合同，是指当事人享受合同权利必须支付相应对价的合同，如买卖合同、借款合同。无偿合同，是指当事人享受合同权利无须支付相应对价的合同，如赠与合同。

区分有偿合同和无偿合同的法律意义在于当事人的合同责任不同。如《合同法》第三百七十四条规定：“保管期间，因保管人保管不善造成保管物毁损、灭失的，保管人应当承担损害赔偿责任，但保管是无偿的，保管人证明自己没有重大过失的，不承担损害赔偿责任。”

（三）诺成合同和实践合同

根据合同的成立是否以交付标的物为要件，可将合同分为诺成合同和实践合同。诺成合同，是指当事人意思表示一致即告成立的合同，如买卖、承揽合同等。实践合同，是指除当事人意思表示一致外，还须实际交付标的物才能成立的合同，如保管合同、自然人之间的借款合同等。区分诺成合同和实践合同，对于判定合同是否成立具有重要意义。

课堂探讨

合同一般是诺成合同还是实践合同？

（四）要式合同和不要式合同

根据法律是否要求合同必须具备一定的形式和手续，可以将合同分为要式合同和不要式合同。要式合同，是指根据法律规定应当采取特定方式订立的合同。不要式合同，是指当事人订立的合同依法并不需要采取特定的形式，当事人可以采取口头方式，也可以采取书面形式。要式合同与不要式合同的区别在于某些法律和行政法规对合同的形式要求会影响合同的生效。

课堂探讨

合同一般为要式合同还是不要式合同？

（五）主合同和从合同

根据合同之间的关系，可以将合同分为主合同和从合同。主合同，是指不依赖其他合同而独立存在的合同。从合同，又称为附属合同，是指必须以其他合同存在为前提的合同，如担保合同。一般而言，主合同无效，从合同也无效。如《担保法》规定：“担保合同是主合同的从合同，主合同无效，担保合同无效。担保合同另有约定的，按照约定。”

（六）有名合同和无名合同

有名合同，是指现行法律已确定了其名称及规则的合同。如《合同法》分则明确规定的十五种合同都属于有名合同。无名合同，是指现行法律未明确规定其名称和规则的合同。对于有名合同，首先应当考虑适用合同法分则中的一般规则。对于无名合同，《合同法》第一百二十四条规定：“本法分则或者其他法律没有明文规定的合同，适用本法总则的规定，并可以参照本法分则或者其他法律最相类似的规定。”

三、合同法的基本原则

（一）平等的原则

《合同法》第三条规定：“合同当事人的法律地位平等，一方不得将自己的意志强加给另一方。”平等原则应理解为当事人在合同订立、合同履行以及承担合同责任时的法律地位均是平等的，任何一方不得以大欺小、以强欺弱、以上压下，任何一方都不允许有超越法律的特权。

（二）自愿的原则

《合同法》第四条规定：“当事人依法享有自愿订立合同的权利，任何单位和个人不得非法干预。”自愿原则应理解为：当事人有权自主决定是否订立合同；一方当事人有权自愿选择对方当事人；当事人有权选择订立合同的形式；当事人在不违反法律、行政法规规定和社会公共利益的前提下有权自愿约定合同的内容；当事人在合同订立后可以协议补充、变更、解除合同。任何单位和个人不得非法干预。

（三）公平的原则

《合同法》第五条规定：“当事人应当遵循公平原则确定各方的权利和义务。”公平原则应理解为当事人在设定民事权利和义务以及承担合同责任时要公平、公允、合情合理，不得显失公平。

（四）诚实信用的原则

《合同法》第六条规定：“当事人行使权利、履行义务应当遵循诚实信用原则。”诚实信用原则应理解为：在订立合同时，当事人不得以欺诈手段或者假借订立合同恶意进行磋商；在履行合同时，当事人应当根据合同性质、目的和交易习惯，履行及时通知、协助、提供必要条件、防止损失扩大、保密等义务；在合同终止后，当事人应当履行保密等后契约义务。

（五）守法、不损害社会公共利益的原则

《合同法》第七条规定：“当事人订立、履行合同，应当遵守法律、行政法规，尊重社会公德，不得扰乱社会经济秩序，损害社会公共利益。”

第二节 合同的订立

一、合同的形式

根据《合同法》第十条规定，当事人订立合同，有书面形式、口头形式和其他形式。书面形式是指合同书、信件和数据电文（包括电报、电传、传真、电子数据交换和电子邮件）等可以有形地表现所载内容的形式。书面形式分为一般书面形式和特殊书面形式。合同书、信件、数据电文等是一般书面形式；公证、鉴证、审批、登记等是特殊书面形式。书面形式的合同优点在于合同有据可查，权利义务关系记载清楚，便于履行，当发生纠纷时容易举证，便于分清责任。《合同法》第十条第二款规定：“法律、行政法规规定采用书面形式的，应当采用书面形式。当事人约定采用书面形式的，应当采用书面形式。”《合同法》明确规定非自然人之间的借款合同、租赁期限为六个月以上的租赁合同、融资租赁合同、建设工程合同、技术开发合同以及技术转让合同等六种合同应当采用书面形式。为了贯彻合同自愿原则，《合同法》第三十六条进一步规定：“法律、行政法规规定或者当事人约定采用书面形式订立合同，当事人未采用书面形式但一方已经履行主要义务，对方接受的，该合同成立。”口头形式是当事人以口头语言形式相互为意思表示而订立合同的形式，如当面交谈、电话联系等。凡当事人无约定、法律未规定须采用特定形式的合同，均可采用口头形式。口头形式的优点是简便易行，缺点是缺少文字依据，在当事人发生纠纷时难于取证。因此，口头形式一般适用于标的额不大，即时结清的合同。其他形式主要是行为推定形式，其特点在于当事人不是通过语言文字，而是通过积极行动进行意思表示或者不作为而默认对方的意思表示来订立合同。

二、合同的内容与主要条款

合同的内容即合同的条款，是对合同当事人权利义务的具体规定。根据《合同法》第十二条的规定，合同的内容由当事人约定，一般包括以下条款。

（一）当事人的名称或者姓名和住所

当事人的名称或者姓名和住所是指自然人的姓名、住所以及法人和其他组织的名称、住所。当事人是合同权利和合同义务的承受者，订立合同必须有当事人这一条款，合同条款应具体写明当事人的名称或姓名和住所。

（二）标的

标的是指合同当事人权利和义务共同指向的对象。标的是一切合同的主要条款。标的条款必须清楚地写明标的名称，以使标的特定化，能够界定权利义务的量。标的可以是财物，标的也可以是行为，标的还可以是智力成果。

（三）数量

数量是指以数字和计量单位来衡量合同当事人权利义务大小的尺度，是决定当事人双方权利义务大小的依据。合同的数量应确切，必须按照国家规定的法定计量单位来计量，并在合同中作出明确规定。数量是合同标的的具体化。

（四）质量

质量是指检验标的内在素质和外观形态优劣的标志。质量是决定产品和劳务价格的主要依据，它包括规格、性质、款式、标准等。不同的产品有不同的质量标准，国家对质量标准有许多规定，当事人可以按照国家规定的质量标准订立合同，也可以自行约定质量标准。

（五）价款或者报酬

价款或报酬是有偿合同的条款。价款是取得标的物所支付的代价。报酬是指以行为为标的有偿合同中，取得利益的一方当事人获得服务所应支付的代价。

（六）履行的期限、地点和方式

履行期限是履行合同义务的时间界限，涉及当事人的期限利益，也是确定违约与否的因素之一，十分重要。履行地点是履行合同义务的地点，它关系到履行费用负担，风险的承担及合同纠纷的法院管辖等。履行方式指履行合同义务的方式，包括交货方式、验收方式、付款方式、结算方式等。

（七）违约责任

违约责任是指合同当事人不履行合同义务或者履行合同义务不符合约定而应承担的民事责任，它以支付违约金和损失赔偿金为主要承担责任方式。

（八）解决争议的方法

解决争议的方法是指合同当事人解决合同纠纷的手段、地点等。当事人可以选择仲裁或者诉讼作为解决合同争议的方法。

三、合同订立的程序

合同订立的程序是指合同当事人各方就合同条款通过协商达成一致的过程。《合同法》第十三条规定："当事人订立合同，采取要约、承诺方式。"这也是合同成立的必经阶段。

（一）要约

1. 要约的概念和构成条件

要约，又称为发盘、报价、订约提议，是指希望和他人订立合同的意思表示。要约是订立合同的必经阶段，是一方当事人以缔结合同为目的，向对方当事人所作的意思表示。发出要约的人称为要约人，接受要约的人则称为受要约人、相对人或承诺人。意思表示是把内心旨在发生一定效果的意思对外表示出来的行为。要约可以用书面形式作出，也可以用口头或行为作出。根据《合同法》第十四条规定，要约应当具备以下条件：①内容具体确定，必须具有足以使合同成立的主要条款。②要约必须具有订立合同的意图。要约中必须表明经受要约人承诺，要约人即受该意思表示约束。

2. 要约和要约邀请的区别

要约邀请又称要约引诱，是希望他人向自己发出要约的意思表示。要约邀请是当事人订立合同的预备行为，行为人在法律上无须承担责任。要约邀请与要约的区别在于：①依法律规定作出区分。我国《合同法》第十五条规定，寄送的价目表、拍卖公告、招标公告、招股说明书、商业广告等为要约邀请。②根据当事人的意愿来作出区分。要约中应包含明确的订约意图。而要约邀请人只是希望对方向自己提出订约的意思表示，要约邀请中订约的意图并不是很明确的。③根据订约提议的内容是否包含了合同的主要条款来确定该提议是要约邀请还是要约。④根据交易的习惯即当事人历来的交易做法来区分。例如询问商品的价格，根据交易习惯，一般认为是要约邀请而不是要约。如当事人之间因多次从事某种物品的买卖，始终未改变其买卖货物的品种和价格，那么根据双方的交易习惯，一方仅向对方提出买卖的数量，也可以成为要约。

课堂探讨

区分要约与要约邀请的意义何在？

课堂思考

《合同法》第十五条：要约邀请是希望他人向自己发出要约的意思表示。寄送的价目表、拍卖公告、招标公告、招股说明书、商业广告等为要约邀请。商业广告的内容符合要约规定的，视为要约。

请举例说明，什么样的广告为要约？

3．要约的生效

要约到达受要约人时生效。采用数据电文形式订立合同，收件人指定特定系统接收数据电文的，该数据电文进入该特定系统的时间，视为到达时间；未指定特定系统的，该数据电文进入收件人的任何系统的首次时间，视为到达时间。

4．要约的撤回与撤销

要约可以撤回。要约撤回，是指要约在发生法律效力之前，要约人做出撤回要约的通知使要约不发生法律效力而取消要约的意思表示。撤回要约的通知应当在要约到达受要约人之前或者与要约同时到达受要约人。要约可以撤销。要约的撤销是要约在发生法律效力之后，要约人撤销要约的通知使要约丧失法律效力而取消该项要约的意思表示。撤销要约的通知应当在受要约人发出承诺通知之前到达受要约人。要约的撤销与要约的撤回，其不同之处在于，要约的撤销发生在要约生效以后，而要约的撤回发生在要约生效之前。但有下列情形之一的，要约不得撤销：①要约人确定了承诺期限或者以其他形式明示要约不可撤销的；②受要约人有理由认为要约是不可撤销的，并已经为履行合同做了准备工作。

5．要约的失效

要约的失效即要约的消灭，是指要约丧失了对要约人和受要约人的法律约束力。根据《合同法》的规定，有下列情形之一的，要约失效：①拒绝要约的通知到达要约人的；②要约人依法撤销要约的；③承诺期限届满，受要约人未作出承诺的；④受要约人对要约的内容作出实质性变更的。

（二）承诺

1．承诺的概念

承诺，又称为接受提议，是受要约人同意要约的意思表示。接受要约的人，称为承诺人。要约人的要约，一经受要约人承诺，合同即告成立。承诺应当由特定的受要约人向要约人作出。承诺的内容应当与要约的内容一致。受要约人对要约的内容作出实质性变更的，为新要约。有关合同标的、数量、质量、价款或者报酬、履行期限、履行地点和方式、违约责任和解决争议方法等的变更，是对要约内容的实质性变更。承诺应当以通知的方式作出，但根据交易习惯或者要约表明可以通过行为作出承诺的除外。承诺应当在要约确定的期限内到达要约人。要约没有确定承诺期限的，承诺应当依照下列规定到达：①要约以对话方式作出的，应当即时作出承诺，但当事人另有约定的除外；②要约以非对话方式作出的，承诺应当在合理期限内到达。要约以信件或者电报作出的，承诺期限自信件载明的日期或者电报交发之日开始计算。信件未载明日期的，自投寄该信件的邮戳日期开始计算。要约以电话、传真等快速通信方式作出的，承诺期限自要约到达受要约人时开始计算。

2．承诺的生效

承诺通知到达要约人时生效。承诺不需要通知的，根据交易习惯或者要约的要求作出承诺的行为时生效。

3．承诺的撤回

承诺可以撤回。撤回承诺的通知应当在承诺通知到达要约人之前或者与承诺通知同时到达要约人。

课堂讨论

承诺是否可以撤销？

4．迟延承诺

迟延承诺分为一般迟延承诺和意外迟延承诺。一般迟延承诺，又称为逾期承诺，是指受要约人超过承诺期限所作出的承诺。意外迟延承诺，是指受要约人在承诺期限内发出，按照通常情形能够及时到达要约人，但因其他原因承诺到达要约人时超过承诺期限的承诺。根据《合同法》的规定，受要约人超过承诺期限发出承诺的，除要约人及时通知受要约人该承诺有效的以外，为新要约；而对于意外迟延承诺，除要约人及时通知受要约人因承诺超过期限不接受该承诺的以外，该承诺有效。

四、合同的成立

（一）合同成立时间

1．一般规定

《合同法》第二十五条规定：承诺生效时合同成立。据此，合同于承诺生效时成立，该规定适用于大多数合同。

2．合同书形式的合同成立时间

《合同法》第三十二条规定：当事人采用合同书形式订立合同的，自双方当事人签字或盖章时合同成立。当事人采用合同书形式订立合同，但并未签字盖章，意味着当事人的意思表示未能最后达成一致，因而一般不能认为合同成立。双方当事人签字或盖章不在同一时间的，以最后签字或盖章时合同成立。

3．确认书形式的合同成立时间

《合同法》第三十三条规定：当事人采用信件、数据电文形式订立合同的，可以在合同成立之前要求签订确认书。签订确认书时合同成立。在此情况下，确认书具有最终承诺的意义。

4．合同的实际成立

《合同法》第三十六条规定：法律、行政法规规定或者当事人约定采用书面形式订立合同，当事人未采用书面形式但一方已经履行主要义务，对方接受的，该合同成立。此时可从实际履行合同义务的行为中推定当事人已经形成了合意和合同关系，当事人一方不得以未采取书面形式或未签字盖章为由，否认合同关系的实际存在。

（二）合同的成立地点

1．一般规定

《合同法》第三十四条规定："承诺生效的地点为合同成立的地点。采用数据电文形式订立合同的，收件人的主营业地为合同成立的地点；没有主营业地的，其经常居住地为合同成立的地点。当事人另有约定的，按照其约定。"

2．书面合同的成立地点

《合同法》第三十五条规定："当事人采用合同书形式订立合同的，双方当事人签字或盖章的地点为合同成立的地点。”

五、缔约过失责任

（一）缔约过失责任的概念

缔约过失责任，是指当事人在订立合同的过程中，因违背诚实信用原则而致对方损失时所应承担的损害赔偿责任。缔约过失责任发生于合同订立阶段，它不同于违约责任。承担违约责任的前提是合同已成立并生效。缔约过失责任的构成要件包括以下内容

1．缔约一方当事人有违反法定附随义务或先合同义务的行为

在缔约阶段，当事人为缔结契约而接触协商之际，已由原来的普通关系进入到一种特殊的关系（即信赖关系），双方均应依诚实信用原则互负一定的义务，一般称为附随义务，即互相协助、互相照顾、互相告知、互相诚实等义务。若当事人违背了其所负有的附随义务，并破坏了缔约关系，就构成了缔约过失，才有可能承担责任。

2．该违反法定附随义务或先合同义务的行为给对方造成了信赖利益的损失

如果没有损失，就不会存在赔偿问题，而所谓信赖利益损失，指相对人因信赖合同会有效成立却由于合同最终不成立或无效而受到的利益损失，这种信赖利益必须是基于合理的信赖而产生的利益，即在缔约阶段因为一方的行为已使另一方足以相信合同能成立或生效。若从客观的事实中不能对合同的成立或生效产生信赖，即使已经支付了大量费用，这是因为缔约人自身判断失误造成的，不能视为信赖利益的损失。

3．违反法定附随义务或先合同义务一方缔约人在主观上必须存在过错

这里的过错既包括故意也包括过失。无论是故意还是过失，只要在缔约阶段违反了附随义务，并对合同最终不能成立或被确认无效或被撤销负有过错，就应当承担缔约过失责任。并且，责任的大小与过错的形式没有任何关系，这是因为缔约过失责任以造成他人信赖利益损失为承担责任的条件，其落脚点在于行为的最终结果，而非行为的本身。

4．缔约人一方当事人违反义务的行为与对方所受到的损失之间必须存在因果关系

即对方的信赖利益损失是由行为人的缔约过失行为造成的，而不是其他行为造成的。如果这二者之间不存在因果关系，则不能让其承担缔约过失责任，这是该责任制度的内在要求。

以上 4 个要件缺一不可，否则就不能产生缔约过失责任。同时 4 个要件间又是彼此联系的有机整体，缔约过失责任的认定必须严格按照这 4 个构成要件来进行。

（二）缔约过失责任的适用

根据《合同法》第四十二条的规定，缔约过失责任主要有以下 3 种情形。

（1）“假借订立合同，以损害对方利益为目的，恶意进行磋商。”在这种情况下，一方当事人并没有订立合同的意思，只是为了损害对方利益，如故意与对方谈判让对方丧失与他人交易的时机。

（2）有“故意隐瞒与订立合同有关的重要事实或者提供虚假情况”的欺诈行为。此种情况属于缔约过程中的欺诈行为。欺诈是指一方当事人故意实施某种欺骗他人的行为，并使他人陷入错误而订立的合同。

（3）“其他违背诚实信用原则的行为。”这类行为主要是指违反前契约义务的行为，常见的包括以下情况：①一方未尽通知、协助等义务，增加了相对方的缔约成本而造成财产损失；②一方未尽告知义务，当事人在订立合同时对一些必要的信息必须告诉对方当事人，如果没有告知而使对方当事人遭受损失要承担缔约过失责任；③一方未尽照顾、保护义务，造成相对方人身或财产的损害。

课堂思考

缔约过失责任与违约责任的区别有哪些？

第三节 合同的效力

一、合同效力的概念

合同的效力，是指合同的法律效力，是已经成立的合同在当事人之间产生的一定的法律约束力。合同有效，即指该合同在法律上对当事人具有约束力，国家法律给予保护。反之，合同无效，即指该合同在法律上对当事人无约束力。根据《合同法》的规定，从效力角度可以将合同划分为有效合同、无效合同、效力待定合同和可变更、可撤销的合同四大类。

课堂讨论

合同成立是否等同于合同生效？

二、有效合同

（一）有效合同的概念

有效合同，又称为生效合同，是指符合法律规定的有效要件，因而对当事人具有法律约束力的合同。合同生效不同于合同成立。合同成立仅表明当事人意思表示一致，完成了合同的订立过程。而合同生效除要求合同已成立以外，还要求符合法律规定的有效要件。合同的成立主要表现了当事人的意志，而合同的效力体现了国家对合同的评价和干预。

（二）合同生效的要件

根据《合同法》的规定，合同生效应具备以下要件。

1. 订立合同的主体合格

订立合同的主体合格是指，订立合同的主体应当具有同订立的合同相适应的民事权利能力和民事行为能力。订立合同的主体包括自然人、法人和其他组织。根据《合同法》的规定，限制民事行为能力人订立的合同，经法定代理人追认后，该合同有效，但纯获利益的合同或者与其年龄、智力、精神健康状况相适应而订立的合同，不必经法定代理人追认。行为人没有代理权、超越代理权或者代理权终止后以被代理人名义订立的合同，未经被代理人追认，对被代理人不发生效力，由行为人承担责任。但是，法人或者其他组织的法定代表人、负责人超越权限订立的合同，除相对人知道或者应当知道其超越权限的以外，该代表行为有效。

课堂思考

我国法律对民事行为能力如何分类？

2. 当事人意思表示真实

当事人意思表示真实，即当事人是出于自愿而订立合同，不存在当事人的内心想法与外在表示不一致的情形。意思表示是否真实将直接影响合同的效力。意思表示不真实有两种情况：一是由于当事人自身的原因，如错误判断等原因而作出不真实的意思表示；二是由于当事人以外的原因，如对方的欺诈、胁迫等原因导致作出不真实的意思表示。对于意思表示不真实的合同的效力，合同法没有一概认定为无效合同。

3．不违反法律和社会公共利益

这一要件说明合同内容、形式要合法，不得损害国家和社会公共利益。根据《合同法》的规定，不违反法律主要是指不违反法律和行政法规的强制性规定。不违反社会公共利益是一个抽象的、弹性很大的概念，包括社会公共道德和善良风俗。内容违反法律和社会公共利益的合同是无效合同。

（三）合同的生效时间

1．一般规定

《合同法》第四十四条规定："依法成立的合同，自成立时生效。法律、行政法规规定应办理批准、登记等手续的，依照其规定。"据此，对合同的生效时间从一般情况和特别情况两层进行了规定。一般情况下，依法成立的合同，自成立时生效。这时，合同的成立和生效是同一时间。特殊情况下，法律、行政法规规定应办理批准、登记手续的，自批准、登记时生效。这时，合同依法成立在前，生效在后。

2．附条件的合同

附条件的合同是指合同的双方当事人在合同中约定某种事实状态，并以其将来发生或者不发生作为生效或不生效的限制条件的合同。《合同法》第四十五条第一款规定："当事人对合同的效力可以约定附条件。附生效条件的合同，自条件成就时生效。附解除条件的合同，自条件成就时无效。"

3．附期限的合同

附期限合同的期限，是指将来肯定能够发生的由当事人约定的期限。《合同法》第四十六条规定："当事人对合同的效力可以约定附期限。附生效期限的合同，自期限届至时生效。附终止期限的合同，自期限届满时失效。"

三、无效合同

无效合同，是指合同虽已成立但因为不具备合同的有效条件且不能补救，对当事人自始不具有法律约束力的合同。根据《合同法》第五十二条的规定，有下列情形之一的，合同无效。

（1）一方以欺诈、胁迫的手段订立合同，损害国家利益的。

（2）恶意串通，损害国家、集体或者第三人利益的。

（3）以合法形式掩盖非法目的的。

（4）损害社会公共利益的。

（5）违反法律、行政法规的强制性规定。

合同无效可分为整个合同无效和部分无效，合同部分无效的，不影响其他部分的效力，其他部分仍然有效。无效合同自合同订立之始就没有法律约束力。合同无效，不影响合同中独立存在的有关解决争议方法条款的效力。当事人对造成合同无效有过错的，要承担包括缔约过失责任在内的相应的民事责任或者行政责任，赔偿对方因此所受到的损失。

《合同法》第五十三条规定了两种无效的免责条款：①造成对方人身伤害的；②因故意或者重大过失造成对方财产损失的。此外，我国《合同法》还对格式条款的无效问题做出了专门的规定。格式条款又称为标准条款，也称作附合合同等。格式条款是为重复使用而事先拟定的，格式条款的内容不与对方协商，具有不变性。格式条款的制定者在经济方面具有绝对的优势地位。如果格式条款合同具有《合同法》第五十二条规定的情形，属于无效合同；如果格式条款合同具有《合同法》第五十三条规定的情形，属于无效的免责条款；此外，提供格式条款一方免除其责任、加重对方责任、排除对方主要权利的，该条款无效。

四、效力待定合同

效力待定合同，也称效力可追认的合同，是指合同主体资格欠缺，但经有权人追认即自始有效的合同。效力待定合同，其缺陷为主体资格欠缺，与无效合同不同的是，这些合同中的瑕疵是可以补救的，即经过有权人的追认，合同自始生效。《合同法》规定了效力待定合同，给当事人补正合同效力的机会，有利于保护权利人和相对人的合法权益，维护交易安全。效力待定合同有如下几种。

（一）限制民事行为能力人依法不能独立订立的合同

限制民事行为能力人可以从事与其年龄、智力和精神健康状况相适应的行为。因此，《合同法》规定，限制民事行为能力人订立的与其年龄、智力、精神健康状况相适应的合同或纯获利益的合同为有效合同，不需要其法定代理人的追认。但除了这些合同，限制行为人订立的其他合同，须经法定代理人的追认，合同方能有效。合同在追认之前，效力处于待定状态。

（二）无权代理人订立的合同

无权代理人订立的合同是指不具有代理权的行为人以被代理人的名义与第三人订立的合同。无权代理包括行为人没有代理权、超越代理权或者代理终止后以被代理人名义为民事行为三种情形。行为人无代理权而以被代理人名义与第三人订立合同，对被代理人不发生法律后果，只有当被代理人对无权代理人订立的合同予以追认，该合同才对被代理人发生效力。合同在被追认之前，效力处于待定状态。

（三）无处分权人订立的合同

无处分权人订立的合同是指行为人对某项财产无处分权而与他人订立处分该财产的合同。行为人处分其有处分权的财产是合法行为因而是有效的，而行为人处分其无处分权的财产则不能当然有效。《合同法》规定：无处分权的人处分他人财产，经权利人追认或者无处分权的人订立合同后取得处分权的，该合同有效。在效力待定合同中，有权人的追认是至关重要的。如果权利人对该效力待定合同进行追认，则合同有效；不予追认，则合同无效。当然，无处分权人订立的合同除了处分权人的追认可以使得合同有效以外，无处分权人事后取得处分权也可以使合同产生法律效力。追认权是权利人一项权利而非义务，有权人既可以做出追认，也可以拒绝追认。权利人的追认应当以明示的、积极的方式做出，当相对人催告时，权利人未作表示的沉默行为只能表示拒绝追认。为了维护合同当事人权利的平衡，保护善意相对人的利益，《合同法》一方面规定在效力待定合同中权利人享有追认权，另一方面还赋予了合同的相对人以催告权和撤销权。催告权是指相对人催告效力待定合同的法定代理人、被代理人等权利人在一定期限内（合同法规定在一个月）对合同作出追认的权利。相对人在行使这一权利后，法定代理人、被代理人应当如期作出追认的表示，如果法定代理人、被代理人未明示追认，则视为拒绝追认。撤销权，是指合同的善意相对人在效力待定合同的法定代理人、被代理人等权利人未追认限制行为能力人、无权代理人所订立的合同之前，撤销该合同的权利。

并非所有的无权代理合同的效力都为效力待定，两种不属于效力待定合同的特殊情形值得关注：一是表见代理。所谓表见代理，是指被代理人的行为足以使善意相对人相信无权代理人具有代理权，基于这种信赖，相对人与无权代理人进行交易，由此产生的法律后果由被代理人承担的代理。《合同法》第四十九条规定："行为人没有代理权、超越代理权或者代理权终止后以被代理人名义订立合同，相对人有理由相信行为人有代理权的，该代理行为有效。"表见代理实质上是无权代理，是广义无权代理的一种。若无权代理行为均由被代理人追认决定其效力的话，会给善意第三人造成损害，因此，在表见的情形之下，规定由被代理人承担表见代理行为的法律后果，更有利于保护善意第三人的利益，维护交易安全，并以此加强代理制度的可信度。二是代表行为。《合同法》第五十条规定：“法人或者其他组织的法定代表人、负责人超越权限订立的合同，除相对人知道或者应当知道其超越权限的以外，该代表行为有效。”

五、可变更、可撤销的合同

（一）可变更、可撤销合同的概念

可变更、可撤销合同，是指因意思表示不真实，当事人一方有权请求人民法院或仲裁机构予以变更或撤销的合同。可变更、可撤销的合同不同于效力待定合同，对于可变更、可撤销合同，如果当事人不申请变更或者撤销，则该合同有效；而对于效力待定合同，未经有权人追认，则该合同无效。

（二）可变更、可撤销合同的适用情形

1．因重大误解订立的合同

行为人因为对行为的性质、对方当事人、标的物的品种、质量、规格和数量等的错误认识，使行为的后果与自己的意思相悖，并造成较大损失的，可以认定为重大误解。

2．在订立合同时显失公平的合同

一方当事人利用优势或者利用对方没有经验，致使双方的权利与义务明显违反公平、等价有偿原则的，可以认定为显失公平。

3．以欺诈、胁迫手段或乘人之危订立的合同

一方当事人故意告知对方虚假情况，或者故意隐瞒真实情况，诱使对方当事人作出错误意思表示的，可以认定为欺诈行为。以给公民及其亲友的生命健康、荣誉、名誉、财产等造成损害或者以给法人的荣誉、名誉、财产等造成损害为要挟，迫使对方作出违背真实的意思表示的，可以认定为胁迫行为。一方当事人乘对方处于危难之机，为牟取不正当利益，迫使对方作出不真实的意思表示，严重损害对方利益的，可以认定为乘人之危。

（三）变更、撤销合同请求权的行使和消灭

一方以欺诈、胁迫的手段或者乘人之危，使对方在违背真实意思的情况下订立的合同，受损害方有权请求人民法院或者仲裁机构变更或者撤销。当事人请求变更的，人民法院或者仲裁机构不得撤销。有下列情形之一的，撤销权消灭：①具有撤销权的当事人自知道或者应当知道撤销事由之日起 1 年内没有行使撤销权的；②具有撤销权的当事人知道撤销事由后明确表示或者以自己的行为放弃撤销权的。

（四）无效合同、可撤销合同的法律后果

无效合同或者被撤销的合同，自始没有法律约束力。合同部分无效的，不影响其余部分的效力，其余部分仍然有效。合同无效、被撤销或者终止的，不影响合同中独立存在的有关解决争议方法的条款的效力。《合同法》对无效合同与被撤销合同的法律后果做了以下规定。

1．返还财产

因为履行无效或被撤销的合同而取得的财产，应当返还。无效合同或者被撤销合同的已经交付财产的当事人对该财产有返还请求权，已经接受该财产的当事人则有返还财产的义务。但对于不能返还或者没有必要返还的，应当采取折价补偿的方式。

2. 赔偿损失

由于当事人一方或双方的过错导致合同无效或被撤销，有过错的一方应当赔偿对方因此所遭受的损失。双方都有过错的，应各自承担相应的责任。

3. 特殊的法律后果——收归国有或者返还集体、第三人

恶意串通，损害国家、集体或者第三人利益的合同被法律规定为无效合同，由于这种合同的订立目的是为牟取非法利益，因此法律对这种合同的法律后果不是当事人之间返还财产、折价补偿、赔偿损失的问题，而是应当由有关国家机关依法收缴双方所得财产，收归国家所有或者返还集体、第三人。

课堂探讨

无效合同、可撤销可变更合同、效力待定合同在效力上有何区别？

第四节 合同的履行

一、合同的履行原则

（一）全面履行原则

全面履行原则，又称适当履行原则、正确履行原则、严格履行原则，是指合同生效后，当事人各方应按照合同约定全面履行其合同义务。具体而言，这一原则要求合同当事人按照合同规定的标的、数量、质量、履行期限、履行地点以及履行方式，全面完成其合同义务。《合同法》第六十条第一款规定：“当事人应当按照约定全面履行自己的义务。”第七十六条进一步规定：“合同生效后，当事人不得因姓名、名称或者法定代表人、负责人、承办人的变动而不履行合同义务。”

（二）诚实信用原则

诚实信用原则，是指当事人应本着诚实信用精神履行其合同明示义务和合同随附义务。所谓合同随附义务，是指因合同的订立和合同的履行伴随而来的义务，主要包括：①通知义务；②协助义务；③保密义务；④注意义务；⑤减损义务。《合同法》第六十条第二款明确规定：“当事人应当遵循诚实信用原则，根据合同的性质、目的和交易习惯履行通知、协助、保密等义务。”

二、合同履行中的具体规则

合同生效后，当事人就质量、价款或者报酬、履行地点等内容没有约定或者约定不明确的，可以协议补充。不能达成补充协议的，按照合同有关条款或者交易习惯确定。按照合同有关条款或者交易习惯仍不能确定的，适用下列规定。

（1）质量要求不明确的，按照国家标准、行业标准履行；没有国家标准、行业标准的，按照通常标准或者符合合同目的的特定标准履行。

（2）价款或者报酬不明确的，按照订立合同时履行地的市场价格履行。依法应当执行政府定价或者政府指导价的在合同约定的交付期限内政府价格调整时，按照交付时的价格计价。逾期交付标的物的，遇价格上涨时，按照原价格执行；价格下降时，按照新价格执行。逾期提取标的物或者逾期付款的，遇价格上涨时，按照新价格执行；价格下降时，按照原价格执行。

（3）履行地点不明确，给付货币的，在接受货币一方所在地履行；交付不动产的，在不动产所

在地履行；其他标的，在履行义务一方所在地履行。

（4）履行期限不明确的，债务人可以随时履行，债权人也可以随时要求履行，但应当给对方必要的准备时间。

（5）履行方式不明确的，按照有利于实现合同目的的方式履行。

（6）履行费用的负担不明确的，由履行义务一方负担。

三、合同履行中的抗辩权

双务合同履行中的抗辩权是指在符合法律规定的条件下，合同当事人一方对抗对方当事人的履行请求权，暂时拒绝履行其债务的权利。这些抗辩权利的设置，使当事人在法定情况下可以对抗对方的请求权，使当事人的拒绝履行不构成违约，可以更好地维护自己的利益。双务合同履行中的抗辩权为一时的抗辩权，延缓的抗辩权，在产生抗辩权的原因消失后，债务人仍应当履行债务。这种权利对于抗辩人而言是一种保护手段，目的是免去自己履行义务可能带来的风险。形成这种抗辩权的基础是双务合同当事人之间在合同义务方面的牵连性。根据我国合同法的规定，当事人在合同履行中，可以根据不同的条件行使的同时履行抗辩权、先履行抗辩权、不安抗辩权。

案例探讨

2000年8月10日，甲公司与乙公司在签订购销合同一份。合同约定：甲公司供给乙公司国际中级毛绿豆（含水量2%）3 000吨，每吨价格985元，总货款2 955 000元，于同年9月20日前交货，并负责办理商检证、免疫证、产地证、供货证和化验单。需方乙公司在合同生效后预付22万元定金，8月底付足货款的50%，包括定金共1 477 500元，余下货款在货到后付清。

合同签订后，乙公司于2000年8月11日给付合同定金22万元，并在收到甲公司提供的商检、产地等证和相关部门出具的绿豆计划外销售批件后，于同年8月25日将合计金额为1 257 500元的两张汇票交给甲公司。甲公司收到定金及汇票后，于9月13日向乙公司发出毛绿豆3 000吨，并要求乙公司收到货物后结清余款。乙公司在验货后发现：毛绿豆的含水量高出合同约定标准4%，无法制浆，所以，以供方履约有瑕疵为由，拒付余款。而甲公司则认为：合同约定需方在“货到后结清余款”，但需方在收货后迟迟未将余款结清，构成违约，双方遂发生纠纷。

在本案的审理过程中，存在以下两种不同的意见。

一种意见认为，虽然供方交货不符合合同所约定的标准，构成违约，但需方在收到货物后，未按合同约定结清余下货款，同样也构成违约，所以，双方均应承担违约责任，其比例按照双方的过错大小分摊。

另一种意见认为，本合同对于合同双方的履行时间有明确规定：供方应先于需方履行其供货义务。因此，供方履行合同不符合约定在先，就无权利要求需方履行付款义务，违约责任应当由供方单独承担。

请对此案例谈谈你的看法。

（一）同时履行抗辩权

同时履行抗辩权是指双务合同的当事人没有先后履行顺序，一方在对方未为对待给付以前，可以拒绝履行自己的债务的权利。同时履行抗辩权成立的条件包括以下几个方面。

1．须由同一双务合同互负债务

同时履行抗辩权产生的根据是双务合同的牵连性。所谓合同的牵连性是指给付与对待给付具有不可分离的关系。因此，此抗辩权只能适合用于双务合同，且给付与对待给付是基于同一双务合同而发生的，否则，不能主张同时履行抗辩权。

2．须当事人履行没有先后顺序

合同当事人履行合同没有先后顺序即合同应同时履行，在双方互负债均为已届清偿期时，一方未履行，对方可行使同时履行抗辩权。

3．对方未提出给付

双务合同当事人一方在向另一方请求履行时，其自己所负的债务未履行的，另一方因此可主张同时履行抗辩权。因此，同时履行抗辩只能在对方未提出给付时才能行使。当然，对方的对待给付是可能履行的，如果对方所负的债务已不可能履行，同时履行的目的已不可能达到，则不发生同时履行抗辩权问题，只能通过《合同法》的其他制度来解决。

（二）不安抗辩权

不安抗辩权是指在有先后履行顺序的双务合同中，先履行义务一方在后履行义务一方当事人的财产状况发生恶化而难以对待给付之时，有权要求对方先为对待履行或提供担保，在对方未为对待履行或未提供担保时，有权中止合同而拒绝自己的履行。不安抗辩权成立的要求包括以下几个方面。

1．一方有先为给付的义务

不安抗辩权是有先后履行顺序的双务合同的先履行一方当事人享有的权利。

2．有难为给付之状况

应当先履行债务的当事人，只能在有确切证据证明对方有难为给付状况时，才能行使不安抗辩权。依《合同法》第六十八条的规定，这些状况包括：①经营状况严重恶化；②移转财产，抽逃资金，以逃避债务；③丧失商业信誉；④有丧失或者可能丧失履行债务能力的其他情形。对方有符合上述情形之一的，先履行债务的当事人就可以中止履行。

3．对方未提供担保

先履行义务一方当事人依法中止履行的，应当及时通知对方。对方提供适当担保时，应当恢复履行。中止履行后，对方在合理期限内未恢复履行能力并且未提供适当的担保，中止履行的一方可以解除合同。不安抗辩权人行使不安抗辩权时，应当及时通知对方，并负有证明对方丧失可能履行能力的证据。如果没有确切证据而中止履行的，应当负违约责任。

不安抗辩权的效力如下。

（1）在后履行义务人提供适当担保前，先履行义务人可以中止履行合同。

（2）如果后履行义务人对履行合同提供了适当担保，则不安抗辩权即归于消灭，先履行义务人应恢复履行。

（3）在先履行义务人中止履行后，如果对方在合理期限内未恢复履行能力，也未提供适当担保的，中止履行的一方可以解除合同。

（三）先履行抗辩权

先履行抗辩权是指在有先后履行顺序的双务合同中，先履行一方未履行之前，后履行一方有权拒绝其履行请求，或先履行一方履行债务不符合约定，后履行一方有权拒绝其相应的履行请求。先履行抗辩权的成立要件如下。

（1）双方因同一合同互负债务。

（2）债务有先后履行顺序。

（3）先履行一方未履行或履行债务不符合约定。

四、合同履行中的债权保全

债权保全，是指为了防止债务人的财产不当减少而允许债权人对债务人的不当行为行使撤销权或者对第三人行使代位权以保障债权得以实现的一种法律制度。债权人的代位权是为了保持债务人的责任财产而设立的，适用于债务人的财产应增加且能增加而因债务人的故意未增加的情形；债权人的撤销权是为了恢复债务人的责任财产而设立的，适用于债务人的财产不应减少而因债务人和第三人的行为发生减少的情形。

（一）代位权

代位权，是指当债务人怠于行使其对第三人享有的到期债权对债权人造成损害时，债权人享有的以自己的名义代位行使债务人对第三人的债权的权利。《合同法》第七十三条规定："因债务人怠于行使其到期债权，对债权人造成损害的，债权人可以向人民法院请求以自己的名义代位行使债务人的债权，但该债权专属于债务人自身的除外。代位权的行使范围以债权人的债权为限。债权人行使代位权的必要费用，由债务人负担。"根据这一规定，债权人提起代位权诉讼，应当符合下列条件。

1．债权人与债务人之间须存在合法的债权债务关系

这是代位权行使的前提条件。债权人与债务人间的债权债务无效或被撤销，债权人不能行使代位权。同样，债务人与其债务人之间的债权也必须是合法的。

2．债务人怠于行使其到期债权且给债权人造成损害

所谓怠于行使是指债务人应当行使且能行使而不行使。因债务人怠于行使权利使债务人应得到的利益没有得到，从而使债务人不能履行对债权人的债务，使债权人债权无法实现，即是给债权人的债权造成了损害。

3．债务人的债权已到期

只有债务人的债权已到期，债权人才能代债务人行使权利，否则，即会侵害第三人的合法权益。

4．债务人的债权是非专属于债务人的债权

专属于债务人自身的债权，是指基于收养关系、抚养关系、赡养关系、继承关系产生的给付请求权和劳动报酬、退休金、抚恤金、安置费、人寿保险、人身伤害赔偿请求权等权利。这些专属于债务人自身的债权，债权人不得代位行使。

（二）撤销权

撤销权，是指当债务人处分其财产或者权利对债权人造成损害时，债权人享有请求法院撤销债务人该行为的权利。《合同法》第七十四条规定："因债务人放弃其到期债权或者无偿转让财产，对债权人造成损害的，债权人可以请求人民法院撤销债务人的行为。债务人以明显不合理的低价转让财产，对债权人造成损害，并且受让人知道该情形的，债权人也可以请求人民法院撤销债务人的行为。撤销权的行使范围以债权人的债权为限。债权人行使撤销权的必要费用，由债务人负担。"根据这一规定，债权人提起撤销权诉讼应当符合下列条件。

1．客观要件

必须是债务人实施了一定的危害债权人债权的行为，才能使债权人行使撤销权。危害债权的行为包括债务人的处分行为和债务人与第三人实施一定的民事行为，这种危害债权的行为包括放弃债权、无偿转让财产、以明显不合理的低价转让财产等。

2．主观要件

债权人行使撤销权一般要求债务人在实施危害债权的行为时其主观上具有恶意。具有恶意是指

债务人知道自己的行为会危害债权而故意为之。当债务人以明显不合理的低价转让财产而危害债权时，必须是受让人有恶意，债权人才可以行使撤销权。

撤销权的行使具有以下要求。

（1）债权人撤销权的行使必须由享有撤销权的债权人以自己的名义向人民法院提起诉讼，请求法院撤销债务人的危害债权的行为。

（2）撤销权的行使范围以债权人的债权为限，即因行使撤销权而得到的财产价值与债权人的债权价值相当。

（3）撤销权的行使的必要费用由债务人负担。

债权人行使撤销权对债务人的行为生效后，债务人的行为被视为自始无效。第三人因该行为取得的财产，返还债务人。如果债务人对返还的财产不行使请求权的，债权人可以行使代位权。所以，因被撤销的行为所得的财产，不是直接对债权人清偿，债务人不主动履行债务时，债权人仍须依照债权的强制力实现其履行利益。债权人的撤销权自债权人知道或者应当知道撤销事由之日起 1 年内行使，自债务人的行为发生之日起 5 年内没有行使撤销权的，该撤销权消灭。

课堂思考

为什么要规定撤销权行使的时间？

第五节 合同的担保

合同的担保，是指根据法律规定或者合同约定，合同双方当事人为保障合同切实履行所采取的具有法律约束力的措施。担保是一种事前措施，能增强当事人履行合同的责任心。担保具有预防性、附属性和保障性。担保分为保证、抵押、质押、留置、定金。

一、保证

（一）保证的概念

保证是指保证人和债权人约定，当债务人不履行债务时，保证人按照约定履行债务或者承担责任的行为。保证人应为主合同当事人以外的第三人。

（二）保证人的资格

第三人作保证人应具有一定的资格。《中华人民共和国担保法》（以下简称《担保法》）第七条规定，有代为清偿债务的能力的法人、其他组织或者公民，可以作保证人。同时，《担保法》对保证人作了以下禁止规定。

（1）国家机关不能作保证人。国家机关主要从事国家管理活动，其财产主要来源于财政拨款，且用以保证正常的管理活动。因此，国家机关不能作保证人，但经国务院批准为使用外国政府或者国家组织贷款进行转贷的除外。

（2）公益性事业单位不能作为保证人。《担保法》第九条规定，学校、幼儿园、医院等以公益为目的的事业单位、社会团体不得作保证人。

（3）企业法人的分支机构、职能部门因其主体资格、清偿能力等方面的原因，不得为保证人。《担保法》第十条对此作了明确规定，但该条同时规定，企业法人的分支机构有法人书面授权的，可以在授权范围内提供保证。

（三）保证的方式

保证的方式有一般保证和连带责任保证。

1. 一般保证

当事人在保证合同中约定，债务人不能履行债务时，由保证人承担责任的，为一般保证。一般保证中的保证债务兼有从属性和补充性，保证人享有先诉（检索）抗辩权，即在主合同纠纷未经审判或者仲裁，并就债务人财产依法强制执行仍不能履行债务前，一般保证人有权拒绝承担保证责任。但有下列情形之一的，保证人不得行使该权利：①债务人住所变更，致使债权人要求其履行债务发生重大困难的；②人民法院受理债务人破产案件，中止执行程序的；③保证人以书面形式放弃前款规定的权利的。

2. 连带责任保证

当事人在保证合同中约定保证人与债务人对债务承担连带责任的，为连带责任保证。连带保证责任具有从属性，但不具有补充性。

判断某一保证是一般保证还是连带责任保证的标准有：①保证合同中有“债务人不能履行债务时，由保证人承担保证责任”字样的，即为一般保证；有“连带责任”字样的，即为连带责任保证。②若对保证方式无约定或约定不明的，则推定为连带责任保证。

课堂探讨

一般保证与连带保证的区别是什么？如果你要为他人做保证，你更加趋向于做一般保证还是连带保证，为什么？

（四）保证合同

保证由保证人与债权人通过订立保证合同来设立。保证合同是指保证人与债权人订立的在主债务人不履行其义务时，由保证人承担保证责任的协议。保证合同的当事人是保证人和债权人，债务人不是保证合同的当事人。保证人与债权人应当以书面形式订立保证合同。保证人与债权人可以就单个主合同分别订立保证合同，也可以协议在最高债权额限度内就一定期间连续发生的借款合同或者某项商品交易合同订立一个保证合同。保证合同应当包括以下内容：①被保证的主债权种类、数额；②债务人履行债务的期限；③保证的方式；④保证担保的范围；⑤保证的期间；⑥双方认为需要约定的其他事项。保证合同不完全具备前款规定内容的，可以补正。

（五）保证责任

1. 保证责任的范围

保证担保的范围包括主债权及利息、违约金、损害赔偿金和实现债权的费用。保证合同另有约定的，按照约定。当事人对保证担保的范围没有约定或者约定不明确的，保证人应当对全部债务承担责任。

2. 保证责任的期间

保证合同有保证责任的期间约定的，按照约定。

（1）一般保证的保证人与债权人未约定保证期间的，保证期间为主债务履行期届满之日起六个月。在合同约定的保证期间和前款规定的保证期间，债权人未对债务人提起诉讼或者申请仲裁的，保证人免除保证责任；债权人已提起诉讼或者申请仲裁的，保证期间适用诉讼时效中断的规定。

（2）连带责任保证的保证人与债权人未约定保证期间的，债权人有权自主债务履行期届满之日起六个月内要求保证人承担保证责任。在合同约定的保证期间和前款规定的保证期间，债权人未要求保证人承担保证责任的，保证人免除保证责任。

（3）保证人依法就连续发生的债权作保证，未约定保证期间的，保证人可以随时书面通知债权人终止保证合同，但保证人对于通知到债权人前所发生的债权，承担保证责任。

3．保证责任的承担和免除。

（1）保证期间内，债权人依法将主债权转让给第三人的，保证人在原保证担保的范围内继续承担保证责任。保证合同另有约定的，按照约定。

（2）同一债务有两个以上保证人的，保证人应当按照保证合同约定的保证份额，承担保证责任。没有约定保证份额的，保证人承担连带责任，债权人可以要求任何一个保证人承担全部保证责任，保证人都负有担保全部债权实现的义务。已经承担保证责任的保证人，有权向债务人追偿，或者要求承担连带责任的其他保证人清偿其应当承担的份额。

（3）保证期间，债权人许可债务人转让债务的，应当取得保证人书面同意，保证人对未经其同意转让的债务，不再承担保证责任。

（4）债权人与债务人协议变更主合同的，应当取得保证人书面同意，未经保证人书面同意的，保证人不再承担保证责任。保证合同另有约定的，按照约定。

（5）同一债权既有保证又有物的担保的，保证人对物的担保以外的债权承担保证责任。债权人放弃物的担保的，保证人在债权人放弃权利的范围内免除保证责任。

（6）有下列情形之一的，保证人不承担民事责任：主合同当事人双方串通，骗取保证人提供保证的；主合同债权人采取欺诈、胁迫等手段，使保证人在违背真实意思的情况下提供保证的。

（六）保证人的权利

1．追偿权

（1）保证人承担保证责任后，有权向债务人追偿；

（2）人民法院受理债务人破产案件后，债权人未申报债权的，保证人可以参加破产财产分配，预先行使追偿权。

2．抗辩权

抗辩权是指一方根据法定事由，反驳或者对抗对方的主张和请求的权利。保证人享有债务人的抗辩权。债务人放弃对债权人的抗辩权的，保证人仍有权抗辩。

二、抵押

（一）抵押的概念

抵押指债务人或者第三人不转移对财产的占有，将该财产作为债权的担保。债务人不履行到期债务或者发生当事人约定的实现抵押权的情形，债权人有权就该财产优先受偿。上述债务人或者第三人为抵押人，债权人为抵押权人，提供担保的财产为抵押财产。抵押人可以与抵押权人协议，在最高债权额限度内，以抵押物对一定期间内连续发生的债权作担保。

（二）抵押财产的范围

根据《物权法》的规定，债务人或者第三人有权处分的下列财产可以抵押：①建筑物和其他土地附着物；②建设用地使用权；③以招标、拍卖、公开协商等方式取得的荒地等土地承包经营权；④生产设备、原材料、半成品、产品；⑤正在建造的建筑物、船舶、航空器；⑥交通运输工具；⑦法律、行政法规未禁止抵押的其他财产。

《物权法》同时也规定了下列财产不得设定抵押：①土地所有权；②耕地、宅基地、自留地、自留山等集体所有的土地使用权，但法律规定可以抵押的除外；③学校、幼儿园、医院等以公益为目的的事业单位、社会团体的教育设施、医疗卫生设施和其他社会公益设施；④所有权、使用权不明或有争议的财产；⑤依法被查封、扣押、监管的财产；⑥法律、行政法规规定不得抵押的其他财产。

（三）抵押合同

抵押人和抵押权人应当以书面形式订立抵押合同。抵押合同应当包括以下内容：①被担保的主债权种类、数额；②债务人履行债务的期限；③抵押物的名称、数量、质量、状况、所在地、所有权权属或者使用权权属；④抵押担保的范围；⑤当事人认为需要约定的其他事项。抵押合同不完全具备前款规定内容的，可以补正。流押禁止。即订立抵押合同时，抵押权人和抵押人在合同中不得约定在债务履行期届满抵押权人未受清偿时，抵押物的所有权转移为债权人所有。这在学说上称为流质契约、流押契约、流抵契约、抵押物代偿条款。

（四）抵押物登记

抵押物登记是指法律规定的抵押登记机关根据申请人的申请就抵押事宜在抵押物的产权证书上予以登记的行为。某些财产设定抵押必须办理抵押登记，抵押权自登记时设立。

当事人以下列财产进行抵押的，应当到有关部门办理抵押物登记，抵押权自登记时设立：建筑物和其他土地附着物；建设用地使用权；以招标、拍卖、公开协商等方式取得的荒地等土地承包经营权；正在建造的建筑物。而生产设备、原材料、半成品、产品；正在建造的船舶、航空器；交通运输工具；正在建造的船舶、航空器抵押的，抵押权自抵押合同生效时设立；未经登记，不得对抗善意第三人。

办理抵押物登记的部门如下：①以无地上定着物的土地使用权抵押的，为核发土地使用权证书的土地管理部门；②以城市房地产或者乡（镇）、村企业的厂房等建筑物抵押的，为县级以上地方人民政府规定的部门；③以林木抵押的，为县级以上林木主管部门；④以航空器、船舶、车辆抵押的，为运输工具的登记部门；⑤以企业的设备和其他动产抵押的，为财产所在地的工商行政管理部门。当事人以其他财产抵押的，可以自愿办理抵押物登记，抵押合同自签订之日起生效。当事人未办理抵押物登记的，不得对抗第三人。当事人办理抵押物登记的，登记部门为抵押人所在地的公证部门。办理抵押物登记，应当向登记部门提供下列文件或者其复印件：主合同和抵押合同；抵押物的所有权或者使用权证书。

（五）抵押的效力

抵押担保的范围包括主债权及利息、违约金、损害赔偿金和实现抵押权的费用。抵押合同另有约定的，按照约定。抵押人将已出租的财产抵押的，应当书面告知承租人，原租赁合同继续有效。抵押期间，抵押人经抵押权人同意转让抵押财产的，应当将转让所得的价款向抵押权人提前清偿债务或者提存。转让的价款超过债权数额的部分归抵押人所有，不足部分由债务人清偿。抵押期间，抵押人未经抵押权人同意，不得转让抵押财产，但受让人代为清偿债务消灭抵押权的除外。

抵押权不得与债权分离而单独转让或者作为其他债权的担保。债权转让的，担保该债权的抵押权一并转让，但法律另有规定或者当事人另有约定的除外。抵押人的行为足以使抵押财产价值减少的，抵押权人有权要求抵押人停止其行为。抵押财产价值减少的，抵押权人有权要求恢复抵押财产的价值，或者提供与减少的价值相应的担保。抵押人不恢复抵押财产的价值也不提供担保的，抵押权人有权要求债务人提前清偿债务。抵押人对抵押物价值减少无过错的，抵押权人只能在抵押人因损害而得到的赔偿范围内要求提供担保。抵押物价值未减少的部分，仍作为债权的担保。抵押权与其担保的债权同时存在，债权消灭的，抵押权也消灭。

（六）抵押权的实现

在一般情况下，抵押权人优先于普通债权人受偿而不与普通债权人平等受偿。在抵押物被查封、被执行时，抵押权优先于执行权。在抵押人宣布破产时，抵押权优先于一切债权，抵押财产不列入破产财产。债务履行期届满抵押权人未受清偿的，可以与抵押人协议以抵押物折价或者以拍卖、变卖该抵押物所得的价款受偿。协议不成的，抵押权人可以向人民法院提起诉讼。抵押物折价或者拍卖、变卖后，其价款超过债权数额的部分归抵押人所有，不足部分由债务人清偿。同一财产向两个以上债权人抵押的，拍卖、变卖抵押财产所得的价款依照下列规定清偿：①抵押权已登记的，按照登记的先后顺序清偿；顺序相同的，按照债权比例清偿；②抵押权已登记的先于未登记的受偿；③抵押权未登记的，按照债权比例清偿。

三、质押

（一）质押的概念

质押是指债务人或第三人将其财产或财产权利移交债权人占有作为债权的担保，当债务人不履行债务或者发生当事人约定的实现质权的情形时，债权人有权以质物折价或以拍卖、变卖质物的价款优先受偿。债务人或第三人转移占有的财产或财产权利为质物，提供质物的债务人或第三人为出质人，债权人为质权人。我国《担保法》和《物权法》规定的质押包括动产质押和权利质押两种。

（二）动产质押

1. 动产质押合同

办理动产质押时，出质人与质权人应签订书面质押合同。质押合同的内容与抵押合同基本相同，但应增加质物移交时间的条款。质押合同自质物移交于质权人占有时生效。出质人和质权人在合同中不得约定在债务履行期届满质权人未受清偿时，质物的所有权转移为质权人所有。

2. 质押担保的范围

质押担保的范围包括主债权及利息、违约金、损害赔偿金、质物保管费用和实现质权的费用。当事人另有约定的，依照约定。

3. 质权人的权利和义务

质押期间，质权人有权收取质物所生孳息，同时负有妥善保管质物的义务。质权人不能妥善保管质物可能使其灭失或者毁损的，出质人可以要求将质物提存，或者要求提前清偿债权而返还质物。质物有损坏或者价值明显减少的可能，足以危害质权人权利的，质权人可以要求出质人提供相应的担保，出质人不提供的，质权人可以拍卖或变卖质物，并与出质人协议将拍卖或者变卖所得的价款用于提前清偿所担保的债权或者向与出质人约定的第三人提存。

（三）权利质押

1. 可用于质押的权利

债务人或者第三人有权处分的下列权利可以出质：①汇票、支票、本票；②债券、存款单；③仓单、提单；④可以转让的基金份额、股权；⑤可以转让的注册商标专用权、专利权、著作权等知识产权中的财产权；⑥应收账款；⑦律、行政法规规定可以出质的其他财产权利。

2. 权利质押合同

《物权法》规定，以汇票、支票、本票、债券、存款单、仓单、提单出质的，当事人应当订立书面合同。质权自权利凭证交付质权人时设立；没有权利凭证的，质权自有关部门办理出质登记时设立。汇票、支票、本票、债券、存款单、仓单、提单的兑现日期或者提货日期先于主债权到期的，质权人可以兑现或者提货，并与出质人协议将兑现的价款或者提取的货物提前清偿债务或者提存。

以基金份额、股权出质的，当事人应当订立书面合同。以基金份额、证券登记结算机构登记的股权出质的，质权自证券登记结算机构办理出质登记时设立；以其他股权出质的，质权自工商行政管理部门办理出质登记时设立。基金份额、股权出质后，不得转让，但经出质人与质权人协商同意的除外。出质人转让基金份额、股权所得的价款，应当向质权人提前清偿债务或者提存。

以注册商标专用权、专利权、著作权等知识产权中的财产权出质的，当事人应当订立书面合同。质权自有关主管部门办理出质登记时设立。知识产权中的财产权出质后，出质人不得转让或者许可他人使用，但经出质人与质权人协商同意的除外。出质人转让或者许可他人使用出质的知识产权中的财产权所得的价款，应当向质权人提前清偿债务或者提存。

以应收账款出质的，当事人应当订立书面合同。质权自信贷征信机构办理出质登记时设立。应收账款出质后，不得转让，但经出质人与质权人协商同意的除外。出质人转让应收账款所得的价款，应当向质权人提前清偿债务或者提存。

四、留置

（一）留置的概念

留置，是指债权人按照合同约定占有债务人的动产，当债务人不按照合同约定的期限履行债务时，债权人有权依法扣留该财产，并且经过一定期限后，可以该财产折价或者以拍卖、变卖该财产的价款优先受偿。留置适用保管合同、运输合同、加工承揽合同以及法律规定可以留置的其他合同。

（二）留置的成立要件

根据《担保法》的规定，留置财产应符合以下要件：①债权人须已合法占有债务人的财产。债权人不得通过非法手段占有债务人的财产。②该财产应是动产且须与该合同有关。③债务已届清偿期。④不违反约定。当事人可以在合同中约定不得留置的物。

（三）留置担保的范围

留置担保的范围包括主债权及利息、违约金、损害赔偿金，留置物保管费用和实现留置权的费用。

（四）留置权的行使和消灭

留置的财产为可分物的，留置物的价值应当相当于债务的金额。留置权人负有妥善保管留置物的义务。因保管不善致使留置物灭失或者毁损的，留置权人应当承担民事责任。债权人与债务人应当在合同中约定，债权人留置财产后，债务人应当在不少于二个月的期限内履行债务。债权人与债务人在合同中未约定的，债权人留置债务人财产后，应当确定二个月以上的期限，通知债务人在该期限内履行债务。债务人逾期仍不履行的，债权人可以与债务人协议以留置物折价，也可以依法拍卖、变卖留置物。留置物折价或者拍卖、变卖后，其价款超过债权数额的部分归债务人所有，不足部分由债务人清偿。留置权因下列原因消灭：①债权消灭；②债务人另行提供担保并被债权人接受。

五、定金

（一）定金的概念及定金效力

定金是指根据法律规定或者合同约定，为保障合同履行，一方当事人在合同履行前先行支付给对方一定数额的货币。给付定金方不履行合同义务的，无权请求返还定金；接受定金方不履行合同义务的，双倍返还定金。当事人一方不完全履行合同的，应按照未履行部分所占合同约定内容的比例，适用定金罚则。

（二）定金与预付款

定金具有价金的预先给付性，但不同于预付款。两者的差别主要在于：①作用不同。定金的主要作用是担保；而预付款主要作用是为对方履行合同提供资金上的帮助。②适用对象不同。定金适用于各类合同；而预付款只适用于须以金钱履行义务的合同。③法律后果不同。债务人履行债务后，定金应当抵作价款或者收回。给付定金的一方不履行约定的债务的，无权要求返还定金；收受定金的一方不履行约定的债务的，应当双倍返还定金。而预付款本身即为总价款的一部分，如果合同得以履行，就不存在返还预付款的情形；如果一方违约，则应按照一般规定或者当事人的约定追究其违约责任。

（三）定金合同

定金应当以书面形式约定。当事人在定金合同中应当约定交付定金的期限。定金合同从实际交付定金之日起生效。定金的数额由当事人约定，但不得超过主合同标的额的 20%。

课堂思考

如果当事人双方签订合同时，定金超过合同标的额的20%，该定金该如何处理？

第六节 合同的变更和转让

一、合同的变更

合同的变更有广义和狭义之分。广义的合同变更包括合同主体的变更和合同内容的变更，狭义的合同变更指合同的主体不变，合同的内容发生变化。狭义的合同变更具有以下特征。

（1）合同变更须以有效成立的合同关系为前提。合同无效或当事人之间的合同未成立或已终结，则不存在变更问题。

（2）合同变更的对象是合同的内容。合同内容的变更包括合同履行期限、地点、方式、标的的数量、价格、质量、担保方式、违约金及合同所附条件的变更等。

（3）合同变更因一定的法律事实而发生。这些法律事实包括：当事人协商同意变更合同；基于法律的直接规定变更合同，如债务人违约致使合同不能履行，履行合同的债务变更为损害赔偿债务；因重大误解订立的合同，当事人一方有权请求人民法院或仲裁机构变更或撤销合同；一方以欺诈、胁迫的手段或乘人之危，使对方在违背其真实意思的情况下订立的合同，受损害方有权请求人民法院或者仲裁机构变更或者撤销。合同一经变更即产生以下法律效力：①合同变更部分发生债权债务关系消灭的后果，原合同未变更部分仍继续有效。②合同变更仅对未履行部分发生法律效力，对已履行部分没有溯及力，当事人不得主张已履行完毕的债务关系按变更后的内容重新履行。根据《合同法》的规定，当事人协商一致，可以变更合同。法律、行政法规规定变更合同应当办理批准、登记等手续的，依照其规定。当事人对合同变更的内容约定不明确的，推定为未变更。

二、合同的转让

合同的转让，即合同主体的变更，是指合同当事人一方依法将其合同权利或义务全部或部分地转让给第三人。合同的转让包括债权让与、债务承担和债的概括承受 3 种类型。

（一）债权让与

1. 债权让与的概念和特征

债权让与是合同的权利主体的变更，即不改变合同的内容，债权人通过与第三人订立合同的方式将债权移转给第三人享有的法律行为。债权人为转让人，第三人为受让人。债权让与具有以下特征：①债权让与具有非要式性。债权人与第三人就让与债权意思表示一致，债权让与合同即告成立，除法律、行政法规规定应当办理批准、登记手续的以外，无须履行特别手续，是否采取书面形式也无特别要求。②债权让与的对象是可转让的债权。③债权让与是处分行为。债权让与是将债权作为一项财产进行处分，让与人对债权应具有处分权利和处分能力。

2. 债权让与的条件

债权让与一般应具备以下条件：①须有有效的债权存在。有效的债权存在是债权让与的前提。②须让与的债权具有可让与性。债权是财产权利，一般具有可让与性，但并不是所有的债权都具有可让与性。依照《合同法》第七十九条的规定，下列债权不得让与：第一，根据合同性质不得转让的债权，包括基于个人信托关系而发生的债权，如雇佣、委托等合同所生的债权；属于从权利的债权，从权利一般不得与主权利分离而转让。第二，按照当事人的约定不得转让的债权。第三，按照法律规定不得转让的债权。③让与人与受让人须就合同债权的转让达成合意，并且不违反法律的有关规定。④须通知债务人。《合同法》第八十条规定："债权人转让权利的，应当通知债务人。未经通知，该转让对债务人不发生效力。"

3. 债权让与的法律效力

债权让与有效成立以后，即在让与人、受让人和债务人之间发生一定的法律效果。其中，让与人与受让人之间的效力称为内部效力；债权让与对债务人的效力称为外部效力。债权让与的内部效力包括：①法律地位的取代。债权让与生效后，在债权全部让与时，该债权即由让与人转移于受让人，让与人脱离原债权债务关系，受让人取代让与人成为新债权人。在债权部分让与时，让与人与受让人共同享有债权。②从权利随主债权移转。根据《合同法》的规定，主债权发生移转时，其从权利原则应随之一同移转，但该从权利专属于债权人自身的除外。③让与人应将债权证明文件全部交付受让人，并告知受让人行使债权所必要的一切情况。其中有关的债权证明文件包括债务人出具的借据、票据、合同文书、来往电报书信等。应告知受让人主张债权的必要情况指债务的履行期，此义务属让与人的从给付义务和附随义务。④让与人对其让与的债权应负瑕疵担保义务。当转让债权为有偿时，让与人的瑕疵担保责任准用买卖合同的有关规定。

债权让与的外部效力包括：①债务人应向受让人履行债务。受让人因债权让与而取代让与人成为债权人，债务人应向受让人履行债务。②债务人对原债权人的抗辩权得向受让人为之。依照《合同法》第八十八条规定，债务人接到债权转让通知后，债务人对让与人的抗辩，可以向受让人主张。③债务人得以其债权与让与的债权抵销。依照《合同法》第八十三条的规定，债务人接到债权让与通知时，债务人对让与人享有债权的，债务人仍然可以依法向受让人主张抵销。

（二）债务承担

1. 债务承担的概念和特征

债务承担是债的义务主体的变更，即不改变债的内容，债权人、债务人通过与第三人订立转让债务的协议，将债务全部或部分地移转给第三人承担的行为。债务承担具有以下特征：①债务承担是通过第三人与债权人或债务人订立转让合同，使第三人承受债务或加入到债的关系中成为债务人。债务人与第三人签订转让债务合同，应经债权人同意。②债务承担中转让的债务应是可转让的债务。

2．债务承担的条件

（1）须存在有效的债务。债务有效存在是债务承担的前提，债务自始无效或者承担时已经消灭，即使当事人就此订有债务承担合同，也不发生效力。

（2）债务须具有可移转性。不具有可移转性的债务，不能成为债务承担的标的，具体包括性质上不可移转的债务；当事人特别约定不得转移的债务以及法律规定不得让与的债务等。

（3）须第三人与债权人或者债务人就债务转移达成合意。

（4）须经债权人同意。在第三人与债务人订立债务承担合同时，必须经债权人同意。

3．债务承担的法律效力

（1）第三人作为债务人法律地位的产生。免责的债务承担，承担人取代原债务人的地位而成为新债务人，原债务人脱离债的关系，不再承担债务。并存的债务承担，第三人加入债的关系中，与原债务人共同承担债务。

（2）原债务人享有的抗辩权随债务转让而移转。《合同法》第八十五条规定，债务人转移义务的，新债务人可以主张原债务人对债权人的抗辩。

（3）从属于主债务的从债务一并移转。《合同法》第八十六条规定，债务人移转义务的，新债务人应当承担与主债务有关的从债务，但专属于原债务人自身的从债务除外。

（三）债的概括承受

债的概括承受又称为债权债务概括移转，是指债的当事人一方将自己的权利义务一并移转给第三人，由第三人概括承受的法律制度。

债的概括承受包括以下内容。

1．合同承受

合同承受又称为合同转让，指合同的一方当事人经对方当事人同意，通过与第三人订立合同，将合同上权利和义务一并移转给第三人。《合同法》第八十八条规定：“当事人一方经对方同意，可以将自己在合同中的权利义务一并转让给第三人。”合同承受的生效要件有：①须有有效的合同存在。合同承受以存在有效的合同为前提。在可撤销合同，原则上可成立合同承受。但合同承受时，原合同当事人享有的撤销权视为已经抛弃，承受人也不得因承受前的原因主张合同的撤销，否则将给他方当事人带来不测的损害。②承受的合同须为双务合同。单务合同中只能成立单纯的债权让与或债务承担。③须原合同当事人与第三人达成合同承受的合意。关于合同承受的合意，应适用民法关于意思表示的规定。但依照法律规定应当由有关机关批准的合同，其合同承受也必须经过原批准机关的批准。④须经对方当事人的同意。未经对方当事人同意，合同承受不发生效力。

2．法定的概括承受

法定的概括承受指企业的分立、合并引起的债权债务概括移转。《民法通则》第四十四条规定：“企业法人分立、合并，它的权利义务由变更的法人享有或承担。”《合同法》第九十条规定：“当事人订立合同后合并的，由合并后的法人或其他组织行使合同权利，履行合同义务。当事人订立合同后分立的，除债权人和债务人另有约定外，由分立的法人或者其他组织对合同的权利和义务享有连带债权，承担连带债务。”

第七节 合同的权利义务终止

合同的终止，又称合同消灭，是指合同当事人双方在合同关系成立以后，因一定的法律事实的出现，使合同确立的权利义务关系消灭。《合同法》第九十一条规定，有下列情形之一的，合同的权利义务终止：①债务已经按照约定履行的；②合同解除的；③债务相互抵销的；④债务人依法将标的物提存的；⑤债权人免除债务的；⑥债权债务同归于一人的；⑦法律规定或者当事人约定终止的其他情形。也可以说，合同的终止包括清偿、解除、抵销、提存、免除、混同等形式。

一、债务已经按照约定履行

债务已经按照约定履行即是债的清偿，清偿是指债务人依照法律规定或者合同约定完成义务的行为。清偿与履行的意义相同，只是履行是从债的效力角度论述，而清偿是从债的消灭角度论述。清偿是债的消灭的主要原因。依法律规定或合同的约定，清偿可由第三人进行。代为清偿并非在一切情况下都适用，必须符合一定的条件。但专属于债务人的债务，不得代为清偿。通常情况下，清偿费用包括运送费、包装费、汇费、登记费、通知费等。清偿费用，法律无明文规定，当事人又无约定时，由债务人负担。但因债权人变更住所或其他行为而增加的清偿费用，由债权人承担。

二、合同解除

（一）合同解除概述

合同解除是指在合同有效成立以后，当解除的条件具备时，因当事人一方或双方的意思表示，使合同关系自始或在将来消灭的行为。根据合同解除的条件是否由法律直接规定，合同解除可分为法定解除和约定解除。合同解除的条件由法律直接加以规定的，为法定解除。约定解除是当事人以合同形式，约定为一方或双方保留解除权的解除。其中，保留解除权的合意，称为解约条款。解除权可以保留给当事人一方，也可以保留给当事人双方。保留解除权可以在当事人订立合同时约定，也可以在以后另订立保留解除权的合同。根据解除权人行使解除权是否经对方同意，合同解除可分为单方解除和协议解除。单方解除是指解除权人行使解除权将合同解除的行为，不必经对方当事人的同意，只要解除权人将解除合同的意思表示直接通知对方，或经过人民法院或仲裁机构向对方主张，即可发生合同解除的效果。协议解除是指当事人双方通过协商同意将合同解除的行为。

（二）合同解除的条件

1. 合同解除的条件

根据《合同法》第九十四条的规定，法定解除有以下几种情形：①因不可抗力致使不能实现合同目的。不可抗力往往导致合同不能履行，但并非一旦出现不可以抗力而导致不能履行就可以解除合同，解除权取决于不可抗力对履行合同的影响程度，只有在不可抗力导致合同目的不能实现时，债权人才可以解除合同。②在履行期限届满之前，当事人一方明确表示或者以自己的行为表明不履行主要债务。③当事人一方延迟履行主要债务，经催告后在合理期限内仍未履行。④当事人一方迟延履行债务或者有其他违约行为致使不能实现合同目的。⑤法律规定的其他情形。

2. 约定解除的条件

约定解除是当事人以合同形式约定为一方或双方保留解除权，因此，约定解除应有解约条款，即保留解除权的合意。约定解除应符合要约和承诺的规定。

（三）合同解除的程序

合同解除，须经过一定的程序。协议解除的程序是当事人双方经过协商一致，将合同解除的程序。协议解除采取合同的方式，因此，要使合同解除有效成立，必须有要约和承诺的过程。行使解除权的程序必须以当事人享有解除权为前提。所谓解除权是合同当事人可以将合同解除的权利。解除是一种形成权，不需要对方当事人的同意，只需解除的效力，对方有异议的，可以请求人民法院或者仲裁机构确认解除合同的效力。法律、行政法规定解除合同应当办理批准、登记等手续的，依照其规定。

（四）合同解除的效果

根据《合同法》第九十七条、第九十八条的规定，合同解除产生合同关系消灭的法律后果，具体表现在以下方面。

（1）合同解除，消灭了合同当事人的债权债务关系。尚未履行的，终止履行。

（2）已经履行的，根据履行情况和合同性质，当事人可以要求恢复原状，返还不当得利。这里涉及合同解除是否有溯及力的问题。一般认为，非继续性合同的解除原则上有溯及力，继续性合同的解除原则上没有溯及力。所谓非继续性合同是指履行行为一次性的合同。所谓继续性合同是指履行必须在一定的时间完成，而不是一次完成的合同，如租赁合同等。

（3）合同解除不影响当事人请求赔偿损失的权利。

（4）合同解除不影响合同中结算和清理条款的效力。

三、抵销

抵销是指二人互负债务时，各以其债权充当债务之清偿，而使其债务与对方的债务在对等额内相互消灭。抵销依其产生的根据不同，可分为法定抵销和合意抵销两种。法定抵销由法律规定其构成要件，当要件具备时，依当事人一方的意思表示即可发生抵销的效力。合意抵销是按照当事人双方的合意所为的抵销，《合同法》第一百条规定：“当事人互负债务，标的物种类、品质不相同的，经双方协商一致，也可以抵销。”抵销为处分债权的行为，故抵销人应有行为能力，并对债权有处分权。依《合同法》第九十九条规定，当事人主张抵销的，应当通知对方。通知自到达对方时生效。抵销不得附条件或者附期限。

抵销分为法定抵销和合意抵销，法定抵销应具备以下要件。

（一）必须是双方当事人互负债务，互享债权

抵销系以在对等额内使双方债权消灭为目的，故以双方债权的存在为必要前提。只有债务而无债权或只有债权而无债务，均不发生抵销问题。当事人双方存在的两个债权债务关系，须均合法有效。因此，无效债权、已撤销债权、诉讼时效已过的自然债权、附停止条件的所附条件未成就的债权等，均不得抵销。

（二）双方互负债务，给付的标的物的种类、品质相同

种类相同，指合同标的物本身的性质相同，如都是支付金钱。品质相同，指标的物的质量、规格、等级无差别。

（三）必须是双方债务均已届清偿期

债权人通常仅在清偿期届至时，才可以现实地请求清偿。若债权未届清偿期也允许抵销，就等于在清偿期前强制债务人清偿，牺牲其期限利益，显属不合理。

（四）必须是依债务的性质可以抵销

依照合同的性质和法律规定不得抵销的不得抵销，如两个不作为债务不得抵销；故意实施侵权行为的债务人，不得主张抵销侵权损害赔偿。

抵销使双方对等数额的债务消灭。双方债务数额相同时，其互负的债务均归消灭。双方债务数额

不等时，债务数额较小一方的债务消灭。对未被抵销的债务数额，债务数额较大的一方仍负清偿义务。

案例探讨

如果甲现在欠乙货款10万元，三年前乙欠甲借款10万元，已经超过诉讼时效，现甲提出抵销。

问：上述情况能否发生抵销效力？

四、提存

提存是指由于债权人的原因而无法向其交付标的物时，债务人得将该标的物交给提存部门而消灭的制度。提存的主体，又称提存的当事人，包括提存人、债权人（提存受领人）、提存部门。债务人即提存人，债权人即提存受领人。提存部门，按我国的《提存公证规则》规定，为公证机关。提存的标的物为债务人依约定应当交付的标的物。提存的标的物必须与合同标的物相符，否则就是违约，而非提存。提存的标的物应适于提存。《合同法》第一百零二条规定，标的物不适于提存或者提存费用过高的，债务人依法可以拍卖或者变卖标的物，提存所得的价款。此外，作为提存的标的物，应当限于动产。

（一）提存的原因

《合同法》第一百零一条规定，有下列情形之一，债务人难以履行债务的，可以将标的物提存：①债权人无正当理由拒绝受领。即指债权人客观上能够受领而不受领。②债权人下落不明。债权人下落不明包括债权人不清、地址不详，债权人失踪又无代管人等情况。③债权人死亡未确定继承人或者丧失民事行为能力未确定监护人。④法律规定的其他情形。

（二）提存的效力

标的物提存后，毁损或灭失的风险由债权人承担。提存期间，标的物的孳息归债权人所有。提存费用由债权人负担。债权人可以随时领取提存物，但债权人对债务人负有到期债务的，在债权人未履行债务或者提供担保之前，提存部门根据债务人的要求应当拒绝其领取提存物。债权人领取提存物的权利，自提存之日起5年内不行使而消灭，提存物扣除提存费用后归国家所有。

五、免除

免除是指债权人抛弃债权，从而全部或部分债权债务关系归于消灭的单方行为。免除应由债权人向债务人以意思表示为之。向第三人为免除的意思表示，不发生免除的法律效力。免除是法律行为，因此，民法关于法律行为的规定适用于免除。免除得由债权人的代理人为之，也可以附条件或附期限。免除为单方行为，自向债务人或其代理人表示后，即产生债务消灭的效果。因而，一旦债权人作出免除的意思表示，即不得撤回。免除发生债权全部或部分消灭的后果，附属于主债务的从债务随同消灭。但从债务免除后，主债务并不消灭。

六、混同

混同是指债权债务同归一人，致使债权债务消灭的法律事实。债权债务的混同，由债权或债务的承受而产生。其承受包括概括承受与特定承受两种。概括承受是发生混同的主要原因，如企业合并使合并前的两个企业的债权债务同归一个企业而消灭。由特定承受而发生的混同，指债务人受让债权人的债权，债权人承受债务人的债务。

债的关系因混同而消灭，但涉及第三人利益的除外。从属于主债权的从权利也因混同而消灭。

课堂思考

请举例说明混同的情况？

第八节 违约责任

一、违约责任的概念和特征

违约，是指合同当事人违反合同约定的义务。违约责任，也称为违反合同的民事责任，在英美法中常被称为违约的补救，是指在合同有效成立后，合同当事人违反合同义务所应承担的民事责任。违约责任的产生是以合同的有效存在为前提的。合同一旦生效以后，将在当事人之间产生法律拘束力，当事人应按照合同的约定全面、严格履行合同义务，任何一方当事人因违反有效合同所规定的义务均应承担违约责任。违约责任具有如下特征。

第一，违约责任的产生是以合同当事人不履行合同义务为条件的。合同义务又称为合同债务，是违约责任发生的前提，合同债务是因，违约责任是果，无债务即无责任，责任是债务不履行的后果。

第二，违约责任具有相对性。违约责任只能在特定的当事人之间即合同关系的当事人之间发生，合同关系以外的人，不负违约责任，合同当事人也不对其承担违约责任。

第三，违约责任具有补偿性。违约责任旨在弥补或补偿因违约行为造成的损害后果。

第四，违约责任可以由当事人约定。当事人可以在法律规定的范围内，对一方的违约责任作出事先安排。首先，《合同法》第一百一十四条规定，当事人可以约定一方违约时应当根据违约情况向对方支付一定数额的违约金，也可以约定因违约产生的损失赔偿额的计算方法。其次，当事人还可以设定免责条款以限制和免除其在将来可能发生的责任。对违约责任的事先约定从根本上说是由合同自由原则决定的，但为了保障当事人设定违约责任条款的公正和合理，法律也要对其约定予以干预。

二、违约的基本形态

在履行期限到来以后，当事人不履行或不完全履行合同义务，都将构成实际违约。根据我国《合同法》的规定，实际违约行为有以下各种类型。

（一）拒绝履行

拒绝履行指合同期限到来以后，一方当事人无正当理由拒绝履行合同规定的全部义务。理解拒绝履行的概念应当明确两个方面的内容，第一是一方当事人无正当理由拒绝履行合同义务。第二是拒绝履行合同规定的全部义务。一般如果合同当事人没有履行合同的主要义务，构成根本违约的情况，也属于拒绝履行。在符合拒绝履行的情况下，另一方有权要求其继续履行其合同，也有权要求其承担违约金和损害赔偿责任。同时根据《合同法》第九十四条的规定，另一方当事人还应当有权解除合同。

（二）迟延履行

迟延履行指合同当事人的履行违反了合同履行期限的规定，迟延履行从广义上包括债务人的给付迟延和债权人的受领迟延。迟延履行不同于拒绝履行，因为在迟延履行情况下，违约当事人已经作出了履行并且愿意履行，只是履行不符合期限的规定。关于迟延履行一个关键问题是要确定合同中的履行期限。如果合同明确规定了履行期限，则应当依据合同的规定履行。如果合同没有规定履行期限，则应当根据《民法通则》第八十八条的规定，债务人可随时向债权人履行义务，债权人也可以随时要求债务人履行义务，但应当给对方必要的准备时间。在迟延履行的情况下，非违约方有权要求违约方支付迟延履行的违约金，如果违约金不足以弥补非违约方所遭受的损失，非违约方还有权要求赔偿损失。而迟延履行能否解除合同，应当按照《合同法》第九十四条的规定处理，即在两种情况下非违约方可以解除合同：一是当事人一方迟延履行主要债务，经催告后在合理期限内仍未履行；二是当事人一方迟延履行债务致使合同目的不能实现。

（三）不适当履行

不适当履行指当事人交付的标的物不符合合同规定的质量要求，也就是说履行有瑕疵。不适当履行是一种独立的违约行为，违约方应当承担违约责任，而非违约方则可以选择各种违约的补救方式维护其权利。《合同法》第一百一十一条规定，质量不符合约定的，应当按照当事人的约定承担违约责任。对违约责任没有约定或者约定不明确，依照《合同法》第六十一条的规定仍不能确定的，受损害方根据标的性质以及损失的大小，可以合理选择要求对方承担修理、更换、退货、减少价款或者报酬等违约责任。因此在不适当履行的情况下，如果合同对责任形式和补救方式已经作出了明确规定，则应当按照合同的规定确定责任。如果合同没有作出明确规定或者规定不明确，受害人可以根据具体情况，选择各种不同的补救方式和责任形式。

（四）部分履行

所谓部分履行指合同虽然已经履行，但履行不符合数量的规定，或者说履行在数量上存在着不足。在部分履行的情况下，非违约方首先有权要求违约方依据合同规定的数量条款继续履行，交付尚未交付的货物、金钱以及提供未提供的服务。非违约方也有权要求违约方赔偿损失。对于部分履行，如果债权人不能证明已构成根本违约，导致其订约目的不能实现，则不能要求解除合同。

违约的形态还有预期违约。预期违约也称为先期违约，指在履行期限到来之前一方无正当理由而明确表示其在履行期到来后将不履行合同，或者其行为表明其在履行期到来以后将不可能履行合同。

预期违约具有如下特点：

（1）预期违约是在履行期到来之前的违约。预期违约包括两种形态，即明示毁约和默示毁约。由于这两种形态都是发生在履行期到来之前的违约，因此可以看做是与实际违约相对应的一种特殊的违约形态。

（2）预期违约在责任后果上与实际违约行为是不同的。一般来说，实际违约常常会造成非违约方的期待利益的损失，而就预期违约来说，一般造成的是信赖利益的损失。因此两者在损害赔偿的范围上是不相同的。预期违约有明示毁约和默示毁约两种形态。明示毁约，指一方当事人无正当理由，明确肯定地向另一方当事人表示他将在履行期限到来时不履行合同。所谓默示毁约，指在履行期到来之前，一方以自己的行为表明将在履行期到来之后不履行合同，而另一方有足够的证据证明一方将不履行合同，而一方也不愿提供必要的履行担保。

三、违约责任的归责原则

违约责任的归责原则，是指在追究合同当事人的违约责任中应遵循的基本准则。归责原则直接决定着违约责任的构成要件、当事人的举证责任以及责任的范围。根据《合同法》的规定，对于不同的违约纠纷应当适用严格责任原则和过错责任原则两种不同的原则来处理。

（一）严格责任原则

严格责任原则，也称为无过错责任原则，是指当事人违反合同义务即应承担责任。换言之，当事人主观上是否有违约的故意或者过失，不影响其违约责任的承担。《合同法》第一百零九条规定："当事人一方不履行合同义务或者履行合同义务不符合约定的，应当承担继续履行、采取补救措施或者赔偿损失等违约责任。"第一百二十一条进一步规定："当事人一方因第三人的原因造成违约的，应当向对方承担违约责任。当事人一方和第三人之间的纠纷，依照法律规定或者按照约定解决。"从合同法相关条款可以看出，我国《合同法》采用的是无过错责任原则或严格责任原则，该原则适用于我国一般的合同关系中，即无论违约方是否存在过错，都应该对违约行为承担违约责任，除非存在法定的免责事由。

（二）过错责任原则

过错责任原则是指当事人一方不履行合同义务或履行合同义务不符合约定时，应当以过错作为确定责任的要件和确定责任范围的依据。此原则将过错视为违约责任的构成要件，体现了强烈的道德价值取向，即有过错即有责任，无过错则无责任。这有利于贯彻诚实守信、遵守诺言、尊重他人劳动和财产的社会主义道德规范，有利于社会主义精神文明建设。依该原则，只要合同当事人尽到了适当的注意，即使因不可抗力或意外事故造成合同不能履行或不能完全履行，也可以依法不承担责任。同时，每个主体对自己的过错行为负责，也有利于强化人们对自己行为负责的意识。从而有利于正当地实施交易行为，鼓励正当交易和竞争。此外，适用过错责任原则可惩罚有过错的当事人，并可对其起到教育和警示的作用。

适用过错责任归责原则的情形有 3 种：第一种是因一方故意或重大过失造成对方损害的情形；第二种是因一般过失造成对方损害的；第三种是适用过错责任原则的特殊规定即过错推定责任原则的情形。

（1）故意或重大过失的情况是指当事人违反合同义务且存在故意或者重大过失时才承担违约责任。《合同法》第一百八十九条："赠与人因故意或重大过失致使赠与的财产毁损、灭失的，赠与人应当承担损害赔偿责任。"第一百九十条："赠与人故意不告知瑕疵或者保证无瑕疵，造成受赠人损失的，应当承担损害赔偿责任"。第四百零六条："无偿的委托合同，因受托人的故意或者重大过失给委托人造成损失的，委托人可以要求赔偿损失。"

（2）一般过失：《合同法》第二百二十二条："承租人应当妥善保管租赁物，因保管不善造成租赁物毁损、灭失的，应当承担损害赔偿责任。"第二百六十五条："承揽人应当妥善保管定作人提供的材料以及完成的工作成果，因保管不善造成毁损、灭失的，应当承担损害赔偿责任。"第三百零三条："在运输过程中旅客自带物品毁损、灭失，承运人有过错的，应当承担损害赔偿责任。"第三百七十四条："保管期间，因保管人保管不善造成保管物毁损、灭失的，保管人应当承担损害赔偿责任。"第四百零六条："有偿的委托合同，因受托人的过错给委托人造成损失的，委托人可以要求赔偿损失。"

（3）过错推定责任：《合同法》第三百七十四条："保管是无偿的，保管人证明自己没有重大过失的，不承担损害赔偿责任。由此可见无偿保管合同适用过错推定责任的归责原则。"

四、承担违约责任的方式

根据《合同法》的规定，当事人承担违约责任的方式主要有继续履行、支付违约金、赔偿损失、定金制裁、采取其他补救措施等。

（一）继续履行

继续履行，又称为实际履行，是指当债务人不履行合同义务时，债权人可以请求人民法院或仲裁机构强制债务人实际履行合同义务。继续履行意味着当事人不得以其他方式代替合同义务的履行。当事人订立合同均基于一定目的，只有合同义务得到全面履行，当事人的订约目的才能最终实现。

强制实际履行应具备如下条件：①有违约行为存在。②必须有守约方请求违约方继续履行合同债务的行为。③必须是有继续履行合同的必要。④必须是债务履行仍有可能。

《合同法》第一百一十条规定，当事人一方不履行非金钱债务或履行非金钱债务不符合约定的，对方可以要求履行，但有下列情况之一者除外：①法律上或事实上不能履行。②债务的标的不适于强制履行或者履行费用过高。③债权人在合理期限内未要求履行。

（二）采取补救措施

采取补救措施主要适用于当事人交付的标的物质量不符合约定的情形。《合同法》规定，质量不符合约定的，应当按照当事人的约定承担违约责任。对违约责任没有约定或者约定不明确的，可以协议补充；不能达成补充协议的，按照合同有关条款或者交易习惯确定；仍不能确定的，受损害方根据标的的性质以及损失的大小，可以合理选择要求对方承担修理、更换、重作、退货、减少价款或者报酬等违约责任。

（三）支付违约金

违约金，是指按照当事人的约定或者法律的规定，一方当事人违约时应当向对方支付的一定数额的货币。支付违约金是承担违约责任的一种较为普遍的方式。为了既充分尊重当事人的自愿，又保障相对公平，《合同法》第一百一十四条规定："当事人可以约定一方违约时应当根据违约情况向对方支付一定数额的违约金，也可以约定因违约产生的损失赔偿额的计算方法。约定的违约金低于造成的损失的，当事人可以请求人民法院或者仲裁机构予以增加；约定的违约金过分高于造成的损失的，当事人可以请求人民法院或者仲裁机构予以适当减少。"

（四）损害赔偿

损害赔偿是指违约方因不履行或不完全履行合同义务而给对方造成损失，依法或依据合同的约定应承担损害赔偿的责任。《合同法》规定：当事人一方不履行合同义务或者履行合同义务不符合约定的，在履行义务或者采取补救措施后，对方还有其他损失的，应当赔偿损失。损害赔偿的范围。损害赔偿的范围可依合同当事人的事先约定。在订立合同时，事先约定了损害赔偿金的数额或计算方法的，应依约定支付赔偿金。当事人未约定的，赔偿损害的范围应包括违约行为给对方当事人所造成的财产直接损失和间接损失。所谓直接损失是指因违约行为而造成对方当事人现有物质财富的减少。间接损失是指因违约行为而造成对方当事人未来可得利益的损失。

损害赔偿的数额受到法律限制，损害赔偿的限制应当遵循两条原则：第一，合理预见原则，即损害赔偿额不得超过违约方在订立合同时预见到或应当预见到的因违反合同可能造成的损失。第二，减轻损害规则，即当事人一方违约后，对方应当采取适当措施防止损失的扩大，没有采取适当措施致使损失扩大的，不得就扩大的损失要求赔偿。

（五）定金制裁

当事人可以依照《中华人民共和国担保法》约定一方向对方给付定金作为债权的担保。债务人履行债务后，定金应当抵作价款或者收回。给付定金的一方不履行约定的债务的，无权要求返还定金；收受定金的一方不履行约定的债务的，应当双倍返还定金。当事人既约定违约金，又约定定金的，一方违约时，对方可以选择适用违约金或者定金条款。适用定金责任还应当注意，按照《担保法》第九十一条的规定，定金的数额不得超过合同标的额的百分之二十。

五、违约责任的免除

当事人并不是对所有的违约行为都要承担违约的责任，符合法律或当事人约定的条件，可以免除其违约责任。根据《合同法》的规定，免责事由有以下几种类型。

（一）不可抗力

不可抗力是违约责任免责的法定事由。所谓不可抗力是指不能预见、不能避免并不能克服的客观情况。《民法通则》第一百零七条规定，因不可抗力不能履行合同的，根据不可抗力的影响，部分或者全部免除责任，但法律另有规定的除外。当事人迟延履行后发生不可抗力的，不能免除责任。当事人一方因不可抗力不能履行合同的，应当及时通知对方，以减轻可能给对方造成的损失，并应当在合理期限内提供证明。

（二）债权人有过错

债权人的过错致使债务人不履行合同的，债务人不负违约责任。如《合同法》第三百一十一条规定，由于托运人、收货人的过错造成运输过程中的货物毁损、灭失的，承运人不负损害赔偿责任。

（三）免责条款

免责条款是指合同因双方当事人在合同中约定一定的事由或条件，当违约符合所约定的事由或条件时，可免除违约方的违约责任。免责条款并非法律的直接规定，而是双方事先在合同中约定的，只要这种约定不违背法律、社会公共利益和公序良俗，就可依此约定免除违约方应承担的违约责任。

六、违约责任与侵权责任的竞合

竞合，是指争相符合、同时符合。当事人的某一行为的后果导致既符合违约责任的构成要件，又符合侵权责任的构成要件，这就是违约责任与侵权责任的竞合。对于责任竞合的处理，各国立法差异较大。以法国法为代表的立法规定，合同当事人不得将对方的违约行为视为侵权行为，只有在没有合同关系存在时才产生侵权责任。以德国法为代表的立法规定，受害人基于双重违法行为而产生两个请求权，受害人可以提起合同之诉，也可提起侵权之诉。我国《合同法》第一百二十二条规定：“因当事人一方的违约行为，侵害对方人身、财产权益的，受损害方有权选择依照本法要求其承担违约责任或者依照其他法律要求其承担侵权责任。”

课题讨论

在违约责任与侵权责任的竞合的情形下，如果你是受害方，你会如何提起诉讼？为什么？

复习思考题

1. 简述合同的概念及特征。
2. 简述要约及其有效的条件。
3. 简述承诺及其有效的条件。
4. 简述无效合同的概念及形式。
5. 简述效力待定合同的概念及形式。

6．简述可变更可撤销合同的概念及形式。

7．简述合同中的抗辩权。

8．试述合同中的代位权及撤销权。

9．试述合同担保的方式及其特征。

10．试述合同的变更、转让及终止。

11．试述违约责任。

课后讨论

1．电视广告的法律效力如何界定？

2．表见代理与一般无权代理的区别是什么，为什么在表见代理的情形下，法律规定合同对被代理人有效？

3．举一现实中的合同来分析其中的法律问题。

案例分析

案例一

S省某建筑工程公司因施工期紧迫，而事先未能与有关厂家订好供货合同，造成施工过程中水泥短缺，急需100吨水泥。该建筑工程公司同时向A市甲水泥厂和B市乙水泥厂发函，函件中称："如贵厂有300号矿渍水泥现货（袋装），吨价不超过1 500元，请求接到信10天内发货100吨，货到付款，运费由供货方自行承担。"A市甲水泥厂接信当天回信，表示愿以吨价1 600元发货100吨，并于第3天发货100吨至S省建筑工程公司，建筑工程公司于当天验收并接收了货物。B市乙水泥厂接到要货的信件后，积极准备货源，于接信后第7天，将100吨袋装300号矿渍水泥装车，直接送至某建筑工程公司，结果遭到某建筑工程公司的拒收。理由是：本建筑工程仅需要100吨水泥，至于给乙水泥厂发函，只是进行询问协商，不具有法律约束力。乙水泥厂不服，遂向人民法院提起了诉讼，要求依法处理。

问题：

（1）乙水泥厂与某建筑工程公司之间是否存在生效的合同关系？

（2）某建筑工程公司拒收乙水泥厂的100吨水泥是否于法有据？

（3）对甲水泥厂的发货行为如何定性？

（4）甲水泥厂与建筑工程公司的合同何时成立？合同内容如何确定？

（5）设建筑工程公司收到甲水泥厂的回信后，于次日再次去函表示愿以吨价1 599元接货，甲水泥厂收到该第二份函件后即发货100吨至建筑工程公司。那么，二者之间的合同是否成立？如果成立，合同内容如何确定？

案例二

甲公司因企业经营计划改变，致使一套生产设备闲置，价值500万元，8月1日，该公司董事长某与乙公司签订了关于该设备的转让合同。合同约定，生产设备作价490万元，甲公司于2013年9月4日前交货，乙公司在收到货物后8日内支付全部货款。8月29日，甲公司发现乙公司由于投资项目失误，致使该公司经营状况严重恶化。于是便通知乙公司暂停交货，并要求乙公司提供担保，否则将终止合同。此要求被断然拒绝。9月15日，甲公司发现乙公司处境更加困难，几近破产，于是提出解除合同，并要求乙公司赔偿因合同所遭受的损失。乙公司不同意，向甲公司所在地的人民法院以甲公司违约为由提起诉讼。

请问：

（1）8 月 29 日，甲公司可否暂停交货？

（2）9 月 3 日，甲公司可否暂时交货？

（3）9 月 15 日，甲公司可否解除合同并要求赔偿？为什么？

（4）如果地方法院查明 9 月 3 日后乙公司并不存在经营状况严重恶化的情况，则甲公司是否应当赔偿乙公司因此所遭受的损失？

（5）若合同没有约定一方先履行，则甲公司能否拒绝先为履行？

第七章 竞争法律制度

法律就是秩序，有好的法律才有好的秩序。

——古希腊哲学家亚里士多德

学习重点与难点

不正当竞争的定义

不正当竞争行为的种类

反垄断法规定的各种垄断行为

各垄断行为的具体表现形式

主要法律法规

《中华人民共和国反不正当竞争法》

《关于禁止商业贿赂行为的暂行规定》

《最高人民法院关于审理不正当竞争民事案件应用法律若干问题的解释》

《中华人民共和国反垄断法》

《关于审理因垄断行为引发的民事纠纷案件应用法律若干问题的规定》

课前预习

介绍当前一个有影响力的反不正当竞争案件，分析其中的不正当竞争行为。

介绍当前一个有影响力的反垄断案件，分析其中的垄断行为。

近年来，我国出现了多起明星代言虚假广告的案例。请问，对于明星代言的虚假广告，给消费者造成损害，明星是否应当承担法律责任？为什么？

我国反不正当竞争法的不足及完善。

第一节 反不正当竞争法律制度

一、反不正当竞争法的概念及其立法宗旨

反不正当竞争法，是指在维护公平竞争，制止不正当竞争过程中发生的社会关系的法律规范的总称。在市场经济活动中，竞争是最基本的运行机制之一，竞争的结果表现为优胜劣汰。面对日趋激烈的市场竞争，有的经营者为了争取竞争优势，采取与商业道德相悖的不正当竞争行为。不正当竞争行为必然会破坏公平的竞争秩序，阻碍市场经济的健康、有序的运行。因此，世界各国都十分重视通过法律手段来限制和禁止危害正当竞争的行为。在我国的现实经济生活中，不正当竞争行为也已经大量存在，有些不正当竞争行为已经成为社会公害，迫切需要完善的法律制度对各种不正当竞争行为予以禁止和制裁。为保障社会主义市场经济健康发展，鼓励和保护公平竞争，反对不正当

竞争，保护经营者和消费者的合法权益，1993 年 9 月 2 日，第八届全国人民代表大会常务委员会第三次会议通过了《中华人民共和国反不正当竞争法》(以下简称《反不正当竞争法》)，该法已于 1993 年 12 月 1 日起施行。在该法第一条就明确规定，该法的立法宗旨是："为保障社会主义市场经济健康发展，鼓励和保护公平竞争，制止不正当竞争行为，保护经营者和消费者的合法权益"。即该法不仅保护经营者之间的合法权益，也保护消费者的合法权益。

根据《反不正当竞争法》的规定，我国目前反不正当竞争法规范的主要是典型的不正当竞争行为和部分限制竞争行为。因此，反不正当竞争法的调整对象，就是在制止不正当竞争行为过程中发生在监督管理机构与经营者之间、经营者相互之间以及经营者与消费者之间的社会关系，主要包括监督管理机构与经营者之间的监督管理关系，经营者之间以及经营者与消费者之间的民事赔偿关系。

案例评析

"泥人张"不正当竞争纠纷案

张铝、张宏岳、北京泥人张艺术开发有限责任公司与张铁成、北京泥人张博古陶艺厂、北京泥人张艺术品有限公司不正当竞争纠纷再审案（最高人民法院[2010]民提字第113号民事判决书）

案情摘要：清朝张明山在世时因精于捏塑被群众称为"泥人张"，其后代继承和发展了家族的泥塑艺术，如第二代"泥人张"传人之一张玉亭分别于1914年和1915年在国际上获奖，第三代"泥人张"传人之一张景祜于1956年在中央工艺美术学院设张景祜泥塑工作室。张铝为张景祜之子，系"泥人张"第四代传人之一。张宏岳为张铝之子，系"泥人张"第五代传人之一。张明山的后代在经营活动中长期使用"泥人张"作为商业标识。2006年6月，"泥塑（天津泥人张）"入选第一批国家级非物质文化遗产名录。北京泥人张艺术开发有限责任公司成立于1997年8月，法定代表人为张宏岳。北京泥人张博古陶艺厂和北京泥人张艺术品有限公司分别于1982年11月和1994年7月成立，法定代表人均为张铁成，在经营中均使用了"泥人张"。2005年10月8日登录北京泥人张艺术品有限公司网站（www.nirenzhang.com），"公司简介"中有"'北京泥人张'始于清末道光年间，至今已有近160年的历史"和"张铁成系'北京泥人张'的第四代传人"等内容。1979年7月13日的《北京日报》载有关于"北京泥人张"的最早报道。三原告向北京市第二中级人民法院提起诉讼，请求判令三被告停止侵权、赔礼道歉并赔偿经济损失110万元等。一审法院认为，三被告的行为构成侵犯"泥人张"名称专有权和不正当竞争，因三原告过于懈怠行使自己的权利，故判决三被告停止侵权、赔偿合理费用1万元等。张铁成等不服提起上诉，北京市高级人民法院二审认为，张铁成使用"北京泥人张"有其合理依据，故判决三被告赔偿合理费用1万元、在"nirenzhang"域名前附加区别性标识，撤销了一审关于停止使用"泥人张"专有名称的判项。最高人民法院再审认为，"泥人张"作为对张明山及其后几代人中泥塑艺人的特定称谓和他们所传承的特定技艺以及创作、生产作品的特定名称，社会知名度很高，承载着极大的商业价值；三被告在明知"泥人张"知名度的情况下，将其作为商业标识使用，又不能提供充分证据证明其使用的合法合理依据，客观上足以造成公众的混淆、误认，其行为构成不正当竞争，故判决撤销二审判决，维持一审判决。

典型意义：本案双方当事人主张的家族传承历史久远，涉及法律关系复杂，判决结果对于双方当事人有重大影响，因而受到了社会的广泛关注。再审判决书在全面充分清楚展现案情、事实和诉辩主张的基础上，准确适用法律，结合法理和情理，对通用称谓的认定、"泥人张"特定称谓体现的权益及保护、公开出版物记载内容真实性的审查判断、三被告是否构成不正当竞争等问题进行了深入分析，保证了裁判结果的说服力，取得了良好的法律效果。"泥人张"特定称谓有160余年的历史传承，享誉海内外，所指代的泥塑艺术品体现了本土文化特色，并入选第一批国家级非物质文化遗产名录，本案依法保护了“泥人张”这一知名老字号，得到了社会各界的充分肯定，取得了良好的社会效果。

二、不正当竞争行为的概念及其特征

根据我国《反不正当竞争法》的规定，不正当竞争行为是指经营者违反市场交易的基本原则，损害其他经营者合法权益，扰乱社会经济秩序的行为。不正当竞争行为有如下特征。

（一）不正当竞争行为的主体具有经营性

不正当竞争行为是经营者的行为。所谓经营者是指从事商品经营或者营利性服务（以下所称商品包括服务）的法人、其他经济组织和个人。需要特别指出的是，一般情况下不正当竞争行为的主体是经营者，但在特殊情况下政府机关也可能成为不正当竞争行为的主体，如政府及其所属部门的滥用职权限制竞争行为中的政府，所以不正当竞争行为不必是经营者与严格意义上的竞争对手争夺交易机会的行为，这是我国《反不正当竞争法》在考虑了我国社会经济生活的实际情况后而作出的具有中国特色的规定。

（二）不正当竞争行为具有违法性

不正当竞争行为违反法律规定，主要是违反《反不正当竞争法》的规定。《反不正当竞争法》第二章列举了11类行为。在某些情况下，经营者的某些行为虽然难以被确认为该法明确规定的不正当竞争行为，但是，只要是违反了自愿、平等、公平、诚实、信用的原则或者违背了公认的商业道德的行为，也应该认定为不正当竞争行为。

（三）不正当竞争行为侵害的客体是其他经营者的合法权益和正常的社会经济秩序

不正当竞争行为至少有以下几方面的危害性：①破坏公平竞争的市场秩序；②阻碍技术进步和社会生产力的发展；③损害其他经营者的正常经营和合法权益，使守法经营者蒙受物质上和精神上的双重损害；④有些不正当竞争行为，如虚假广告和欺骗性有奖销售，还可能损害广大消费者的合法权益；⑤给我国对外开放政策带来消极影响。

三、不正当竞争行为的种类

《反不正当竞争法》第二章列举的不正当竞争行为，是判断经营者在市场交易中的行为是否属不正当竞争行为的法律依据。但是，由于在现实经济生活中不正当竞争行为的复杂多样，以及随着经济生活的发展变化还会不断出现其他形式的不正当竞争行为，《反不正当竞争法》不可能将所有的不正当竞争行为全部列举出来，只是列举了各国《反不正当竞争法》中普遍予以禁止的、典型的不正当竞争行为和我国现实经济生活中表现突出、危害严重、迫切需要制止的不正当竞争行为。

（一）采用假冒或仿冒等混淆手段从事市场交易

根据《反不正当竞争法》第五条规定，属于这类不正当竞争行为的有以下几种。

1．假冒他人注册商标

案例探讨

甲欲买全聚德牌的快餐包装烤鸭，临上火车前误购了A公司生产的商标不同而外包装十分近似的显著标明名称为仝聚德的烤鸭，遂向全聚德公司投诉。如果全聚德起诉A公司。

问：A公司的行为是否构成不正当竞争？是否侵犯了全聚德的商标权？

商标是商品生产者或经营者其生产、制造、加工、拣选、经销的商品上或者其从事服务的场所所使用的特殊标志，以便使自己的商品和服务与他人的同类商品和服务相区别。经商标局核准注册并刊登在商标公告上的商标称为注册商标。商标注册人对已经注册的商标享受法律保护的专用权，未经其许可，任何人都不得在同一种商品、同一种服务或者类似商品、类似服务上使用与其注册商标或相近似的商标。假冒他人注册商标是一种违反《商标法》的规定、侵犯注册商标专用权的行为。因此，《商标法》对于这种违反行为要予以规划。同时，由于假冒他人注册商标的行为不仅侵害注册商标所有人的权益，而且会损害消费者和公众的利益，因而也是一种典型的不正当竞争行为，应当受《反不正当竞争法》的调整。

2. 擅自使用知名商品特有的名称、包装、装潢

知名商品特有的名称、包装、装潢等往往是权利人付出巨大的劳动和成本所得，所以受到法律的保护，擅自使用知名商品特有的名称、包装、装潢，或者用与知名商品相近似的名称、包装、装潢，造成和他人的知名商品相混淆，使购买者误认为是该知名商品的行为，都属于不正当竞争行为。

案例探讨

2012年5月间，在加多宝公司鸿道集团与广药集团关于“王老吉”商标大战的尾声阶段，“红罐”包装纠纷已经开始酝酿。6月份，在双方各自推出了外包装为“红罐”的凉茶产品后，一场新的官司又不可避免地埋下伏笔。7月6日，加多宝起诉广药旗下企业大健康一案在北京市第一中级人民法院被正式受理；同日，广州市中级人民法院也受理了广药诉加多宝一案，双方案由几乎一字不差，都是围绕着“红罐”这一外包装装潢权展开。

问：外包装相同或相似是否会构成不正当竞争行为？

这一不正当竞争行为的构成要件有：①名称、包装、装潢须为知名商品所特有。所谓知名商品是在中国境内具有一定的市场知名度，为相关公众所知悉的商品。一般来讲，如果某一商品能够得以在较长时期广泛地销售、使用，在其相关领域广为所知并有较好的信誉，则可以认定其为知名商品。所谓特有的名称、包装、装潢，是指具有区别商品来源的显著特征的商品的名称、包装、装潢，是该商品与其他商品相区别的标志。只有这样，才能成为知名商品的象征，对它的擅自使用即构成不正当竞争行为。②这一不正当竞争行为在客观方面表现为两种基本形式：一种是使用与他人知名商品相同的名称、包装、装潢，即作相同的使用；另一种是使用与知名商品相近似的名称、包装、装潢，即作相近似的使用。

3. 擅自使用他人的企业名称或者姓名，引人误认为是他人的商品

企业名称或姓名是区别商品或服务来源的营业标志，是反映经营者的营业或服务活动的外在特征。根据《企业名称登记管理规定》，企业对其名称有专用权。企业名称或者姓名体现了经营者通过付出努力和资本获得的无形资产，保护企业名称或者姓名可以保护附于企业名称或者姓名中的商业信誉。盗用他人的商业信誉是典型的不正当竞争行为。

这里的企业名称或姓名是一个广义的概念。它所指的是参与市场交易的经营者的名称，包括各种所有制形式的企业的名称，各种组织形式的企业的名称，同时也包括了个体工商户和从事生产经营活动的事业单位的名称。其中，姓名包括了无名称字号的个体工商户、个人合伙的投资者在市场交易中使用的自己的姓名。

4. 在商品上伪造和冒用标志、伪造产地等，对商品质量作引人误解的虚假表示

认证标志是质量认证机构准许经其认证产品质量合格的企业在产品包装上使用的质量标志。产品质量认证是国家监督管理产品质量的一项法律制度。名优标志是经国际或国内有关机构或社会组织评定为名优产品而发给经营者的一种质量荣誉标志。商品的产地指商品的制造、加工地或者商品生产者的所在地。依据我国《反不正当竞争法》规定，在商品上伪造和冒用认证标志、名优标志等质量标志，伪造产地，对商品质量作引人误解的虚假表示的行为，属于不正当竞争行为。

（二）商业贿赂

商业贿赂行为是不正当竞争行为的一种，国家工商局《关于禁止商业贿赂行为的暂行规定》第二条规定："本规定所称商业贿赂，是指经营者为销售或购买商品而采用财物或者其他手段贿赂对方单位或者个人的行为。"商业贿赂是指经营者以排斥竞争对手为目的，为使自己在销售或购买商品或提供服务等业务活动中获得利益，而采取的向交易相对人及其职员或其代理人提供或许诺提供某种利益，从而实现交易的不正当竞争行为。商业贿赂具有以下特征。

（1）商业贿赂的主体是从事市场交易的经营者，既可以是卖方，也可以是买方。

（2）商业贿赂是经营者在主观上出于故意和自愿进行的行为，其目的是为了排挤竞争对手以占取竞争优势。

（3）商业贿赂在客观方面表现为违反国家有关财务、会计及廉政等方面的法律、法规的规定，秘密给付财物或其他报偿，具有很大的隐藏性。

（4）商业贿赂的形式包括财物和其他手段。财物，是指现金和实物，包括经营者为销售或者购买商品，假借促销费、宣传费、赞助费、科研费、劳务费、咨询费、佣金等名义，或者以报销各种费用等方式，给付对方单位或者个人的财物。其他手段，是指提供国内外各种名义的旅游、考察等给付财物以外的其他利益的手段。

《反不正当竞争法》第八条规定："在账外暗中给予对方单位或者个人回扣的，以行贿论处；对方单位或者个人在账外暗中收受回扣的，以受贿论处。"账外暗中，是指未在依法设立的反映其生产经营活动或者行政事业经费收支的财务账上按照财务会计制度规定明确如实记载，包括不记入财务账、转入其他财务账或者做假账等。但是，"经营者销售或者购买商品，可以以明示方式给对方折扣，可以给中间人佣金。经营者给对方折扣、给中间人佣金的，必须如实入账。接受折扣、佣金的经营者必须如实入账。"

（三）引人误解的虚假宣传

我国《反不正当竞争法》第九条明确规定："经营者不得利用广告或者其他方法，对商品的质量、制作成分、性能、用途、生产者、有效期限、产地等作引人误解的虚假宣传。广告的经营者不得在明知或者应知的情况下，代理、设计、制作、发布虚假广告。"

根据以上规定，实施引人误解的虚假宣传的不正当竞争行为，在方式上表现为利用广告的方法和其他方法两类。这实际上已经包括了所有能够使社会公众知悉的宣传形式。

引人误解的虚假宣传，既包括虚假宣传，也包括引人误解的宣传两种类型。就宣传的内容而言，包括商品的质量、制作成分、性能、用途、生产者、有效期限、产地等任何一项或几项的虚假或引人误解。所谓虚假宣传是指商品宣传的内容与商品的实际情况不相符合，如将国产商品宣传为进口商品等。所谓引人误解的宣传是指就一般的社会公众的合理判断而言，宣传的内容会使接受宣传的人或受宣传影响的人对被宣传的商品产生错误的认识，从而影响其购买决策的商品宣传。根据我国2007 年实施的《最高人民法院关于审理不正当竞争民事案件应用法律若干问题的解释》，有以下下列行为之一，足以造成相关公众误解的，可以认定为虚假宣传：对商品作片面的宣传或者对比的；将科学上未定论的观点、现象等当作定论的事实用于商品宣传的；以歧义性语言或者其他引人误解的方式进行商品宣传的。例如，有些宣传的内容虽是真实的，但仍有可能产生引人误解的后果。如广告"意大利聚酯漆家具"，消费者很容易理解为是意大利进口家具，但实际上只是用意大利进口漆涂的家具。这则广告难以被认定为虚假广告，但是，因为这则广告致使消费者发生误解，所以，应认定其为引人误解的广告。

案例探讨

××××（缓释颗粒）适用于：失眠、失眠引起的脱发、血压高、颈椎痛、视物不清、鼻炎、打鼾等问题，做到了“失眠不吃药，天天睡好觉”，使用后一般第二天就能神清气爽。该广告被C市工商行政管理局认定为虚假广告之一。

问：如何来评判该广告？

（四）侵犯商业秘密

所谓商业秘密，根据《反不正当竞争法》第十条第三款的规定，是指不为公众所知悉、能为权利人带来经济利益、具有实用性并经权利人采取保密措施的技术信息和经营信息。商业秘密不仅包括那些凭技能或经验产生的，在实际中尤其是工业中适用的技术信息，如工艺流程、技术秘诀、设计图纸等，而且包括那些具有秘密性质的经营管理方法以及与经营管理方法密切相关的经营信息，如管理方法、货源情报、客户名单等。

课堂讨论

商业秘密与专利的区别？对于食品、药品等的配方许多企业采取商业秘密的方式保护，是否可以采取申请专利的方式保护？其为什么没有采用申请专利的方式予以保护？

能够成为商业秘密的技术信息和经营信息，必须具备以下 3 项基本条件：①秘密性，即技术信息和经营信息不为公众所知悉。只要有关信息不为其所属领域的相关人员普遍知悉和容易获得，就应当认定为不为公众所知悉，秘密性是商业秘密的本质特征。具有下列情形之一的，可以认定有关信息不构成不为公众所知悉：该信息为其所属技术或者经济领域的人的一般常识或者行业惯例；该信息仅涉及产品的尺寸、结构、材料、部件的简单组合等内容，进入市场后相关公众通过观察产品即可直接获得；该信息已经在公开出版物或者其他媒体上公开披露；该信息已通过公开的报告会、展览等方式公开；该信息从其他公开渠道可以获得；该信息无需付出一定的代价而容易获得。②实用性，即技术信息、经营信息具有现实的或者潜在的商业价值，能为权利人带来竞争优势的。实用性是商业秘密的价值所在。③保密性，即权利人为防止信息泄漏所采取的与其商业价值等具体情况相适应的合理保护措施，权利人是否采取保密措施不仅是技术信息或经营信息能否成为商业秘密的条件，也是寻求法律保护的前提。

案例探讨

李某大学毕业后，受雇于某市H百货商业广场有限公司，任资讯部副课长。1997年8月，李在明知公司对资讯部有“不准泄露公司内部任何商业机密信息，不准私自使用FTP上传或下载信息”规定的情况下，擅自使用FTP程式，将公司的供货商名称地址、商品购销价格、公司经营业绩及会员客户通讯录等资料，从公司电脑中心服务器上下载到自己使用的终端机，秘密复制软盘，到其他商业机构兜售。X有限公司与李某洽商并查看部分资料打印样本后，于1997年8月13日以2万元现金交易成功。李某的“兜售”行为持续到同年10月13日，后案发。

据某资产评估事务所估评证明：H百货商业广场有限公司自1997年9月初业绩开始下跌，月销售收入较8月份下跌15.63%，其计669万元。

思考：如何来认定李某的行为？其行为是否违法？

根据《反不正当竞争法》第十条的规定，侵犯商业秘密的不正当竞争行为有以下 3 种情形。

（1）以盗窃、利诱、胁迫或者其他不正当手段获取权利人的商业秘密。盗窃商业秘密既包括内部知情人员也包括外部人员盗窃权利人的商业秘密。以利诱手段获取商业秘密，是指行为人通过向掌握、了解商业秘密的有关人员直接提供财物或提供更优厚的工作条件或对此作出某些承诺，诱使其向行为人提供商业秘密。以其他不正当手段获取商业秘密，是指用盗窃、利诱、胁迫等之外的手段，如通过虚假陈述而从权利人处骗取商业秘密，通过所谓“洽谈业务”“合作开发”“学习取经”等活动套取权利人的商业秘密。

（2）披露、使用或者允许他人使用上述手段获取的权利人的商业秘密。以盗窃、利诱、胁迫或其他不正当手段获取权利人的商业秘密是不正当竞争行为，因此，商业秘密非法获取者向第三人披露、自己使用或允许第三人使用以上述不正当手段获取的商业秘密同样应予以禁止。

（3）违反约定或者违反权利人有关保守商业秘密的要求，披露、使用或者允许他人使用其所掌握的商业秘密。这种情况，是指在与权利人签订有保密协议或权利人对其商业秘密有保密要求的情况下，掌握或了解权利人商业秘密的人，应当遵守有关保密的约定或权利人提出的保密要求。否则，如果违反约定或要求，擅自向他人披露、自己使用或允许他人使用其所了解或掌握的商业秘密，同样是侵犯他人商业秘密的不正当竞争行为。需要指出的是，如果权利人与通过合法手段掌握、了解权利人的商业秘密的人之间没有保守商业秘密的约定，或者权利人也没有向他们提出保守商业秘密的要求，商业秘密的合法获取人披露、使用或允许他人使用其掌握的商业秘密，不构成侵犯商业秘密的不正当竞争行为。

此外，第三人明知或者应知以上违法行为，获取、使用或者披露他人的商业秘密，视为侵犯商业秘密。这种规定，弥补了上述 3 种情况规定的不足，有利于全方位地禁止侵犯商业秘密的不正当竞争行为。

如果他人以盗窃、利诱、胁迫或者其他不正当手段获取权利人的商业秘密，或者非法披露、使用或者允许他人使用其所掌握的或获取的商业秘密，给商业秘密的权利人造成重大损失的行为，则会构成侵犯商业秘密罪。

但是当事人通过自行开发研制或者反向工程等方式获得的商业秘密，不认定为侵犯商业秘密的行为。

《反不正当竞争法》从保护公平竞争、制止不正当竞争的角度，将侵犯商业秘密的行为作为不正当竞争行为予以禁止，是对我国知识产权法律制度的补充。同时，《反不正当竞争法》为制止人才流动中的侵犯商业秘密的行为提供了法律依据。

（五）不正当倾销行为

不正倾销行为是指经营者以排挤竞争对手为目的，以低于成本的价格销售商品或提供服务的不正当竞争行为。《反不正当竞争法》第十一条规定：“经营者不得以排挤竞争对手为目的，以低于成本的价格销售商品。”但同时规定：“有下列情形之一的，不属于不正当竞争行为：①销售鲜活商品；②处理有效期限即将到期的商品或者其他积压的商品；③季节性降价；④因清偿债务、转产、歇业降价销售商品。”

这种不正当竞争行为的主要特征是：①行为的主体是在市场交易中处于销售者地位的经营者。②经营者实施该行为在主观上是故意的，其目的是为了排挤竞争对手。低于成本价销售商品只有在排挤竞争对手的情况下才属不正当竞争行为，反之，如果有正当理由，不以排挤竞争对手为目的，低于成本销售商品是法律允许的。③经营者实施了以低于成本的价格销售商品的行为。成本是指企业在产品生产、产品销售或提供劳务中发生的费用的总和。对不同类型的企业的成本核算，应依据有关规定进行。

（六）违背购买者的意愿搭售商品或者附加其他不合理的条件而销售商品

《反不正当竞争法》第十二条规定：“经营者销售商品，不得违背购买者的意愿搭售商品或者附加其他不合理的条件。”所谓搭售商品或者附加其他不合理的条件是指经营者利用其经济优势，违背购买者的意愿，在销售一种商品或提供一种服务时，要求购买者以购买另一种商品或接受另一种服务为条件，或者就商品或服务的价格、销售对象、销售地区等进行不合理的限制。

（七）违反规定的有奖销售

有奖销售是指经营者以提供奖品或奖金的手段推销的行为。有奖销售在日趋激烈的市场竞争中已经成为企业的主要促销手段之一。符合公认的商业道德的有奖销售可以起到活跃市场、促进公平竞争的积极作用，但考虑到有奖销售带有较大的偶然性和引诱性，如果违背公认的商业道德、采取不正当竞争手段的有奖销售，不仅会伤害其他经营者的合法权益，损害消费者的利益，而且会扰乱社会经济秩序。因此，我国《反不正当竞争法》并没有简单地肯定或否定有奖销售，而是通过禁止以下 3 种形式的有奖销售而对这一促销手段进行调整的。

（1）采用谎称有奖或者故意让内定人员中奖的欺骗方式进行有奖销售。具体而言，欺骗性的有奖销售包括：谎称有奖销售或者对所设奖的种类，中奖概率，最高奖金额，总金额，奖品种类、数量、质量、提供方法等作虚假不实的表示；采取不正当的手段故意让内定人员中奖；故意将设有中奖标志的商品、奖券不投放市场或者不将商品、奖券同时投放市场；故意将带有不同奖金金额或者奖品标志的商品、奖券按不同时间投放市场；其他欺骗性有奖销售行为。

（2）利用有奖销售的手段推销质次价高的商品。质次价高由工商行政管理机关根据同期市场同类商品的价格、质量和购买者的投诉进行认定，必要时会同有关部门认定。

（3）抽奖式的有奖销售，最高的金额超过 5 000 元。以非现金的物品或者其他经济利益作为奖励的，按照同期市场同类商品或者服务的正常价格折算其金额。

根据《反不正当竞争法》的规定，前两种有奖销售被《反不正当竞争法》绝对禁止，但对抽奖式的有奖销售则是有条件的禁止。其标准就是最高金额是否超过 5 000 元，超过者即被禁止。我国《反不正当竞争法》之所以对抽奖式有奖销售的最高奖的金额作出限制，是因为巨奖销售会引发消费者的暴利心理，传递错误的思想信息，妨碍市场机制的正常发挥，破坏正常的市场竞争秩序。

课堂思考

为什么规定有奖销售的金额不能超过5 000元？当下抽奖式有奖销售最高限额是否应当提高？

（八）商业诽谤

《反不正当竞争法》第十四条规定：“经营者不得捏造、散布虚伪事实，损害竞争对手的商业信誉、商品声誉。”经营者捏造、散布虚伪事实，损害竞争对手的商业信誉、商品声誉，即商业诽谤，是侵害公民或法人名誉权和荣誉权行为的一种商业化表现形式。商业诽谤是一种典型的不正当竞争行为。商业信誉和商品声誉是经营者在市场竞争中赢得优势地位的资本和支柱。损害竞争对手的商业信誉、商品声誉，会给竞争对手正常经营活动造成不利影响，损害其应有的市场竞争优势地位，甚至导致严重的经济损失。

（九）投标招标中的不正当竞争行为

我国《反不正当竞争法》第十五条规定：“投标者不得串通投标，抬高标价或者压低标价。投标者或者招标者不得相互勾结，以排挤竞争对手的公平竞争。”从以上规定可以看出，我国《反不正当竞争法》规定了投标招标中常见的两种不正当竞争行为。

（1）投标者串通投标，抬高标价或压低标价的行为。这类行为的表现形式主要有：①投标者之间相互串通，一致抬高标价；②投标者相互串通一致压低标价；③投标者相互串通，轮流以高价位或低价位中标；④投标者相互间就标价以外的其他事项串通。

（2）投标者和招标者之间相互勾结，以排挤竞争对手的行为。这类行为的表现形式主要有：①招标者在开标前，私下开启投标者的投标文件，并泄密给内定投标者；②招标者在审察评选标书时，对不同的投标者实施差别对待；③投标者和招标者相互勾结，投标者在公开投标时压低标价，中标后再给招标者以额外补偿；④招标者向特定的投标者泄露其标底。

（十）公用企业或其他依法具有独占地位的经营者强制交易的行为

我国《反不正当竞争法》第六条规定："公用企业或者其他依法具有独占地位的经营者，不得限定他人购买其指定的经营者的商品，以排挤其他经营者的公平竞争。"这一类不正当竞争行为的主体主要是两种，其一是公用企业，其二是其他依法具有独占地位的经营者。公用企业主要包括电力、自来水、热水、煤气、通信、公共交通等领域。所谓"其他依法具有独占地位的经营者"是指在特定的市场上，一个经营者处于无竞争的状态或取得了压倒性和排除竞争的能力，也指两个以上经营者不进行价格竞争，而在他们对外的关系上具有上述地位和能力。

从行为的客观方面来看，享有独占地位的经营者限定他人购买其指定的经营者的商品，往往与这些享有独占地位的经营者所提供的商品或服务有直接关系，而且，被指定的经营者和享有独占地位的经营者之间有着某种利益关系，例如是其下属企业等。同时，享有独占地位的经营者在实施这一行为时往往采用软硬兼施的手段，如以这种商品质量好、符合使用要求等理由为借口，或者以削减、停止商品或服务相威胁，迫使他人接受其条件。

由于这类行为限制了用户、消费者的自由选择权，将销售同种商品的其他经营者完全排斥在特定的市场之外，妨碍了市场的公平竞争机制的正常运行，因此被我国《反不正当竞争法》所禁止。

（十一）政府及其所属部门滥用行政权力限制竞争的行为

我国《反不正当竞争法》第七条规定："政府及其所属部门不得滥用行政权力，限定他人购买其指定的经营者的商品，限制其他经营者正当的经营活动。政府及其所属部门不得滥用行政权力，限制外地商品进入本地市场，或者本地商品流向外地市场。"

一般说来，反不正当竞争立法主要是规范经营者的市场交易行为，我国《反不正当竞争法》还将政府及其所属部门的行为列入调整的范围，这是我国对反不正当竞争立法的特点之一。根据《反不正当竞争法》第七条的规定，政府及其所属部门滥用行政权力限制竞争的行为有：①限定他人购买其指定的经营者的商品；②限制其他经营者正当的经营活动；③限制外地商品进入本地市场；④限制本地商品流向外地市场。

其中，前两类限制竞争的行为属于超经济强制交易的行为，其危害性是显而易见的。政府及其所属部门滥用行政权力，对正常的公平竞争秩序横加干涉，不仅会损害广大消费者的权益，限制其他经营者正当的经营活动，从而影响社会经济健康发展，而且会滋生权钱交易、官商结合等腐败现象。后两类限制竞争的行为也被称为地区封锁。所谓地区封锁是指地方政府或其所属部门通过行政权力建立市场壁垒的行为以及由该行为造成或可能造成的市场壁垒后果。地区封锁实际上是一种垄断行为，但不同于一般的经济垄断，而是一种行政性垄断，其主体不是经营者而是地方政府及其所属部门。地区封锁是我国建立社会主义市场经济体制过程中出现的一种消极现象。地区封锁从狭隘的地方利益出发，采用不合理的甚至是违法的行政手段，人为地阻碍全国统一市场的形成，限制地区之间的贸易往来，割裂地区之间的资源、技术等经济联系，阻碍产业、产品结构的调整，阻碍资源的优化配置，加剧了地区间的经济矛盾和发展不平衡，保护了落后企业和落后产品，削弱了企业改进技术和管理的积极性。因此，地区封锁是一种严重破坏公平竞争的行为，也是一种应被法律严厉制止的滥用行政权力的行为。

四、不正当竞争行为的法律责任

不正当竞争行为是经营者违反《反不正当竞争法》的规定，损害其他经营者的合法权益，扰乱社会经济秩序的违法行为。只要实施了各种不正当竞争行为以及与不正当竞争有关的违法行为，就要承担相应的法律责任。根据我国《反不正当竞争法》的规定，不正当竞争行为应承担的法律责任包括经济民事责任、行政责任和刑事责任等。

（一）不正当竞争行为的经济、民事责任

《反不正当竞争法》规定经济、民事责任的意义在于保护合法经营者的权益不受损害以及受到损害时可以得到相应的补偿。

不正当竞争行为给被侵害的经营者造成损害的，应当承担损害赔偿责任，被侵害的经营者的损失难以计算的，赔偿额为侵权人在侵权期间因侵权所获得的利润；并应当承担被侵害的经营者因调查该经营者侵害其合法权益的不正当竞争行为支付的合理费用。被侵害的经营者的合法权益受到不正当竞争行为损害的，可以向人民法院提起诉讼。

（二）不正当竞争行为的行政责任

《反不正当竞争法》规定行政责任的目的在于利用行政处罚的手段使被破坏的市场经济秩序得以恢复。该法规定的行政责任形式主要包括责令停止违法行为、责令改正、消除影响、没收违法所得、罚款以及吊销营业执照等。

经营者假冒他人的注册商标，擅自使用他人的企业名称或者姓名，伪造或者冒用认证标志、名优标志等质量标志，伪造产地，对商品质量作引人误解的虚假宣传的，依照《中华人民共和国商标法》《中华人民共和国产品质量法》的规定处罚。

经营者擅自使用知名商品特有的名称、包装、装潢，或者使用与知名商品相近似的名称、包装、装潢，造成和他人的知名商品相混淆，使购买者误认为是该知名商品的，监督检查部门应当责令停止违法行为，没收违法所得，可以根据情节处以违法所得一倍以上三倍以下的罚款；情节严重的可以吊销营业执照；销售伪劣商品，构成犯罪的，依法追究其刑事责任。

经营者采用财物或者其他手段进行贿赂以销售或者购买商品，构成犯罪的，应依法追究其刑事责任；不构成犯罪的，监督检查部门可以根据情节处以一万元以上下二十万以下的罚款，有违法所得予以没收。

公用企业或者其他依法具有独占地位的经营者，限定他人购买其指定的经营者的商品，以排挤其他经营者的公平竞争的，省级或者设区的市的监督检查部门应当责令其停止违法行为，可以根据情节处以五万元以上二十万元以下的罚款。被指定的经营者借此销售质次价高商品或者滥收费用的，监督检查部门应当没收其违法所得，可以根据情节处以违法所得一倍以上三倍以下的罚款。

经营者利用广告或者其他方法，对商品作引人误解的虚假宣传的，监督检查部门应当责令其停止违法行为，消除影响，可以根据情节处以一万元以上二十万元以下的罚款。广告的经营者在明知或者应知的情况下，代理、设计、制作、发布虚假广告的，监督检查部门应当责令其停止违法行为，没收其违法所得，并依法处以罚款。

课堂讨论

2011年，某某拉面因为“骨汤门”事件，被S市工商行政管理局H分局以其构成：“经营者利用其他方法，对商品的制作成分作出引人误解的虚假宣传”行为。处以20万元的罚款。

试讨论，为什么只处罚20万元？经济处罚为20万元，对于大公司是否能真正起到处罚、惩

戒的作用？

侵犯商业秘密的，监督检查部门应当责令其停止违法行为，可以根据情节处以一万元以上二十万元以下的罚款。

经营者违反有关规定进行有奖销售的，监督检查部门应当责令其停止违法行为，可以根据情节处以一万元以上十万元以下的罚款。

投标者串通投标，抬高标价或者压低标价；投标者和招标者相互勾结，以排挤竞争对手的公平竞争的，其中标无效。监督检查部门可以根据情节对其处以一万元以上二十万元以下的罚款。

经营者有违反被责令暂停销售，不得转移、隐匿、销毁与不正当竞争行为有关的财物的行为的，监督检查部门可以根据情节对其处以被销售、转移、隐匿、销毁财物的价款的一倍以上三倍以下的罚款。

当事人对监督检查部门作出的处罚决定不服的，可以自收到处罚决定之日起十五日内向上一级主管机关申请复议；对复议决定不服的，可以自收到复议决定书之日起十五日内向人民法院提起诉讼；也可以直接向人民法院提起诉讼。

政府及其所属部门违反规定，限定他人购买其指定的经营者的商品、限制其他经营者正当的经营活动，或者限制商品在地区之间正常流通的，由上级机关责令其改正；情节严重的，由同级或者上级机关对直接责任人员给予行政处分。被指定的经营者借此销售质次价高商品或者滥收费用的，监督检查部门应当没收其违法所得，可以根据情节对其处以违法所得一倍以上三倍以下的罚款。

（三）不正当竞争行为的刑事责任

刑事责任是对违法行为进行的最为严厉的法律制裁，适用于那些对其他经营者、消费者和社会经济秩序损害严重、情节恶劣的不正当竞争行为。对于刑事责任，《反不正当竞争法》只是作了原则规定，确定具体的刑事责任要适用我国刑事法律的相应规定。

课堂讨论

我国市场上各种不正当竞争行为层出不穷，与我国对不正当竞争行为的处罚是否有关？我国是否应当加大处罚力度？试了解其他国家对于不正当竞争行为的处罚。

第二节 反垄断法律制度

一、反垄断法概念及其立法目的

垄断是只市场主体在市场运行过程中通过排他性控制或对市场竞争进行实质性限制，而妨碍公平竞争秩序的行为或状态。法律意义上的垄断通常具有两个显著的特征：危害性和违法性。即法律意义上的垄断是指违反法律规定，对市场竞争构成实质性损害或损害威胁的行为或状态。

《中华人民共和国反垄断法》（以下简称《反垄断法》）由中华人民共和国第十届全国人民代表大会常务委员会第二十九次会议于 2007 年 8 月 30 日通过，自 2008 年 8 月 1 日起施行。该法是规定垄断行为的法律规范的总称，规定的垄断行为主要包括：经营者达成垄断协议；经营者滥用市场支配地位和具有或者可能具有排除、限制竞争效果的经营者集中。

我国反垄断法的立法目的是为了预防和制止垄断行为，保护市场公平竞争，提高经济运行效率，维护消费者利益和社会公共利益，促进社会主义市场经济健康发展。

课堂讨论

经济上的垄断行为是否对一国经济发展只有害而无利？

二、反垄断法的主要制度

各国反垄断法的立法体例及其形式有较大的差异，但基本内容一般较为相似，我国法律规定的垄断行为包括以下几种：经营者达成垄断协议；经营者滥用市场支配地位；具有或者可能具有排除、限制竞争效果的经营者集中及行政垄断。

（一）垄断协议

案例探讨

2001年至2006年期间，多家企业针对全球市场交换液晶面板市场信息。特别是在中国大陆境内销售液晶面板时，它们依据协商价格或互相交换的信息，操纵价格。

问：这些企业的行为是否违法？

垄断协议，是指排除、限制竞争的协议、决定或者其他协同行为。垄断协议一般分为横向垄断协议和纵向垄断协议，它是经济生活中最常见、最典型的垄断行为，往往造成固定价格以及阻碍、限制其他经营者进入市场等排除、限制竞争的后果，对市场危害很大，为各国法律所禁止。

案例探讨

2010年以来，某某造纸行业协会先后五次组织协会20余家常务理事单位召开会议，共同协商白板纸出厂价格。从2010年3月到8月，会议内容涉及提价、限产、降价等。该地是全国造纸重镇，对外宣传“拥有国内二分之一的白板纸产量”，由于企业众多，某某造纸行业协会一直充当行业秩序维护者的角色。

问：某某造纸行业协会召开会议协商白板纸出厂价格的行为是否违法？如果违法，其行为该如何定性？

横向垄断协议是指具有竞争关系的两个或两个以上的经营者以协议，决定或者其他协同行为方式实施的排除、限制竞争的行为。参加横向垄断协议的主体是“具有竞争关系的经营者”，即在生产或者销售环节处于相同市场地位的经营者。根据我国《反垄断法》的规定，横向垄断协议的类型包括：固定或者变更商品价格；限制商品的生产数量或者销售数量；分割销售市场或者原材料采购市场；限制购买新技术、新设备或者限制开发新技术、新产品；联合抵制交易；国务院反垄断执法机构认定的其他垄断协议。就以上案例，最终发改委判定某某造纸行业协会组织会员企业达成价格垄断，根据《价格违法行为行政处罚规定》，对该行业协会处最高五十万元的罚款。

纵向垄断协议是指市场上处于不同生产经营环节企业间达成的排除、限制竞争的协议。参加纵向协议的主体是“经营者和相对人”，即经营者和与其发生交易关系的其他经营者之间的协议，由此决定了纵向垄断协议发生在生产或者销售过程中处于不同阶段或者不同环节的经营者之间。纵向垄断协议的行为主体具有明显的互补性，即这些经营者之间并不存在真正意义上的竞争，只是存在交易关系。根据我国反垄断法的规定，纵向垄断协议的类型包括：固定向第三人转售商品的价格；限定向第三人转售商品的最低价格；国务院反垄断执法机构认定的其他垄断协议。

各国反垄断法在禁止一系列垄断协议的同时，基于提高经济效率、节约能源和社会共同利益的考虑，往往对一些特殊的垄断协议视为合理限制，予以豁免。我国《反垄断法》第十五条列举了七种垄断协议豁免情形：为改进技术、研究开发新产品的；为提高产品质量、降低成本、增进效率，统一产品规格、标准或者实行专业化分工的；为提高中小经营者经营效率，增强中小经营者竞争力的；为实现节约能源、保护环境、救灾救助等社会公共利益的；因经济不景气，为缓解销售量严重下降或者生产明显过剩的；为保障对外贸易和对外经济合作中的正当利益的；法律和国务院规定的其他情形。但是对此，经营者要承担垄断豁免的举证责任，即要能够证明所达成的协议符合上述七种情况。对于前五项，经营者还应当证明所达成的协议不会严重限制相关市场的竞争，并且能够使消费者分享由此产生的利益。

案例探讨

2006年1月19日，H市机动车驾驶员培训行业协会召开行业大会。大会的一项重要议程是，讨论并表决驾校统一收费方案。2月5日，有关该市驾校统一收费的报道，占据了该市各大媒体的显著位置。普通轿车的学车费用，即考取C照的费用包括：理论培训费240元、驾驶员培训结业鉴定费60元、考前场地训练费300元、学习制证费3元、考试报名费10元、考试费260元、驾驶操作培训费2 800元、IC卡金20元、考试指南16元、人身意外保险费50元，合计收费3 789元。除了保险费自愿缴纳外，其他各项费用都必须在报名时一次性缴纳。为了让统一收费落实到位，该市驾协还规定，报名者先向Z机动车驾驶员理论培训中心缴费，再由该中心转交给驾校及其他单位。

从2月6日起，市民对驾校统一收费的反对声一浪高过一浪。“价格联盟”“垄断”等字眼，开始不断出现在各大媒体的报道中。2月7日，该市物价部门以及省消协有关负责人，公开表态反对统一收费行为。该市物价局监督检查分局已正式介入，对这一事件展开调查。最终认为行业协会提出的“统一价”，不利于市场竞争，不符合《价格法》有关规定。2月14日，该市驾协通知各驾校负责人召开紧急会议，决定从2月15日起正式取消统一价格。

思考：该行业协会的“统一价格”的行为是否是“价格垄断”？

（二）滥用市场支配地位

案例探讨

2010年9月，Q公司推出，一款软件监控T公司是否侵犯用户隐私。2010年11月，T公司向其用户发表公开信，要求用户在T公司软件和Q公司软件之间只能二选一，此举导致两家公司矛盾公开化。

随后，T公司认为Q公司此举涉嫌不正当竞争，将Q公司告上法庭，要求其停止侵权，并索赔1.25亿元经济损失。而Q公司也紧接着以滥用市场支配地位为由起诉T公司，并索赔1.5亿元。该系列案件是中国互联网史上涉及赔偿金额最大的诉讼案。

思考：什么是市场支配地位？具有市场支配地位是否为违法行为？具有市场支配地位是否等于垄断？何为滥用市场支配地位？

市场支配地位是，是指经营者在相关市场内具有能够控制商品价格、数量或者其他交易条件，或者能够阻碍、影响其他经营者进入相关市场能力的市场地位。其中的相关市场是指经营者在一定时期内就特定商品或者服务（统称商品）进行竞争的商品范围和地域范围。反垄断法并不禁止经营者具有市场支配地位，而是禁止具有市场支配地位的经营者滥用市场支配地位，从事排除、限制竞争的行为。

要规制滥用市场支配地位的行为，首先必须明确其认定因素和推定标准，根据《反垄断法》第十八条的规定，认定经营者具有市场支配地位，应当依据下列因素：该经营者在相关市场的市场份额，以及相关市场的竞争状况；该经营者控制销售市场或者原材料采购市场的能力；该经营者的财力和技术条件；其他经营者对该经营者在交易上的依赖程度；其他经营者进入相关市场的难易程度；与认定该经营者市场支配地位有关的其他因素。在具体执法过程中，反垄断执法机构应当根据第十八条规定的各项因素进行判断，对经营者是否具有市场支配地位做出认定。为了节约执法成本和对经营者实行有效监管，《反垄断法》还规定了推定制度，即反垄断执法机构仅根据法律规定的经营者的市场份额，就可推定该经营者具有市场支配地位，因为市场份额是判断经营者是否具有市场支配地位的重要因素。《反垄断法》第十九条规定，有以下情形，推定经营者具有市场支配地位：①一个经营者在相关市场的市场份额达到二分之一的；②两个经营者在相关市场的市场份额合计达到三分之二的；③三个经营者在相关市场的市场份额合计达到四分之三的，可以推定经营者具有市场支配地位。在第二项、第三项规定的情形下，推定这两个或者三个经营者分别具有市场支配地位。同时本条第二款规定，如果其中有的经营者市场份额不足十分之一的，不应当推定该经营者具有市场支配地位。这主要是考虑“十分之一”的份额很小，对其忽略不计。将多个企业作为整体推定具有市场支配地位，主要是解决市场寡头垄断问题。如果若干企业占据了一个市场主要的市场份额，其很容易通过实施共同行为控制该市场，但反垄断执法机构却很难掌握其达成垄断协议的证据。为此，将多个企业的市场份额合并计算来推定其中的每个企业都具有市场支配地位，这样的制度安排可以有效地对从事相同行为的寡头垄断企业（没有达成垄断协议的证据）的行为进行规范和制约。

推定与认定的不同，主要在于由谁承担举证责任。推定的举证责任在于被推定者，而认定的举证责任在于做出认定的一方。如果被推定者不提出反证或者反证不为推定方认可，则该推定成立。为此，《反垄断法》规定，被推定的经营者有权反证，即被推定具有市场支配地位的经营者，有证据证明不具有市场支配地位的，不应当认定其具有市场支配地位。被推定的经营者可以根据法律规定的因素及其他因素，通过证明他们之间存在实质性的竞争，或者他们与另外的竞争对手相比，不具有突出的优势地位等证据反证其不具有市场支配地位。如果其提供的证据具有说明力，反垄断执法机构不应当认定其具有市场支配地位。

滥用市场支配行为，是指支配企业为维持或者增强其市场支配地位而实施的反竞争的行为，对禁止滥用市场支配地位行为的规范，采取两种方式。一是概括式，即只做原则性禁止，不具体规定所禁止的滥用行为，美国等国家采取这种方式；二是概括加列举式，即在做出原则性禁止规定的同时，列举一些典型的予以禁止的滥用行为，欧盟等采取这种方式。我国反垄断法对此采取的是列举具体的滥用行为的方式。《反垄断法》第十七条规定：禁止具有市场支配地位的经营者从事下列滥用市场支配地位的行为：①以不公平的高价销售商品或者以不公平的低价购买商品；②没有正当理由，以低于成本的价格销售商品；③没有正当理由，拒绝与交易相对人进行交易；④没有正当理由，限定交易相对人只能与其进行交易或者只能与其指定的经营者进行交易；⑤没有正当理由搭售商品，或者在交易时附加其他不合理的交易条件；⑥没有正当理由，对条件相同的交易相对人在交易价格等交易条件上实行差别待遇；⑦国务院反垄断执法机构认定的其他滥用市场支配地位的行为。

（三）经营者集中

经营者集中是指经营者通过合并、兼并及购买竞争对手股权或资产等方式进行的企业行为。经营者集中是优化产业结构和企业组织结构的重要手段，也是企业迅速扩张、提高规模经济效益和市场竞争力的有效手段。经营者集中会对竞争产生一定影响，由于经济力量的集中和市场结构的改变，容易导致市场中的竞争者数量减少，相关市场竞争程度降低，也使数量减少了的竞争者之间容易做出协调一致的行为，并且产生和加强市场支配力量，有可能排除和限制竞争，损害消费者利益，因此，按照社会效益和国家适度干预原则，只有那些大型合并，即那些最可能给竞争带来威胁的合并，才应当列入反垄断法的调整范围。我国《反垄断法》第二十一条规定：“经营者集中达到国务院规定的申报标准的，经营者应当事先向国务院反垄断执法机构申报，未申报的不得实施集中。”在审查时，原则上将具有或者可能具有排除、限制竞争效果作为禁止经营者集中的判断标准。

我国《反垄断法》规定的经营者集中，是指以下3种情形。（1）经营者合并；（2）经营者通过取得股权或者资产的方式取得对其他经营者的控制权；（3）经营者通过合同等方式取得对其他经营者的控制权或者能够对其他经营者施加决定性影响。以上3种方式的手段和表现形式虽然并不一致，但其产生的效果和影响是相同的：都是通过一定的方式以达到控制其他经营者决策的目的，取得对其他经营者的控制权或者对其他经营者的决定性影响力，然后就可以按照其自己的意志控制或影响其他经营者实施市场行为，从而加强其在相关市场中的地位。集中是否合法，须由国务院反垄断执法机构进行审查后作出决定。但是经营者集中有下列情形之一的，可以不向国务院反垄断执法机构申报：参与集中的一个经营者拥有其他每个经营者百分之五十以上有表决权的股份或者资产的；参与集中的每个经营者百分之五十以上有表决权的股份或者资产被同一个未参与集中的经营者拥有的。

在审查经营者集中时，应当考虑下列因素：参与集中的经营者在相关市场的市场份额及其对市场的控制力；相关市场的市场集中度；经营者集中对市场进入、技术进步的影响；经营者集中对消费者和其他有关经营者的影响；经营者集中对国民经济发展的影响；国务院反垄断执法机构认为应当考虑的影响市场竞争的其他因素。审查后，对于经营者集中具有或者可能具有排除、限制竞争效果的，相关机构应当作出禁止经营者集中的决定。

经营者集中虽然具有或者可能具有排除、限制竞争的危险，但是在符合法定条件的情况下，也可以豁免，即对集中行为不予禁止。根据《反垄断法》第二十八条规定：“经营者集中具有或者可能具有排除、限制竞争效果的，国务院反垄断执法机构应当作出禁止经营者集中的决定。但是，经营者能够证明该集中对竞争产生的有利影响明显大于不利影响，或者符合社会公共利益的，国务院反垄断执法机构可以作出对经营者集中不予禁止的决定。”只是因为集中本身存在积极和消极两方面因素，在此种情况下，反垄断机构应该对每一个具体的经营者集中的利弊进行权衡，比较两个法益的大小，如果集中利大于弊，就不应该禁止这种集中，即让其得到豁免，甚至鼓励这类集中，以使企业做大做强，扩大规模，提高竞争力。

案例分析

波音与麦道的合并案

波音和麦道分别是美国航空制造业的老大和老二，是世界航空制造业的第1位和第3位。1996年年底，波音公司用166亿美元兼并了麦道公司。在干线客机市场上，合并后的波音不仅成为全球最大的制造商，而且是美国市场唯一的供应商，占美国国内市场的份额几乎达百分之百。但是，美国政府没有阻止波音兼并麦道。其主要原因是：首先，民用干线飞机制造业是全球性寡占垄断行业，虽然波音公司在美国国内市场保持垄断，但在全球市场上受到来自欧洲空中客车公司的越来越强劲的挑战。面对空中客车公司的激烈竞争，波音与麦道的合并有利于维护美国的航空工业大国地位；其次，尽管美国只有波音公司一家干线民用飞机制造企业，但由于存在来自势均力敌的欧洲空中客车的竞争，波音公司不可能在开放的美国和世界市场上形成绝对垄断地位。如果波音滥用市场地位提高价格，就相当于把市场拱手让给空中客车。

由此可见，美国政府在监管企业购并时，不仅仅根据国内市场占有率来判断是否垄断，还要考虑在整个市场范围内是否能够形成垄断。对全球寡占垄断行业，需要分析全球市场的条件，而不局限于本国市场范围。同时，还要考虑国家整体产业竞争力。

（四）行政垄断

案例探讨

某制药公司因经营需要，决定到A地开拓市场，并委派了企业经营负责人。可当该公司负责人在A地药品监督管理局办理有关手续时，却被告知要先办理准销证和准入证，否则一律按劣药论处。该企业负责人在办理准销证和准入证过程中，却遭到百般刁难。尽管该企业产品通过了GMP质量认证，但该地仍以种种借口拖延办证时间，并要收受巨额办证费用。

该负责人在进一步调查后得知事情真相：原来该地已经有一家制药企生产同类产品，该地为保护本地产品，一直严禁外地产品进入。该公司觉得这是典型的地方保护主义行为遂向其上级药监部门进行举报。上级药监部门对此极为重视，经过深入调查，决定取消准入证和准销证，允许该公司产品进入，并对有关人员进行了处罚。

思考：该药品监督管理局的做法错在哪里？

行政垄断是指行政机关或者法律、法规授权的具有管理公共事务职能的组织，滥用行政权力，排斥、限制或阻碍市场竞争的行为。我国《反垄断法》规定的行政垄断行为主要包括以下类型。

（1）行政强制交易行为。该行为是指行政机关和法律、法规授权的具有管理公共事务职能的组织滥用行政权力，限定或者变相限定单位或者个人经营、购买、使用其指定的经营者提供的商品。

（2）妨碍商品在地区之间的自由流通。该行为是指行政机关和法律、法规授权的具有管理公共事务职能的组织滥用行政权力，实施下列行为，妨碍商品在地区之间的自由流通的行为。具体包括以下行为：对外地商品设定歧视性收费项目、实行歧视性收费标准，或者规定歧视性价格；对外地商品规定与本地同类商品不同的技术要求、检验标准，或者对外地商品采取重复检验、重复认证等歧视性技术措施，限制外地商品进入本地市场；采取专门针对外地商品的行政许可，限制外地商品进入本地市场；设置关卡或者采取其他手段，阻碍外地商品进入或者本地商品运出；妨碍商品在地区之间自由流通的其他行为。

（3）排斥或者限制外地经营者参加本地的招标投标行为。该行为是指行政机关和法律、法规授权的具有管理公共事务职能的组织滥用行政权力，以设定歧视性资质要求、评审标准或者不依法发布信息等方式，排斥或者限制外地经营者参加本地的招标投标活动。

（4）限制经营者跨地区投资经营。该行为时指行政机关和法律、法规授权的具有管理公共事务职能的组织滥用行政权力，采取与本地经营者不平等待遇等方式，排斥或者限制外地经营者在本地投资或者设立分支机构。

（5）行政强制限制竞争。该行为是指行政机关和法律、法规授权的具有管理公共事务职能的组织滥用行政权力，强制经营者从事本法规定的垄断行为。

（6）抽象行政行为。该行为是指行政机关滥用行政权力，制定含有排除、限制竞争内容的规定。

三、反垄断执法机构

关于反垄断执法机构的设置，从国外的经验看，多数国家是由一个独立的机构负责反垄断执法工作的，如德国的联邦卡特尔局；也有的国家是由两个机构共同执行反垄断法，如美国是由司法部和联邦贸易委员会共同负责反垄断执法工作。我国反垄断法关于反垄断行政执法机构设置的规定，要根据我国的实际情况，既要考虑现实的可行性，保证反垄断法的顺利实施；又要有一定的前瞻性，为今后的机构改革留有余地。

我国《反垄断法》规定，国务院规定的承担反垄断执法职责的机构依照法律规定，负责反垄断执法工作。国务院根据反垄断行政执法工作的需要，可以决定由一个部门或机构统一负责反垄断执法工作，也可以决定由几个部门或机构分别负责不同领域的反垄断行政执法工作。

反垄断执法工作的专业性很强，为便于严格统一执法，同时考虑到建立全国统一、开放、竞争、有序的市场体系的需要，《反垄断法》将反垄断执法工作原则上应由国务院规定的承担反垄断执法职责的部门依据法律行使反垄断执法的职权，地方政府及其部门不行使反垄断法的执法权。同时，考虑到我国的实际情况，如果所有的垄断案件都由国务院反垄断执法机构亲自处理，可能工作量太大，负担太重，为此，《反垄断法》第十条第二款规定，国务院反垄断执法机构可以根据工作需要，授权省级政府相应的机构，依照本法规定负责有关的反垄断执法工作。依据该款规定，省级政府相关机构可以在国务院反垄断执法机构授权的范围内，负责有关的反垄断执法工作。

四、法律责任

我国《反垄断法》对于行为人违反该法的行为应当承担的法律责任作出明确的规定，其责任主要包括民事责任、行政责任和刑事责任。

垄断行为往往给他人造成经济损失，所以对此，我国《反垄断法》第五十条规定，经营者实施垄断行为，给他人造成损失的，依法承担民事责任。

经营者违反《反垄断法》规定，达成并实施垄断协议的，由反垄断执法机构责令停止违法行为，没收违法所得，并处上一年度销售额百分之一以上百分之十以下的罚款；尚未实施所达成的垄断协议的，可以处五十万元以下的罚款。经营者主动向反垄断执法机构报告达成垄断协议的有关情况并提供重要证据的，反垄断执法机构可以酌情减轻或者免除对该经营者的处罚。

行业协会违反本法规定，组织本行业的经营者达成垄断协议的，反垄断执法机构可以处五十万元以下的罚款；情节严重的，社会团体登记管理机关可以依法撤销登记。

经营者违法滥用市场支配地位的，由反垄断执法机构责令停止违法行为，没收违法所得，并处上一年度销售额百分之一以上百分之十以下的罚款。

经营者违反法律规定实施集中的，由国务院反垄断执法机构责令停止实施集中、限期处分股份或者资产、限期转让营业以及采取其他必要措施恢复到集中前的状态，可以处五十万元以下的罚款。

行政机关和法律、法规授权的具有管理公共事务职能的组织滥用行政权力，实施排除、限制竞争行为的，由上级机关责令改正；对直接负责的主管人员和其他直接责任人员依法给予处分。反垄断执法机构可以向有关上级机关提出依法处理的建议。

法律、行政法规对行政机关和法律、法规授权的具有管理公共事务职能的组织滥用行政权力实施排除、限制竞争行为的处理另有规定的，依照其规定。

对反垄断执法机构依法实施的审查和调查，拒绝提供有关材料、信息，或者提供虚假材料、信息，或者隐匿、销毁、转移证据，或者有其他拒绝、阻碍调查行为的，由反垄断执法机构责令改正，对个人可以处二万元以下的罚款，对单位可以处二十万元以下的罚款；情节严重的，对个人处二万元以上十万元以下的罚款，对单位处二十万元以上一百万元以下的罚款；构成犯罪的，依法追究刑事责任。

反垄断执法机构工作人员滥用职权、玩忽职守、徇私舞弊或者泄露执法过程中知悉的商业秘密，构成犯罪的，依法追究刑事责任；尚不构成犯罪的，依法给予处分。

复习思考题

1．不正当竞争行为有哪些特征？

2．不正当竞争行为有哪些表现形式？

3．商业秘密的概念及构成要件分别是什么？

4．垄断的概念，我国垄断法规定的垄断行为有哪些？

5．如何判断经营者是否具有市场支配地位以及是否构成对市场支配地位的滥用？

6．试述经营者集中申报制度。

课后讨论

1．如何完善我国《反不正当竞争法》？

2．如何完善我国法律以有效治理商业贿赂？

3．反不正当竞争法与反垄断法如何协调与完善

4．就商务部禁止可口可乐公司收购汇源公司一案，谈谈你的看法？

5．2010 年，360 和腾讯之间爆发 3Q 大战，在工信部的调停下，3Q 大战偃旗息鼓，但两家公司之间的争端却并未平息。腾讯首先在注册地广东起诉 360 不正当竞争，最后 360 也在广东对腾讯滥用市场支配地位行为提起反垄断诉讼。

360 认为，腾讯滥用其市场支配地位强迫用户“二选一”的行为，是垄断法中典型限制交易行为，应依法承担停止侵权并赔偿损失的民事责任。2013 年 3 月 28 日，广东省高院一审判定，腾讯不具有市场支配地位，并据此驳回了 360 的全部诉讼请求。

360 不服广东高院判决结果，随即向最高人民法院提出上诉，最高院决定于 11 月 26 日在第一法庭对此案进行公开开庭审理。360 此次的诉讼主张是，请法院判令腾讯停止涉案滥用市场支配地位的行为，要求腾讯赔偿经济损失 1.5 亿元，并公开赔礼道歉。

值得注意的是，广东高院的一审判决认为，腾讯 QQ 的相关地域市场为全球市场，因为“即时通信服务的经营者及用户并不局限于中国内地，在全球范围内提供和获得时，也无额外运输成本、价格成本或者其他成本”。因此在全球市场中看，腾讯 QQ 并不具备市场垄断地位。

思考：如何认定是否市场的支配地位？对于法院认定腾讯不具有市场支配地位的理由，谈谈你的看法。

案例分析

案例

九×鸟航天酒家诉九×凤餐饮公司不正当竞争案

九×鸟航天酒家从1997年起经营以湖北菜为特色的“九×鸟”酒家，并采用发展连锁店的经营方式，通过五年的市场经营，已经形成了自己的经营特色，这些经营特色除湖北风味菜外，还包括店面、招牌、菜单、定餐卡、窗帖等装饰设计风格和“九×鸟”的服务名称。其诉称：

（1）石某等3人原为九×鸟航天酒家管理人员，2002年1月在未与九×鸟酒家作任何协商，也未解除劳动合同的情况下，利用其在任职期间形成的便利条件及研究成果，私自成立九×凤餐饮公司。上述人员及九×凤餐饮公司未经我方同意使用了九×鸟酒家的客户名单及研发的菜肴，侵犯了九×鸟酒家的商业秘密。（2）九×凤餐饮公司向就餐客人讲述损害九×鸟酒家形象的语言，并向记者提供虚假的陈述，误导记者作出失实的且有损九×鸟酒家形象的报道，损害了其商业信誉。（3）九×凤餐饮公司擅自使用与我方作为知名商品相近似的名称、包装、装潢及宣传资料，构成了不正当竞争的行为。故要求判令九×凤餐饮公司、石某等3人立即停止使用我方商业秘密，立即停止损害九×鸟商业信誉的行为，立即停止使用与其近似的名称、包装、装潢、宣传资料，连带赔偿其经济损失50万元。

被告九×凤餐饮公司认为，其没有侵害九×鸟酒家的商业秘密，客户名单不能算是商业秘密，公司的装潢看自己喜好，即使相似，也是自己喜欢，不侵害九×鸟酒家的利益。

问：九×凤公司的行为是否构成不正当竞争，是否侵犯九×鸟酒家的权利？

第八章 产品质量法律制度

产品质量是生产出来的，不是检验出来的。

——美国质量管理大师威廉·戴明博士

学习重点与难点

产品质量法所指产品的内涵

生产者与销售者的产品质量责任和义务

生产者与销售者的法律责任

主要法律法规

《中华人民共和国产品质量法》

《中华人民共和国食品安全法》

《国家质监局关于实施〈中华人民共和国产品质量法〉若干问题的意见》

课前预习

了解缺陷产品召回制度。

现行《产品质量法》没有规定精神损害赔偿条款，没有规定对恶意的产品侵权行为进行惩罚性损害赔偿，缺少明确具体的缺陷产品召回制度，导致消费者的许多利益无法得到有效保护。是否应当修改《产品质量法》增加精神损害赔偿条款？了解惩罚性赔偿。

第一节 产品质量法概述

一、产品质量法的概念及特点

产品质量法是调整生产、流通、交换、消费领域中因产品质量而产生的社会关系的法律规范的总称。

我国对产品质量立法非常重视，先后颁布了数十个与质量有关的法律、法规。例如《中华人民共和国药品管理法》《工业产品质量监督试行办法》《化妆品卫生监督条例》《部分国产家用电器“三包”规定》《产品质量监督试行办法》《中华人民共和国标准化法》《产品质量认证管理条例》等。为了适应社会主义市场经济体制的建立和完善，进一步实行改革开放和积极参与国际市场竞争的需要；为了维护市场经济秩序，打击伪劣商品；为了保护广大用户和消费者的合法权益；为了进一步建立和完善我国的产品质量法律体系，1988 年国家将产品质量法列入立法规划。经过几年的调查、研究和论证，1993 年 2 月 22 日第七届全国人民代表大会常务委员会第十三次会议通过了《中华人民共和国产品质量法》（以下简称《产品质量法》），2000 年 7 月 8 日第九届全国人民代表大会常务委员会第十六次会议通过了《关于修改〈中华人民共和国产品质量法〉的决定》。

一般来说，《产品质量法》调整的社会关系分为两大类：即在产品质量监督管理过程中产生的监督与被监督、管理与被管理的社会关系和在产品交换过程中产生的具有等价交换性质的社会关系。

由产品质量法所调整的社会关系决定，产品质量法具有以下几个主要特征。

（1）产品质量法的法律规范具有多样性。因《产品质量法》既调整产品质量监督管理关系，也调整产品质量关系，所以《产品质量法》中既有行政法律规范，也有经济、民事法律规范，还有刑事法律规范。

（2）技术性法律规范在产品质量法律规范中占有重要地位。产品质量问题集经济性、社会性和技术性于一身。其中，技术性法律规范在产品质量法中占据重要地位。

（3）行政规章在产品质量法的贯彻实施中具有重要意义。大量的产品质量法律规范要由行政规章进一步加以明确，并依靠行政规章协助实施。这主要体现在有关产品质量监督管理的法律规范上。

二、《产品质量法》的立法宗旨和调整范围

根据《产品质量法》的规定，产品质量的立法宗旨是加强对产品质量的监督管理，提高产品质量水平，明确产品质量责任，保护消费者的合法权益，维护社会经济秩序。

课堂思考

是否所有产品出现质量问题，产生法律纠纷都适用产品质量法？

《产品质量法》的适用范围，从主体而言，在中华人民共和国境内从事产品生产、销售活动的企业法人、其他经济组织、个人、消费者、用户、相关社会中介组织、国家质量监督管理机关都应当遵守我国的《产品质量法》。就适用的客体而言，我国《产品质量法》规制的产品，限于经过加工、制作，用于销售的产品。经过加工制作的产品包括工业产品、手工业产品、农产品。未经过加工制作的矿产品（台煤、铁矿石、石油等）、初级农产品（如小麦、蔬菜、水果等）、初级畜产品、水产品等，都不适用《产品质量法》的规定。建设工程不适用《产品质量法》的规定，如工业、民用建筑物。但是，建设工程使用的建筑材料、建筑构配件和设备，属于上述规定的产品范围的，适用《产品质量法》的规定。另外，军工产品质量监督管理办法，由国务院、中央军委另行规定，军工产品包括武器、弹药及其他军事装备，有特殊性，又不用于销售，不适用《产品质量法》。

课堂思考

农产品的质量安全由什么法律保护？

自 1995 年 10 月，我国《食品卫生法》出台。随着经济社会的发展，我国出现了一些食品安全事件，这些食品安全事件的出现造成了很大的社会影响，食品安全监管体制也受到拷问。为此，我国特意加强了对食品安全的监督和管理，2009 年 2 月 28 日第十一届全国人民代表大会常务委员会第七次会议通过了《中华人民共和国食品安全法》，有关食品质量、安全问题主要由该法规范。

课堂练习

依照《产品质量法》的规定，下列何种产品属于该法所称的产品（　　）。

A. 芝麻油　　B. 大坝　　C. 冰毒　　D. 枪支

第二节 产品质量的监督

一、产品质量监督体制

根据《产品质量法》的规定，国务院产品质量监督部门主管全国产品质量监督工作。国务院有

关部门在各处的职责范围内负责产品质量监督工作。县级以上地方产品质量监督部门主管本行政区域内的产品质量监督工作。县级以上地方人民政府有关部门在各处的职责范围内负责产品质量监督工作。

二、产品质量监督管理制度

产品资料监督管理制度是督促生产者和经营者提供合格产品的重要管理制度。

（一）产品质量检验制度

《产品质量法》规定，产品质量应当检验合格，不得以不合格产品冒充合格产品。可能危及人体健康和人身、财产安全的工业产品，必须符合保障人体健康和人身、财产安全的国家标准、行业标准；未制定国家标准的，必须符合保障人体健康和人身、财产安全的标准和要求。禁止生产、销售不符合保障人体健康和人身、财产安全检查的标准和要求的工业产品。

根据《中华人民共和国标准化法》（以下简称《标准化法》）的规定，国家标准由国务院标准化行政主管部门根据要全国范围内统一技术要求的需要制定；行业标准由国务院有关行政主管部门对没有国家标准而又需要在全国某个行业范围内统一技术要求来予以制定，并报国务院标准化行政主管部门备案。国家标准、待业标准分为强制性标准和推荐性标准。保障人体健康和人身、财产安全的标准和法律、行政法规规定强制执行的标准是强制性标准，其他标准是推荐性标准。

（二）产品质量认证制度

质量认证制度分为企业质量体系认证制度和产品质量认证制度。

1. 企业质量体系认证制度

企业质量体系认证，是指依据一定的标准和要求，由认证机构对企业质量体系进行审核、评定，确认符合标准要求时，由认证机构向企业颁发认证证书，以证明企业质量体系符合相应要求的活动过程。企业质量体系认证，是目前国际上通行的一种产品质量监督管理制度。为了促进企业建立、健全质量体系，以便企业具备生产稳定质量产品的条件，从而提高企业的市场竞争能力，《产品质量法》规定，国家根据国际通用的质量管理标准，推选企业质量体系认证制度。企业根据自愿原则可以向国务院产品质量监督部门认可的或者国务院产品质量监督部门授权的部门认可的认证机构申请企业质量体系认证。经认证合格的，由认证机构颁发企业质量体系认证证书。

2. 产品质量认证制度

产品质量认证，是由公正的第三方依据产品标准和相应的技术要求，对产品质量进行检验、测试，确认并通过颁发认证证书和准许使用认证标志的方式来证明某产品符合要求的活动。

《产品质量法》规定，国家参照国际先进的产品标准和技术要求，推选产品质量认证制度。企业根据自愿原则可以向国务院产品质量监督部门认可的或者国务院产品质量监督部门授权的部门认可的认证机构申请产品质量认证。经认证合格的，由认证机构颁发产品质量认证证书，准许企业在产品或者其包装上使用产品质量认证标志。

产品质量认证分为安全认证和合格认证。安全认证是指对涉及人身健康及生命和财产安全的产品依照国家法律规定的强制性标准进行的用以证明产品符合安全要求的认证活动。实行安全认证的产品，必须符合《标准化法》中有关强制性标准的要求。合格认证是指对一般产品依据国家标准化或者行业标准所进行的用以证明产品符合标准要求即合格的认证活动。实行合格认证的产品，必须符合《标准化法》规定的国家标准或者行业标准的要求。

获准使用认证标志的企业，有以下义务：①在认证证书规定的范围内使用认证标志，即只能在认证证书所载明的已经认证合格的产品上使用；②按照规定的使用方法和要求使用认证标志；③保证使用认证标志的产品符合获准认证时的质量水平。产品质量认证工作，由国务院产品质量监督管理部门统一管理，由国务院产品质量监督管理部门或者国务院产品质量监督管理部门授权的部门认可的认证机构即各行业认证委员会具体实施。

（三）产品质量监督检查制度

产品质量监督包括 3 个层次的监督，即国家监督、消费者监督和社会监督。

1．国家监督

产品质量的国家监督，是指国务院以及地方各级产品质量监督部门依法对生产领域、流通领域的产品质量进行的强制性监督检查活动。

（1）国家监督的方式。根据《产品质量法》的规定，国家对产品质量实行以抽查为主要方式的监督检查制度，对可能危及人体健康和人身、财产安全的产品，影响国计民生的重要工业产品以及消费者、有关组织反映有质量问题的产品进行抽查。抽查的样品应当在市场上或者企业成品仓库内的待销产品中随机抽取。监督抽查工作由国务院产品质量监督部门规划和组织。县级以上地方产品质量监督部门在本行政区域内也可以组织监督抽查。法律对产品质量的监督检查另有规定的，依照有关法律的规定执行。

国家监督抽查的产品，地方不得另行重复抽查；上级监督抽查的产品，下级不得另行重复抽查。

根据监督抽查的需要，可以对产品进行检验。检验抽取样品的数量不得超过检验的合理需要，并不得向被检查人收取检验费用。监督抽查所需检验费用，应按照国务院规定列支。

国务院和省、自治区、直辖市人民政府的产品质量监督部门应当定期发布其监督抽查的产品的质量状况公告。产品质量监督部门或者其他国家机关以及产品质量检验机构不得向社会推荐生产者的产品；不得以对产品进行监制、监销等方式参与产品经营活动。

（2）对抽查产品的检验。根据《产品质量法》的规定，产品质量检验机构必须具备相应的检测条件和能力，经省级以上人民政府产品质量监督部门或者其授权的部门考核合格后，方可承担产品质量检验工作。法律、行政法规对产品质量检验机构另有规定的，依照有关法律、行政法规的规定执行。

从事产品质量检验、认证的社会中介机构必须依法设立，不得与行政机关和其他国家机关存在隶属关系或者其他利益关系。产品质量检验机构、认证机构必须依法按照有关标准，客观、公正地出具检验结果或者认证证明，对准许使用认证标志的产品进行认证后的跟踪检查，并对不符合认证标准而使用认证标志的，要求其改正；情节严重的，取消其使用认证标志的资格。

生产者、销售者对抽查检验的结果有异议的，可以自收到检验结果之日起十五日内向实施监督抽查的产品质量监督部门或者其上级产品质量监督部门申请复检，由受理复检的产品质量监督部门作出复检结论。

（3）产品质量监督管理部门的行政执法职权。经监督抽查的产品质量不合格的，由实施监督抽查的产品质量监督部门责令其生产者、销售者限期改正。逾期不改正的，由省级以上人民政府产品质量监督部门予以公告；公告后经复查仍不合格的，责令停业，限期整顿；整顿期满后经复查产品质量仍不合格的，吊销营业执照。监督抽查的产品有严重质量问题的，依照有关规定处罚。

县级以上产品质量监督部门根据已经取得的违法嫌疑证据或者举报，对涉嫌违反《产品质量法》规定的行为进行查处时，可以行使下列职权：①对当事人涉嫌从事违反《产品质量法》的生产、销售活动的场所实施现场检查；②向当事人的法定代表人、主要负责人和其他有关人员调查、了解与涉嫌从事违反《产品质量法》的生产、销售活动有关的情况；③查阅、复制当事人有关的合同、发票、账簿以及其他有关资料；④对有根据认为不符合保障人体健康和人身、财产安全的国家标准、行业标准的产品或者有其他严重质量问题的产品，以及直接用于生产、销售该项产品的原辅材料、包装物、生产工具，予以查封或者扣押。县级以上工商行政管理部门按照国务院规定的职责范围，对涉嫌违反《产品质量法》规定的行为进行查处时，可以行使上述规定的职权。

2. 消费者监督

消费者是产品的最终使用者，也是产品质量问题的直接受害者，因此，消费者有权对产品质量进行监督。《产品质量法》规定，消费者有权就产品质量问题，向产品的生产者、销售者查询；向产品质量监督部门、工商行政管理部门及有关部门申诉，接受申诉的部门应当负责处理。

3. 社会监督

保护消费者权益的社会组织可以就消费者反映的产品质量问题建议有关部门负责处理，支持消费者对因产品质量造成的损害向人民法院起诉。此外，任何单位和个人有权对违反《产品质量法》规定的行为向产品质量监督部门或者其他有关部门检举。产品质量监督部门和有关部门应当为检举人保密，并按照省、自治区、直辖市人民政府的规定给予奖励。

第三节 生产者、销售者的产品质量责任和义务

一、生产者产品的质量责任和义务

生产者应当对其生产产品的质量负责。产品质量应当符合下列要求。

（1）不存在危及人体健康和人身、财产安全的不合理的危险，有保障人体健康和人身、财产安全的国家标准、行业标准的，应当符合该标准。即产品不能存在缺陷，缺陷是指产品存在危及人身、他人财产安全的不合理的危险；产品有保障人体健康和人身、财产安全的国家标准、行业标准的，是指产品应当符合相关标准。

（2）具备产品应当具备的使用性能，但是，对产品存在使用性能的瑕疵作出说明的除外。

（3）符合在产品或者其包装上注明采用的产品标准，符合以产品说明、实物样品等方式表明的质量状况。生产者生产的产品或者其包装上的标识必须真实，并符合下列要求：①有产品质量检验合格证明；②有中文标明的产品名称、生产厂厂名和厂址；③根据产品的特点和使用要求，需要标明产品规格、等级、所含主要成分的名称和含量的，用中文相应予以标明；④需要事先让消费者知晓的，应当在外包装上标明，或者预先向消费者提供有关资料；⑤限期使用的产品，应当在显著位置清晰地标明生产日期和安全使用期或者失效日期；⑥使用不当，容易造成产品本身损坏或者可能危及人身、财产安全的产品，应当有警示标志或者中文警示说明。

裸装的食品和其他根据产品的特点难以附加标识的裸装产品，可以不附加产品标识。易碎、易燃、易爆、有毒、有腐蚀性、有放射性等危险物品以及储运中不能倒置和其他有特殊要求的产品，其包装质量必须符合相应要求，依照国家有关规定做出警示标志或者中文警示说明，标明储运注意事项。

生产者不得生产国家明令淘汰的产品；不得伪造产地不得伪造或者冒用他人的厂名、厂址；生产者不得伪造或者冒用认证标志等质量标志；不得掺杂、掺假，不得以假充真、以次充好，不得以不合格产品冒充合格产品。

案例探讨

甲开着买来的割草机割草，草地是个较为陡的坡地，甲在割草时，没有采用横向坡度缓的地方左右来回割草，即“之”字形，而是在坡地上下方向来回割草，结果在往下割草的过程中因为重心不稳摔下来，造成人身伤害，于是以生产厂家没有告之会从割草机上摔下来为由，向法院提起诉讼，要求赔偿其损失。

问：该案应如何处理，生产厂家是否应当承担法律责任，为什么？

二、销售者的产品质量责任和义务

销售者应尽以下产品质量责任和义务。

（1）销售者应当建立并执行进货检查验收制度，验明产品合格证明和其他标识。

（2）销售者应当采取措施，保证销售产品的质量。

（3）销售者不得销售国家明令淘汰并停止销售的产品和失效、变质的产品。

（4）销售者销售的产品的标识应当符合《产品质量法》的规定。

（5）销售者不得伪造产地，不得伪造或者冒用他人的厂名、厂址。

（6）销售者不得伪造或者冒用认证标志等质量标志。

（7）销售者销售产品，不得掺杂、掺假，不得以假充真、以次充好，不得以不合格产品冒充合格产品。

第四节 产品损害赔偿责任

损害赔偿是解决产品民事纠纷的主要方式。生产者和销售者违法提供商品或者提供存在缺陷的产品，造成使用者和消费者损害的应当依法予以补偿。

一、生产者和销售者的损害赔偿责任

案例探讨

刘女士为了拥有美丽的容貌，2010年5月起，她从A国际贸易公司处出购买了由B日化公司生产的护肤品，使用初期效果明显。但是在持续使用了一段时间后，身体出现了疼痛、健忘、耳鸣、乏力、恶心、手脚麻等症状。在同样使用该护肤品的邻居被诊断为慢性汞中毒后，刘女士也被医院诊断为慢性汞中毒。经检测，该护肤品的汞含量严重超过国家标准。难以承受身心巨大痛苦的刘女士，找到A国际贸易公司销售和B日化公司，刘女士认为，A、B两家公司生产销售的护肤品汞含量严重超标，给她带来了巨大的身体伤痛和精神痛苦，故要求两公司退还其产品费用，承担医药费及精神损害赔偿。因经多次与被告协商无果，两公司相互推诿，于是刘女士将B日化公司及A国际贸易公司诉至法院，要求被告赔偿原告各项损失27 912元。

思考：该护肤品属于什么产品？刘女士是否有权要求二被告承担法律责任？

（一）生产者的责任

《产品质量法》第二十九条规定：“因产品存在缺陷造成人身、缺陷产品以外的其他财产损害的，生产者应当承担赔偿责任。”形成生产者责任的条件是：①产品存在缺陷；②造成人身、缺陷产品以外的其他财产损害；③产品缺陷与损害之间存在因果关系。生产者因其产品承担损害赔偿不需要过失或者过错证明，所以其所承担的是严格责任或称为无过错责任。

（二）销售者的责任

《产品质量法》第三十条规定：“由于销售者的过错使产品存在缺陷，造成人身、他人财产损害的，销售者应当承担赔偿责任，销售者不能指明缺陷产品的生产者也不能指明缺陷产品的供货者的，销售者应当承担赔偿责任。”形成销售者责任的条件是：①销售者有过错；②产品有缺陷；③造成人身、他人财产的损害；④产品缺陷与损害之间有因果关系。销售者承担产品责任需要过错证明，因此销售者的责任属于过错责任。但是当销售者无法指明缺陷产品的生产者和供货商时，应承担严格责任。

课堂探讨

生产者与销售者承担损害赔偿责任的条件是否有不同？如有请说明，并试分析其原因？

（三）生产者和销售者之间的责任关系

生产者和销售者之间有明确的责任界限，他们之间并不存在互相承担责任的问题。但是面对消费者时，生产者和销售者之间存在连带责任关系，即受害消费者可以任意向生产者或销售者索赔。属于生产者的责任销售者赔偿了的，销售者有权向生产者追偿；属于销售者的责任生产者赔偿了的，生产者有权向销售者追偿。

（四）生产者责任的免除

在下列情况下生产者免除承担损害赔偿责任：①未将产品投入流通；②产品投入流通时，引起损害的缺陷尚不存在；③将产品投入流通时的科学技术水平尚不能发现缺陷的存在。

二、损害赔偿的范围

案例探讨

吴某于1999年9月从市场买回一只高压锅，使用初期，高压锅能正常使用，未出现异常。2000年10月7日，当吴某做饭时，高压锅发生爆炸，锅盖飞起，天花板被冲裂，玻璃震碎，放在橱柜上的微波炉也因此损坏。事故发生后，吴某找高压锅的生产厂家要求赔偿，该厂提出，吴某购买的高压锅已经使用一年多了，早已过了保修期，因此厂家不负任何责任。吴某与该厂交涉多次无果，遂向人民法院提起诉讼，要求该厂赔偿损失计5 000元。

请问：

（1）厂家以保修期已过为由拒绝承担责任的理由能否成立，为什么？

（2）吴某应在什么期限内提起诉讼，人民法院是否应当受理吴某的诉讼？

（一）实际损失补偿原则

我国在确定产品损害赔偿数额上采取的是实际损失补偿原则，即按照有缺陷产品对使用者或他人造成的实际损害加以赔偿，以挽回损失。这一原则与惩罚性赔偿原则的区别主要在于：受害者得不到除实际损失补偿以外的其他好处。精神损害赔偿部分虽然难以确定统一标准，但也不属于惩罚性损害赔偿的范畴。

（二）损害赔偿的范围

1. 人身损害赔偿

因产品存在缺陷造成受害人人身伤害的，侵害人应当赔偿医疗费、因误工减少的收入、残废者生活补助费等费用；造成受害人死亡的，应当支付丧葬费、抚恤费、死者生前抚养人必要的生活费用。

2. 财产损害赔偿

因产品存在缺陷造成受害人财产损失的，侵害人应当恢复原状或者折价赔偿。受害人因此遭受其他重大损失的，侵害人应当赔偿损失。

对于损失，受害者应当在法定期间内主张权利，因产品存在缺陷造成损害要求赔偿的诉讼时效期间为二年，自当事人知道或者应当知道其权益受到损害时起计算。

因产品存在缺陷造成损害要求赔偿的请求权，在造成损害的缺陷产品交付最初消费者满十年丧失；但是，尚未超过明示的安全使用期的除外。

课堂练习

张某从甲商场购买一电热毯，电热毯为乙厂所产。使用中电热毯发生漏电，致使房间着火，烧毁价值5 000元的财产，张某本人也被烧伤致残。下列何种表述是正确的？（　）

A. 甲商场和乙厂应对张某的损失承担连带责任

B. 张某因身体伤害要求赔偿的诉讼时效为 1 年

C. 张某可以向被告请求精神损害赔偿

D. 张某遭受的财产损失不属于产品责任，而属于违约责任

三、罚则

《产品质量法》以专章规定了“损害赔偿”民事责任，又以“罚则”专章规定了经营者的行政责任。即产品的生产者和销售者违反国家有关产品质量、安全和管理方面的强制法规的规定，生产、销售有缺陷的产品，而由质量监督部门和其他有关部门予以追究的法律责任。

政府各级质量监督部门和其他有关部门在其职责范围内，有权对不合格或不安全产品的生产者、销售者进行处罚，例如责令停止生产、销售，没收违法所得，罚款，吊销营业执照等。当事人对行政处罚决定不服的，可以在接到处罚通知之日起十五日内向作出处罚决定机关的上一级机关申请复议，或者向人民法院起诉。复议机关应当在接到复议申请之日起六十日内作出复议决定。当事人对复议决定不服的，可以在接到复议决定之日起十五日内向人民法院起诉。

复习思考题

1.《产品质量法》的适用范围是哪些？

2. 生产者有哪些产品质量责任和义务？

3. 销售者有哪些产品质量责任和义务？

课后讨论

1. 有学者认为我国产品质量法调整范围过于狭隘，不符合国际上产品的范围不断扩大的趋势。这种比较狭窄的界定使许多与人们的日常生活有关的商品，由于没有纳入产品责任法中，不仅使遭到损害的广大的消费者的合法权益难于得到保障，也使那些漠视他人生命与健康的粗制滥造者由于

得不到法律的严惩而更加变本加厉。建议增加以下类别为产品，如农产品、无形工业、服务、智力产品、建设工程等，以扩大产品质量法的调整范围。谈谈你的看法？

2. 我国产品责任诉讼时效期间规定为二年，但是因为产品责任法律关系与其他法律关系相比较，具有一定的特殊性。缺陷产品所造成的人身伤害或财产损失有时是即时的，有时则存在一个潜伏期，特别是人身伤害方面，并且，在产品责任法律关系中应予赔偿的损害由人的行为之外的缺陷产品造成，受害人在提出损害赔偿请求之前，首先要找到致害产品的生产者或销售者。因而，对产品责任而言，较长的诉讼时效更为合适，以便受害人有充分的时间准备诉讼，也便于损害结果的确定。所以是否应当延长我国的产品责任的诉讼时效？如果延长，延长多久比较合适？

案例分析

案例

2010年，甲在为家中老人祝寿时，高压锅突然爆炸，甲被锅盖击中头部，抢救无效死亡。据负责高压锅质理检测的专家鉴定，高压锅爆炸的直接原因是高压锅的设计有问题，导致锅盖上的排气孔堵塞。由于高压锅的生产厂家距离遥远，甲的家人要求出售此高压锅的商场承担损害民事赔偿责任。但商场声称缺陷不是由自己造成的，而且商场在出售这种高压锅（尚处于试销期）的时候已与买方签订有一份合同，约定如果产品存在质量问题，商场负责退货，并双倍返还货款，因而商场只承担双倍返还货款的违约责任，其他任何问题应该找生产厂家。问题：

1. 请问甲的家属可否向该商场请求承担责任？为什么？

2. 甲家属可以请求违约责任还是侵权赔偿责任？如果甲家属希望得到精神损害赔偿，应当提起何种诉讼？

第九章 消费者权益保护法律制度

法律的基本原则是：为人诚实，不损害他人，给予每个人他应得的部分。

——查士丁尼

学习重点难点

消费者的概念

消费者的权利、经营者的义务

格式合同的效力

惩罚性赔偿的适用

主要法律法规

《中华人民共和国消费者权益保护法》

《中华人民共和国食品安全法》

课前预习

试举一霸王条款分析。

2013年3月15日，中央台315晚会曝光P公司手机在中国市场实施着与国外不同的售后政策，在中国宣称的“以换代修”“整机交换”并没有真正更换整机，通常沿用旧手机后盖，以逃避中国手机三包规定。按照P公司规定，更换后的手机三包期仍然延续旧手机的，剩余期限不足90天的，仅保修90天。评析P公司的维修政策。

新《消费者权益保护》（2014年3月15日生效）修改的背景、内容。

了解王海打假事件，对于王海打假，你持什么样的看法？

了解美国对于侵害消费者权益的惩罚性赔偿，试查询相关案例并了解其判决。

我国法律有关惩罚性赔偿的规定。

随着社会经济的发展，消费者，尤其是个人消费者与生产经营者相比，无论是在经济条件、议价能力方面，还是在自我保护方面，都处于弱势的地位，时常受到来自生产经营者方面的侵害。在保护消费者权益的社会运动推动下，基于维护社会经济秩序、保证社会经济生活正常运行的目的，有关国家和地区先后着手制定了保护消费者的法律，《消费者权益保护法》由此产生。1993 年 10 月 31 日，我国第八届全国人民代表大会常务委员会第四次通过了《中华人民共和国消费者权益保护法》（以下简称《消费者权益保护法》），该法在保障消费者权益、完善我国消费者权益保护法律制度，推动我国社会主义市场经济方面发挥了重大作用，是一部重要的社会经济法律。

但是随着我国经济的发展，我们国家的消费方式、消费结构和消费理念发生了非常大的变化，在消费者权益保护领域也有不少的新情况和新问题出现。比如互联网的兴起和发展带来了网络销售、网络购物的渐成规模。而且，以前日常消费品在 1993 年时也不那么丰富，后来越发地丰富。另外，金融服务领域，大家以前接受的金融服务主要是银行的储蓄服务，现在银行、保险、证券等服务也成为日常生活当中经常涉及的领域。消费理念也有很多的变化，包括节约资源、环境友好的理念。

面对当前的这些情况，该法也逐渐显现出许多不足之处，比如在适用范围、消费者权益外延、消费维权、执法体制等几方面存在局限与不足，因而《消费者权益保护法》亟需修改。在经过多轮修改后，2013 年 10 月 25 日上午举行的十二届全国人大常委会第五次会议第三次全体会议表决通过了全国人大常委会关于修改《中华人民共和国消费者权益保护法》的决定草案。这也是该部法律自 1994 年起实施近 20 年来首度大修改。新的《消费者权益保护法》于 2014 年 3 月 15 日起施行。

第一节 《消费者权益保护法》概述

一、消费者及《消费者权益保护法》的概念

（一）消费者的概念

根据《消费者权益保护法》的规定，消费者是指为生活消费需要而购买、使用经营者所提供的商品或接受经营者所提供的服务的市场主体。因此，《消费者权益保护法》所指的消费者具有以下法律特征。

（1）消费者的消费活动属于生活消费。消费者权益保护法保护的消费限于生活消费，同时为了给予农民在农业生产中更多的保护，《消费者权益保护法》第六十二条规定："农民购买、使用直接用于农业生产的生产资料，参照本法执行。"

（2）消费者消费的客体既包括商品也包括服务。这里所称的服务，是指与生活消费有关的服务，包括交通运输、旅游服务、饮食服务、美容美发、旅馆业等。

（3）消费者的消费活动表现为购买、使用商品和接受服务。

（4）消费者主要包括个人消费者，但也不排除单位消费者。

课堂探讨

如何界定"生活消费"？判断"生活消费"是否应当考虑购买者的目的与动机？

（二）《消费者权益保护法》的概念

《消费者权益保护法》是调整在保护公民消费权益过程中所产生的社会关系的法律规范的总称。《消费者权益保护法》有广义和狭义之分。广义的《消费者权益保护法》是指所有涉及消费者权益的各种法律规范的总和；狭义的《消费者权益保护法》则是指国家有关保护消费者权益的专门立法文件。

《消费者权益保护法》的调整对象，是因对消费者提供保护而产生的社会关系。国家对消费者进行保护，主要通过以下两途径实现：第一，对经营者与消费者之间的商品交换关系作了直接的强制性规定；第二，对与消费者有关的生产经营活动进行必要的监督管理。前者如要求生产经营者在销售商品或提供服务时明码标价、禁止搭售等；后者如生产经营药品、食品、化妆品，必须经过国家有关主管部门核准许可，对生产、销售伪劣商品进行查禁等。另外，为了提高消费者的自我保护能力，国家还专门设立了一些保护消费者权益的组织，这些组织除了帮助消费者解决他们与生产经营者之间发生的消费纠纷之外，还向广大的消费者提供必要的教育和咨询服务等。因此，《消费者权益保护法》调整以下 3 种社会关系。

第一，国家与经营者之间的关系，即为了保护消费者而在国家与经营者之间产生的监督管理与被监督管理的关系。

第二，国家与消费者之间的关系，即在消费者权益保护法中表现为保护与被保护、指导与被指

导的关系。

第三，消费者与生产经营者之间的关系，即在自愿、平等、公平、诚实信用的基础之上的等价有偿的商品交换关系。

二、《消费者权益保护法》的立法宗旨和适用范围

（一）《消费者权益保护法》的立法宗旨

《消费者权益保护法》的立法宗旨是通过制定保护消费者权益的专门法律，保护消费者的合法权益，维护社会经济秩序，促进社会主义市场经济的健康发展。

（二）《消费者权益保护法》的适用范围

《消费者权益保护法》适用于消费者为生活消费需要而购买、使用商品或接受服务以及经营者为消费者提供其生产、销售的商品或提供服务等行为。另外，鉴于我国的具体情况，农民购买、使用直接用于农业生产的各种生产资料的生产性消费活动，也受消费者权益保护法的保护。

三、《消费者权益保护法》的基本原则

《消费者权益保护法》的基本原则贯穿于国家有关保护消费者权益的立法过程中，体现在保护消费者权益的具体法律规定上，它既是立法的指导原则，也是司法、守法的基本准则。

（一）国家保护原则

国家保护原则是指由国家对消费者提供法律保护的原则。《消费者权益保护法》规定，国家保护消费者的合法权益不受侵害。国家采取措施，保障消费者依法行使权利，维护消费者的合法权益。国家保护原则具体体现在以下方面。

（1）国家制定保护消费者权益的政策、法律，明确消费者在社会经济生活中，特别是在与生产经营者的关系中所处的特殊法律地位、消费者所享有的权利以及对这种地位和权利的保护措施等。

（2）有关国家机关负责对实际生活中发生的侵犯消费者权益的行为进行监督、查处。

（3）国家司法机关采取迅速、便捷的方式解决消费者与经营者发生的消费纠纷，维护消费者的利益。

（4）国家设立专门的保护消费者的组织机构，专门从事保护消费者权益的活动。

（二）全社会保护原则

全社会保护原则是指在国家对消费者提供特别保护之外，社会各界都有相应的责任、义务对消费者进行保护的原则。《消费者权益保护法》规定，保护消费者的合法权益是全社会的共同责任。国家鼓励、支持一切组织和个人对损害消费者合法权益的行为进行社会监督。大众传播媒介应当做好维护消费者合法权益的宣传，对损害消费者合法权益的行为进行舆论监督。

第二节 消费者的权利

消费者的权利，是指在消费活动中，消费者依法享有的各项权利的总和。根据《消费者权益保护法》的规定，我国消费者享有以下几项基本权利。

（一）安全权

安全权是指消费者在购买、使用商品或接受服务时，享有人身、财产安全不受损害的权利。因此，《消费者权益保护法》规定，消费者在购买、使用商品和接受服务时享有人身、财产安全不受损害的权利。消费者有权要求经营者提供的商品和服务符合保障人身、财产安全的要求。

（二）知情权

知情权又称了解权，是指消费者享有知悉其购买、使用的商品或者接受的服务的真实情况的权利。因此，《消费者权益保护法》规定，消费者享有知悉其购买、使用的商品或者接受的服务的真实情况的权利。消费者有权根据商品或者服务的不同情况，要求经营者提供商品的价格、产地、生产者、用途、性能、规格、等级、主要成分、生产日期、有效期限、检验合格证明、使用方法说明书、售后服务或者服务的内容、规格、费用等有关情况。

（三）自主选择权

自主选择权，即消费者享有自主地选择商品或服务的权利。因此，《消费者权益保护法》规定，消费者享有自主选择商品或者服务的权利。消费者有权自主选择提供商品或服务的经营者，自主选择商品品种或者服务方式，自主决定购买或者不购买任何一种商品、接受或者不接受任何一项服务。消费者在自主选择商品或者服务时，有权进行比较、鉴别和挑选。

（四）公平交易权

公平交易权，即消费者在与经营者交易中享有获得公平待遇的权利。因此，《消费者权益保护法》规定，消费者享有公平交易的权利。消费者在购买商品或者接受服务时，有权获得质量保障、价格合理、计量正确等公平交易条件，有权拒绝经营者的强制交易行为。

（五）受偿权

受偿权，即消费者在受到损害的时候有权要求经营者予以赔偿的权利。因此，《消费者权益保护法》规定，消费者因购买、使用商品或者接受服务受到人身、财产损害的，享有依法获得赔偿的权利。

（六）结社权

结社权，即消费者享有成立维护自身权益的组织的权利。因此，《消费者权益保护法》规定，消费者享有依法成立维护自身合法权益的社会团体的权利。

（七）获得知识权

获得知识权，即消费者享有获得有关知识的权利。因此，《消费者权益保护法》规定，消费者享有获得有关消费和消费者保护方面的知识的权利。消费者应当努力掌握所需商品或者服务的知识和使用技能。正确使用商品，提高自我保护意识。

（八）受尊重及个人信息受保护权

案例探讨

甲系某大学三年级女生。2003年5月5日，甲到国际知名连锁店乙超市购物，付款结账后取回自带的手袋，正要走出超市大门时，被超市保安阻拦。保安怀疑甲携带了未结账的商品，欲将甲带到超市值班经理办公室处理。甲予以否认，争执过程中引来众多顾客围观。后在经理办公室，甲应值班经理要求出示了所买商品及结账单据。值班经理将甲自带的手袋打开检查，并叫来女工作人员对甲进行了全身搜查，均未查出未结账的商品，遂将甲放走。事后，甲在超市被搜身的消息在本校乃至其他高校传开，甲成了备受关注的“新闻人物”，对甲形成了巨大的精神压力，出现了失眠、头晕等症状，无法继续学业，医生建议其做心理治疗。

问：超市在怀疑有人盗窃时，是否可以对该人进行搜身？超市的行为是否侵害了甲的权利？

《消费者权益保护法》规定，消费者在购买、使用商品和接受服务时，享有人格尊严、民族风俗习惯得到尊重的权利，享有个人信息依法得到保护的权利。

（九）监督权

监督权，即消费者享有对商品和服务以及保护消费者权益工作进行监督的权利。为此，《消费者权益保护法》规定，消费者享有对商品和服务以及保护消费者权益工作进行监督的权利。消费者有权检举、控告侵害消费者权益的行为和国家机关及其工作人员在保护消费者权益工作中的违法、失职行为，有权对保护消费者权益工作提出批评、建议。

第三节 经营者的义务

经营者的义务，指经营者在与消费者的商品交换关系中承担的义务。消费者权利的实现，有赖于经营者义务的履行。根据《消费者权益保护法》的规定，经营者的义务包括以下几个方面。

（一）依法定或者约定履行义务

依法定或者约定履行义务，是指经营者应当按照法律的规定或者合同的约定履行义务，包括以下方面。

（1）经营者向消费者提供商品或者服务，应当依照《消费者权益保护法》和其他有关法律、法规的规定履行义务。

（2）经营者和消费者有约定的，应当按照约定履行义务，但双方的约定不得违背法律、法规的规定。

（3）经营者向消费者提供商品或者服务，应当恪守社会公德，诚信经营，保障消费者的合法权益；不得设定不公平、不合理的交易条件，不得强制交易。

（二）听取意见和接受监督的义务

《消费者权益保护法》规定，经营者应当听取消费者对其提供的商品或者服务的意见，接受消费者的监督。

（三）保证商品和服务安全的义务

《消费者权益保护法》规定，经营者应当保证提供的商品和服务的安全，包括以下方面。

（1）经营者应当保证其提供的商品或者服务符合保障人身、财产安全的要求。对可能危及人身、财产安全的商品和服务，应当向消费者作出真实的说明和明确的警示，并说明和标明正确使用商品或者接受服务的方法以及防止危害发生的方法。

（2）宾馆、商场、餐馆、银行、机场、车站、港口、影剧院等经营场所的经营者，应当对消费者尽到安全保障义务。

（3）经营者发现其提供的商品或者服务存在缺陷，有危及人身、财产安全危险的，应当立即向有关行政部门报告和告知消费者，并采取停止销售、警示、召回、无害化处理、销毁、停止生产或者服务等措施。采取召回措施的，经营者应当承担消费者因商品被召回支出的必要费用。

（四）提供真实信息的义务

《消费者权益保护法》规定，经营者向消费者提供有关商品或者服务的质量、性能、用途、有效期限等信息，应当真实、全面，不得作虚假或者引人误解的宣传。经营者对消费者就其提供的商品或者服务的质量和使用方法等问题提出的询问，应当作出真实、明确的答复。经营者提供商品或者服务应当明码标价。另外为了防止挂羊头卖狗肉等侵害消费者利益的情况，《消费者权益保护法》还规定，经营者应当标明其真实名称和标记。租赁他人柜台或者场地的经营者，应当标明其真实名称和标记。

(五) 出具发票等凭证或者单据的义务

《消费者权益保护法》规定，经营者提供商品或者服务，应当按照国家有关规定或者商业惯例向消费者出具发票等购货凭证或者服务单据；消费者索要发票等购货凭证或者服务单据的，经营者必须出具。

(六) 保证质量的义务

商品质量对消费者至关重要，《消费者权益保护法》规定，经营者应当保证在正常使用商品或者接受服务的情况下其提供的商品或者服务应当具有的质量、性能、用途和有效期限；但消费者在购买该商品或者接受该服务前已经知道其存在瑕疵，且存在该瑕疵不违反法律强制性规定的除外。经营者以广告、产品说明、实物样品或者其他方式表明商品或者服务的质量状况的，应当保证其提供的商品或者服务的实际质量与表明的质量状况相符。

在现实的消费者维权案件中，消费者面临的最大问题是维权难，维权成本高，有时候“追回一只鸡，得杀掉一头牛”。举证难是维权难的主要原因之一。为解决此问题，新《消费者权益保护法》在强化经营者义务方面，对于一些大件商品实行“举证责任倒置”，新法明确规定，经营者提供的机动车、计算机、电视机、电冰箱、空调器、洗衣机等耐用商品或者装饰装修等服务，消费者自接受商品或者服务之日起六个月内发现瑕疵，发生争议的，由经营者承担有关瑕疵的举证责任。这将成为破解消费者“维权难”“维权成本高”的“利器”。

同事，对于经营者提供的商品或者服务不符合质量要求的，消费者可以依照国家规定、当事人约定退货，或者要求经营者履行更换、修理等义务。没有国家规定和当事人约定的，消费者可以自收到商品之日起七日内退货；七日后符合法定解除合同条件的，消费者可以及时退货，不符合法定解除合同条件的，可以要求经营者履行更换、修理等义务。而且经营者应当承担消费者因此进行退货、更换、修理的，运输等产生的必要费用。

(七) 接受网购等无理由退货的义务

随着网购、电视购物等的增多，在该领域方面的纠纷也越来越多，为此新《消费者权益保护法》第二十五条规定：“经营者采用网络、电视、电话、邮购等方式销售商品，消费者有权自收到商品之日起七日内退货，且无需说明理由，但下列商品除外：由消费者定作的、鲜活易腐的、数字化商品、报纸期刊等商品，以及其他经消费者在购买时确认不宜退货的商品，不适用无理由退货。

新《消费者权益保护法》同时对退货运费进行了规定，在运费方面，退回商品的运费由消费者承担；网络商品经营者和消费者另有约定的，按照约定，如果消费者网购的商品本身存在质量问题，则应由经营者承担运费。

(八) 合法使用格式条款等的义务

案例探讨

某商场店堂告示称，部分商品酬宾让利6折起售，打折商品概不退换。甲购买了一打折商品，回去后发现该商品有缺陷，于是找到商家要求更换，商家告之家打折商品一律不退不换，因而不同意甲的要求。

请问甲是否有权要求商家更换？为什么？试从法律上评析商场店堂告示的内容。

根据《消费者权益保护法》的规定，经营者在经营活动中，必须合法使用格式条款，不得从事不公平、不合理的交易。具体是指以下内容。

（1）经营者在经营活动中使用格式条款的，应当以显著方式提请消费者注意商品或者服务的数量和质量、价款或者费用、履行期限和方式、安全注意事项和风险警示、售后服务、民事责任等与消费者有重大利害关系的内容，并按照消费者的要求予以说明。

（2）经营者不得以格式条款、通知、声明、店堂告示等方式，作出排除或者限制消费者权利、减轻或者免除经营者责任、加重消费者责任等对消费者不公平、不合理的规定，不得利用格式条款并借助技术手段强制交易。

（3）格式条款、通知、声明、店堂告示等含有前款所列内容的，其内容无效。

课堂探讨

什么是格式条款？格式条款与霸王条款是否是一回事？

（九）不得侵犯消费者的人身权

为保证消费者尊重权的实现，《消费者权益保护法》规定了经营者不得对消费者进行侮辱、诽谤，不得搜查消费者的身体及其携带的物品，不得侵犯消费者的人身自由。

（十）保护消费者信息资料的义务

个人信息保护已成为目前普遍困扰消费者的一个难题。实践中有的经营者非法收集、使用消费者个人信息，擅自泄露或非法向他人提供消费者个人信息，严重影响了消费者正常生活，侵害了消费者合法权益。为此，《消费者权益保护法》在这次修改中特别对此作出规定，对于经营者使用消费者信息等作出明确的规定，包括以下内容。

（1）经营者收集、使用消费者个人信息，应当遵循合法、正当、必要的原则，明示收集、使用信息的目的、方式和范围，并经消费者同意。经营者收集、使用消费者个人信息，应当公开其收集、使用规则，不得违反法律、法规的规定和双方的约定收集、使用信息。

（2）经营者及其工作人员对收集的消费者个人信息必须严格保密，不得泄露、出售或者非法向他人提供。经营者应当采取技术措施和其他必要措施，确保信息安全，防止消费者个人信息泄露、丢失。在发生或者可能发生信息泄露、丢失的情况时，应当立即采取补救措施。

（3）经营者未经消费者同意或者请求，或者消费者明确表示拒绝的，不得向其发送商业性信息。

课题探讨

泄露个人信息是否会构成犯罪行为？

第四节 消费者权益的保护

一、国家对消费者合法权益的保护

根据《消费者权益保护法》的规定，国家对消费者合法权益的保护的职责主要体现在以下方面。

（1）国家制定有关消费者权益的法律、法规、规章和强制性标准，应当听取消费者和消费者协会等组织的意见。

（2）各级人民政府应当加强领导，组织、协调、督促有关行政部门做好保护消费者合法权益的工作，落实保护消费者合法权益的职责。各级人民政府应当加强监督，预防危害消费者人身、财产安全行为的发生，及时制止危害消费者人身、财产安全的行为。

（3）各级人民政府工商行政管理部门和其他有关行政部门应当依照法律、法规的规定，在各自的职责范围内，采取措施，保护消费者的合法权益。有关行政部门应当听取消费者和消费者协会等组织对经营者交易行为、商品和服务质量问题的意见，及时调查处理。

（4）有关行政部门在各自的职责范围内，应当定期或者不定期对经营者提供的商品和服务进行抽查检验，并及时向社会公布抽查检验结果。有关行政部门发现并认定经营者提供的商品或者服务存在缺陷，有危及人身、财产安全危险的，应当立即责令经营者采取停止销售、警示、召回、无害化处理、销毁、停止生产或者服务等措施。

（5）有关国家机关应当依照法律、法规的规定，惩处经营者在提供商品和服务中侵害消费者合法权益的违法犯罪行为。

（6）人民法院应当采取措施，方便消费者提起诉讼。对符合《中华人民共和国民事诉讼法》起诉条件的消费者权益争议，必须受理，及时审理。

除了国家对消费者权益进行保护，作为保护消费者权益的组织，消费者协会在保护消费者权益方面也起着重要的作用，根据《消费者权益保护法》的规定，消费者协会和其他消费者组织是依法成立的对商品和服务进行社会监督的保护消费者合法权益的社会组织。消费者协会履行下列公益性职责。

（1）向消费者提供消费信息和咨询服务，提高消费者维护自身合法权益的能力，引导文明、健康、节约资源和保护环境的消费方式；

（2）参与制定有关消费者权益的法律、法规、规章和强制性标准；

（3）参与有关行政部门对商品和服务的监督、检查；

（4）就有关消费者合法权益的问题，向有关部门反映、查询，提出建议；

（5）受理消费者的投诉，并对投诉事项进行调查、调解；

（6）投诉事项涉及商品和服务质量问题的，可以委托具备资格的鉴定人鉴定，鉴定人应当告知鉴定意见；

（7）就损害消费者合法权益的行为，支持受损害的消费者提起诉讼或者依照本法提起诉讼；

（8）对损害消费者合法权益的行为，通过大众传播媒介予以揭露、批评。

为了让消费者协会更好的履行职责，要求各级人民政府对消费者协会履行职责应当予以必要的经费等支持。消费者协会应当认真履行保护消费者合法权益的职责，听取消费者的意见和建议，接受社会监督。

消费者组织不得从事商品经营和营利性服务，不得以收取费用或者其他牟取利益的方式向消费者推荐商品和服务。

二、消费者权益争议的解决

消费者和经营者发生消费者权益争议时，可以通过下列途径解决：（1）与经营者协商和解；（2）请求消费者协会或者依法成立的其他调解组织调解；（3）向有关行政部门投诉；（4）根据与经营者达成的仲裁协议提请仲裁机构仲裁；（5）向人民法院提起诉讼。

另外依据《消费者权益保护法》，侵害消费者合法权益责任主体的确定根据以下规定。

（1）消费者在购买、使用商品时，其合法权益受到损害的，可以向销售者要求赔偿。销售者赔偿后，属于生产者的责任或者属于向销售者提供商品的其他销售者的责任的，销售者有权向生产者或者其他销售者追偿。

消费者或者其他受害人因商品缺陷造成人身、财产损害的，可以向销售者要求赔偿，也可以向生产者要求赔偿。属于生产者责任的，销售者赔偿后，有权向生产者追偿；属于销售者责任的，生产者赔偿后，有权向销售者追偿。消费者在接受服务时，其合法权益受到损害的，可以向服务者要求赔偿。

（2）消费者在购买、使用商品或者接受服务时，其合法权益受到损害，因原企业分立、合并的，可以向变更后承受其权利义务的企业要求赔偿。

（3）使用他人营业执照的违法经营者提供商品或者服务，损害消费者合法权益的，消费者可以向其要求赔偿，也可以向营业执照的持有人要求赔偿。

（4）消费者在展销会、租赁柜台购买商品或者接受服务，其合法权益受到损害的，可以向销售者或者服务者要求赔偿。展销会结束或者柜台租赁期满后，也可以向展销会的举办者、柜台的出租者要求赔偿。展销会的举办者、柜台的出租者赔偿后，有权向销售者或者服务者追偿。

（5）消费者通过网络交易平台购买商品或者接受服务，其合法权益受到损害的，可以向销售者或者服务者要求赔偿。网络交易平台提供者不能提供销售者或者服务者的真实名称、地址和有效联系方式的，消费者也可以向网络交易平台提供者要求赔偿；网络交易平台提供者作出更有利于消费者的承诺的，应当履行承诺。网络交易平台提供者赔偿后，有权向销售者或者服务者追偿。

网络交易平台提供者明知或者应知销售者或者服务者利用其平台侵害消费者合法权益，未采取必要措施的，依法与该销售者或者服务者承担连带责任。

（6）消费者因经营者利用虚假广告或者其他虚假宣传方式提供商品或者服务，其合法权益受到损害的，可以向经营者要求赔偿。广告经营者、发布者发布虚假广告的，消费者可以请求行政主管部门予以惩处。广告经营者、发布者不能提供经营者的真实名称、地址和有效联系方式的，应当承担赔偿责任。

广告经营者、发布者设计、制作、发布关系消费者生命健康商品或者服务的虚假广告，造成消费者损害的，应当与提供该商品或者服务的经营者承担连带责任。

社会团体或者其他组织、个人在关系消费者生命健康商品或者服务的虚假广告或者其他虚假宣传中向消费者推荐商品或者服务，造成消费者损害的，应当与提供该商品或者服务的经营者承担连带责任。

三、侵害消费者权益的法律责任

（一）经营者侵犯消费者权益的民事责任

（1）经营者提供商品或者服务有下列情形之一的，除《消费者权益保护法》另有规定外，应当依照其他有关法律、法规的规定，承担民事责任：①商品或者服务存在缺陷的；②不具备商品应当具备的使用性能而出售时未作说明的；③不符合在商品或者其包装上注明采用的商品标准的；④不符合商品说明、实物样品等方式表明的质量状况的；⑤生产国家明令淘汰的商品或者销售失效、变质的商品的；⑥销售的商品数量不足的；⑦服务的内容和费用违反约定的；⑧对消费者提出的修理、重作、更换、退货、补足商品数量、退还货款和服务费用或者赔偿损失的要求，故意拖延或者无理拒绝的；⑨法律、法规规定的其他损害消费者权益的情形。

（2）经营者对消费者未尽到安全保障义务，造成消费者损害的，应当承担侵权责任。

经营者提供商品或者服务，造成消费者或者其他受害人人身伤害的，应当赔偿医疗费、护理费、交通费等为治疗和康复支出的合理费用，以及因误工减少的收入。造成残疾的，还应当赔偿残疾生活辅助具费和残疾赔偿金。造成死亡的，还应当赔偿丧葬费和死亡赔偿金。

（3）经营者侵害消费者的人格尊严、侵犯消费者人身自由或者侵害消费者个人信息依法得到保护的权利的，应当停止侵害、恢复名誉、消除影响、赔礼道歉，并赔偿损失。

（4）经营者有侮辱诽谤、搜查身体、侵犯人身自由等侵害消费者或者其他受害人人身权益的行为，造成严重精神损害的，受害人可以要求精神损害赔偿。

（5）经营者提供商品或者服务，造成消费者财产损害的，应当依照法律规定或者当事人约定承担修理、重作、更换、退货、补足商品数量、退还货款和服务费用或者赔偿损失等民事责任。

（6）经营者以预收款方式提供商品或者服务的，应当按照约定提供。未按照约定提供的，应当按照消费者的要求履行约定或者退回预付款；并应当承担预付款的利息、消费者必须支付的合理费用。

（7）依法经有关行政部门认定为不合格的商品，消费者要求退货的，经营者应当负责退货。

（8）经营者提供商品或者服务有欺诈行为的，应当按照消费者的要求增加赔偿其受到的损失，增加赔偿的金额为消费者购买商品的价款或者接受服务的费用的三倍；增加赔偿的金额不足五百元的，为五百元。法律另有规定的，依照其规定。

经营者明知商品或者服务存在缺陷，仍然向消费者提供，造成消费者或者其他受害人死亡或者健康严重损害的，受害人有权要求经营者依照《消费者权益保护法》第四十九条、第五十一条等法律规定赔偿损失，并有权要求所受损失二倍以下的惩罚性赔偿。在赔偿消费者的损失时，如果经营者还要受到行政处罚等，如果其财产不足以支付所有赔偿及处罚时，按照《消费者权益保护法》的规定，应当承担民事赔偿责任和缴纳罚款、罚金，其财产不足以同时支付的，先承担民事赔偿责任。

课堂探讨

什么是惩罚性赔偿？制定惩罚性赔偿的目的是什么？

案例探讨

1995年，王某来北京出差，他偶然买到一本介绍《消费者权益保护法》的书。他被《消费者权益保护法》第四十九条所吸引。为了验证这一规定的可行性，他来到L大厦，见到一种标明“日本制造”，单价85元的“S”耳机。他怀疑这是假货，便买了一副，找到S公司驻京办事处。经证实为假货后，他返回L大厦，又买了10副相同的耳机，然后要求商场依照《消费者权益保护法》第四十九条的规定予以加倍赔偿。（原《消费者权益保护法》第四十九条：经营者提供商品或者服务有欺诈行为的，应当按照消费者的要求增加赔偿其受到的损失，增加赔偿的金额为消费者购买商品的价款或者接受服务的费用的一倍。）商场同意退回第一副耳机并赔偿200元，但拒绝对后10副给予任何赔偿，理由是，他是“知假买假”“钻法律的空子”。1996年11月，王某在天津的一家法院胜诉。

思考：王某打假事件，以获利为目的购买假货再要求加倍赔偿的人不是现行立法范围内的真正“消费者”？对于消费者疑假买假、知假买假，是否可以获得增加三倍的赔偿？为什么？

另外由于近些年随着经济社会的发展出现了一些食品安全事件，不仅给众多消费者造成了巨大的人身损害，也给社会造成了巨大的不良社会影响。为了严厉处罚出产销售不合格的食品，我国2015年修改的《中华人民共和国食品安全法》规定：生产不符合食品安全标准的食品或者经营明知是不符合食品安全标准的食品，消费者除要求赔偿损失外，还可以向生产者或者经营者要求支付价款十倍或者损失三倍的赔偿金；增加赔偿的金额不足一千元的，为一千元。

（二）经营者侵犯消费者权益的行政责任

经营者有下列情形之一，除承担相应的民事责任外，其他有关法律、法规对处罚机关和处罚方式有规定的，依照法律、法规的规定执行；法律、法规未作规定的，由工商行政管理部门或者其他有关行政部门责令改正，可以根据情节单处或者并处警告、没收违法所得、处以违法所得一倍以上十倍以下的罚款，没有违法所得的，处以五十万元以下的罚款；情节严重的，责令停业整顿、吊销营业执照。

（1）提供的商品或者服务不符合保障人身、财产安全要求的；

（2）在商品中掺杂、掺假，以假充真，以次充好，或者以不合格商品冒充合格商品的；

（3）生产国家明令淘汰的商品或者销售失效、变质的商品的；

（4）伪造商品的产地，伪造或者冒用他人的厂名、厂址，篡改生产日期，伪造或者冒用认证标志等质量标志的；

（5）销售的商品应当检验、检疫而未检验、检疫或者伪造检验、检疫结果的；

（6）对商品或者服务作虚假或者引人误解的宣传的；

（7）拒绝或者拖延有关行政部门责令对缺陷商品或者服务采取停止销售、警示、召回、无害化处理、销毁、停止生产或者服务等措施的；

（8）对消费者提出的修理、重作、更换、退货、补足商品数量、退还货款和服务费用或者赔偿损失的要求，故意拖延或者无理拒绝的；

（9）侵害消费者人格尊严、侵犯消费者人身自由或者侵害消费者个人信息依法得到保护的权利的；

（10）法律、法规规定的对损害消费者权益应当予以处罚的其他情形。

经营者有前款规定情形的，除依照法律、法规规定予以处罚外，处罚机关应当记入信用档案，向社会公布。

经营者对行政处罚决定不服的，可以依法申请行政复议或者提起行政诉讼。

（三）经营者侵犯消费者权益的刑事责任

根据我国《消费者权益保护法》，追究刑事责任的情况主要包括以下几种。

（1）经营者违反《消费者权益保护法》规定提供商品或者服务，侵害消费者合法权益，构成犯罪的，依法追究刑事责任。另外我国《刑法》第一百四十条至一百五十条对生产、销售伪劣商品罪做出了具体的规定。

（2）以暴力、威胁等方法阻碍有关行政部门工作人员依法执行职务的，依法追究刑事责任；拒绝、阻碍有关行政部门工作人员依法执行职务，未使用暴力、威胁方法的，由公安机关依照《中华人民共和国治安管理处罚法》的规定处罚。

（3）国家机关工作人员玩忽职守或者包庇经营者侵害消费者合法权益的行为的，由其所在单位或者上级机关给予行政处分；情节严重，构成犯罪的，依法追究刑事责任。

复习思考题

1．消费者有哪些基本权利？

2．经营者的义务有哪些？

3．消费者权益保护的途径有哪些？

4．如何确定侵害消费者权益的损害赔偿责任主体？

课后讨论

1．原《消费者权益保护法》在当前经济形势下之不足主要有哪些？新《消费者权益保护法》做了哪些修改？

2．2004 年，消费者朱某在一家汽车销售公司买了一辆小轿车。后来发现所买车辆为旧车，于是将经销商告上法庭。结果法院认为汽车不是消费品，不受《消费者权益保护法》保护而驳回了朱先生的诉讼请求。此后，关于汽车、商品房是否属于消费品的争议逐渐引起人们的关注。思考，商品房、汽车等是否为消费品，为什么？

3．现在很多侵害消费者的权益，单个的消费者维权取证很难，涉及面广，需要消费者组织代表受害的不特定的多数消费者提请诉讼，那么怎么提请诉讼是个新的问题，是否应当在新的《消费者权益保护法》中给予规范，在法律中增加有关公益诉讼的条款？

4．什么是格式条款，如何判定经营者是否使用不合理格式条款，是否恶意利用格式条款限制消费者权利？

案例分析

案例一

刘某诉 L 公司、S 中心消费者权益纠纷案

原告刘某诉称：原告在被告S中心处购买了由被告L公司生产的××嫩肤液。该化妆品外包装上，没有标注开瓶后的使用期限以及正确的使用方法。原告买到这样的化妆品，难以正确使用。L公司不在化妆品外包装上正确标注，S中心将这样的化妆品销售给消费者，这种行为侵害了原告依法享有的消费者知情权。请求判令被告：（1）在××嫩肤液的外包装上标注开瓶使用期限，并提供相应的检测报告；（2）说明和标注正确使用商品或者接受服务的方法。

原告刘某向法庭提交了购物发票、××嫩肤液的包装盒以及照片4张，用以证明起诉事实。

被告L金公司辩称：××嫩肤液的包装盒内有使用方法说明书，该化妆品在出厂前都经过检测并有检测报告。化妆品保管和使用的不合理，会影响化妆品的使用寿命，因此化妆品开封后的保质期是难以确定的。原告要求在化妆品外包装上标注开瓶使用的期限，没有法律依据，该诉讼请求应当驳回。

被告L公司向法庭提交了××商标注册证、企业标准备案号、生产许可证、卫生许可证、市病症预防控制中心的检验报告、××嫩肤液的包装盒和说明书，用以证明其经批准生产的××嫩肤液是合格化妆品，该化妆品的正确使用方法已经向消费者说明。

被告S中心辩称：原告的诉讼请求超出了行规范围，不应得到满足。

被告S中心向法庭提交了2003年12月至2004年12月的联合销售专柜合同、××嫩肤液包装盒、说明书等，用以证明其是合法经销××嫩肤液。

问题：1．本案化妆品包装上标注的“限用合格日期”，是否包括开瓶后的使用期限？

2．在本案化妆品上标注“限用合格日期”，是否误导消费者？

3．L公司对本案化妆品的标注方法，是否侵害了消费者知情权？

4．对在××嫩肤液外包装上标注开瓶后使用期限的诉讼请求，应否支持？

案例二

2012年5月1日，康某在M商场购买冰箱一台，当日开具了发票，产品保修卡上注明的保修期为1年。4个月后发现该冰箱经常不制冷，便找商场要求退货，商场认为此问题可以通过修理解决，让康某去找维修站，维修站于当月16日将冰箱取走，7天后修好送回。到了2013年5月5日，该冰箱又出现故障。经修理，仍不能正常使用。康某又找到商场要求退货。商场以康某的冰箱已过保修期为由拒绝退货。

根据以上案情，请回答下列问题。

（1）康某的冰箱是否过了保修期？为什么？

（2）康某的第二次退货要求是否合法？说明理由。

票据法 第十章

票据上的债务是基于票据行为自身而发生和存在的，和作为票据授受原因的法律行为（买卖、消费借贷等）存在或有效与否无任何关系。即使买卖契约无效或被解除，由此产生的票据债务也不受影响。

——日本著名商法学者龙田节

学习重点与难点

票据的无因性

票据的具体流转程序

主要法律法规

中华人民共和国票据法

支付结算办法

课前预习

面对现代市场经济社会中方兴未艾的银行卡和电子支付手段，票据是否仍然具有不可替代的经济与社会功能。

第一节 票据法概述

一、票据的概念和特征

票据是指出票人签发的，承诺由自己或指定他人按票面所载文义无条件支付一定金额给持票人的一种有价证券。票据有广义和狭义之分，广义的票据是指商业活动中与权利结合在一起的各种凭证，如提单、运货单、仓单、股票、国库券、企业（公司）债券、汇票、本票、支票等。狭义的票据仅指以支付一定金额的货币为目的的货币证券，如汇票、本票、支票。我国《票据法》规定的票据是狭义的票据。

票据具有以下法律特征。

（一）票据是一种完全的有价证券

票据作为有价证券的完全性，主要表现在票据权利的行使、票据的转让与交付都必须以票据的存在为条件，票据丧失，除非依法定措施补救外，不得行使票据权利和进行票据转让。

（二）票据是一种设权证券

票据权利的产生，必须以作成票据为前提，也就是说票据上所表示的权利，由出票而创设，没有出票，也就不存在票据权利。

（三）票据是一种文义证券

票据当事人的债权债务关系，完全是依据票据上记载的票据文句加以确定的，而不论票据记载以外的具体情况。当事人不得以票据文句以外的任何理由要求增加票据权利或减少票据义务的内容。对票据的解释也应严格按照票据文义进行。

（四）票据是一种要式证券

票据法对票据的制作、格式、记载的内容、记载的位置都有严格的要求。票据印制应按票样样式由法定的机构进行，统一发行。票据行为人作出票据行为，应在票据确定的位置上记载法定内容，否则，会导致票据的无效或不会产生票据法上的效力。

案例探讨

甲企业与乙企业签订了一份钢材的货物买卖合同，合同中约定，甲企业签发一张以乙企业为收款人的银行承兑汇票，金额为100万元，如果甲乙双方的合同解除，汇票作废。乙企业取得汇票后，将汇票背书转让给丙企业，抵作工程款。丙企业向承兑行提示付款时，承兑行称甲企业与乙企业之间的买卖合同已经解除，甲企业告知承兑行不得付款，因而拒绝付款，双方产生纠纷。

请问：承兑行是否有义务付款？为什么？

（五）票据是一种无因证券

票据的无因性是指票据债权人只要持有符合票据法上规定的票据，就享有票据权利，而无需说明票据取得的原因，也无需说明票据的有效性。票据关系虽由原因关系而产生，但一旦产生后，即基本上脱离原因关系而独立存在。票据债务人必须证明持票人是通过欺诈、偷盗或者胁迫等手段取得票据的，或者明知有前列情形，出于恶意取得票据的，方可对抗持票人，拒绝履行票据债务，且须负举证责任。票据债务人只可以对不履行约定义务的与自己有直接债权债务关系的持票人进行抗辩，而不得以自己与出票人或与持票人的前手（即在票据签章人或者持票人之前签章的其他票据债务人）之间的抗辩事由对抗持票人，除非持票人是明知存在此抗辩事由而取得票据的。强调票据的无因性，主要是为保护善意的持票人的票据权利，促进票据的流通。

（六）票据是一种提示证券

票据债权人享有票据权利必须以持有票据为前提，债权人要行使票据权利，必须提示票据，即向相对人出示票据，以证明其票据权利的真实性、合法性，如提示承兑、提示付款等。但如果票据债权人丧失票据（被盗、灭失等），经票据债权人申请，人民法院作出了除权判决，则票据债权人可以法院的判决书替代票据来行使票据权利。

（七）票据是一种缴回证券

票据权利人在票据债务人支付了票据金额，实现了自己的票据权利后，应将票据原件交付给付款的票据债务人，由票据债务人处理，而不得擅自处理。如果票据债权人不缴付票据，则票据债务人有权拒绝支付票据金额。

（八）票据是一种流通证券

票据债权与一般债权一样都是可以转让的。但之所以说票据是流通证券，具有流通性，是因为票据债权的转让与一般债权转让相比，更为方便、自由。一般债权转让必须通知债务人并经债务人同意（如合同），而票据债权的转让可以由权利人单方行为即可完成，无需通知债务人。票据债权转让一般通过背书方式进行。

二、票据的作用

票据之所以被广泛地使用，是因为它有独特的作用和功能，主要体现在以下几个方面。

（一）汇兑工具

汇兑工具是指票据可以替代现金进行异地送款的作用。

（二）支付工具

支付工具指以交付票据代替现金支付。

（三）信用工具

信用工具指债权人向债务人提供信用，允许其延期付款。

（四）融资工具

持票人可以向金融机构申请贴现，将未到期的票据卖给金融机构以换取现金，以实现资金的融通。

（五）结算作用

当双方当事人互为债权人与债务人时，可运用票据进行债务抵销，这就是票据的结算作用。

三、票据法的概念及特征

票据法是调整基于票据活动而产生的社会关系的法律规范的总称。票据法有广义和狭义之分。广义的票据法是指一切有关票据活动应适用的法律规范的总称，除专门的票据法以外，还包括民法、民事诉讼法、刑法等有关票据的规定。狭义的票据法是指专门规范票据关系的法律，该法律一般都直接以《票据法》命名。1995 年 5 月 10 日我国第八届人民代表大会常务委员会第 13 次会议通过了《中华人民共和国票据法》，该法于 1996 年 1 月 1 日在我国正式实施。此后，中国人民银行先后发布了《商业汇票承兑、贴现与再贴现管理暂行办法》（1997 年 5 月 22 日发布，自同日起施行）、《票据管理实施办法》（1997 年 6 月 23 日国务院批准，同年 8 月 21 日中国人民银行发布，自同年 10 月 1 日起施行）、《支付结算办法》（1997 年 9 月 19 日中国人民银行发布，同年 12 月 1 日起施行）。2004 年 8 月 28 日第十届全国人大常委会还修订了《票据法》。

票据法和其他法律部门相比，具有以下 3 个方面的特征。

（一）强行性

票据法是强行法，表现在：首先，各国票据的种类是法定的，当事人不得任意创设；其次，票据是严格的要式证券，不得任意签发；再次，票据行为是严格的要式行为。这与民法中法律行为的种类、民事权利的创设、民事行为的履行的任意性规定很不相同，具有法律的强行性。

（二）技术性

票据法作为规范票据关系和票据行为的法律规范表现为一种纯技术性规范，其内容，非凭一般常识或伦理观念所直接了解，这和一般人所熟知的具有明显道德伦理色彩的刑事、民事规范有很大不同。

（三）国际性

票据法虽是国内法，但有很强的国际统一性。现代经济发展的趋势是全球一体化，这就从客观上要求各国票据立法应遵循统一的票据规范，国际间票据应广泛协调和趋同。

第二节 票据法律关系

一、票据法律关系

票据法律关系，是指基于票据行为发生的或与票据有关的权利义务关系。它包括票据关系和非票据关系。

（一）票据关系

票据关系是票据当事人之间基于票据行为而发生的票据上的权利义务关系。票据关系和其他法律关系一样，也由主体、客体和内容 3 个方面构成。

1．票据关系的主体

票据关系的主体即票据法律关系的当事人，是在票据的签发和流通转让过程中，通过实施票据行为，享有票据权利或承担票据义务的当事人。票据法律关系的主体一般包括：出票人、收款人、付款人、持票人、承兑人、背书人、保证人、参加人（包括参加承兑人和参加付款人）。这些主体既可以是个人、法人，也可以是非法人组织，还可以是国家，可以分为票据债权人和票据债务人两种。票据关系的当事人可分为基本当事人和非基本当事人。前者是指在票据签发时就存在的当事人，如汇票和支票的出票人、收款人和付款人，本票的出票人和收款人。后者是指在票据签发以后基于其他票据行为参加票据关系的当事人，如背书人、保证人、参加人等。

2．票据关系的客体

票据关系的客体是指参加票据法律关系的当事人的权利义务所共同指向的对象。由于票据是一种金钱证券，票据法律关系的客体就表现为一定数额的货币。

3．票据法律关系的内容

票据法律关系的内容是指票据当事人因票据行为依法享有的票据权利和承担的票据义务。票据权利是票据权利人所享有的为实现票据债权而为一定行为或要求他人为一定行为的资格，包括付款请求权和追索权。票据义务，又称票据责任，是指票据义务人为满足票据权利人的请求而依法为一定行为或不为一定行为的责任，如付款人的付款义务、承兑人的承兑义务、保证人的担保义务等。

（二）非票据关系

非票据关系是指与票据行为无直接关系，基于票据法或其他法律的规定而发生的与票据有关的票据法律关系。它包括票据法上的非票据关系和民法上的非票据关系。

1．票据法上的非票据关系

这种关系是指由票据法规定的、但非依据票据行为发生的权利义务关系。如我国《票据法》第十八条规定："持票人因超过票据权利时效或因票据记载事项欠缺而丧失票据权利的，仍享有民事权利，可以请求出票人或承兑人返还其与未支付的票据金额相当的利益"；票据上的正当权利人对于因恶意或重大过失而取得票据的持票人行使票据返还请求权而发生的关系；票据付款人付款后向持票人行使交出票据请求权而发生的关系。设立票据法上非票据关系的目的是为了保护票据债权人的利益，当持票人因某种原因而丧失票据权利时，可以依此获得补救。

2．民法上的非票据关系

这种关系又称票据的基础关系，指由民法规范的与票据有联系的法律关系，包括票据原因关系、票据预约关系和票据资金关系。

① 票据原因关系。票据原因是指当事人为票据行为的原因。如当事人之间因买卖、承揽、赠与等由一方签发或转让票据给另一方，该买卖、承揽、赠与等即是票据原因。在现代票据法上，票据关系与票据原因分离，票据一经作成并交付，便产生票据上的权利义务，无论原因关系有效与否，都不影响票据权利。因此，票据持有人行使票据权利时，无须证明取得票据的原因，票据债务人也不得借口票据原因有瑕疵，对抗善意持票人。然而，票据原因与票据关系又有一定的联系。《票据法》第十条、第十一条规定，票据的签发、取得和转让，应具有真实的交易关系和债权债务关系，除因税收、继承、赠与外，票据的取得应给付对价。因此，如无真实的交易关系和债权债务关系或对方未支付对价，票据债务人有权以此为由进行抗辩。《票据法》第十三条第二款规定，票据债务人可以对不履行约定义务的与自己有直接债权债务关系的持票人进行抗辩。这种抗辩只限于直接接受票据的当事人之间，如果接受票据的一方已依法将票据转让给第三人，根据《票据法》第十三条第一款规定，除非第三人明知存在抗辩事由而取得该票据，票据债务人不得以自己与该第三人之前手之间的抗辩事由，对抗该第三人。

② 票据预约关系。票据预约是指签发或转让票据之前当事人之间就票据的有关事项达成的协议。当事人之间发生交易（票据原因），如欲采取票据结算，须先就票据由谁签发及票据的金额、付款时间、地点、方式等有关事项达成协议（票据预约），而后当事人即根据预约作出票据行为。票据预约是签发票据和转让票据之前的法律行为，通常与交易协议同时进行，其形式可以是口头的，也可以是书面的。如负有签发票据或转让票据义务的一方不履行此义务，则构成一般的违约行为。

③ 票据资金关系。指汇票和支票的付款人与出票人之间的资金补偿关系。汇票和支票均属委托付款的票据，付款人之所以接受委托付款，必有其原因，或者是出票人在付款人处存有资金，或者是付款人与出票人订有提供信用的协议，或者是付款人对出票人负有债务。出票人与付款人之间的这种关系即资金关系。票据关系与资金关系原则上是分离的，资金关系之有无或是否有效，不影响票据关系。例如，付款人承兑票据后，不得以无资金关系或出票人的资金不足对持票人拒付票款。但是，在一定条件下，资金关系对票据关系也有影响。例如，汇票持票人同时是该票据的出票人时，承兑人可以无资金关系拒绝付款。本票是自付证券，无资金关系。

二、票据行为

（一）票据行为的概念及要件

票据行为是指以成立票据关系为目的而实施的法律行为，包括出票、背书、承兑、参加承兑和保证。其中承兑是汇票所独有的行为。出票是设立票据关系的行为，称为基本票据行为。背书、承兑、参加承兑和保证是在已成立的票据上所为的行为，以出票行为为前提，称为附属的票据行为。出票、背书为 3 种票据所共有，承兑和参加承兑为汇票所特有，保证则为汇票和本票共有。

票据行为作为一种法律行为，必须具备法定要件，才能成立和有效。即行为人须具备相应的票据行为能力，意思表示真实，内容合法。此外，票据行为是要式法律行为，还须具备法定的形式，即行为人须以法定的方式将其意思表示的内容记载在票据上，并将票据交付相对人，否则票据行为无效。

票据上应记载的事项因票据行为不同而有区别，具体如下。

1．绝对必要记载事项

票据如欠缺绝对必要记载事项，则该票据无效。《票据法》第二十一条、第七十六条和第八十五条对票据的绝对必要记载事项有明文规定：表明票据种类（汇票、本票、支票）的字样、无条件支付的委托（本票为无条件支付的承诺）、确定的金额、收款人的名称（汇票、本票）、付款人名称（汇票、支票）、出票日期、出票人签章。出票人签章可以是签名、盖章或签名加盖章。票据金额应同时用文字和数码载明。

2．相对必要记载事项

相对必要记载事项也属票据法规定必须记载的事项，但如欠缺这些记载事项并不导致票据无效，欠缺的事项可以依票据法的直接规定予以确定。《票据法》第二十三条、第七十七条、第八十七条规定，汇票的付款日、付款地、出票地，本票、支票的付款地、出票地，属于相对必要记载事项。票据上未记载付款地的，以付款人的营业场所为付款地；未记载出票地的，以出票人的营业场所、住所等为出票地；汇票未记载付款日的，为见票即付。

3．任意记载事项

任意记载事项指票据法并不要求当事人记载但当事人如作记载也可发生票据法上的效力的事项。如《票据法》第二十七条第二款规定，出票人在汇票上记载“不得转让”字样的，汇票不得转让。

4．不得记载事项。包括两种情况：一是当事人在票据上记载了某种事项，只发生该记载无效的后果，不会导致整个票据行为的无效；二是当事人如在票据上记载了某些不得记载事项，将导致整个票据行为无效。

（二）票据代理

票据代理，是指代理人基于被代理人（本人）的授权，在票据上明示本人的名义，表明为本人代理的意思并签名的行为。其成立要件有以下4条。

（1）明示本人的名义。即代理人必须在票据上表明被代理人（本人）的姓名或名称，否则，即使代理人确已取得本人的书面授权，本人也可以不负票据责任。

（2）表明为本人代理的意思。即代理人代本人为票据行为时，必须在票据上表示代理的意思，也即我国《票据法》第五条第一款规定的，应“在票据上表明其代理关系”。

（3）代理人签名或盖章。即代理人应在票据上记载自己的姓名或名称。

（4）须经本人授权。这是票据代理行为成立的基础。此外，关于票据的无权代理值得我们特别注意。无权代理是指代理人没有代理权而以代理人的名义在票据上签名的行为。我国《票据法》第五条第二款规定：“没有代理权而以代理人名义在票据上签章的，应当由签章人承担票据责任。”

（三）票据的伪造、变造

1．票据的伪造

票据的伪造是指假冒他人的名义，以行使票据上的权利为目的而为票据行为的行为。伪造的票据的效力有：①对于伪造者来说，由于伪造者并没有在票据上留下自己的真实姓名，所以在票据法上是无法要求其承担票据责任的，但应当承担民事责任或者刑事责任。②对于被伪造人来说，由于票据是文义证券，只有在票据上进行了记载的人才有可能承担票据责任，而被伪造人并没有在票据上进行任何记载，所以其不应该承担责任。③对于在票据上签字的其他人来说，由于票据具有独立性和文义性的特点，所以票据行为都是独立的，相互并不受影响。行为人只要在票据上签章，就应该对票据所记载的事项承担责任。所以《票据法》规定：票据上有伪造变造的签章的，不影响票据上其他真实签章的效力。④对于持票人来说，如果在其之前，有真实的票据签章人，则其可以向其行使票据的追索权，要求履行票据权利。如果在其之前没有真实的票据签章人，则其不能够对于票据上的被伪造人行使票据权利，也不能够要求伪造人履行票据义务，但是由于其和票据伪造者之间有基础关系，则其可以要求票据伪造者承担相应的民事责任。

2．票据的变造

票据的变造是指无变更权的人变更票据上签章以外的记载事项，如变更票据金额、到期日、付款地等。根据《票据法》第九条规定，除票据金额、日期、收款人名称不得更改外，原记载人对票据上的其他记载事项可以变更，更改时应由原记载人签章证明。票据的变造是一种违法行为，不发生票据上的效力，行为人应对变造票据的违法行为承担与伪造人相同的法律责任。但是，为确保票据的流通安全，基于票据行为的独立性，票据变造不影响票据上的其他真实签章的效力。

三、票据权利

（一）票据权利的概念

票据权利是指持票人向票据债务人请求支付票据金额的权利。

1．付款请求权

付款请求权是指票据债权人请求票据主债务人或其他付款义务人按照票据金额支付金钱的权利。付款请求权是第一次请求权，其权利主体是持票人，其主债务人是汇票的承兑人、本票的出票人及支票的付款人。

2．追索权

追索权是指持票人于不获付款或不获承兑或其他法定原因发生时，在保全票据权利的基础上，向除主债务人以外的前手（包括出票人、背书人或其他债务人）请求偿还票据金额及其损失的权利。被追索人已为清偿，而对另外的相对人再行使追索权，称为再追索权。

（二）票据权利的取得

票据权利的享有以占有票据为必要，只有合法取得票据的人才能享有票据权利。

1．原始取得

出票人做成票据交付给收款人而完成其出票行为时，便创设了票据关系，收款人因此而取得票据权利，是票据权利的原始取得。持票人从无处分权人处善意取得票据，是票据权利的善意取得，也属于原始取得。构成善意取得的条件是：①持票人必须是从无处分权人处取得票据。②持票人取得票据时须为善意，即非恶意或重大过失。所谓恶意，是指持票人明知出让人无处分该票据的权利而受让该票据。所谓重大过失，是指持票人在取得票据时可发觉出让人无处分该票据的权利，但由于疏忽而未发觉。

2．继受取得

因背书转让而取得票据的，是票据权利的继受取得。此外，因继承、公司合并等依法取得票据的，也是票据权利的继受取得。

（三）票据权利的行使与保全

票据权利的行使，是指票据债权人向票据债务人提示票据，请求支付票据金额的行为。票据权利的保全，是指票据债权人为防止丧失票据权利，按期提示票据或作成拒绝证书的行为。票据权利的行使常常又是票据权利的保全。例如，持票人按期向债务人提示票据请求付款，既是行使付款请求权，又是防止票据权利因时效完成而丧失的保全行为。因此，票据法将二者并列规定。另外，票据法对票据权利的行使与保全有特定的要求，这就是必须向票据债务人提示票据。《票据法》第四条第二款规定，持票人行使票据权利时，应当依照法定程序在票据上签章，并出示票据。票据权利保全还可以做成拒绝证书。持票人对票据债务人行使票据权利，或者保全票据权利，应当在票据债务人的营业场所和营业时间内进行。票据债务人无营业场所的，应当在其住所进行。

（四）票据抗辩

票据抗辩是指票据债务人根据票据法的规定对票据债权人拒绝履行义务的行为。可分为对物的抗辩和对人的抗辩。

1．物的抗辩

物的抗辩又称绝对抗辩或客观抗辩，是指基于票据本身所存在的事由而发生的抗辩。①票据无效的抗辩，如欠缺票据上应记载的事项或记载了不得记载的事项。②依票据记载不能提出请求的抗辩，如票据记载的到期日未至，票据上记载的付款地与持票人请求付款的地点不符。③票据权利已经消灭的抗辩，如已依法付款或依法提存。④票据失效的抗辩，如该票据已被作出除权判决等。

2．人的抗辩

人的抗辩又称相对抗辩或主观抗辩，是指票据债务人仅可以对特定的票据债权人提出的抗辩。①直接当事人之间发生债权抵销或债务免除的情形，票据债务人可对持票人行使抗辩。②直接当事人间原因关系欠缺或被消灭。③对价抗辩。④背书不连续抗辩。⑤恶意抗辩。票据抗辩是有限制的。对票据抗辩的限制，只是对人抗辩的限制，而非对物抗辩的限制。因为对物抗辩对一切票据债权人都有效，不因票据的转手而有别，所以票据法对对物抗辩是不能予以限制的。票据法对票据对人抗辩的限制采取的是“后手不继受前手的权利瑕疵”的原则，把票据债务人提出抗辩的效力限于特定票据权利人，使其不波及其他票据权利人，从而保障票据的流通安全。《票据法》规定，如果持票人明知存在抗辩事由而取得票据的，则不受“后手不继受前手的权利瑕疵”原则的限制。

（五）票据丧失的补救

票据丧失，是指持票人因票据被焚、被毁、被盗或遗失而丧失对票据的占有。为保护持票人的权利，票据丧失可采取挂失止付、公示催告等补救办法。

1．挂失止付

挂失止付是指失票人将丧失票据的情况通知付款人或者代理付款人并由接受通知的付款人暂停支付的临时性救济措施。我国《票据法》第十五条第一款规定：“票据丧失，失票人可以及时通知票据的付款人挂失止付，但是，未记载付款人或者无法确定付款人及其代理付款人的票据除外。”根据《支付结算办法》的有关规定，可以挂失止付的票据包括已承兑的商业汇票、支票、填明“现金”字样和代理付款人名称的银行汇票以及填明“现金”字样的银行本票。失票人在挂失时，应填写挂失止付通知书并签章。其挂失止付通知书应记载票据丧失的时间、地点、原因，票据的种类、号码、金额、出票日期、付款日期、付款人名称、收款人名称，挂失止付人的姓名、营业场所或住所及联系的方法等事项。付款人或者代理付款人收到挂失止付通知书后，经查明票据确实未付款时，应立即暂停支付。否则，应承担民事赔偿责任。但是，付款人或者代理付款人自收到挂失止付通知书之日起十二日内没有收到人民法院的止付通知书的，自第十三日起，持票人提示付款并依法向持票人付款的，不再承担责任。挂失止付并不是票据丧失后票据补救的必经程序，它只是失票人在丧失票据后可以采取的一种暂时的预防措施，以防止票据被冒领或骗取。因此，失票人既可以在票据丧失后先采取挂失止付，再紧接着申请公示催告或提起诉讼，也可以直接申请公示催告，并由法院受理后发出止付通知，或直接向法院提起诉讼。关于各类票据挂失止付的程序，在中国人民银行 1995 年 12 月 17 日发布的《关于施行中华人民共和国票据法有关问题的通知》的第六条中作了具体规定。

2．公示催告

《民事诉讼法》专章规定了票据丧失后的公示催告程序。

① 申请。失票人向票据支付地的基层人民法院提出公示催告的申请，写明票面金额、出票人、持票人、背书人等票据主要内容和申请的理由及事实等。票据的支付地是指票据的履行地，银行汇票以出票人所在地为支付地，商业汇票以承兑人或付款人所在地为支付地，银行本票以出票人所在地为支付地，支票以出票人开户银行所在地为支付地。

② 法院审查申请。经审查申请不符合要求时，裁定驳回申请。申请符合要求时，即决定受理申请，应当同时通知支付人停止支付，并在三日内发出公告，催促利害关系人申报权利。

③ 公示催告。公示催告的期间，由人民法院根据情况决定，但不得少于六十日。在公示催告期间发生以下效力：支付人收到人民法院停止支付的通知，应当停止支付；转让票据权利的行为无效；利害关系人应向法院申报权利。如有利害关系人申报权利的，人民法院收到利害关系人的申报后，应当裁定终结公示催告程序，并通知申请人和支付人。申请人或申报人可以向人民法院起诉。

④ 除权判决。公示催告期满无人申报权利时，申请人可请求人民法院作出除权判决，即以判决宣告票据无效。判决应当公告，并通知支付人。自判决公告之日起，申请人有权向支付人请求支付。经除权判决后，票据无效。除权判决的法律后果在于使票据丧失后取得票据的人丧失票据权利，即使是善意取得票据的人也不例外。

3. 提起普通诉讼

提起普通诉讼是指失票人以自己名义向法院起诉，证明对票据的所有权、票据内容及丧失票据的事实，并向票据上应负责任的任何当事人请求补偿的一种制度。《票据法》第十五条第三款规定：失票人应当在通知挂失止付后三日内，也可以在票据丧失后，向人民法院提起诉讼，使付款人、失票人的权利义务受到保障。

案例练习

甲签发现金支票给乙，乙于到期日前丢失，遂立即通知付款银行止付。下列说法错误的是（　　）

A. 乙挂失止付时，付款行已向持票人丙付款的，乙可诉请法院判决付款行向乙支付票据金额

B. 乙于挂失止付后，第二天向法院申请公示催告，法院进行除权判决后，有善意持票人丙向付款行请求兑付支票，付款行有权拒绝付款

C. 如果乙所丧失的现金支票尚未记载付款人，被请求银行对乙的挂失不予受理

D. 经除权判决后，乙可要求甲重新签发现金支票

（六）票据权利的消灭

票据权利的消灭是指票据上的付款请求权或追索权因一定的法律事实发生而客观地丧失其存在。引起票据权利消灭的法定事由有两类：一是付款请求权和追索权所共有的，包括付款和时效完成；二是追索权所独有的，如持票人不在法定期限内作成拒绝证书，即丧失对其全部前手的追索权。

1. 付款

付款是指付款人向持票人支付票款的行为。《票据法》第六十条规定，付款人依法足额付款后，全体汇票债务人的责任解除。

2. 票据时效

票据权利人超过一定的期间而未行使票据权利，丧失其票据权利。《票据法》第十七条规定，票据时效期间因不同的票据和票据权利而有区别。《票据法》第十七条规定：持票人对票据的出票人和承兑人的权利，时效期间为票据到期日起二年；见票即付的汇票、本票，时效期间为出票日起二年；持票人对支票出票人的权利时效期间为出票日起六个月；持票人对前手的追索权，时效期间为被拒

绝承兑或被拒绝付款之日起六个月；持票人对前手的再追索权，时效期间为自清偿之日或被提起诉讼之日起三个月。

第三节 汇票

一、汇票的概念

我国《票据法》第十九条规定："汇票是出票人签发的，委托付款人在见票时或者在指定日期无条件支付确定的金额给收款人或者持票人的一种票据。"汇票与其他票据相比，具有以下特征。

（1）汇票关系的基本当事人有三方，即出票人、付款人和收款人，而本票的基本当事人只有出票人和收款人。汇票对付款人是否是银行或其他金融机构，没有特定的限制性要求，而支票的付款人必须是能够办理支票存款业务的银行或者其他金融机构，这一点是汇票与支票的区别。

（2）汇票的出票人应该与付款人具有真实的委托付款关系。汇票是委托支付证券，是出票人委托付款人支付的票据，这与本票是自付证券性质不同。因此，我国《票据法》规定汇票的出票人应该与付款人具有真实的委托付款关系。

（3）汇票有承兑制度。承兑是汇票独有的法律行为，是汇票区别于本票和支票的重要特征。本票和支票无承兑问题。

（4）汇票除了有见票即付的情况外，还有定日付款、出票后定期付款和见票后定期付款的情况。我国《票据法》规定，本票和支票均为见票即付。规定本票为见票即付的票据，是我国《票据法》的特点。

二、汇票的种类

（一）商业汇票和银行汇票

按汇票签发人身份不同，汇票可分为商业汇票和银行汇票。

1．商业汇票

商业汇票是指出票人签发的，委托付款人在指定日期无条件支付确定的金额给收款人或者持票人的票据。根据承兑人的不同，商业汇票分为商业承兑汇票和银行承兑汇票。

2．银行汇票

银行汇票是指汇款人将款项交存银行后，由银行签发给汇款人持往异地办理转账结算或支取现金的票据。它是出票银行签发的，由其在见票时按照实际结算金额无条件支付给收款人或持票人的票据。银行汇票的出票人只能是银行。银行汇票可以用于转账结算，也可用于支取现金，而商业汇票一般只能用于转账。

（二）即期汇票与远期汇票按到期日的记载方法不同，汇票可分为即期汇票和远期汇票

1．即期汇票

即期汇票即见票即付的汇票，即期汇票一般以提示日为到期日，持票人持票到银行或其他委托付款人处，后者见票必须付款的一种汇票，这种汇票的持票人可以随时行使自己的票据权利，在此之前无须提前通知付款人准备履行义务。

2．远期汇票

远期汇票是必须到约定日期才能请求付款的汇票。具体分为 3 种：①定日付款汇票。付款人在票据上载明特定到期日付款。②出票后定期付款汇票。付款人在出票后的一定期间届满日付款。③见票后定期付款汇票。即见票后（承兑日起）一定期间届满时付款。

（三）记名汇票、指示汇票无记名汇票按收款人的记载方式不同，汇票可分为记名汇票、指示汇票、无记名汇票

1．记名汇票

记名汇票，也称抬头汇票，即出票人载明收款人的姓名或收款单位名称的汇票。这种汇票出票人须在制票后将票据交付票据所记载的收款人，以后的受让人则必须以背书的连续性证明其权利。

2．指示汇票

指示汇票是指该出票人记载收款人的姓名或收款单位名称，并且附加“或其指定人”字样的汇票。指示汇票可依背书交付转让，出票人不能对持票人的背书转让进行限制。

3．无记名汇票

无记名汇票是指出票人在汇票上不记载收款人的姓名或收款单位名称，或只记载“付来人”字样，但持票人可以记载自己或他人为收款人，使之转化为记名汇票。无记名汇票只能依交付转让，当其转化为记名汇票时，又可依背书转让。我国不允许使用无记名汇票。

（四）光票汇票和跟单汇票

按是否附有单据，可以将汇票分为光票汇票和跟单汇票。这种分类主要是国际贸易中采取汇票托收过程中对汇票所进行的一种分类。光票汇票即无需附任何与交易有关的单据，就可要求承兑、付款的汇票。跟单汇票是指必须附具与交易有关的单据才能得到承兑、付款的汇票。

三、汇票流转程序

票据法对汇票的出票、背书、承兑、付款等各种流转程序作出了明确的规定。

（一）出票

出票是指出票人签发票据并将其交付给收款人的票据行为。出票由两个行为构成，即签发票据和交付票据。签发票据即出票人在票据上记载法定事项并签章。交付票据即基于出票人自己的意思使票据脱离自己的占有而给予他人。出票人签发票据后，未将其交给收款人，说明出票行为并未完成，如果他人通过偷盗、抢劫等非出票人自愿的行为而取得票据，并不能取得票据权利。出票人签发的汇票应记载以下事项：①表明“汇票”的字样；②无条件支付的委托；③确定的金额；④付款人名称；⑤收款人名称；⑥出票日期；⑦出票人签章。汇票上未记载上述规定事项之一的，汇票无效。除此之外，在汇票上应当清楚、明确记载付款日期、付款地、出票地等事项。如果汇票上未记载付款日期的，为见票即付；汇票上未记载付款地点的，付款人的营业场所、住所或者经常居住地为付款地；汇票上未记载出票地的，出票人的营业场所、住所或者经常居住地为出票地。

（二）背书

背书是指在票据背面或者粘单上记载有关事项并签章的票据行为。持票人可以将汇票权利转让给他人或者将一定的汇票权利授予他人行使。作背书转让的持票人为背书人，接受票据受让背书的人为被背书人，被背书人接受票据后可以再次背书，称为再背书。

1．背书是持票人所为的一种附属的票据行为

背书只有在已出票的票据上作成，背书的效力一定程度上依附于出票。

2．背书的主要目的在于转让票据权利

除转让背书外还有委托收款背书、设质背书。委托收款背书，是指持票人为委托他人（被背书人）代为领取票款而为的背书。我国《票据法》第三十五条第一款就委任背书作了规定："背书记载'委托收款'字样的，被背书人有权代背书人行使被委托的汇票权利。但是，被背书人不得再以背书转让汇票权利。"设质背书或称质权背书，是指背书人以票据权利设定质押为目的的背书。背书人为出质人，被背书人为质权人。《票据法》第三十五条第二款规定："汇票可以设定质押，质押时应当以背书记载'质押'字样，被背书人依法实现其质权时，可以行使汇票权利。"票据设质，实质上是《担保法》中规定的权利质押。

3．背书的格式

背书的格式包括3个方面的内容：①应记载事项。各国票据法均规定，背书应记载背书人签章，被背书人名称和背书日期。背书未记载日期的，视为在汇票到期日前背书。我国《票据法》第二十九条也有此规定。②可以记载的事项。我国《票据法》第三十四条规定："背书人在汇票上记载'不得转让'字样，其后手再背书转让的，原背书人对后手的被背书人不承担保证责任。"其中的"不得转让"即为可以记载的事项。③不得记载的事项。我国《票据法》第三十三条规定："背书不得附有条件，背书时附有条件的，所附条件不具有汇票上的效力。将汇票金额的一部分转让的背书或者将汇票金额分别转让给二人以上的背书无效。"此规定即为不得记载的事项。

4．背书的连续

所谓背书连续，是指在票据转让中，转让汇票的背书人和受让汇票的被背书人在汇票上的签章依次前后衔接，即本次背书人应是前一次背书的被背书人。背书的连续对持票人而言：①背书连续产生证明力，可证明持票人享有票据权利；②背书形式上不连续，而实质上连续，即以其他合法方式取得汇票的，必须依法举证，以实质连续证明背书连续后可以主张汇票权利；③形式和实质均不连续时，持票人只能行使追索权或利益偿还请求权。我国《票据法》第三十一条第一款规定了对持票人的效力。就付款人而言，付款人应负查验背书是否连续的责任。如果背书不连续而付款时，造成的损失由付款人负责。

5．背书的效力

背书的效力包括转让背书的效力和非转让背书的效力两种。转让背书的效力有3种。一是通过背书将票据权利由背书人转移给被背书人。二是背书人负有担保责任。背书人以背书转让汇票后，即承担保证其后手所持汇票承兑和付款的责任；背书人在汇票得不到承兑或者付款时，应当向持票人清偿法律规定的金额和费用；对被拒绝承兑、被拒绝付款或者超过付款提示期限的汇票进行背书转让的，背书人应当承担汇票责任。三是权利证明的效力，即持票人只需以背书的连续即可证明其取得票据权利。就委托收款背书而言，背书的效力仅只产生对被背书人代理权的授予，而不产生票据权利的转移。因此，被背书人有权代背书人行使被委托的汇票权利，如再为委任背书，但不得为转让背书。就设质背书而言，也不发生权利转移的效力，而只行使被背书人取得对票据权利的质权，只有在被背书人依法实现其质权时，才可以行使汇票权利。

（三）承兑

承兑是指汇票付款人承诺在汇票到期日支付汇票金额的票据行为。汇票的付款人在汇票出票后，在承兑前，并非汇票的债务人，付款人承兑汇票后，作为汇票承兑人，便成为汇票的主债务人，应当承担到期付款的义务。承兑人的付款义务包括三层含义：第一，绝对的付款义务；第二，第一位

的付款义务；第三，最终的付款义务。

1. 承兑是一种附属的票据行为

与背书一样，承兑以出票行为为前提。

2. 承兑是汇票付款人所为的票据行为

汇票的出票人、背书人和保证人不得进行承兑；本票的付款人就是出票人，故无需承兑；支票的付款人虽非出票人，但由于支票为见票即付的票据，故也无需承兑。

3. 承兑是一种要式的票据行为

汇票付款人承兑汇票的，应当在汇票正面记载“承兑”字样和承兑日期，并且还要签章。

4. 汇票提示承兑的种类

并非所有的汇票都必须进行承兑的，汇票按是否需承兑可分为以下 3 类：①无需承兑的汇票。见票即付的汇票无需承兑。②可以承兑的汇票。包括定日付款的汇票和出票后定期付款的汇票两种。③必须承兑的汇票。见票后定期付款的汇票必须承兑，未经承兑，其付款日期无法确定。

5. 承兑的程序

①提示承兑。提示承兑是指持票人向付款人出示汇票，并要求付款人承诺付款的行为。提示承兑是承兑的前提和条件，是行使和保全票据权利的手段。我国《票据法》第三十九条、第四十条规定：定日付款或者出票后定期付款的汇票，持票人应当在汇票到期日前向付款人提示承兑。见票后定期付款的汇票，持票人应当自出票日起一个月内向付款人提示承兑。汇票未按照规定期限提示承兑的，持票人丧失对其前手的追索权。提示承兑是承兑的前提和条件，是行使和保全票据权利的手段。我国《票据法》第三十九条、第四十条规定：定日付款或者出票后定期付款的汇票，持票人应当在汇票到期日前向付款人提示承兑。见票后定期付款的汇票，持票人应当自出票日起一个月内向付款人提示承兑。②承兑及承兑期间。付款人对向其提示承兑的汇票，应当自收到提示承兑的汇票之日起三日内承兑或拒绝承兑。付款人收到持票人提示承兑的汇票时，应当向持票人签发收到汇票的回单。回单上应当记明汇票提示承兑日期并签章。

6. 承兑与拒绝承兑的规则

付款人承兑汇票的，应当在汇票正面记载“承兑”字样和承兑日期并签章。见票后定期付款的汇票，应当在承兑时记载付款日期。汇票上未记载承兑日期的，应当自收到提示承兑的汇票之日起的第三天为承兑日期。付款人承兑汇票，不得附有条件，承兑附有条件的，视为拒绝承兑。依《票据法》第六十二条第二款的规定，付款人拒绝承兑的，必须出具拒绝证明或者退票理由书，否则，要承担由此而产生的民事责任。

（四）保证

1. 票据保证的概念和一般规则

票据保证是票据债务人之外的人为担保票据债务的履行所为的从票据行为。票据保证有如下要求：①保证人必须在汇票或者粘单上记载以下事项：表示“保证”的字样；保证人名称和住所；被保证人的名称；保证日期；保证人签章。保证人在汇票或粘单上未记载被保证人的名称一项的，已承兑的汇票，承兑人为被保证人；未承兑的汇票，出票人为被保证人。保证人在汇票或粘单上未记载保证日期的，出票日期为保证日期。②保证不得附有条件，附有条件的不影响对汇票的保证责任。

2. 票据保证的效力

依我国《票据法》规定，保证人一经在汇票上或者粘单上作出保证后，除被保证人的债务因汇票记载事项欠缺而无效的外，应对合法取得汇票的持票人所享有的汇票权利承担保证责任。被保证的汇票，保证人应与被保证人对持票人承担连带责任。汇票到期后得不到付款的，持票人有权向保证人请求付款，保证人应当足额付款。保证人为两人以上的，保证人之间承担连带责任。保证人清偿票据债务后，可以行使持票人对被保证人及其前手的追索权。

3．票据保证与民事保证的区别

票据保证源于民事保证，但与民事保证又有很大区别。①票据保证是严格的要式行为。票据保证必须记载于票据或粘单上，并有法定内容和格式要求。民事保证虽强调采用书面形式，但内容和格式要求并不严格。②票据保证是保证人的单方法律行为。票据保证只要合法的保证人在票据上记载法定内容，保证关系即可成立，无须他人的任何意思表示。民事保证是双方的行为，保证人必须与主债务的债权人签订书面的保证合同。③票据保证具有较强的独立性。票据保证作出后，不会因被保证的债务无效而无效的，如被保证人无民事行为能力或其签章是被伪造的等，被保证人可以此进行抗辩，但票据保证人仍应承担被保证人的票据责任。民事保证具有从属性，主债务无效或可撤销，则保证合同也无效或可撤销。④票据保证的保证人无先诉抗辩权。票据保证的保证人与被保证人对票据债务负连带责任，不得约定其他的责任形式。民事保证可分为一般保证和连带保证两种形式，保证人和债权人在保证合同中可约定责任形式，在一般保证中，保证人拥有先诉抗辩权。

（五）付款

付款是指汇票的承兑人或付款人无条件履行付款义务，消灭票据的债权债务关系的票据行为。票据法对汇票付款的方法与程序作出了明确的规定。提示付款是指持票人向付款人或承兑人出示票据，要求付款的行为。我国《票据法》规定，见票即付的汇票，自出票日起一个月内向付款人提示付款；定日付款、出票后定期付款或者见票后定期付款的汇票，自到期日起十日内向承兑人提示付款。持票人未按照规定期限提示付款的，持票人将丧失对其前手的追索权。但在作出说明后，承兑人或者付款人仍应当继续对持票人承担付款责任。另外，持票人通过委托收款银行或者通过票据交换系统向付款人提示付款的，视同持票人提示付款。

票款支付和汇票收回。持票人依照上述规定提示付款的，付款人必须在当日足额付款。付款人及其代理付款人付款时，应当审查汇票背书的连续，并审查提示付款人的合法身份证明或者有效证件。付款人及其代理付款人以恶意或者有重大过失付款的，应当自行承担责任。对定日付款、出票后定期付款或者见票后定期付款的汇票，付款人在到期日前付款的，由付款人自行承担所产生的责任。持票人获得付款的，应当在汇票上签收，并将汇票交给付款人。持票人委托银行收款的，受委托的银行将代收的汇票金额转账收入持票人账户，视同签收。

（六）追索权

追索权又称第二次付款请求权，是指持票人遇票据到期不获付款或到期前不获承兑，或有其他法定原因时，持票人在票据保全或行使汇票上权利的行为后，对于背书人、出票人及其他票据债务人请求偿还票据金额、利息及费用的一种权利。

1．行使原因

根据我国《票据法》的规定，具有下列情形之一的，持票人即可进行最初追索：第一，汇票到期被拒绝付款的；第二，汇票被拒绝承兑的；第三，承兑人或者付款人死亡、逃匿的；第四，承兑人或者付款人被依法宣告破产的或者因违法被责令终止业务活动的。

2．行使条件

持票人行使追索权时，应当提供被拒绝承兑或者被拒绝付款的有关证明。持票人提示承兑或者提示付款被拒绝的，承兑人或者付款人必须出具拒绝证明，或者出具退票理由书。未出具拒绝证明或者退票理由书的，应当承担由此产生的民事责任。持票人因承兑人或者付款人死亡、逃匿或者其他原因，不能取得拒绝证明的，可以依法取得其他有关证明。承兑人或者付款人被人民法院依法宣告破产的，人民法院的有关司法文书具有拒绝证明的效力。承兑人或者付款人因违法被责令终止业务活动的，有关行政主管部门的处罚决定具有拒绝证明的效力。

持票人不能出示拒绝证明、退票理由书或者未按照规定期限提供其他合法证明的，丧失对其前手的追索权。

3．追索通知

持票人应当自收到被拒绝承兑或者被拒绝付款的有关证明之日起三日内，将被拒绝事由书面通知其前手，其前手应当自收到通知之日起三日内书面通知其再前手。持票人也可以同时向各汇票债务人发出书面通知。未按照上述规定期限通知的，持票人仍可以行使追索权。因延期通知给其前手或者出票人造成损失的，由没有按照规定期限通知的汇票当事人承担对该损失的赔偿责任，但是所赔偿的金额以汇票金额为限。在规定期限内将通知按照法定地址或者约定的地址邮寄的，视为已经发出通知。依规定所作的书面通知，应当记明汇票的主要记载事项，并说明该汇票已被退票。

4．确定追索对象

汇票的出票人、背书人、承兑人和保证人对持票人承担连带责任。持票人可以不按照汇票债务人的先后顺序，对其中任何一人、数人或者全体行使追索权。持票人对汇票债务人中的一人或者数人已经进行追索的，对其他汇票债务人仍可以行使追索权。被追索人清偿债务后，与持票人享有同一权利。持票人为出票人的，对其前手无追索权。持票人为背书人的，对其后手无追索权。

5．追索的内容

持票人行使追索权，可以请求被追索人支付下列金额和费用：被拒绝付款的汇票金额；汇票金额自到期日或者提示付款日起到清偿日止，按照中国人民银行规定的利率计算的利息；取得有关拒绝证明和发出通知书的费用。被追索人清偿债务时，持票人应当交出汇票和有关拒绝证明，并出具所收到的利息和费用的收据。

6．再追索

被追索人依照上述规定清偿后，可以向其他汇票债务人行使再追索权，请求其他汇票债务人支付以下金额和费用：①已清偿的全部金额；②前项金额自清偿日起至再追索清偿日止，按照中国人民银行规定的利率计算的利息；③发出通知书的费用。行使再追索权的被追索人获得清偿时，应当交出汇票和有关拒绝证明，并出具所收到利息和费用的收据。被追索人依照上述规定清偿债务后，其责任解除。

第四节 本票和支票

一、本票

（一）本票的概念和特征

本票是出票人签发的，承诺自己在见票时无条件支付确定的金额给收款人或者持票人的一种票据。本票依持票人的不同，可分为银行本票和商业本票。我国 1995 年出台的《票据法》原只承认银行本票，亦即银行签发的承诺自己在见票时无条件支付确定的金额给收款人或者持票人的票据。但 2004 年 8 月 28 日第十届全国人大常委会修订了《票据法》，删去了这一限制性规定。本票具有票据所共有的一般性质，但也有不同于汇票与支票的一些特性：①本票是自付票据。出票人自己承诺无条件支付确定金额的票据，而与由出票人委托他人支付款项的汇票与支票不同。②本票出票时当事人只有出票人和收款人，出票人即为付款人，所以本票无须记载付款人的名称，而汇票、支票出票时当事人一般有出票人、付款人和收款人三方。③本票的出票人始终是主债务人，他必须对本票债务承担绝对的偿付义务。④本票无须承兑，这一点与汇票不同。

（二）出票

本票的出票是指出票人依法定方式做成本票并交付给收款人的票据行为。本票签发后，收款人或持票人享有于法定期限内提示票据请求出票人付款的权利和不获付款时对其前手的追索权，出票人则负有到期无条件付款的义务。本票是一种要式证券，因此，票据法对本票上记载的事项作出了明确的规定，本票必须记载以下法定事项：①表明“本票”的字样；②无条件支付的承诺；③确定的金额；④收款人名称；⑤出票日期；⑥出票人签章。本票上未记载上述法定事项之一的，本票无效。同时《票据法》还要求本票上记载付款地、出票地等事项的，应当清楚、明确。本票上未记载付款地的，以出票人的营业场所为付款地；本票上未记载出票地的，以出票人的营业场所为出票地。

（三）本票的付款期限

在我国，本票为见票即付的票据。根据《票据法》的规定，本票的持票人应自出票日起二个月内提示见票。持票人如未在规定期限内提示见票，即丧失对出票人以外的前手的追索权。持票人未在法定期限内为本票之提示见票，只是丧失对出票人以外的前手的追索权，并不丧失对出票人的付款请求权。

二、支票

（一）支票的概念

支票是出票人签发的，委托办理支票存款业务的银行或者其他金融机构在见票时无条件支付确定的金额给收款人或者持票人的一种票据。

支票与汇票、本票相比，具有以下特征。

（1）付款人要求不同。支票的付款人仅限于办理支票存款业务的银行或者其他金融机构，这是支票与汇票相比的明显区别。汇票的付款人不仅限于金融机构，其他具有支付汇票金额的也可以充当汇票关系的付款人。

（2）支票不必经过承兑，不存在承兑行为。

（3）支票是委付票据，要求出票人和付款人之间存在着委托付款关系，而本票不存在委托付款关系，这是支票与本票的重要区别。

（4）支票必须见票即付，见票即付是支票的唯一付款方式，这与汇票所具有的定日、定期付款形式不同。

（二）支票的种类

按照我国《票据法》的规定，支票分为现金支票和转账支票两种。由出票人签发委托其开户银行支付一定数额现金给收款人的支票，称为现金支票。由出票人签发给收款人的专门用于办理转账结算的支票称为转账支票。《票据法》第八十三条规定：“支票可以支取现金，也可以转账，用于转账时，应当在支票正面注明。”“支票中专门用于支取现金的，可以另行制作现金支票，现金支票只能用于支取现金。”“支票中专门用于转账的，可以另行制作转账支票，转账支票只能用于转账，不能支取现金。”

（三）支票的出票

1. 法定记载事项

支票具有要式性，支票必须记载以下法定事项：表明“支票”的字样、无条件支付的委托、确定的金额、付款人名称、出票日期、出票人签章。对于支票上的记载事项，票据法还作了说明性的规定，包括：支票上的金额可以由出票人授权补记，未补记前的支票，不得使用；支票上未记载收款人名称的，经出票人授权，可以补记；支票上未记载付款地的，付款人的营业场所为付款地；支票上未记载出票地的，出票人的营业场所、住所或者经常居住地为出票地；出票人可以在支票上记载自己为收款人。

2. 出票的规则

（1）开立支票存款账户。申请人必须使用其本名，并提交证明其身份的合法证件。账户开立和支票领用，应当有可靠的资信，并存入一定的资金。开立支票存款账户，申请人应当预留其本名的签名式样和印鉴。

（2）支票的出票人所签发的支票金额不得超过其付款时在付款人处实有的存款金额。出票人签发的支票金额超过其付款时在付款人处实有的存款金额的，为空头支票。《票据法》禁止签发空头支票。

（3）支票的出票人不得签发与其预留本名的签名式样或者印鉴不符的支票。

（四）支票的付款

出票人必须按照签发的支票金额承担保证向该持票人付款的责任。出票人在付款人处的存款足以支付支票金额时，付款人应当在当日足额付款。支票限于见票即付，不得另行记载付款日期。另行记载付款日期的，该记载无效。支票的持票人应当自出票日起十日内提示付款。异地使用的支票，其提示付款的期限由人民银行另行规定。超过提示付款期限提示付款的，付款人可以不予付款；付款人不予付款的，出票人仍应对持票人承担票据责任。

第五节 违反票据法的法律责任

违反票据法的法律责任，是指违反票据法律规范而应承担的法律责任。我国《票据法》第八章专章规定了票据违法行为人的法律责任。另外，1997 年修订的《刑法》《票据管理实施办法》和《支付结算办法》中也规定了票据违法行为人的法律责任。这些法律责任概括起来分为刑事责任、行政责任和经济民事责任 3 类。

一、违反票据法的刑事责任

根据票据法和刑法规定，进行下列票据欺诈行为之一的，可以依法追究其刑事责任。

（1）伪造、变造汇票、支票、本票的，处五年以下有期徒刑或者拘役，并处或者单处二万元以上二十万元以下罚金；情节严重的，处五年以上十年以下有期徒刑，并处五万元以上五十万元以下罚金；情节特别严重的，处十年以上有期徒刑或者无期徒刑，并处五万元以上五十万元以下罚金或者没收财产。单位犯此罪的，对单位判处罚金，并对其直接负责的主管人员依照上述规定处罚。

（2）有下列情形之一，进行金融、票据诈骗活动，数额较大的，处五年以下有期徒刑或者拘役，并处二万元以上二十万元以下罚金；数额巨大或者有其他严重情节的，处五年以上十年以下有期徒刑，并处五万元以上五十万元以下罚金；数额特别巨大或者有其他严重情节的，处十年以上有期徒刑或者无期徒刑，并处五万元以上五十万元以下罚金或者没收财产。①明知是伪造、变造的汇票、本票、支票而使用的。②明知是作废的汇票、本票、支票而使用的。③冒用他人的汇票、本票、支票的。④签发空头支票或者与其预留印鉴不符的支票，骗取财物的。⑤汇票、本票的出票人签发无资金保证的汇票、本票，或者在出票时作虚假记载，骗取财物的。

（3）金融机构工作人员在票据业务中违反规定，玩忽职守，构成犯罪的，应承担刑事责任。①银行或者其他金融机构的工作人员违反规定，为他人出具信用证或者其他保函、票据、存单、资信证明，造成较大损失的，处五年以下有期徒刑或者拘役；造成重大损失的，处五年以上有期徒刑。单位犯此罪的，对单位判处罚金，并对其直接负责的主管人员和其他直接责任人员依照上述的规定处罚。②银行或者其他金融机构的工作人员在票据业务中，对违反票据法规定的票据予以承兑、付款或者保证，造成重大损失的，处五年以下有期徒刑或者拘役；造成特别重大损失的，处五年以上有期徒刑。单位犯此罪的，对单位判处罚金，并对其直接负责的主管人员和其他直接责任人员，依照上述规定处罚。

二、违反《票据法》的行政责任

（1）《票据法》规定，进行票据欺诈行为，情节轻微不构成犯罪的，依照国家有关规定给予行政处罚。

（2）金融机构工作人员在票据业务中玩忽职守，对违反票据法规定的票据予以承兑、付款或者保证的，给予行政处分。

（3）票据的付款人对见票即付或者到期的票据，故意压票、拖延支付的，由金融行政管理部门对直接责任人员给予处分。

（4）签发空头支票或者签发与其预留的签章不符的支票，不以骗取钱财为目的的，由中国人民银行处以票面金额百分之五但不低于一千元的罚款。

（5）违反中国人民银行规定，擅自印制票据的，由人民银行责令改正，处以一万元以上二十万元以下的罚款；情节严重的，中国人民银行有权提请有关部门吊销其营业执照。

三、违反《票据法》的民事责任

（1）金融机构工作人员在票据业务中玩忽职守，对违反《票据法》规定的票据予以承兑、付款、贴现或者保证，并给当事人造成损失的，由该金融机构和直接责任人员依法承担经济赔偿责任。

（2）票据的付款人故意压票、拖延支付，给持票人造成损失的，依法承担经济赔偿责任。

（3）签发空头支票或者签发与其预留的签章不符的支票，不以骗取钱财为目的的，持票人有权要求出票人赔偿支票金额百分之二的赔偿金。

（4）依照《票据法》的规定承担上述赔偿责任以外的其他违反《票据法》的行为，给他人造成损失的，应当依法承担民事责任。

复习思考题

1. 简述票据的特征。
2. 票据行为要具备什么样的形式要件？
3. 简述追索权的效力。
4. 简述票据丧失的补救措施。

课后讨论

1. 为什么要确立票据的无因性？
2. 票据法的未来。

案例分析

案例一

李某以张某为收款人签发了一张金额50万元的商业承兑汇票，付款人为陈某。后汇票被王某拾得。王某伪造张某的签章将汇票转让给方某。方某为偿还货款又将汇票背书转让给杨某，并在汇票的背书栏记载有“若杨某不按期履行交货义务，则不享有票据权利”。吴某与林某为方某提供保证，汇票上记载着吴某承担80%的保证责任，林某承担20%的保证责任。杨某向陈某请求承兑时，陈某在汇票上记载：“承兑。李某款到后支付。”

问题：

1. 王某是否应当承担票据责任？
2. 张某是否要承担票据责任？
3. 王某伪造票据的行为是否会导致票据无效？为什么？
4. 如何界定方某在背书栏记载事项的性质？其效力如何？
5. 吴某与林某对保证责任分担的约定是否有效？本案保证责任该如何承担？
6. 本汇票是否已经承兑？为什么？

案例二

王某系某科学院一知识分子，2004年因受刺激而致精神失常。2005年1月1日王某签发了一张1万元的转账支票给D电器公司购买空调作为新年礼物，D公司提出应有保证人进行保证。王某于是找到其同事李某为其进行保证，D公司收受支票后，于1月10日以背书的方式将该支票转让给了H科技公司以购买一台电脑，1月12日H科技公司持该支票向某超市购置办公用品，1月14日超市通过其开户银行提示付款时，开户银行以超过提示付款期为由作了退票处理。超市只好通知其前手进行追索。在追索的过程中，H科技公司和D家电公司均以有保证为由推卸自己的票据责任。保证人李某也以王某系精神病人，其签发的支票无效为由拒不承担责任。经鉴定，王某确实精神不正常，属无行为能力人。

问题：

1．王某的票据行为是否有效？其所签发的票据是否有效？

2．H 科技公司、D 电器公司拒不承担责任的理由有无道理？为什么？

3．本案中李某应否承担保证责任？为什么？

4．假设超市的工作人员携带支票去银行提示付款时，将支票丢失，被孙某捡到，孙某伪造了超市的签章并将票据背书转让给了赵某，赵某足额支付了 1 万元，请问赵某是否能取得票据权利？为什么？

5．假设上一题中孙某将票据赠与给了其女友许某，许某不知道该票据是孙某所拾得的，请问许某是否取得票据权利？为什么？

第十一章 知识产权法

人类的聪明才智是一切艺术成果和发明成果的源泉；这些成果是人们美好生活的保证；国家的职责就是要保证坚持不懈地保护艺术和发明。

——WIPO前总干事阿帕德鲍格胥博士

（留于日内瓦的世界知识产权组织（WIPO）总部大楼大厅的圆顶上）

学习重点与难点

知识产权的概念、特征

授予专利权的调价

专利权的内容

侵犯专利权的行为

商标权的内容

商标侵权行为的表现形式

著作权的主体

著作权的内容

著作权的限制

著作权侵权行为

主要法律法规

《中华人民共和国专利法》

《中华人民共和国专利法实施细则》

《中华人民共和国商标法》

《中华人民共和国商标法实施条例》

《中华人民共和国著作权法》

《中华人民共和国著作权法实施条例》

《信息网络传播权保护条例》

《最高人民法院关于审理涉及计算机网络著作权纠纷案件适用法律若干问题的解释》

课前预习

《专利法》《著作权法》的修改草案，哪些内容进行修改，为什么要修改？

2013年《商标法》修改的内容及原因。

第一节 知识产权法概述

一、知识产权的概念和范围

（一）知识产权的概念

在当前的知识经济时代，知识产权的重要性越来越得以彰显，知识产权无论对国家还是企业来说，都是其获得竞争优势的关键所在。在当前对外经济飞速发展的时代，无论在国内还是在国外越来越多的涉及有关知识产权的争议和纠纷，所以了解和加强对知识产权的保护就显得格外重要。

所谓知识产权是指人们就其智力劳动成果所依法享有的专有权利，通常是国家赋予创造者对其智力成果在一定时期内享有的专有权或独占权。在知识经济时代，加强对知识产权的保护显得尤为重要和迫切。知识产权具有以下特征。

1．知识产权的客体是不具有物质形态的智力成果

这是知识产权的本质属性，是知识产权区别于物权、债权、人身权和财产权等民事权的首要特征。智力成果是指人们通过智力劳动创造的精神财富或精神产品，本身凝结了人类的一般劳动，具有财产价值，是一种无形财产。

2．专有性

专有性即知识产权的权利主体依法享有独占使用智力成果的权利，任何他人不得侵犯。从本质上讲，知识产权是一种垄断权。这种垄断权必须符合法律规定并受到一定限制。正是由于知识产权权利主体能获得法定垄断利益，才使知识产权制度具有激励功能，促使人们不断开发和创造新的智力成果，推动技术的进步和社会的发展。知识产权和物权都是一种绝对权和对世权，从而有别于债权。

3．地域性

地域性即知识产权只在特定国家或地区的地域范围内有效，不具有域外效力。各国的知识产权立法基于主权原则必须呈现出独立性，各国的政治、经济文化和社会制度的差异，也会使知识产权保护的规定有所不同。一国的知识产权要获得他国的法律保护，必须依照有关国际条约、双边协议或按互惠原则办理。

课堂思考

作家的作品是否永远受法律保护？比如要将某作品拍摄成影视作品，是否要经过著作权人后人的同意？

4．时间性

时间性即依法产生的知识产权一般只在法律规定的期限内有效。超出知识产权的法定保护期后，该知识产权权利消失，有关智力成果进入公有领域，人们可以自由使用。须注意的是，商标权的期限届满后可通过续展依法延长保护期，少数知识产权没有时间限制，只要符合有关条件，法律可长期予以保护，如商业秘密权、地理标志权、商号权等。

（二）知识产权的范围

知识产权是不断扩张的开放体系。科学技术的发展和社会的进步，不仅使知识产权传统权利类型的内涵不断丰富，而且使知识产权的外延不断拓展。根据 TRIPS 协定（《与贸易有关的知识产权协定》)、成立世界知识产权组织公约等国际公约和我国民法通则、反不正当竞争法等国内立法，知识产权的范围主要包括以下内容。

（1）著作权和邻接权。著作权又称版权，是指文学、艺术和科学作品的作者及其相关主体依法对作品所享有的人身权和财产权利。邻接权在著作权法中被称为“与著作权有关的权利”。

（2）专利权。即自然人、法人或其他组织依法对发明、实用新型和外观设计在一定期限内享有的独占实施权。

（3）商标权。即商标注册人或权利继受人在法定期限内对注册商标依法享有的各种权利。

（4）商业秘密权。即民事主体对属于商业秘密的技术信息或经营信息依法享有的专有权利。

（5）植物新品种权。即完成育种的单位或个人对其授权的品种依法享有的排他使用权。

（6）集成电路布图设计权。即自然人、法人或其他组织依法对集成电路布图设计享有的专有权。

（7）商号权。即商事主体对商号享有在一定区域范围内依法享有的独占使用权。

二、知识产权法概念及渊源

（一）知识产权法的概念

知识产权法是指因调整知识产权的归属、行使、管理和保护等活动中产生的社会关系的法律规范的总称。知识产权法的综合性和技术性特征十分明显，在知识产权法中，既有私法规范，也有公法规范；既有实体法规范，也有程序法规范。但从法律部门的归属上讲，知识产权法仍属于民法，是民法的特别法。民法的基本原则、制度和法律规范大多适用于知识产权，并且知识产权法中的公法规范和程序法规范都是为确认和保护知识产权这一私权服务的，不占主导地位。

（二）知识产权法的渊源

我国知识产权立法起步较晚，但发展迅速，现已建立起符合国际先进标准的法律体系。知识产权法的渊源是指知识产权法律规范的表现形式，可以分为国内立法渊源和国际公约两部分。

1．国内立法渊源

（1）知识产权法律。是指由全国人大及其常委会依宪法制定的有关知识产权的法律规范，如《专利法》《商标法》等。

（2）知识产权行政法规。是指由最高国家行政机关国务院制定的有关知识产权的规范性法律文件的总称。主要有《著作权法实施条例》《专利法实施细则》《计算机软件保护条例》等。

（3）知识产权地方性法规、自治条例和单行条例。是指由特定地方国家权力机关依法制定的，效力不超出本行政区域范围的有关知识产权的规范性文件，如《深圳经济特区企业技术秘密保护条例》等。

（4）知识产权行政规章。是由行政机关依法制定有关知识产权的规范性法律文件，分为部门规章和地方政府规章。如《国家工商行政管理局关于禁止商业秘密行为的规定》等。

（5）知识产权司法解释。如《最高人民法院关于审理专利纠纷案件适用法律问题的若干规定》等。

2．国际立法渊源

我国在制定国内知识产权法律法规的同时，加强了与世界各国在知识领域的合作，加入了10多项知识产权保护的国际公约。主要有与贸易有关的知识产权协定、保护工业产权巴黎公约、保护文学和艺术作品伯尔尼公约、世界版权公约、商标注册马德里协定等。其中，世界贸易组织中TRIPS协定被认为是当前世界范围内知识产权保护领域中涉及面广、保护水平高、保护力度大、制约力强的国际公约。

第二节 专利法

一、专利法概述

专利法是确认发明人（或其权利继受人）对其发明享有专有权，规定专利权的取得与消灭、专利权的实施与保护，以及其他专利权人的权利和义务的法律规范的总称。

“专利”一词来自拉丁文 Litterae Patents，含有公开之意，原指盖有国玺印鉴不必拆封即可打开阅读的一种文件。国家颁发专利证书授予专利权的专利权人，在法律规定的期限内，对制造、使用、销售（有些国家还包括进口该项专利发明或设计）享有专有权（又称垄断权或独占权）。其他人必须经过专利权人同意才能为上述行为，否则即为侵权。专利期限届满后，专利权即行消灭。任何人皆可无偿地使用该项发明或设计。

一般认为，国家颁布和实施专利法的目的，是为了促进市场资源向有利于发明创造不断产生的方向进行积极投入，推动经济产业的兴旺发展，为此，国家以法律程序赋予发明人一定期限内的垄断权利，同时要求其将发明的内容向全社会公开，以此在提高市场个体进行发明创造的意愿的同时，促进社会整体技术水平的快速积累和发展。关于这一点，我国专利法对立法目的的描述为：“为了保护专利权人的合法权益，鼓励发明创造，推动发明创造的应用，提高创新能力，促进科学技术进步和经济社会发展，制定本法。”

案例评析

CDMA/GSM 双模式移动通信方法专利侵权纠纷案

H通信集团与S移动通信技术有限公司、戴某某侵害发明专利权纠纷上诉案

案情摘要

H通信集团有限公司（简称H公司）系专利号为ZL××××××××号、名称为“一种GSM/CDMA双模式移动通信的方法”的发明专利独占许可的被许可人。H公司认为S移动通信技术有限公司（以下简称S公司）制造、戴某销售的SCH－W×××手机的技术方案与其专利权所记载的技术方案相同，请求法院判令S公司停止侵权、赔偿H公司经济损失人民币5 000万元；戴某停止销售侵权手机。一审法院全部支持了H公司的诉讼请求。二审中，J省高级人民法院认为，产品界面演示展现的操作步骤可以由不同的技术方案实现，准确确定被诉侵权产品采用的技术方法，判定其是否落入了专利保护范围，仍需要借助于专业技术部门的技术检测。因此，同意了S公司的技术鉴定申请。技术鉴定结论表明，SCH-W×××手机采有的技术方案与专利权利要求1所记载的部分必要技术特征不相同，两者采用的技术手段和实现的功能不相同，达到的GSM/CDMA双模式移动通信的效果不相同，因此法院认定两者是不相同的技术方案，SCH-W×××手机并未采用涉案专利权利要求1所记载的专利方法，未落入涉案专利权的保护范围，不构成专利侵权。判决撤销原审判决，驳回H公司的诉讼请求。

典型意义：本案是国际知名手机生产商被诉侵犯中国同行专利权第一案，诉讼请求和一审判赔数额均高达5 000万元，受到国内外广泛关注。二审法院积极引导当事人举证质证，准确采用合理的比对方法，鼓励双方当事人聘请专家辅助人帮助其说明技术问题，并借助技术鉴定等

事实查明机制，有效解决技术难题，正确适用相关法律，改判驳回了国内手机厂商的全部诉讼请求，平等保护了各方当事人的合法权益，营造了公平竞争的市场环境。

二、专利权的主体

专利权的主体即专利权人，是指依法享有专利权并承担相应义务的人，包括享有专利权的单位和个人。

（一）发明人、申请人、专利权人

发明人即完成发明创造的人。《专利法》规定，只有在发明创造完成过程中对发明创造的构思以及构思的具体化提出了创造性见解的人才能被称作发明人。那些仅仅提出了发明所要解决的问题而没有对如何解决该问题提出具体意见的人，或者仅仅提出一般性意见的人，或者单纯从事辅助性工作（如打字、制图等）的人，或者只是负责组织管理工作，或者仅仅为有关物质条件的获得提供了方便的人，均不能被称为发明人。

申请人是指就一项发明创造向专利局申请专利的人。通常情况下，各国专利法都承认发明人有权对其完成的发明创造申请专利。但是，现实中也确实存在着发明人与申请人不是同一人的情况，在一些国家这种不一致的情况占专利申请量的大多数。造成这种情况的原因主要有三个方面：第一，发明人以外的其他人通过合同从发明人那里取得了发明创造的专利申请权，并就该发明创造提出了专利申请。第二，发明人的继承人通过继承取得发明创造的专利申请权。第三，法律直接将专利申请权赋予发明人以外的其他人，这种情况主要发生在职务发明创造上。

所谓专利权人即指享有专利权的人。专利权人与专利申请人是两个不同的概念。一项技术申请专利后，未必一定能获得批准，成为专利技术。相应地，专利申请人也就未必能够成为专利权人。反之，专利权人未必都曾是专利申请人，如前所述，专利权也可以通过转让或继承获得。

（二）专利权的归属

1. 职务发明

职务发明，即职工在履行职务中所完成的新发明、新设计或者是在执行所在单位的指令中所完成的发明。我国《专利法》第六条第一款规定："执行本单位的任务或者主要是利用本单位的物质技术条件所完成的发明创造为职务发明创造。职务发明创造申请专利的权利属于该单位；申请被批准后，该单位为专利权人。"由此可知，在我国职务发明创造分作两类：一类是执行本单位任务所完成的发明创造；另一类是主要利用本单位物质条件所完成的发明创造。但是根据《专利法》的规定，利用本单位的物质技术条件所完成的发明创造，单位与发明人或者设计人订有合同，对申请专利的权利和专利权的归属作出约定的，从其约定。

2. 非职务发明

非职务发明是指发明人完全依靠自己的智力劳动以及设备、资金等外部条件所完成的发明创造。根据我国《专利法》规定，非职务发明创造，申请专利的权利属于发明人或者设计人；申请被批准后，该发明人或者设计人为专利权人。

3. 共同发明

当一项发明创造为两人或两人以上共同完成时，这一发明创造即是共同发明，也称合作发明。共同完成发明创造的人即是共同发明人。通常情况下共同发明的权利为共同发明人所共有。共同发明在申请专利时应当取得权利共有人的一致同意。共有人一方声明放弃其专利申请权的，其他共有各方可共同申请，但依照我国法律在发明被授予专利后，放弃申请权的一方可以免费实施该项专利。

4．委托发明

在我国法律中还有一类发明创造被称作委托发明，即以合同方式委托他人完成的发明创造。对于这类发明的权利归属，《专利法》和有关合同法采取了合同优先的原则，即完全依照合同约定来确定委托发明的权利归属。如果合同约定不明或合同未对权利归属予以约定时，法律作了对受托方更为有利的规定，即权利归完成发明创造的一方。

三、专利权的客体

专利权的客体，也称为专利法保护的对象，是指依法应授予专利的发明创造。专利的种类多种多样，根据我国专利法的规定，专利权的客体主要分为发明专利、实用新型专利、外观设计专利。

（一）发明

发明是指是指对产品、方法或者其改进所提出的新的技术方案。发明应当具有以下特点：首先，发明中应当包含创新，即与现有技术相比，发明必须是前所未有的，并且有一定的进步或难度。如果完全是重复前人的成果，那就不是发明。其次，发明必须利用自然规律。从《专利法》的角度看，不利用自然规律的不能称之为发明。发明是一种技术方案，而技术则是在利用自然规律或法则的基础上发展起来的各种工艺操作方法或生产技能以及相应的生产工具、物资设备等。从这种意义上讲发明是利用自然规律的结果，而没有利用自然规律的方案则不属技术方案，故而也不应称其为发明。比如，财务结算办法、体育比赛规则、逻辑推理法则以及数学运算方法等，均不是专利法意义上的发明。相应地，违背自然规律的创造也不是发明。发现自然规律本身则属于科学发现，而不是技术发明。再次，发明是具体的技术性方案。所谓“具体”是指发明必须能够实施，达到一定效果并具有可重复性。我国《专利法》将发明分为 3 种类型，即产品发明、方法发明和改进发明。

（二）实用新型

实用新型是指是指对产品的形状、构造或者其结合所提出的适于实用的新的技术方案。实用新型专利是我国《专利法》保护技术方案的又一种方式。与发明相比，它们最大的共同之处在于它们都属于技术方案，因此在保护方式上基本相同。但依照我国的有关规定，在许多具体问题上两者之间仍然存在着较大的差异。这种差异主要表现为：第一，实用新型专利与发明专利的保护范围不同。这首先表现在申请实用新型专利的主题只能是产品；而申请发明专利的主题既可以是产品，也可以是方法。第二，申请实用新型专利的产品必须有确定的形状和固定的三维构造。对于气态、液态、粉末状的物质或材料等，由于没有确定的形状，故而不能被授予实用新型专利。第三，实用新型专利的创造性要求较之发明专利低，故称为“小发明”“小专利”。由于授权条件较低，必然导致保护水平也相应地降低，如保护期比发明专利要短。第四，我国的实用新型专利的审查程序比发明专利简单、快捷。

由于我国总体技术水平尚不够高，因此实用新型保护制度确有存在的必要，这从每年我国实用新型专利申请量大大超过发明专利申请量就可看出这一制度是有其存在的社会基础。

（三）外观设计

外观设计，又称工业产品外观设计，是指对产品的形状、图案或者其结合以及色彩与形状、图案的结合所作出的富有美感并适于工业应用的新设计。从外观设计的定义可以分析出其特点。首先，外观设计必须以产品为依托，离开了具体的产品也就无所谓外观设计了。对于那些游离于某一具体的产品之外的设计，充其量只能认为是一种纯美术作品，可以受《著作权法》保护，不能作为外观设计受到《专利法》的保护。其次，外观设计以产品的形状、图案和色彩等为要素，以追求美感为目的，而不追求实用功能。发明和实用新型都是一种技术方案，是具有一定实用功能、能够解决一定技术问题的。这是外观设计与发明和实用新型的最大差异。再次，外观设计必须适合工业应用。这里所谓工业应用就是指该外观设计可以通过工业手段大量复制。

四、专利权的产生

根据《专利法》的规定，专利申请应遵循下列原则。

（一）先申请原则

两个以上的申请人分别就同样的发明创造申请专利的，专利权授予最先申请的人。两个以上的申请人在同一日分别就同样的发明创造申请专利的，自行协商确定申请人。国务院专利行政部门收到专利申请文件之日为申请日。如果申请文件是邮寄的，以寄出的邮戳日为申请日。

（二）优先权原则

依据《保护工业产权巴黎公约》的规定，优先权原则是指在申请专利方面，各缔约方相互承认对方国家国民的优先权，即一个发明创造在一个缔约国第一次提出申请后，在一个期限内又在其他缔约国提出申请的，申请人有权请求将第一次提出申请的日期视为后来申请的日期。这种将后续申请的申请日提前至首次申请日的权利就是优先权，首次申请日称为优先权日，享有优先权的期限为优先权期。

我国《专利法》规定，申请人自发明或者实用新型在外国第一次提出专利申请之日起十二个月内，或者自外观设计在外国第一次提出专利申请之日起六个月内，又在中国就相同主题提出专利申请的，依照该外国同中国签订的协议或者共同参加的国际条约，或者依照相互承认优先权的原则，可以享有优先权。

申请人自发明或者实用新型在中国第一次提出专利申请之日起十二个月内，又向国务院专利行政部门就相同主题提出专利申请的，可以享有优先权。

案例练习

法国发明家克利特于1990年10月20日就一项发明在法国申请了专利。1991年9月30日，克利特又就该发明向中国专利局提出了申请，并申请优先权。后克利特该发明在法国和中国分别于1992年12月31日、1993年8月5日被授予专利权。据《专利法》其在中国的申请日以及专利权有效期截止于下列哪些日期？（　　）

A. 1990年10月20日　　B. 1991年9月30日

C. 2010年10月20日　　D. 2012年12月31日

（三）单一性原则

单一性原则是指一件发明或者实用新型专利申请应当限于一项发明或者实用新型。属于一个总的发明构思的两项以上的发明或者实用新型，可以作为一件申请提出。《专利法》第九条规定“同样的发明创造只能授予一项专利权。但是，同一申请人同日对同样的发明创造既申请实用新型专利又申请发明专利，先获得的实用新型专利权尚未终止，且申请人声明放弃该实用新型专利权的，可以授予发明专利权。”

一件外观设计专利申请应当限于一项外观设计。同一产品两项以上的相似外观设计，或者用于同一类别并且成套出售或者使用的产品的两项以上外观设计，可以作为一件申请提出。

发明人做出一项发明创造之后，并不能自动获得专利权，专利权必须经过申请和审查之后才能产生。目前，申请专利的手续必须以书面形式办理。这就要求申请人必须向专利局提交有关专利申请文件。发明和实用新型专利申请的申请文件主要有以下几类：专利请求书、权利要求书、说明书。

（四）我国专利的审查制度

依照现行《专利法》，发明专利申请被受理之后，专利局将对该申请案进行初步审查。初步审查的内容包括申请发明专利的申请案是否满足《专利法》有关形式方面的要求，如专利申请文件的撰写是否合格、文件的种类是否齐全、文件的份数是否足够等；符合要求的申请案将在申请日起 18 个月后被公之于众。在申请案被公开后至申请日起 3 年内的任何时间，申请人都可以向专利局提出实质审查请求。专利局在接到实质审查请求之后将对申请案进行实质审查，其中包括新颖性、创造性和实用性的审查。符合要求的申请案将被授予专利权，并予以公告。

实用新型专利和外观设计专利的审查程序相对简单。专利局在受理申请案后便进行初步审查。审查的内容与前面发明专利的初审内容和程序大致相同。对于符合要求的申请案授予专利权并予以公告。应当指出，由于实用新型和外观设计专利不进行实质审查，因而其专利质量水平不高。许多不具备专利性的申请也在其中滥竽充数，这只能靠授权后的监督程序来弥补。

（五）专利的复审与无效宣告程序

我国《专利法》规定，专利申请人可以在接到专利局驳回专利申请决定之日起三个月内向专利复审委员会请求复审。复审委员会将对其提出的复审理由进行审查，并将审查结论通知有关当事人。发明专利申请人对于专利复审委员会的复审决定仍然不服的，可以在收到通知之日起的三个月内以专利复审委员会为被告，向人民法院提起行政诉讼。

如果有人认为专利局授权不当，依法要向专利复审委员会提出宣告该专利权无效的请求。专利复审委员会将对无效宣告请求进行审查，再做出维持专利权或者宣告专利权无效决定。

（六）授予专利的条件

各国都根据自己的国情，在专利法中规定了授予专利的条件。这些条件可分为消极条件和积极条件。

1. 消极条件

消极条件，是指发明创造不应该具有的条件。发明创造是专利法保护的对象，但并非所有的发明创造都可以授予专利权，成为专利权的客体。我国《专利法》规定，以下内容不能授予专利权：违反法律、社会公德或者妨害公共利益的发明创造；违反法律、行政法规的规定获取或者利用遗传资源，并依赖该遗传资源完成的发明创造；科学发现；智力活动的规则和方法；疾病的诊断和治疗方法；动物和植物品种；用原子核变换方法获得的物质；对平面印刷品的图案、色彩或者两者的结合作出的主要起标识作用的设计。但是对动植物品种的生产方法，可以依照《专利法》的规定授予专利权。

2. 积极条件

（1）新颖性。我国《专利法》规定："新颖性，是指该发明或者实用新型不属于现有技术；也没有任何单位或者个人就同样的发明或者实用新型在申请日以前向国务院专利行政部门提出过申请，并记载在申请日以后公布的专利申请文件或者公告的专利文件中。"

对于外观设计，我国《专利法》的规定与发明和实用新型基本相同，《专利法》第二十三条规定："授予专利权的外观设计，应当不属于现有设计；也没有任何单位或者个人就同样的外观设计在申请日以前向国务院专利行政部门提出过申请，并记载在申请日以后公告的专利文件中。"现有设计，是指申请日以前在国内外为公众所知的设计。另外授予专利权的外观设计与现有设计或者现有设计特征的组合相比，应当具有明显区别，并且不得与他人在申请日以前已经取得的合法权利相冲突。

此外，我国《专利法》还规定了一些不丧失新颖性的特例。依照我国《专利法》，有下列情形之一的，属于在申请日前六个月内发生的，不丧失新颖性：第一，在中国政府主办或承认的国际展览会上首次展出的。第二，在规定的学术会议或技术会议上首次发表的。这里所谓规定的学术会议是指国务院有关主管部门或者全国性学术团体组织召开的学术会议或者技术会议。第三，他人未经申请人同意而泄露其内容的。对于这3种情况，虽然不丧失新颖性，但它不具有排除第三人申请的效力。如果有他人在这六个月内就同样发明创造提出申请，靠这种不丧失新颖性的规定是无法与之对抗的。

（2）创造性。创造性是指与现有技术相比，该发明具有突出的实质性特点和显著的进步，该实用新型具有实质性特点和进步。这里的“现有技术”是指专利申请日以前公开的技术；“实质性特点”是指申请专利保护的发明或适用新型与原来的技术相比有本质的突破，是创造性构思的结果；“进步”是指与原有技术相比，技术的应有性能产生新的更好的效果。在创造性方面，对发明的要求要比对实用新型的要求高。

（3）实用性。所谓实用性，是指该发明或者实用新型能够制造或者使用，并且能够产生积极效果。《专利法》中的实用性条件意味着获得专利的发明创造不能是一种纯理论的方案，它必须能够在实际中得到应用。对于产品专利而言，这种应用可表现为产品的制造或者使用；对于方法专利则表现为方法的使用。如果说新颖性、创造性仅仅是专利的必要条件，那么实用性不仅是必要条件，同时也体现了发明创造的目的。

五、专利权的内容

（一）专利权人的权利

专利权人的权利大体上可以分为以下几项。

1．专利权人享有自己实施其专利技术的权利

专利技术的价值是通过实施得以实现的，即实施专利技术可以给实施人带来相应的财产利益。专利权人申请专利的直接目的就是为了垄断该项技术的实施权。

2．专利权人有禁止他人实施其专利技术的权利

这一权利是与前项垄断性的实施权互为补充的，可以看作它的另一方面。同时，在“禁止”的背后还包含着“许可”的含义，即在得到专利权人许可之后是可以实施专利技术的。通常，专利权人可以通过订立专利实施许可合同的方式来许可他人实施其专利。常见的许可方式有独占、排他和普通实施许可。在我国的《合同法》中对这些合同形式有具体的规定。

3．专利权人有处分其专利的权利

专利权的处分包含专利权人可以将其专利权转让给他人或者放弃其专利权等。专利权人对其专利权的处分与物权的处分有所不同。

4．在产品或包装上注明专利标记的权利

针对不同的专利类别，专利权的效力范围不同。我国《专利法》规定，若专利是就产品授予的，则专利权人有权禁止他人未经其许可为商业目的制造、使用、销售、许诺销售以及进口专利产品；若专利是就方法授予的，则专利权人有权禁止他人未经许可为商业目的使用其专利方法以及使用、销售、许诺销售或进口用该专利方法直接获得的产品。

（二）专利权的限制

案例探讨

甲公司2007年研制出一种节能开关，于2008年1月向中国专利局提出专利申请，2009年5月获得实用新型专利权。乙厂也于2007年7月自行研制出这种节能开关。2009年年初，甲厂发现乙厂

销售行为后，遂与乙厂交涉认为乙厂的行为侵犯了其专利权，但乙厂认为自己的行为不构成侵权。

问：乙厂的行为是否侵犯甲厂的专利权？为什么？

关于专利权的限制是多方面的，这是为公共利益考虑而设置的。专利权不具备所有权的绝对性正是从这种意义上讲的。

首先，专利权在时间上不是无限的。发明专利保护期通常为15～20年；实用新型、外观设计专利保护期通常低于10年。我国现行《专利法》对于发明专利的保护期规定为20年，自专利申请之日起计算；实用新型和外观设计专利的保护期为自专利申请之日起10年。

其次，专利权在权利行使方面也受到诸多限制。我国《专利法》主要规定了如下限制：第一，当专利权人自己制造或者许可他人制造的专利产品上市经过首次销售之后，专利利人对这些特定产品不再享有任何意义上的支配权，即购买者对这些产品的再转让或者使用都与专利权人无关。这种情况被称作首次销售，也有人称此为权利耗尽或权利用尽，因为专利权人的利益在首次销售中已经得以实现，故而称权利用尽或耗尽。第二，在不知情的状态下销售或者使用了侵犯他人专利权的产品的行为，可不承担侵权责任。这种情况有人将其概括为善意侵权。但是如果销售商在得到专利权人通知之后仍然销售其库存的侵权产品，则不能认为其不知情。第三，如果在专利申请日前已经开始制造与专利产品相同的产品或者使用与专利相同的技术，或者已经做好制造、使用的准备，那么依法可以在原有范围内继续制造、使用该项技术。实施者的这种权利被称作先行实施权，简称先用权。第四，交通工具临时通过一国领域，为交通工具自身需要而在其设备或装置中使用有关专利技术的，不视为侵犯专利权。有关交通工具临时过境的规定源自《巴黎公约》。第五，非营利性实施专利技术以及为课堂教学而演示专利技术的行为均不属侵权行为。

此外，《专利法》有关专利权的限制性规定还有不少。许多国家专利法中都有强制实施许可的规定，《巴黎公约》以及世界贸易组织的TRIPS协议中也都有强制许可的规定，只是实施条件有所不同。我国《专利法》中也有类似规定。

专利实施强制许可是国家专利主管机构，不经专利权人同意，许可有关单位或者个人实施其专利的一种强制性法律手段，其目的是防止专利权人滥用其权利，维护国家和公共利益。根据《专利法》第四十八条的规定，具备实施条件的单位或者个人的申请，在下列情形下，可以给予实施发明专利或者实用新型专利的强制许可：专利权人自专利权被授予之日起满三年，且自提出专利申请之日起满四年，无正当理由未实施或者未充分实施其专利的；专利权人行使专利权的行为被依法认定为垄断行为，为消除或者减少该行为对竞争产生的不利影响的。

另外，根据公共利益的需要，在国家出现紧急状态或者非常情况时，或者为了公共利益的目的，国务院专利行政部门可以给予实施发明专利或者实用新型专利的强制许可；为了公共健康目的，对取得专利权的药品，国务院专利行政部门可以给予制造并将其出口到符合中华人民共和国参加的有关国际条约规定的国家或者地区的强制许可。这是近年来，各国屡次发生公共健康危机事件后，认识到各国加强合作应对危机的重要性，研发成果应当惠及专利权授予国以外的其他国家和民众，这对维护全人类健康是十分有必要的。

一项取得专利权的发明或者实用新型比前已经取得专利权的发明或者实用新型具有显著经济意义的重大技术进步，其实施又有赖于前一发明或者实用新型的实施的，国务院专利行政部门根据后一专利权人的申请，可以给予实施前一发明或者实用新型的强制许可。同时在给予实施强制许可的情形下情况下，国务院专利行政部门根据前一专利权人的申请，也可以给予实施后一发明或者实用新型的强制许可。

专利权人在享有专利权的同时还应当承担相应的义务。专利权人在获得专利权的同时，应当向专利局缴纳专利年费。不承担这一义务，其专利权将自动终止。公开发明创造的内容也是专利权人的一项基本义务。如果发明创造未在专利申请文件中充分公开，则该项专利申请或专利权将被驳回，或被宣告无效。

课堂思考

对于一项技术或者配方等，权利人可以申请专利保护，也可以作为商业秘密来保护，请问专利保护与商业秘密的保护有什么不同？权利人该如何选择比较合适？

六、专利权的保护

《专利法》的核心是专利权，专利权的保护主要是保护专利权不受到侵犯。专利侵权行为是指在专利权有效期内，行为人未经权利人许可又无法律依据，为生产经营目的实施他人专利的行为。当引起纠纷时，由当事人协商解决；不愿协商或者协商不成的，专利权人或者利害关系人可以向人民法院起诉，也可以请求管理专利工作的部门处理。管理专利工作的部门处理时，认定侵权行为成立的，可以责令侵权人立即停止侵权行为，当事人不服的，可以自收到处理通知之日起十五日内依照《中华人民共和国行政诉讼法》向人民法院起诉；侵权人期满不起诉又不停止侵权行为的，管理专利工作的部门可以申请人民法院强制执行。进行处理的管理专利工作的部门应当事人的请求，可以就侵犯专利权的赔偿数额进行调解；调解不成的，当事人可以依照《中华人民共和国民事诉讼法》向人民法院起诉。

专利侵权纠纷涉及新产品制造方法的发明专利的，制造同样产品的单位或者个人应当提供其产品制造方法不同于专利方法的证明；涉及实用新型专利或者外观设计专利的，人民法院或者管理专利工作的部门可以要求专利权人或者利害关系人出具由国务院专利行政部门对相关实用新型或者外观设计进行检索、分析和评价后作出的专利权评价报告。

侵犯专利权的诉讼时效为二年，自专利权人或者利害关系人得知或者应当得知侵权行为之日起计算。

但是根据《专利法》规定，以下情形，不视为侵犯专利权：专利产品或者依照专利方法直接获得的产品，由专利权人或者经其许可的单位、个人售出后，使用、许诺销售、销售、进口该产品的；在专利申请日前已经制造相同产品、使用相同方法或者已经做好制造、使用的必要准备，并且仅在原有范围内继续制造、使用的；临时通过中国领陆、领水、领空的外国运输工具，依照其所属国同中国签订的协议或者共同参加的国际条约，或者依照互惠原则，为运输工具自身需要而在其装置和设备中使用有关专利的；专为科学研究和实验而使用有关专利的；为提供行政审批所需要的信息，制造、使用、进口专利药品或者专利医疗器械的，以及专门为其制造、进口专利药品或者专利医疗器械的。

第三节 商标法

一、商标法概述

案例探讨

2009年10月30日，深圳某公司以一般贸易方式申报出口一批足球到挪威，货主特地在申报品名中注明为无品牌足球，在浦东国际机场海关报关时引起审单关员的注意，海关关员凭借丰富的审单经验，经过细致风险分析，决定核对品牌真伪。现场查验关员查验时，发现1 000只足球上印有醒目的“SOUTHAFRICA2010”商标。经查“SOUTHAFRICA2010”商标权归国际足球联合会，国际足球联合会未授权该公司使用的南非世界杯标志。而该公司认为南非世界杯是全世界的事，在球上印有该标志没有问题。

问：该公司的行为是否侵犯南非世界杯商标专用权？

商标是商品的生产者、经营者在其生产、制造、加工、拣选或者经销的商品上或者服务的提供者在其提供的服务上采用的，用于区别商品或服务来源的，由文字、图形、字母、数字、三维标志、声音、颜色组合，或上述要素的组合，具有显著特征的标志，是现代经济的产物。在商业领域而言，商标包括文字、图形、字母、数字、三维标志和颜色组合，以及上述要素的组合，均可作为商标申请注册。经国家核准注册的商标为“注册商标”，受法律保护。

商标法是调整商标关系的法律规范的总和，即是调整商标因注册、使用、管理和保护商标专用权等活动，在各主体之间所发生的各种社会关系的法律规范的总和。

1982 年制定的《商标法》是我国改革开放后颁布的第一部知识产权方面的法律，在我国知识产权法制建设进程中具有里程碑式的重要意义。随着我国社会主义市场经济的发展，其有些内容已难以适应实践需要。2013 年 8 月 30 日，备受社会关注的《中华人民共和国商标法》第三次修正案经过第十二届全国人大常委会第四次会议审议并通过。这次修改就是认真总结了现行商标法的实施经验，针对新情况、新问题，适应新需要，主要从 6 个方面进行了修改：增加关于商标审查时限的规定；完善商标注册异议制度；厘清驰名商标保护制度；加强商标专用权保护；规范商标申请和使用行为，禁止抢注他人商标，维护公平竞争的市场秩序；规范商标代理活动。修改后的商标法从原来的 64 条增加到 73 条，内容非常丰富，也很完善。

2013 年《商标法》的主要修改内容主要包括以下方面。

（1）增加诚实信用原则条款。新《商标法》第七条规定了“申请注册和使用商标，应当遵循诚实信用原则”。

（2）禁止抢注因业务往来等关系明知他人已经在先使用的商标。新《商标法》第十五条增加第二款：“就同一种商品或者类似商品申请注册的商标与他人在先使用的未注册商标相同或者近似，申请人与该他人具有前款规定以外的合同、业务往来关系或者其他关系而明知该他人商标存在，该他人提出异议的，不予注册。”

（3）增加惩罚性赔偿的规定，提高侵权赔偿额。新《商标法》引入了惩罚性赔偿制度，规定对恶意侵犯商标专用权、情节严重的，可以在权利人因侵权受到的损失、侵权人因侵权获得的利益或者注册商标使用许可费的 1～3 倍的范围内确定赔偿数额。同时，新《商标法》还将在上述 3 种依据都无法查清的情况下法院可以酌情决定的法定赔偿额上限从五十万元提高到三百万元。

（4）增加侵权人举证责任。新《商标法》规定在商标侵权诉讼中，人民法院为确定赔偿数额，在权利人已经尽力举证，而与侵权行为相关的账簿、资料主要由侵权人掌握的情况下，可以责令侵权人提供与侵权行为相关的账簿、资料，侵权人不提供或者提供虚假的账簿、资料的，人民法院可以参考权利人的主张和提供的证据判定侵权赔偿数额。

（5）增加关于商标注册审查和案件审理时限的规定。新《商标法》规定，“对申请注册的商标，商标局应当自收到商标注册申请文件之日起九个月内审查完毕”。而针对涉及单方当事人的商标确权案件，新《商标法》增加了九个月的审理时限，针对涉及双方当事人的确权案件，增加了十二个月的审理时限。有特殊情况需要延长的，“经国务院工商行政管理部门批准”，可以延长三个月或者六个月。

（6）加强对商标代理组织的规范。新《商标法》增加了商标代理组织从事商标代理业务应当遵循诚实信用原则的内容，商标代理行业组织对违反行业自律规范的会员可实行惩戒并记入信用档案。另外，新《商标法》还规定了对于商标代理组织或者商标代理人违反诚实信用原则，侵害委托人合法利益的，应当依法承担民事责任。

（7）增加声音商标形式。新《商标法》第八条在可以申请为商标的标志中增加了声音可作为商标申请注册。

（8）一标多类。新《商标法》第二十二条第二款规定，“商标注册申请人可以通过一份申请就多个类别的商品申请注册同一商标。”

（9）修改异议复审制度。新《商标法》规定商标局对商标异议进行审理后，对异议不成立、准予注册的商标，将直接发给注册证，异议人不服的只能向商评委请求宣告该注册商标无效，而对商标局裁定异议成立、不予注册的，被异议人可以向商评委申请复审。

（10）限定异议主体和理由。新《商标法》第三十三条将有权依据相对理由提出异议的主体，由原来的“任何人”改为“认为这一商标注册申请侵犯了其在先权利的在先权利人或者利害关系人”。但针对违反禁用和禁注条款的商标，新《商标法》继续保留了“任何人”可以提起异议的规定。

（11）增加禁止宣传和使用“驰名商标”的规定。新《商标法》第十四条第五款规定，“生产、经营者不得将‘驰名商标’字样用于商品、商品包装或者容器上，或者用于广告宣传、展览以及其他商业活动中。”违反此规定的，根据第五十三条规定，“由地方工商行政管理部门责令改正，处十万元罚款。”

（12）商标侵权判定中引入“容易导致混淆”要件。新《商标法》第五十七条将原《商标法》第五十二条中“在同一种商品或者类似商品上使用与注册商标相同或者近似的商标”的侵权情形进行了细分，对于不属于在“同一种商品上使用相同商标”情形的侵权判定增加了“容易导致混淆”的判定要件。

二、商标权的主体

（一）商标权人

一般来讲，商标权人即依法享有商标权的法人、自然人或其他组织。由于商标权人的存在以商标权的存在为前提，因此商标权产生的途径，也就是商标权人产生的途径。通常商标权人的产生有两种途径：一是因直接在商品上使用商标而成为商标权人；二是因商标注册申请被核准而成为商标权人。因各国法律规定不同，商标权人产生的途径会有所差异。

我国《商标法》第四条规定，自然人、法人或者其他组织在生产经营活动中，对其商品或者服务需要取得商标专用权的，应当向商标局申请商标注册。可见我国《商标法》无论对于法人还是自然人都允许申请商标注册。不仅如此，我国《商标法》还允许两人以上共有一个商标。两个以上的自然人、法人或者其他组织可以共同向商标局申请注册同一商标，共同享有和行使该商标专用权。

（二）商标行政管理机关

我国现阶段有关商标的行政管理工作仍由工商行政管理机关负责。以下主要介绍我国的商标行政管理机构。

1．商标局

商标局全称为国家工商行政管理总局商标局，负责主管全国商标注册和管理工作。商标局的主要职能可以概括为以下几个方面：受理国内外商标注册申请和依照《商标国际注册马德里协定》的国际注册申请；审查有关商标注册申请，对核准注册的商标发给商标注册证；办理商标续展、变更、注销、撤销、转让等注册事务；受理商标使用许可合同的备案登记；负责全国有关商标管理工作，如指导查处假冒商标侵权案件、组织评审驰名商标等。

2．商标评审委员会

商标评审委员会同商标局一样，也是国家工商行政管理总局的下设机构，它独立于商标局之外，但其审级高于商标局，负责处理商标争议事务，对商标局的工作可起到一定的制约作用。商标评审委员会的主要职能有：对不服商标局有关驳回商标注册申请决定的案件进行复审；对不服商标局撤销注册商标决定的案件进行复审；对注册不当商标申请撤销的案件做出裁定；对商标争议案件做出裁定。

3．地方工商行政管理机关

在我国，地方县级以上人民政府都设有工商行政管理局。依照《商标法》，地方工商行政管理机关的职权有：查处商标侵权案件；处理违反《商标法》中有关商标管理规定的行为，如擅自改变注册商标图案、未注册商标冒充注册商标、商标图案违反《商标法》中的禁止性规范、烟草制品上市不使用注册商标等行为；指导和监督商标的使用工作，如企业商标管理工作、商标标牌的印制管理等。当然，对于地方工商行政管理机关就有关纠纷的处理决定不服的，可以依法向人民法院提起行政诉讼。

三、商标的概念及种类

课堂思考

声音，如我们经常听到的电视节目的开场声音、常用电脑软件的声音、某些电子设备的开关机的声音等，是否可以申请为商标？

商标，是指经营者在商品或服务项目上使用的，将自己经营的商品或提供的服务与其他经营者经营的商品或者提供的服务区别开来的一种商业专用标志。这种标记一般用文字、图形、字母、数字、三维标志、颜色组合和声音等，以及上述要素的组合来表示，并置于商品表面包装上和服务场所及服务说明书上。其最基本的功能就是识别商品或服务的来源，区别相同商品或服务的不同经营者。

《商标法》第十条规定，下列标志不得作为商标使用。

（1）同中华人民共和国的国家名称、国旗、国徽、国歌、军旗、军徽、军歌、勋章等相同或者近似的，以及同中央国家机关的名称、标志、所在地特定地点的名称或者标志性建筑物的名称、图形相同的；

（2）同外国的国家名称、国旗、国徽、军旗等相同或者近似的，但经该国政府同意的除外；

（3）同政府间国际组织的名称、旗帜、徽记等相同或者近似的，但经该组织同意或者不易误导公众的除外；

（4）与表明实施控制、予以保证的官方标志、检验印记相同或者近似的，但经授权的除外；

（5）同“红十字”、“红新月”的名称、标志相同或者近似的；

（6）带有民族歧视性的；

（7）带有欺骗性，容易使公众对商品的质量等特点或者产地产生误认的；

（8）有害于社会主义道德风尚或者有其他不良影响的。

另外县级以上行政区划的地名或者公众知晓的外国地名，不得作为商标。但是，地名具有其他含义或者作为集体商标、证明商标组成部分的除外；已经注册的使用地名的商标继续有效。

根据不同的分类方法可以把商标分为不同的类别。按照商标构成的元素，可以把商标分为文字商标、图形商标、立体商标、声音商标等。所谓文字商标，即以文字构成的商标。无论中文还是外文，或者数字等构成的商标均可称为文字商标，比如“乐百氏”、“Haier”均属此类。图形商标是指由图形构成的商标，构成商标的图形可简可繁，比如奔驰汽车公司的三角星商标。立体商标是由三维造型构成的商标，比如可口可乐的饮料瓶。我国从2002年开始保护立体商标，目前已经有不少立体商标注册申请获准注册。声音商标是指足以使相关消费者区别商品或服务来源之声音作为商标。例如具识别性之简短的广告歌曲、旋律、人说话的声音、钟声、铃声或动物的叫声等，是以听觉而非视觉的方法，作为区别商品或服务的交易来源。我国自2014年5月1日起施行的新《商标法》规定声音可以作为商标注册。

生活中，常见的由文字和图形组合而成的商标被称作组合商标。这种商标同时吸取了文字商标和图形商标的优点，既便于口头称谓，又具有形象化的形式。但是，由于组合商标同时包含文字和图形，在构图上往往显得比较复杂，致使其形象缺乏冲击力。组合商标也受我国《商标法》的保护。

此外，根据不同的分类法，还可以将商标划分为服务商标、集体商标、证明商标、驰名商标等。服务商标是指用于服务上以区分服务的提供者的商标，如银行或保险公司所提供的金融服务、航空公司或铁路运输部门所提供的交通运输服务等均可使用服务商标以示区别。集体商标是指由一个集体组织或行会享有权利、由该组织成员使用于其商品（包括产品和服务）上以便使其商品与非成员的商品区分开来的标记。我国现行《商标法》对集体商标也同其他商标一样给予同等的保护。只是因为集体商标的使用人较多，在申请注册时要求注册申请人提供有关集体商标的使用管理规则。证明商标，也有人称其为保证商标，是指由一机构拥有商标权、由该机构以外的人使用在其商品（包括产品和服务）之上，用以证明该商品的原材料、原产地、品质、精度、制造工艺等商品特征的标记。在国际上，证明商标的使用非常普遍，全新羊毛标志便是其中之一。我国现在也已有不少证明商标，如绿色食品标志、纯新羊毛标志、真皮标志等均属证明商标。驰名商标即是在消费者或者相关公众中具有很高的知名度且信誉很好的商标。对于这种商标，《巴黎公约》和世界贸易组织的《知识产权协定》中都规定了给予特别保护的内容。我国《商标法》对于驰名商标的保护水平完全达到了有关国际公约的要求。

四、商标注册

商标注册，是指商标使用人将使用的商标依照法律规定的条件和程序，向商标管理机关提出注册申请，经商标局依法审核批准，在商标注册上登录，发给商标注册证，并予以公告，授予注册人以商标专用权的法律活动。经过商标局核准注册的商标并刊登在商标公告上的商标称为注册商标。注册商标由商标注册人使用，商标注册人享有专用权，具有排他性，他人不得侵犯。

商标的注册与不注册的区别在于：非注册商标不享有法律赋予的商标专用权，当非注册商标与注册商标相同或相近似并用于相同或相类似的产品和服务项目时，非注册商标人应立即停止使用。在商标注册上，一般采用自愿注册原则，即商标使用人是否申请商标注册取决于自己的意愿。但是在实行自愿注册原则的同时，也有一些例外规定，如我国规定在极少数商品上使用的商标实行强制注册，目前主要有以下两大类：一是人用药品；二是烟草制品，包括卷烟、雪茄烟和有包装的烟丝。这些商品使用未注册的商标的，禁止销售。

并非所有的标志都可以申请注册，享有商标权，要申请注册，该标志应该具有显著性和符合公共秩序和善良风俗，同时根据《商标法》第十一条规定，下列标志不得作为商标注册：仅有本商品的通用名称、图形、型号的；仅仅直接表示商品的质量、主要原料、功能、用途、重量、数量及其他特点的；缺乏显著特征的。但是以上标志经过使用取得显著特征并便于识别的，可以作为商标注册。

《商标法》第十二条规定，以三维标志申请注册商标的，仅由商品自身的性质产生的形状、为获得技术效果而需有的商品形状或者使商品具有实质性价值的形状，不得注册。

《商标法》第十三条规定，就相同或者类似商品申请注册的商标是复制、摹仿或者翻译他人未在中国注册的驰名商标，容易导致混淆的，不予注册并禁止使用。就不相同或者不相类似商品申请注册的商标是复制、摹仿或者翻译他人已经在中国注册的驰名商标，误导公众，致使该驰名商标注册人的利益可能受到损害的，不予注册并禁止使用。

《商标法》第十五条规定，未经授权，代理人或者代表人以自己的名义将被代理人或者被代表人的商标进行注册，被代理人或者被代表人提出异议的，不予注册并禁止使用。就同一种商品或者类似商品申请注册的商标与他人在先使用的未注册商标相同或者近似，申请人与该他人具有前款规定以外的合同、业务往来关系或者其他关系而明知该他人商标存在，该他人提出异议的，不予注册。

《商标法》第十六条规定，商标中有商品的地理标志，而该商品并非来源于该标志所标示的地区，误导公众的，不予注册并禁止使用；但是，已经善意取得注册的继续有效。

五、商标注册程序

（一）申请的代理

商标注册的国内申请人可以自己直接到商标局办理注册申请手续，也可以委托商标代理组织办理。外国人或者外国企业在我国申请注册商标和办理其他商标事宜的，应当委托国家工商行政管理总局认可的商标代理组织代理。当事人委托商标代理组织申请商标注册或者办理其他商标事宜，应当提交代理委托书。代理委托书应当载明代理内容及权限；外国人或者外国企业的代理委托书还应当载明委托人的国籍。

（二）提出申请

首次申请商标注册，申请人应当提交申请书、商标图样、证明文件并交纳申请费。申请人用药品商标注册，应当附送卫生行政部门发给的药品生产企业许可证或者药品经营企业许可证副本，申请烟草制品的商标注册的，应当附送国家烟草主管机关批准生产的证明文件。

注册商标在使用过程中，需要扩大使用范围的，不论扩大使用的商品是否属于同一类，都必须另行提出注册申请；注册商标需要改变其标志的，应当重新提出注册申请；注册商标需要改变注册人的名义、地址或者其他注册事项的，应当提出变更申请。

在实行优先原则的情形下，申请日期的确定具有很重要的意义。申请日期一般以商标局收到申请文件的日期为准。申请人享有优先权的，优先权日为申请日。《商标法》规定了可以享有优先权的两种情况：其一，商标注册申请人自其商标在外国第一次提出商标注册申请之日起六个月内，又在中国就相同商品以同一商标提出商标注册申请的，依照该外国同中国签订的协议或共同参加的国际条约，或者按照相互承认优先权的原则，可以享有优先权；其二，商标在中国政府主办的或者承认的国际展览会展出的商品上首次使用的，自该商品展出之日起六个月内，该商品的注册申请人可以享有优先权。

（三）审查和核准

案例探讨

甲酒厂生产的白酒质优价廉，一直受消费者的好评和喜爱。2013年4月7日，该厂将其使用10年之久的“××”牌商标向商标局提出申请。乙酒厂在2012年年末开始生产白酒，2013年4月7日，乙厂也向商标局提出了“××”牌商标的注册申请。同时，丙服装公司也一直在使用“×

×”牌商标在其生产的衣服上。

问：1. 商标局应当将“××”牌商标授予甲厂还是乙厂？为什么？

2. 假如甲乙中一方取得了商标专用权后，丙服装公司是否能继续使用“××”牌商标？为什么？

商标局对申请注册的商标，应当自收到商标注册申请文件之日起九个月内审查完毕，符合法律有关规定的，予以初步审定公告。在审查过程中，商标局认为商标注册申请内容需要说明或者修正的，可以要求申请人做出说明或者修正。申请人未做出说明或者修正的，不影响商标局做出审查决定。如果申请注册的商标，不符合《商标法》的有关规定或者同他人在同一种商品或者类似商品上已经注册的或者初步审定的商标相同或者近似的，由商标局驳回申请，不予公告。

两个或者两个以上的商标注册申请人，在同一种商品或者类似商品上，以相同或者近似的商标申请注册的，初步审定并公告申请在先的商标；同一天申请的，初步审定并公告使用在先的商标，驳回其他人的申请，不予公告。按照商标法实施条例的规定，两个或者两个以上的申请人，在同一种商品或者类似商品上，分别以相同或者近似的商标在同一天申请注册的，各申请人应当自收到商标局通知之日起三十日内提交其申请注册前在先使用该商标的证据。同日使用或者均未使用的，各申请人可以自收到商标局通知之日起三十日内自行协商，并将书面协议报送商标局；不愿协商或者协商不成的，商标局通知各申请人以抽签的方式确定一个申请人，驳回其他人的注册申请。商标局已经通知但申请人未参加抽签的，视为放弃申请，商标局应当书面通知未参加抽签的申请人。

申请商标注册不得损害他人现有的在先权利，也不得以不正当手段抢先注册他人已经使用并有一定影响的商标。

对初步审定公告的商标，自公告之日起三个月内，在先权利人、利害关系人认为违反《商标法》的有关规定的，可以向商标局提出异议。公告期满无异议的，予以核准注册，发给商标注册证，并予公告。

对驳回申请、不予公告的商标，商标局应当书面通知商标注册申请人。商标注册申请人不服的，可以自收到通知之日起十五日内向商标评审委员会申请复审。商标评审委员会应当自收到申请之日起九个月内做出决定，并书面通知申请人。有特殊情况需要延长的，经国务院工商行政管理部门批准，可以延长三个月。当事人对商标评审委员会的决定不服的，可以自收到通知之日起三十日内向人民法院起诉。

对初步审定公告的商标提出异议的，商标局应当听取异议人和被异议人陈述事实和理由，经调查核实后，自公告期满之日起十二个月内做出是否准予注册的决定，并书面通知异议人和被异议人。有特殊情况需要延长的，经国务院工商行政管理部门批准，可以延长六个月。

商标局做出准予注册决定的，发给商标注册证，并予公告。异议人不服的，可以依照《商标法》第四十四条、第四十五条的规定向商标评审委员会请求宣告该注册商标无效。

商标局做出不予注册决定，被异议人不服的，可以自收到通知之日起十五日内向商标评审委员会申请复审。商标评审委员会应当自收到申请之日起十二个月内做出复审决定，并书面通知异议人和被异议人。有特殊情况需要延长的，经国务院工商行政管理部门批准，可以延长六个月。被异议人对商标评审委员会的决定不服的，可以自收到通知之日起三十日内向人民法院起诉。人民法院应当通知异议人作为第三人参加诉讼。

法定期限届满，当事人对商标局做出的驳回申请决定、不予注册决定不申请复审或者对商标评审委员会做出的复审决定不向人民法院起诉的，驳回申请决定、不予注册决定或者复审决定生效。

经审查异议不成立而准予注册的商标，商标注册申请人取得商标专用权的时间自初步审定公告三个月期满之日起计算。自该商标公告期满之日起至准予注册决定做出前，对他人在同一种或者类似商品上使用与该商标相同或者近似的标志的行为不具有追溯力；但是，因该使用人的恶意给商标注册人造成的损失，应当给予赔偿。

案例探讨

个体经营户王某某从事理发服务业，使用“一剪没”作为未注册商标长期使用，享有较高声誉。王某某通过签订书面合同许可其同一城区的表妹张某某使用“一剪没”商标从事理发业务。后张某某想以自己的名义申请“一剪没”商标使用于理发业务。

问：张某某是否可以申请该商标？如果你是王某某的律师，你会给王某某什么建议？

六、商标权的内容

案例探讨

苹果公司与深圳唯冠公司“iPad”商标权属纠纷案（2013-03-29人民法院报）

2001年，深圳唯冠公司在我国注册了涉案两个“iPad”商标。IP公司于2009年8月向英国唯冠公司发出要约“希望能够购买所有唯冠拥有的iPad商标”。经磋商，2009年12月17日，台湾唯冠公司与IP公司在台湾签署了《商标转让协议》，以3.5万英镑为对价向IP公司转让包括涉案商标在内的iPad商标。2010年2月，IP公司签订《权利转让协议》向苹果公司转让涉案两商标。2010年4月19日，苹果公司、IP公司以深圳唯冠公司为被告，向广东省深圳市中级人民法院提起诉讼，请求根据台湾唯冠公司与IP公司签订的商标转让协议，判令深圳唯冠公司在中国拥有的涉案两个“iPad”商标归其所有。

广东省深圳市中级人民法院经过审理认为商标转让协议是台湾唯冠公司签订的，对深圳唯冠公司没有约束力，也没有构成表见代理，故判决驳回了苹果公司等的诉讼请求。苹果公司、IP公司不服向广东省高级人民法院提起上诉。在二审期间，广东省高级人民法院经多次调解，终使双方于2012年6月达成调解协议，由苹果公司支付6 000万美元，唯冠公司将涉案“iPad”商标过户给苹果公司。该调解协议已经执行。

由于诉讼时唯冠公司已濒临破产，涉案“iPad”商标被数个银行申请轮候查封，案件的处理涉及多方利益，备受国内外关注。调解结案，实现了iPad商标的价值最大化，有力地保护了债权人的权益，探索了涉外商标权权属纠纷解决的新路径，取得了良好的法律效果和社会效果。

思考：商标权人对商标有哪些权利，商标侵权行为有哪些？分析苹果公司的行为。

商标权是商标法保护的核心。各国商标法中对于商标权的内容都有详细的规定。商标权作为民事权利的一种同样具有排他或专利效力。其具体内容主要表现为以下几个方面。

（一）商标权人拥有使用其商标的专有权利

使用商标的目的在于使公众能够区分市场上同类或类似商品的出处。不同的生产者通过不同的商标以表示商品的不同来源。如果商标权人对其商标不享有专有使用权，商标则起不到区别的作用。商标权人对其商标的长期使用使公众认可了该商标与其提供的特定商品间的联系。商标的使用包括产品的生产者或销售者在产品或者产品的包装上直接使用，还包括服务的提供者在服务场所的使用。不仅如此，在广告中宣传自己的商标也是一种使用方式。

（二）商标权人有许可或禁止他人使用其商标的权利

商标作为一种无形财产，在事实上可以同时为多数人占有。这就使商标权人许可他人使用其商标成为可能，法律上对于这种可能性的确认和保护即表现为商标权人有许可他人使用其商标的权利。严格地讲，这一权利是从商标权人的专有使用权中派生出来的。商标权人对其自己享有的具备财产性质的民事权是可以处分的，因此他可以许可给他人使用；反过来，由于这种使用权是一种专有权利，故他人未经权利人许可不得使用。

（三）商标权人有权处分其商标权

商标权人对于自己的商标权的处分可以是多方面的，比如转让、放弃等。就转让而言，一方面商标权人可以转让自己的商标权。转让商标权在各国商标法中都是允许的，但是有的国家对于商标转让规定了一些附带条件。比如，美国、德国、意大利、瑞士等国的商标法都要求商标的转让必须连同先前使用该商标的企业或者至少是企业的一部分一并转让。这种规定的目的是为了保护公众的利益，防止商标转让后使用同一商标的商品质量发生突变，以致造成公众的误解。

（四）商标权人有续展权

课堂探讨

商标是否有使用期限？如果有到期后该如何处理？

续展权是指商标权人在其注册的商标有效期届满时，依法享有申请续展注册，从而延长其注册商标保护期的权利。注册商标的有效期为十年，自核准注册之日起计算。注册商标有效期满，需要继续使用的，商标注册人应当在期满前十二个月内按照规定办理续展手续；在此期间未能办理的，可以给予六个月的宽展期。每次续展注册的有效期为十年，自该商标上一届有效期满次日起计算。宽展期满仍未提出申请的，注销其注册商标。

七、商标权的保护

案例探讨

G市史密斯“傍上”美国史密斯案

一边是美国知名热水器生产商A.O.史密斯公司，一边则是中国G市史密斯××有限公司，“巧合”的是，这家G市××公司也生产热水器，注册商标“AOSIMIHE”与美国史密斯公司旗下“AOSmith”十分近似。为此，美国史密斯公司在华全资子公司艾欧史密斯（中国）热水器有限公司向上海市浦东新区人民法院提起商标侵权及不正当竞争诉讼。（资料来源：中国保护知识产权网，http：//www.ipr.gov.cn/alxdarticle/alxd/alxdsb/alxdsbgnal/201304/1742858_1.html）

思考：使用相近似的商标是否构成侵权？

（一）商标侵权行为的表现

商标侵权行为的表现形式是非常丰富的。根据我国《商标法》的规定，有下列行为之一的，均属侵犯注册商标专用权。

（1）未经商标注册人的许可，在同一种商品上使用与其注册商标相同的商标的；

（2）未经商标注册人的许可，在同一种商品上使用与其注册商标近似的商标，或者在类似商品上使用与其注册商标相同或者近似的商标，容易导致混淆的；

（3）销售侵犯注册商标专用权的商品的；

（4）伪造、擅自制造他人注册商标标识或者销售伪造、擅自制造的注册商标标识的；

（5）未经商标注册人同意，更换其注册商标并将该更换商标的商品又投入市场的；

（6）故意为侵犯他人商标专用权行为提供便利条件，帮助他人实施侵犯商标专用权行为的；

（7）给他人的注册商标专用权造成其他损害的。

另外，将他人注册商标、未注册的驰名商标作为企业名称中的字号使用，误导公众，构成不正当竞争行为的，依照《中华人民共和国反不正当竞争法》处理。所以，即使是未注册的驰名商标，仍然受法律保护。

但是，如果注册商标中含有的本商品的通用名称、图形、型号，或者直接表示商品的质量、主要原料、功能、用途、重量、数量及其他特点，或者含有的地名，注册商标专用权人无权禁止他人正当使用。三维标志注册商标中含有的商品自身的性质产生的形状、为获得技术效果而需有的商品形状或者使商品具有实质性价值的形状，注册商标专用权人无权禁止他人正当使用。

商标注册人申请商标注册前，他人已经在同一种商品或者类似商品上先于商标注册人使用与注册商标相同或者近似并有一定影响的商标的，注册商标专用权人无权禁止该使用人在原使用范围内继续使用该商标，但可以要求其附加适当区别标识。

此外，还有一些行为也属于侵犯商标权的行为。比如故意为侵犯商标权提供方便，如提供仓储、运输、邮寄、隐匿等便利条件的行为等。应当指出的是，侵犯商标权行为的具体表现在现实中还有许多，这里只是对一些较为典型和常见的侵权行为作了简单的分类和归纳。

（二）侵权纠纷解决

解决商标侵权纠纷的方式主要有 3 种，当事人可以自行协商和解，可以寻求有关行政管理机关进行处理，还可以向法院提起诉讼。通常情况下，当事人可以自行选择解决纠纷的方式。自行和解在现实中非常普遍。许多商标侵权行为的是非判断非常简单，当事人很容易预测到法院最后的结果。在这种情况下侵权方倒不如主动提出和解，给予被侵权人以相应的补偿。这样双方都节省了诉讼的精力和财力。

寻求行政管理机关处理侵权纠纷的方式在中国是一个行之有效的途径，因而被广泛采用。依照我国现行的《商标法》，各地的县级以上工商行政管理机关都有权对违反《商标法》、侵犯他人商标权的行为进行查处。工商行政管理机关的查处行为可以是主动查处，也可以是应当事人的请求进行查处。通常，具体查处的机关是侵权人所在地或者侵权行为地的工商行政管理机关。

根据《商标法》等有关法律，发生侵权时被侵权人可以请求工商行政管理机关查处，也可以直接向人民法院提起侵权诉讼。应当看到，在各种解决侵权纠纷的途径中，诉讼是最终的解决途径。即使是经过工商行政管理机关处理的案件，当事人不服的仍可向人民法院起诉。

根据侵权行为后果的严重程度不同、处理侵权行为的机关不同，侵犯商标权的法律责任可以分为以下 3 类。

1. 民事责任

民事责任是作为民事权利之一的商标权在受到侵犯时，侵权人所应当承担的最起码的责任，同时也是最基本的法律责任。根据《商标法》和其他民事法律的规定，侵犯商标权至少应当承担停止侵权、赔偿损失以及消除影响等责任。停止侵害主要是针对那些正在发生的侵权行为。比如，停止侵权商品的销售、制造，停止假冒商标标识的销售和制造等。赔偿损失则是就侵权行为造成的后果而言的。通常侵权行为给商标权人造成了多大损失就应当予以多大的赔偿。现实中损失额的确定往往比较困难，司法实践中还要采用以侵权期间侵权人所获利润作为赔偿额度。由于商标的价值在于其在消费者心目中的地位，因此冒牌商品的出现对于商标的声誉是有影响的。因此侵权人还应当承担消除影响的法律责任。根据《商标法》的规定，侵犯商标专用权的赔偿数额，按照权利人因被侵权所受到的实际损失确定；实际损失难以确定的，可以按照侵权人因侵权所获得的利益确定；权利人的损失或者侵权人获得的利益难以确定的，参照该商标许可使用费的倍数合理确定。对恶意侵犯商标专用权，情节严重的，可以在按照上述方法确定数额的一倍以上三倍以下确定赔偿数额。赔偿数额应当包括权利人为制止侵权行为所支付的合理开支。

人民法院为确定赔偿数额，在权利人已经尽力举证，而与侵权行为相关的账簿、资料主要由侵权人掌握的情况下，可以责令侵权人提供与侵权行为相关的账簿、资料；侵权人不提供或者提供虚假的账簿、资料的，人民法院可以参考权利人的主张和提供的证据判定赔偿数额。

权利人因被侵权所受到的实际损失、侵权人因侵权所获得的利益、注册商标许可使用费难以确定的，由人民法院根据侵权行为的情节判决给予三百万元以下的赔偿。

2．行政责任

行政责任是国家行政部门为了维护正常的市场秩序，对侵犯商标权的行为所给予的法律制裁。在我国，侵犯商标权的行政法律责任的主要表现形式有罚款、收缴或销毁侵权物品（包括侵权商品、工具和假冒的商标标识）、责令停止侵权（包括停止销售侵权物品、消除商品上的侵权商标等）。

3．刑事责任

对于严重的侵犯商标权的行为，根据我国刑法还可以追究刑事责任。在同一种商品上使用与受保护的商标相同的商标，销售假冒注册商标的商品，或者伪造、擅自制造他人注册商标标识以及销售伪造、擅自制造的注册商标标识的行为，情节严重的都可以处以有期徒刑、拘役或者并处单处罚金。情节特别严重的可处以 3 年以上 7 年以下有期徒刑，并处罚金。

一般来看，商标纠纷并不限于商标侵权纠纷，还包括商标合同纠纷、商标行政纠纷等。对于商标合同纠纷，有关当事人有两种选择：一是依照合同约定的仲裁条款向有管辖权的仲裁委员会申请仲裁；二是在合同中没有约定仲裁条款时直接向法院提起诉讼。至于商标行政诉讼，最常见的有两种情况：第一，因商标注册或授权所引起的纠纷。这种纠纷包括因对主管机构驳回商标注册申请、撤销注册商标、驳回商标续展申请、驳回商标转让注册申请等决定或者裁定不服所引起的纠纷；第二，因不服行政主管机关对侵权行为或者违反商标管理规定的行为所进行的处罚的纠纷。这些纠纷的解决前面已有介绍，这里不再重复。

第四节 著作权法

一、著作权法概述

著作权法是调整著作权人之间以及著作权人与著作权主管机关在作品的创作、传播、使用、管理过程中产生的社会关系的法律规范的总称。为保护文学、艺术和科学作品作者的著作权以及与著作权有关的权益，鼓励有益于社会主义精神文明、物质文明建设的作品的创作和传播，促进社会主义文化和科学事业的发展与繁荣，根据宪法制定《中华人民共和国著作权法》。1990 年 9 月 7 日第七届全国人民代表大会常务委员会第 15 次会议通过。根据 2001 年 10 月 27 日第九届全国人民代表大会常务委员会第 24 次会议《关于修改〈中华人民共和国著作权法〉的决定》第一次修正。根据 2010 年 2 月 26 日第十一届全国人民代表大会常务委员会第 13 次会议《关于修改〈中华人民共和国著作权法〉的决定》第二次修正。

案例探讨

原告湖南K公司诉称，原告依法享有电视剧《××××（第一季、第二季）》的信息网络传播权，未经原告许可，任何人不得通过网络传播该剧。原告发现被告北京F在线技术有限公司通过某网（www.funshion.com）及相关软件非法传播《丑》剧节目后委托律师向被告致函，责令其停止传播该剧，但被告未予理会，并在节目播放前插入广告谋取利益。

原告认为，被告在明知侵权的情况下传播该电视剧的行为给原告造成了重大损失。故诉至法院，请求判令被告立即停止侵权，并赔偿经济损失及诉讼合理开支共计人民币15万元。

被告辩称，公司在收到律师函后断开了链接，原告要求的赔偿数额无依据。另外，公司提供的是链接服务，不应承担侵权责任。

问：北京风行F技术有限公司的行为是否侵犯了原告K公司的权利？如果侵犯，侵犯了湖南K公司的什么权利？

二、著作权的主体

（一）一般意义上的著作权的主体

1. 作者

案例练习

小刘从小就显示出很高的文学天赋，9岁时写了小说《我是天使》，并将该小说的网络传播权转让给某网站。小刘的父母反对该转让行为。下列哪一说法是正确的？（　　）

A. 小刘父母享有该小说的著作权，因为小刘是无民事行为能力人

B. 小刘及其父母均不享有著作权，因为该小说未发表

C. 小刘对该小说享有著作权，但网络传播权转让合同无效

D. 小刘对该小说享有著作权，网络传播权转让合同有效

课堂思考

一个9岁的小朋友的作品是否受到法律保护，其是否可以成为著作权的主体？

创作作品的公民是作者。创作，是指产生文学、艺术和科学作品的智力活动。为他人创作仅仅进行组织工作，提供咨询意见、物质条件，或者进行了其他辅助工作，均不视为创作。创作是一种事实行为，不受自然人行为能力状况的限制，但创作成果必须符合作品的条件，创作主体才能取得作者身份。

创作本来只能是具有直接思维能力的自然人特有的活动，但单位也可在特定情形下通过其特定机构或自然人行使或表达其自由意志。因而单位也可以被拟制为作者。《著作权法》第十一条第三款规定：由法人或者其他组织主持，代表法人或者其他组织意志创作，并由法人或者其他组织承担责任的作品，法人或者其他组织视为作者。单位被视为作者时，可以成为完整的著作权主体，享有作者权利，承担作者的义务。

如无相反证明，在作品上署名的公民、法人或者其他组织为作者。当事人提供的涉及著作权的底稿、原件、合法出版物、著作权登记证书、认证机构出具的证明、取得权利的合同等，都可作为认定作者的证据。

2. 继受人

继受人，是指发生继承、赠与、遗赠或受让等法律事实而取得著作财产权的人。继受著作权人包括继承人、受赠人、受遗赠人、受让人、作品原件的合法持有人和国家。继受著作权人只能成为著作财产权的继受主体，而不能成为著作人身权的继受主体，因而著作人身权具有不可转让性。

3．外国人和无国籍人。

只要符合下列条件之一，外国人、无国籍人的作品即受我国著作权法保护。

（1）外国人和无国籍人的作品根据其作者所属国或者经常居住地国同中国签订的协议或者共同参加的国际条约享有著作权的。

（2）其作品首先在中国境内出版的。在中国境外首先出版，三十日内又在中国境内出版的，视为该作品同时在中国境内出版。

（3）未与中国签订协议或者共同参加国际条约的国家的作者以及无国籍人的作品首次在中国参加的国际条约的成员国出版的，或者在成员国和非成员国同时出版的。

（二）演绎作品的著作权人

演绎作品，也称为派生作品，是指在已有作品的基础上，经过改编、翻译注释、整理等创造性劳动而产生的作品。改编，是指改变作品，创作出具有独创性的作品；翻译，是指将作品从一种语言文字转换成另一种语言文字；注释，是指对文字作品中的字、词、句进行解释；整理，是指对内容零散、层次不清的已有文字作品或者材料进行条理化、系统化的加工。

演绎行为是演绎者的创造性劳动，是一种重要的创作方式。演绎创作所产生的新作品，其著作权由演绎者享有，但行使著作权时不得侵犯原作品的著作权。

（三）合作作品的著作权人

合作作品，是指两人以上合作创作的作品。其构成要件如下。

（1）作者为两人或两人以上。

（2）作者之间有共同创作的主观合意。合意，是指作者之间有共同创作的意图，即可以表现为明示约定，也可以是默示推定。

（3）有共同创作作品的行为，即各方都为作品的完成作出了直接的、实质性的贡献。

案例思考

甲、乙合作完成一部剧本，丙影视公司欲将该剧本拍摄成电视剧。甲以丙公司没有名气为由拒绝，乙独自与丙公司签订合同，以10万元价格将该剧本摄制权许可给丙公司。对此，下列哪一说法是错误的？（　　）

A. 该剧本版权由甲乙共同享有

B. 该剧本版权中的人身权不可转让

C. 乙与丙公司签订的许可合同无效

D. 乙获得的10万元报酬应当合理分配给甲

合作作品的著作权由合作作者共同享有。如果合作作品不可以分割使用，如共同创作的小说、绘画等，其著作权由各合作作者通过协商一致行使；不能协商一致，又无正当理由的，任何一方不得阻止他人行使除转让以外的其他权利，但是所得收益应当合理分配给所有合作作者。如果合作作品可以分割利用，如歌曲，作者对各自创作的部分可以单独享有著作权，但行使著作权时，不得侵犯合作作品整体的著作权。

（四）汇编作品的著作权人

汇编作品，是指汇编若干作品、作品的片段或者不构成作品的数据或者其他材料，对其内容的选择或者编排体现独创性的作品。汇编作品的构成成分既可以是受版权法保护的作品及片段，如论文、词条、图片等，也可以是不受著作权法保护的数据或者其他材料，如法律法规、股市信息等。汇编作品受《著作权法》保护的根本原因不在于汇编材料本身是否受《著作权法》保护，而在于汇编人对汇编材料内容的选择或编排付出了创造性劳动，在材料的选择或编排上付出了创造性劳动。

在材料的选择或编排上体现独创性的数据库，可作为汇编作品受《著作权法》保护。

汇编作品的著作权由汇编人享有，但行使著作权时，不得侵犯原作品的著作权。由于汇编权是作者的专有权利，因而汇编他人受版权法保护的作品或作品的片段时，应征得他人的同意，并不得侵犯他人对作品享有的发表权、署名权、保护作品完整权和获得报酬权等著作权。

（五）影视作品的著作权人

影视作品是指电影作品和以类似摄制电影的方法创作的作品。影视作品是比较复杂、系统的智力创作工程，需要制片者、编剧、导演等方面的通力合作。影视作品的著作权由制片者享有，但编剧、导演、摄影、作词、作曲等作者享有署名权，并有权按照与制片者签订的合同获得报酬。影视作品中的剧本、音乐等可以单独使用的，其作者有权单独行使其著作权。

（六）职务作品的著作权人

职务作品，是指公民为完成法人或者其他组织的工作任务所创作的作品，其特征是：创作作品的公民与所在法人或其他组织之间存在劳动或聘用关系；创作完成作品是公民的工作任务，即属于公民在该单位中应当履行的职责。工作任务有时是具体的，明确指示公民创作一部作品；有时是笼统的，由劳动合同、岗位责任制作概括性规定。职务作品的认定与公民创作作品是否利用上班时间没有必然的联系。

职务作品的种类包括以下几项。

1．单位作品

单位作品即根据《著作权法》第十二条第三款的规定，由单位主持、代表单位意志创作并由单位承担责任的作品，单位被视为作者，行使完整的著作权。

2．一般职务作品

除单位作品外，公民为完成工作任务而又未主要利用单位物质技术条件创作的作品，称为一般职务作品。其著作权由作者享有，但法人或者其他组织有权在业务范围内优先使用。作品完成 2 年内，未经单位同意，作者不得许可第三人或者其他组织以与单位相同的方式使用该作品。作品完成 2 年内，经单位同意，作者许可第三人以与单位使用相同的方式使用作品所获得报酬，由作者与单位按约定的比例分配。作品完成二年的期限，自作者向单位交付作品之日起计算。

3．特殊职务作品

这是指根据《著作权法》第十六条第二款规定，主要是利用法人或其他组织的物质技术条件制作，并由法人或者其他组织承担主任的工程设计图、产品设计图、地图，或法律法规规定或合同约定著作权由法人或者其他组织享有的职务作品。特殊职务作品的作者享有署名权，著作权人的其他权利由法人或在其他组织享有，法人或者其他组织可以给予作者奖励。

案例探讨

胡××、吴××是上海××电影制片厂的职工，20世纪80年代，上海××电影制片厂指派胡××、吴××担任国产系列动画片《××兄弟》的造型设计，二人共同创作了“××兄弟”角色造型形象。胡××、吴××认为，“××兄弟”形象作为美术作品可以独立于影片而由作者享有著作权，该美术作品属于一般职务作品，在双方未就著作权进行约定的情况下，“××兄弟”角色造型形象的美术作品著作权应归二人所有。遂诉至上海市黄浦区人民法院，请求法院确认《××兄弟》及其续集《××小金刚》系列剪纸动画电影中“××娃”（即××兄弟和金刚××娃）角色形象造型原创美术作品的著作权归胡××、吴××所有。一审法院判决驳回胡××、吴××的诉讼请求。胡××、吴××不服，提起上诉。上海市第二中级人民法院二审认为，双方当事人的确没有就系争作品的著作权归属签订书面合同，但这是特定历史条件下的行为，故应深入探究当事人行为时所采取的具体形式及其真实意思表示，在此基础上才能正确判断系争职务作品著作权的归属。针对动画电影的整个创作而言，完成工作任务所创作的成果归属于单位，是符合当时人们的普遍认知的。且双方均认可被上诉人有权对动画电影的角色形象造型进行支配，故从诚信的角度出发，上诉人不应在事后作出相反的意思表示，主张系争角色造型美术作品的著作权。因此，“××娃”形象依法应当认定为“特殊职务作品”，由胡××、吴××享有署名权，著作权的其他权利由上海美术电影制片厂享有，据此判决驳回上诉，维持原判。

典型意义：本案涉及动画造型著作权的认定，法人作品与职务作品、一般职务作品与特殊职务作品的比较和区分等法律问题以及计划经济时代著作权归属的司法政策问题。本案判决综合考虑了作品创作之时的特定历史条件和规章制度以及当事人的具体行为及其真实意思表示等各个层面，认定由单位职工创作的动画角色造型属于“特殊职务作品”，单位享有除署名权之外的著作权。这一方面符合公众对此类作品著作权归属的通常认识，另一方面也维护了文化产业的健康发展。

（七）委托作品的著作权人

委托作品，是指作者接受他人委托而创作的作品。委托作品的创作基础是委托合同，既可以是口头的，也可以是书面的；既可以是有偿的，也可以是无偿的。委托作品应体现委托人的意志，实现委托人使用作品的目的。

委托作品的著作权归属由委托人和受托人通过合同约定。合同未作明确约定或者没有订立合同的，著作权属于受托人，但委托人在约定的使用范围内享有使用作品的权利，双方没有约定使用作品使用范围的，委托人可以在委托创作的特定目的范围内免费使用该作品。

须注意的是，以下两种作品不同于委托作品，其著作权归属有自己特定的规则：一是除《著作权法》第十一条第三款外，由他人执笔，本人审阅定稿并以本人名义发表的报告、讲话作品，其著作权归报告人或讲话人享有。著作权人可以支付执笔人适当的报酬；二是当事人合意以特定人物经历为题材完成的自传体作品，当事人对著作权权属有约定的，从其约定；没有约定的，著作权归属该特定人物享有，执笔人或整理人对作品完成付出劳动的，著作权人可以向其支付适当的报酬。

（八）原件所有权转移的作品著作权归属

绘画、书法、雕塑等美术作品的原件所有权转移，不视为作品著作权的转移，但美术作品原件的展览权由原件所有人所有。作品原件购买人可以对美术作品欣赏、展览或再出售，但不得从事修改、复制等侵犯作品版权的行为。除美术作品外，对载体所有权可能转移的其他作品，都要注意载体所有权变动并不必然引起著作权的变动。

（九）作者身份不明的作品著作权归属

作者身份不明的作品是指从通常途径不能了解作者身份的作品。如果一件作品未署名，或署了鲜为人知的笔名，但作品原件持有人或收稿单位确知作者的真实身份，不属于作者身份不明的作品。

作者身份不明的作品，由作品原件的所有人行使除署名权以外的著作权。作者身份确定后，由作者或者其继承人行使著作权。

三、著作权的客体

著作权的客体是指《著作权法》保护的对象，即文学、艺术和科学领域中的作品。

（一）作品的概念

作品，是指文学、艺术和科学领域内具有独创性并能以某种有形形式复制的智力成果。其构成要件如下。

（1）属于文学、艺术和自然科学、社会科学等科学领域中的智力成果。

（2）具有独创性。其含义有二：一是作品是独立创作完成，而非剽窃之作；二是作品必须体现作者的个性特征，属于作者智力劳动创作结果，即具有创作性。独创性存在于作品的表达之中。作品中所包含的思想并不要求必须具有独创性。《著作权法》保护作品的表达，不保护作品的所包含的思想或主题。由不同作者就同一题材创作的作品，只要作品的表达系独立完成并具有创作性，应当认定作者各自享有独立的著作权。作品的表达是作品形式和作品内容的有机整体。

（3）可复制性。即作品必须可以通过某种有形形式复制，从而被他人所感知。

(二)作品的种类

（1）文字作品，是指小说、诗歌、散文等以文字形式表现的作品。

（2）口述作品，是指即兴的演说、授课、辩论等以口头形式表现的作品。

（3）音乐、戏剧、曲艺、舞蹈、杂技艺术作品。音乐作品，是指歌曲、交响乐等能够演唱或演奏的带词或者不带词的作品；戏剧作品，是指话剧、歌剧、地方戏等供舞台演出的作品；曲艺作品，是指相声、快板、大鼓、评书等以说唱为主要形式表演的作品；舞蹈作品，是指通过连续的动作、姿势、表情等表现思想感情的作品；杂技作品，是指杂技、魔术、马戏等通过形体动作和技巧表现的作品。

（4）美术、建筑作品。美术作品，是指绘画、书法、雕塑等以线条、色彩或者其他方式构成的有审美意义的平面或者立体造型的艺术作品；建筑作品，是指以建筑物或者构筑物表现形式表现的有审美意义的作品。

（5）摄影作品，是指借助器械在感光材料或者其他介质上记录客观物体形象的艺术作品。

（6）电影作品和以类似摄制电影的方法创作的作品，是指摄制在一定介质上，由一系列有伴音或者无伴音的画面组成，并且借助适当装置放映或者以其他方式传播的作品。

（7）图形作品和模型作品。图形作品是指为施工、生产绘制的工程设计图、产品设计图以及反映地理现象、说明事物原理或者结构的地图、示意图等作品；模型作品，是指为展示、试验或者观测等用途，根据物体的形状和结构，按照一定比例制成的立体作品。

（8）计算机软件，是指计算机程序及其文档。

（9）法律、行政法规规定的其他作品，如民间文学艺术作品。

(三)法律不予保护的对象

（1）违禁作品，即依法禁止出版、传播的作品。

（2）官方文件，即法律、法规、国家机关的决议、决定、命令和其他具有立法、行政、司法性质的文件及其官方正式译文。官方文件具有独创性，属于作品范畴，不通过《著作权法》保护的根本原因在于方便人们自由复制和传播。

（3）时事新闻，是指通过报纸、期刊、广播电台、电视台等媒体报道的单纯事实消息。时事新闻虽然从总体上不受《著作权法》保护，但传播报道他人采编的时事新闻，应当注明出处。

（4）历法、数表、通用表格和公式。这类成果表现形式单一，应当成为人类共同的财富，不应该被少数人垄断使用。

四、著作权的内容

(一)著作人身权

著作人身权是指著作权人基于作品的创作依法享有的以人格利益为内容的权利。它与作者的人身不可分离，一般不能继承、转让，也不能被非法剥夺或成为强制执行中的执行标的。

1．发表权

发表权是指基于作品是否公之于众的权利。其具体内容包括：决定作品是否公之于众；决定作品在何时何地公之于众；决定作品以何种方式公之于众。公之于众是指著作权人自行或者经著作权人许可将作品向不特定的人公开，但不以公众知晓为条件。

发表权是一次性权利。作品一旦发表，发表权即行消灭，以后再次使用作品与发表权无关，而是行使使用权的体现；发表权与财产权关系密切，必须通过出版、上网、朗诵等使用作品方式来行使。

2．署名权

署名权是指表明作者身份，在作品上署名的权利。其具体内容包括：①决定是否在作品上署名；②决定署名的方式，如署真名、笔名；③决定署名的顺序；④禁止未参加创作的人在作品上署名；⑤禁止他人假冒署名，即有权禁止他人盗用自己的姓名或笔名在他人作品上署名。

3．修改权

修改权是指修改或授权他人修改作品的权利。作品表达了作者的思想、情感和观点，公之于众后会直接影响社会公众对作者人格的评价，因而法律赋予作者修改权是对作者人格的尊重。修改通常是指内容的修改，报纸、期刊社进行的不影响作品内容的文字性删节不属修改权控制的范围，可以不经作者同意。但内容的修改，必须征得作者同意。修改既可针对未发表的作品，也可以针对已经发表的作品。

4．保护作品完整权

保护作品完整权是指保护作品不受歪曲、篡改的权利。作品是作者思想的反映，也是作者人格的延伸。歪曲、篡改作品不仅损害作品的价值，而且直接影响作者的声誉，因而法律禁止任何人以任何方式歪曲和篡改作品。

（二）著作财产权

著作财产权是指著作权人依法享有的控制作品的使用并获得财产利益的权利。

1．使用权

使用权是指以复制、发行、出租、展览、放映、网络传播、改编、翻译、汇编等方式使用作品的权利。具体包括以下内容。

（1）复制权。即以印刷、复印、拓印、录音、录像、翻录、翻拍等方式将作品复制一份或者多份的权利。这是著作财产权中最基本、最重要的权利。

（2）发行权。即以出售或者赠与方式向公众提供作品的原件或者复制件的权利。

（3）出租权。即有偿许可他人临时使用电影作品和以类似摄制电影的方法创作的作品、计算机软件的权利，计算机软件不是出租的主要标的除外。

（4）展览权。即公开陈列美术作品、摄影作品的原件或者复制件的权利。

（5）表演权。即公开表演作品以及用各种手段公开播送作品的权利。

（6）放映权。即通过放映机、幻灯机等技术设备公开再现美术、摄影、电影和以类似摄制电影的方法创作的作品等的权利。

（7）广播权。即以无线方式公开广播传播作品，以有线传播或者转播的方式向公众传播的作品，以及通过扩音器或者其他传送符号、声音、图像的类似工具向公众传播作品的权利。

（8）信息网络传播权。即以有线或者无线方式向公众提供作品，使公众可以在其个人选定的时间和地点获得作品的权利。

案例：

韩某诉××文库侵犯著作权案

韩某称其在××文库中发现多个网友将其代表作《像少年啦飞驰》(简称《像》书）上传至××文库，供用户免费在线浏览和下载。韩某在多次致函××公司要求停止侵权，而××公司消极处理的情况下，诉至法院，请求判令××公司立即停止侵权、采取有效措施制止侵权，关闭××文库，赔礼道歉，赔偿经济损失25.4万元并承担相关费用。

法院经审理认为，韩某对《像》书享有包括信息网络传播权在内的著作权。××公司为网络用户上传、存储并分享《像》书文档的行为提供了帮助，对韩某就《像》书享有的信息网络传播权造成损害。××公司的帮助行为为《像》书侵权文档的广泛传播提供可行性和便利条件，其行为与韩某所遭受的损害之间存在因果关系。

现有证据无法认定××公司明知××文库中的《像》书文档侵权，但结合××文库的客观现状、韩某及《像》书的知名度、韩某与××公司就××文库引发纠纷及××公司对侵权行为的预见水平和实际控制能力等因素，对因显而易见应当知道的侵权文档，××公司未予履行更高的注意义务，存在过错。据此，判决××公司赔偿经济损失39 800元及合理开支4 000元。

（9）摄制权。即以摄制电影或者类似摄制电影的方法将作品固定在载体上的权利。

（10）改编权。即改编作品，创作出具有独创性的新作品的权利。

（11）翻译权。即将作品从一种语言文字转换成另一种文字的权利。

（12）汇编权。即将作品或作品的片段通过选择或者编排，汇集成新的作品的权利。应当由著作权人享有的使用作品的其他权利。

2. 许可使用权

许可使用权是指著作权人依法享有的许可他人使用作品并获得报酬的权利。使用他人作品，应当同著作权人订立许可使用合同，但属于法定使用许可情形的除外。许可使用合同包括下列主要内容：许可使用的权利种类，如复制权；许可使用的权利是专有使用权还是非专有使用权；许可使用的地域范围、时间、费用及其支付办法；违约责任；双方认为需要约定的其他内容。使用许可合同未明确许可的权利，未经著作权人同意，另一当事人不得行使。

3. 转让权

转让权是指著作权人依法享有的转让使用权中一项或多项权利并获得报酬的权利。转让的标的不能是著作人身权，只能是著作财产权中的使用权，而且可以转让使用权中的一项或多项或全部权利。转让权是新修订《著作权法》增加的著作财产权内容，符合国际通行做法。转让作品使用权的，应当订立书面合同。合同的主要内容一般包括：转让的权利种类、地域范围、时间、转让费用及其支付办法；违约责任；双方认为需要约定的其他内容。转让合同未明确约定转让的权利，未经著作权人同意，另一当事人不得行使。对于以著作权出质的，由出质人和质权人向国务院著作权行政管理部门办理出质登记。

4. 获得报酬权

获得报酬权是指著作权人依法享有的因作品的使用或转让而获得报酬的权利。获得报酬权通常是从使用权、使用许可权或转让权中派生出来的财产权，是使用权、使用许可权或转让权必然包含的内容。但获得报酬权有时又具有独立存在的价值，并非完全属于使用权、使用许可权或转让权的附属权利。如在法定许可使用的情况下，他人使用作品可以不经著作权人同意，但必须按规定支付报酬。此时，著作权人享有的获得报酬权是独立存在的，与使用权、使用许可权或转让权没有直接的联系。使用作品的付酬标准可以由当事人约定，也可以按照国务院著作权行政管理部门会同有关部门制定付酬标准。当事人没有约定或者约定不明确的，按照国家规定的付酬标准支付报酬。

案例探讨：

电视剧《甄嬛传》火了，一家论坛网站因未获得作者及使用权人授权，擅自将小说发至论坛，被享有《甄嬛传》信息网络传播专有使用权一方告上法庭。此案原告，中文在线数字出版股份有限公司称，公司经过作家流×（原名：吴×）授权，取得了《后宫·甄嬛传》作品的信息网络传播专有使用权。2012年，发现北京某网络技术有限公司名下的“Apple粉丝站”所招募的论坛管理员，直接整理并自行发布含有涉案作品《甄嬛传》的帖子，侵权字数约1 615千字。

原告认为被告未经许可，擅自在其经营的网站发布涉案作品，侵犯了其享有的信息网络传播权，故诉至法院，要求被告停止侵权并赔偿损失及合理支出16万余元。

被告辩称，发布《甄嬛传》的行为属于该论坛管理员的个人行为，公司并没有支付其任何报酬，论坛管理员也不是公司员工，因此网站不存在侵权行为。（资料来源：中国知识产权网，http：//www.cnipr.com/news/dxal/201303/t20130319_175446.html）

问：被告的行为是否侵犯了原告的著作权？

五、著作权的限制

（一）合理使用

合理使用是指根据法律的明文规定，不必征得著作权人的同意而无偿使用他人已发表作品的行为。其构成要件如下。

第一，一般只针对已经发表的作品，使用他人未发表的作品必须征得著作权人同意。已经发表的作品，是指著作权人自行或许可他人公之于众的作品。

第二，必须基于法律的明文规定。除我国《著作权法》第二十二条明确规定的情形外，其他使用行为均不构成合理使用。

第三，不必征得著作权人的许可而无偿使用他人作品。是否支付报酬是合理使用与法定许可的重要区别。

第四，不得影响该作品的正常使用，也不得不合理地损害著作权人的合法利益。合理使用一般只限于为个人消费或公益性使用等目的，少量使用他人作品的行为，并且应当指明作者的姓名、作品名称，并不得侵犯著作权人依法享有的其他权利。

根据法律规定，合理使用的情形包括以下方面。

（1）为个人学习、研究或者欣赏，使用他人已经发表的作品。

（2）为介绍、评论某一作品或者说明某一问题，在作品中适当引用他人已经发表的作品。

（3）为报道时事新闻，在报纸、期刊、广播电台、电视台等媒体刊登或者播放其他报纸、期刊、广播电台、电视台等媒体已经发表的关于政治、经济、宗教问题的时事性文章，但作者声明不许刊登、播放的除外。

（4）报纸、期刊、广播电台、电视台等媒体刊登或者播放其他报纸、期刊、广播电台、电视台等媒体已经发表的关于政治、经济、宗教问题的时事性文章，但作者声明不许刊登、播放的除外。

（5）报纸、期刊、广播电台、电视台等媒体看到或者播放在公众集会上发表的讲话，但作者声明不许刊登、播放的除外。

（6）为学校课堂教学或者科学研究，翻译或者少量复制已经发表的作品，供教学或者科研人员使用，但不得出版发行。

（7）国家机关为执行公务在合理范围内使用已经发表的作品。

（8）图书馆、档案馆、纪念馆、美术馆等为陈列或者保存版本的需要，复制本馆收藏的作品。

（9）免费表演已经发表的作品，该表演未向公众收取费用，也未向表演者支付报酬。

（10）对设置或者陈列在室外公共场所的艺术作品进行临摹、绘画、摄影、录像。

（11）将中国公民、法人或者其他组织已经发表的以汉语言文字创作的作品翻译成少数民族语言文字作品在国内出版发行。

（12）将已经发表的作品改成盲文出版。

案例评析

"时事性文章"引发著作权纠纷

安徽省合肥市一家网站因转载一篇只有1 400字的"时事性文章"，引发了一场网络著作权侵权纠纷。2008年3月，安徽省高级人民法院对此案作出终审判决，撤销原判，合肥B科技发展有限公司赔偿原告北京S有限公司1 500元。

原告称，2004年，《国产手机乱象》一文首发于"中国营销传播网"，随后被告公司在其"邦略？中国"网站上刊载了该文，不仅标注了作者姓名，还注标明来源。2005年，北京S有限公司与此文的作者签订了合同，合同约定，包括《国产手机乱象》在内的作品自发表之日起至本合同期满，版权归北京S有限公司所有。

安徽高院经审理认为，原告有权对未经许可擅自使用该作品者主张相应的权利。由于该文在"中国营销传播网"发表时，并未声明不得转载，且被告在进行网络转载时标明了文章出处、作品名称以及作者姓名，仅因未在合理时间支付相应费用，才构成了对北京S有限公司的侵权，并无其他侵权情节，因此，做出上述判决。

（二）法定许可使用

法定许可使用是指依照法律的明文规定，不经著作权人同意有偿使用他人已经发表作品的行为。它与合理使用的共同之处在于：都是基于法律的明文规定；都只能针对已经发表的作品；都不必征得著作权人的同意；都应当指明作者姓名、作品名称，并不得侵犯著作权人依法享有的其他权利。两者的区别在于：第一，法定许可主要是作品传播者的使用行为，而合理使用不受此限制；第二，著作权人事先声明不许使用的，一般不适用法定许可制度，但合理使用一般不受此限制；第三，法定许可是有偿使用，使用人必须按规定支付报酬，而合理使用是无偿使用。

根据有关规定，法定许可使用包括以下情形。

（1）为实施九年义务教育和国家教育规划而编写出版教科书，作者事先声明不许使用外，可以不经著作权人许可，在教科书中汇编已经发表的作品片段或者短小的文字作品、音乐作品或者单幅的美术作品、摄影作品。

（2）作品被报社、期刊社刊登后，除著作权人声明不得转载、摘编的外，其他报刊可以转载或者作为文摘、资料刊登。

（3）已在报刊上刊登或者在网络上传播的作品，除著作权人声明或者上载该作品的网络服务提供者受著作权人的委托声明不得转载、摘编的外，网站可以转载、摘编。

（4）录音制作者使用他人已经合法录制为录音制品的音乐作品制作录音制品，著作权人声明不许使用的除外。

（5）广播电台、电视台播放他人已经发表的作品。

（6）广播电台、电视台播放已经出版的录音制品。

（三）著作权的保护期限

1．著作人身权的保护期限

著作人身权中的署名权、修改权和保护作品完整权的保护期限不受限制，可以获得永久性保护。著作人身权中的发表权的保护有时间限制。

2．自然人作品的发表权和财产权的保护期

案例思考

某导演拍摄的《西游降魔篇》对《西游记》进行了颠覆性的改编。

请问：某导演改编的行为是否侵犯了原作者或其后人的著作权？著作权的保护时候有时间限制？如果你要改编梁羽生先生（2009年逝世）的作品《白发魔女传》，是否可以随意修改？

公民的作品，其发表权和使用权的保护期分别为作者终生及其死后 50 年，截止于作者死亡之后第 50 年的 12 月 31 日；如果是合作作者，截至最后的作者死亡后第 50 年的 12 月 31 日。作者生前未发表的作品，如果作者未明确表示不发表，作者死亡后 50 年内，其发表权可由继承人或者受遗赠人行使；没有继承人又无人受遗赠的，由作品原件的所有人行使。

3．法人或其他组织的作品的发表权和财产权的保护期

单位作品，著作权（署名权除外）由法人或者其他组织享有的职务作品，其发表权和使用权的保护期为 50 年，截至作品发表后第 50 年的 12 月 31 日，但作品自创作完成后 50 年内未发表的，著作权不再受保护。

4．作者身份不明作品使用权的保护期

作者身份不明作品，其使用权的保护期截至作品发表后第 50 年的 12 月 31 日。作者身份确定之后，适用《著作权法》第二十一条的规定，按不同作品类型分别确定保护期。

六、邻接权

（一）邻接权的概念

邻接权是指作品传播者对在传播作品过程中产生的劳动成果依法享有的专有权利，又称为作品传播者权或与著作权有关的权益。广义的著作权可以包括邻接权。狭义著作权与邻接权的关系极为密切。没有作品，就谈不上作品的传播，因而邻接权以著作权为基础，对于著作权的合理使用的限制，同样适用于对邻接权的限制，邻接权的保护期也为 50 年。邻接权与著作权的主要区别是：邻接权的主体多为法人或其他组织，著作权的主体多为自然人；邻接权的客体是传播作品过程中产生的成果，而著作权的客体是作品本身；邻接权中除表演权外一般不涉及人身权，而著作权包括人身权和财产权两方面的内容。

（二）出版者的权利

1．出版者的权利内容

（1）版式设计专有权。版式设计是指出版者对其出版的图书、期刊的版面和外观装饰所作的设计。版式设计是出版者包括图书出版者和期刊出版者的创造性智力成果，出版者依法享有专有使用权，即有权许可或者禁止他人使用其出版的图书、期刊的版式设计。

（2）专有出版权。图书出版者对著作权人交付出版的作品，按照双方订立的合同的约定享有专有出版权。其他出版者未经许可不得出版同一作品，著作权人也不得将出版者享有专有出版权的作品一稿多投。图书出版合同中约定图书出版者享有专有出版权但没有明确具体内容的，视为图书出

版者享有在合同有效期内和在合同约定的地域范围内以同种文字的原版、修订版出版图书的专有权利。专有出版权是依出版合同而产生的权利而非法定权利，因而严格意义上讲它不属于邻接权范畴。

报纸、期刊社对著作权人的投稿作品在一定期限内享有先载权。但著作权权人自稿件发出之日起 15 日内未收到报社通知决定刊登的，或者自稿件发出之日起在 30 日内未收到期刊社通知决定刊登的，可以将同一作品向其他报社、期刊社投稿。双方另有约定的除外。

2．出版者的义务

（1）按合同约定或国家规定向著作权人支付报酬。

（2）按合同约定的出版质量、期限出版图书。

（3）重版、再版作品的，应当通知著作权人，并支付报酬。

（4）出版改编、翻译、注释、整理已有作品而产生的作品，应当取得演绎作品的著作权人和原作品的著作权人许可，并支付报酬。

（5）对出版行为的授权、稿件来源的署名、所编辑出版物的内容等尽合理的注意义务，避免出版行为侵犯他人的著作权等民事权利。

（三）表演者的权利

表演者权的主体是指表演者，包括演员、演出单位或者其他表演文学、艺术作品的人。表演者权的客体是指表演活动，即通过演员的声音、表情、动作公开再现作品或演奏作品。表演者对其表演享有下列权利。

（1）表明表演者的身份。

（2）保护表演形象不受歪曲。

（3）许可他人从现场直播和公开传送其现场表演，并获得报酬。

（4）许可他人录音录像，并获得报酬。

（5）许可他人复制、发行录有其表演的录音录像制品，并获得报酬。

（6）许可他人通过信息网络向公众传播其表演，并获得报酬。表演者的主要义务是：表演者使用他人的作品演出，应当征得著作权人许可，并支付报酬；改编、翻译、注释、整理已有作品而产生的作品演出，应当征得演绎作品著作权人和原作品著作权人的许可，并支付报酬。

（四）录制者的权利

录制者权的主体是录制者，包括录音制作者和录像制作者。录制者权的客体是录制品，包括录音制品和录像制品。录音制品是指任何声音的原始录制品；录像制品是指电影作品和以类似摄制电影的方法创作的作品以外的任何有伴音或无伴音的连续相关形象的原始录制品，包括表演的原始录制品和非表演的原始录制品。

录制者对其制作的录音录像制品，享有许可他人复制、发行、出租、通过信息网络向公众传播并获得报酬的权利录制者使用他人作品制作录音录像制品，应当取得著作权人许可，并支付报酬；使用演绎作品制作录制作品的，应当征得演绎作品著作权人和原作品著作权人的许可，并支付报酬；录制表演活动的，应当同表演者订立合同，并支付报酬。

（五）播放者的权利

播放者权的主体是广播电视组织，包括广播电台和电视台。播放者权的客体是播放的广播或电视而非广播、电视节目。广播、电视是指广播电台、电视台通过载有声音、图像的信号播放的集成品、制品或其他材料在一起的合成品。

播放者有权禁止未经许可的下列行为：将播放的广播、电视转播；将其播放的广播、电视录制在音像载体上以及复制音像载体。

播放者应当履行下列义务：播放他人未发表的作品，应当取得著作权人的许可，并支付报酬；播放已发表的作品或已出版的录音录像制品，可以不经著作权人许可，但应按规定支付报酬。

七、著作权侵权行为

（一）著作权侵权行为的概念

著作权侵权行为，是指未经著作权人同意，又无法律上的依据，使用他人作品或行使著作权人专有权的行为。根据其情节、危害后果以及承担的法律责任不同，《著作权法》把所有著作权侵权行为区分为两大类：承担民事责任的著作权侵权行为和承担综合法律责任的著作权侵权行为。

（二）承担民事责任的著作权侵权行为

有下列侵权行为的，应当根据具体情况，承担停止侵害、消除影响、赔礼道歉、赔偿损失等民事责任。

（1）未经著作权人许可，发表其作品的。

（2）未经合作作者许可，将与他人合作创作的作品当作自己单独创作的作品发表的。

（3）没有参加创作，为谋取个人名利，在他人作品上署名的。

（4）歪曲、篡改他人作品的。

（5）剽窃他人作品的。

（6）未经著作权人许可，以展览、摄制电影和以类似摄制电影的方法使用作品，或者以改编、翻译、注释等方式使用作品的。《著作权法》另有规定的除外。

（7）使用他人作品，应当支付报酬而未支付报酬的。

（8）未经电影作品和以类似摄制电影的方法创作的作品、计算机软件、录音录像制品的著作权人或者与著作权有关的权利人许可，出版其作品或者录音录像制品的。《著作权法》另有规定的除外。

（9）未经出版者许可，使用其出版的图书、期刊的版式设计的。

（10）未经表演者许可，从现场直播或者公开传播其现场表演，或者录制其表演的。

（11）其他侵犯著作权以及邻接权的行为。

（三）承担综合法律责任的著作权侵权行为

有下列侵权行为的，应当根据具体情况，承担停止侵害、消除影响、赔礼道歉、赔偿损失等民事责任；同时损害公共利益的，可以由著作权行政管理部门责令停止侵权行为，没收违法所得，没收、销毁侵权复制品，并处以非法经营额三倍以下的罚款；非法经营额难以计算的，可以处十万元以下的罚款；情节严重的，著作权行政管理部门还可以没收主要用于制作侵权复制品的材料、工具、设备等；构成犯罪的，司法部门应依法追究其刑事责任。

（1）未经著作权人许可，复制、发行、表演、放映、广播、汇编、通过信息网络向公众传播其表演的，《著作权法》另有规定的除外。

（2）出版他人享有专有出版权的图书的。

（3）未经表演者许可，复制、发行录有其表演的录音录像制品，或者通过信息网络向公众传播其表演的。《著作权法》另有规定的除外。

（4）未经录音录像制作者许可，复制、发行或者通过信息网络向公众传播其录音录像制品的。《著作权法》另有规定的除外。

（5）未经许可，播放或者复制广播、电视的。《著作权法》另有规定的除外。

（6）未经著作权人或者邻接权人许可，故意避开或者破坏权利人为其作品、录音录像制品等采取的保护著作权或者邻接权的技术措施的。法律、行政法规另有规定的除外。

（7）未经著作权人或者邻接权人许可，故意删除或者改变作品、录音录像制品的权利管理电子信息的。法律、行政法规另有规定的除外。

（8）制作、出售假冒他人署名的作品的。

八、计算机软件著作权

（一）软件著作权的客体和主体

1．软件著作权的客体

软件著作权的客体是指计算机软件，即计算机程序及其文档。计算机程序是指为了得到某种结果而可以由计算机等具有信息处理能力的装置执行的代码化指令序列，或者可以被自动转换成代码化指令序列的符号化序列或者符号化语句序列。同一计算机程序的源程序和目标程序为同一作品。文档是指用来描述程序的内容、组成、设计、功能规格、开发情况、测试结果及使用方法的文字资料和图表等，如程序说明、流程图、用户手册等。

对软件著作权的保护，不延及开发软件所用的思想、处理过程、操作方法或者数学概念等。

2．软件著作权人及其权利归属

软件著作权人，是指依法享有软件著作权的自然人、法人或者其他组织。软件著作权自软件开发完成之日产生。除法律另有规定外，软件著作权属于软件开发者，即实际组织开发、直接进行开发，并对开发完成的软件承担责任的法人或者其他组织；或者依靠自己具有的条件独立完成软件开发，并对软件承担责任的自然人。如无相反证据，在软件开发上署名的自然人、法人或者其他组织为开发者。

委托开发、合作开发软件著作权的归属及行使原则与一般作品著作权行使原则一样，但职务计算机软件的著作权归属有一定的特殊性。自然人在法人或者其他组织中任职期间所开发的软件有下列情形之一的，该软件著作权由该法人或者其他组织享有，该法人或者其他组织可以对开发软件的自然人进行奖励：①针对本职工作中明确指定的开发目标所开发的软件；②开发的软件是从事本职工作活动所预见的结果或自然的结果；③主要使用了法人或者其他组织的资金、专用设备、未公开的专门信息等物质条件所开发并由法人或者其他组织承担责任的软件。

（二）软件著作权的内容

1．软件著作人身权

（1）发表权，即决定是否公之于众的权利。

（2）署名权，即表明开发者身份，在软件上署名的权利。

（3）修改权，即对软件进行增补、删节，或者改变指令、语句顺序的权利。

2．软件著作财产权

（1）专有使用权，具体包括复制权、发行权、出租权、信息网络传播权、翻译权。

（2）使用许可权，即软件著作权人依法享有的许可他人使用其软件著作权并获得报酬的权利。许可他人行使软件著作权的，应当订立许可使用合同。使用许可合同可分为专有许可合同和非专有许可合同。

（3）转让权，即软件著作权人享有的全部或部分转让其软件著作权并获得报酬的权利。转让软件著作权的，应当订立书面合同。以著作权出质的，由出质人和质权人向国务院著作权行政管理部门办理出质登记。

（三）软件著作权的期限和限制

1．软件著作权的期限

自然人的软件著作权，保护期为自然人终生及其死后50年，截至自然人死亡之后第50年的12月31日；如果是合作作者，截至最后的作者死亡后第50年的12月31日。法人或其他组织的软件著作权，保护期为50年，截至软件首次发表后第50年的12月31日，但软件自开发完成之日起50年内未发表的，不再保护。

2．软件著作权的限制

为了维护社会公众利益，保护软件的正常使用，促进软件开发技术的发展，《计算机保护条例》规定了软件著作权的限制。

第一，合理使用。为了学习和研究软件内含内容的设计和原理，通过安装、显示、传播或者存储软件等方式使用软件的，可以不经软件著作权人许可，不向其支付报酬。

第二，用户的权利。软件的合法复制品所有人享有下列权利：根据使用的需要把该软件装入计算机等具有信息处理能力的装置内；为了防止复制品损坏而复制备份复制品。这些备份复制品不得通过任何方式供给他人使用，并在所有人丧失该合法复制品的所有权时，负责将备份复制品销毁；为了把该软件用于实际的计算机应用环境或者改进其功能、性能而进行必要的修改；但是，除合同另有约定外，未经该软件著作权人许可，不得向任何第三方提供修改后的软件。

第三，相似的开发。软件开发者开发的软件，由于可供选用的表达方式有限而与已经存在的软件相似的，不构成对已经存在的软件的著作权的侵犯。

（四）软件登记

为促进我国软件产业的发展，增强我国信息产业的创新能力和竞争能力，国家著作权行政管理部门鼓励软件登记，并对登记的软件予以重点保护。软件登记分为软件著作权登记、软件著作权专有许可合同登记和转让合同登记。软件著作权登记申请人应当是该软件的著作权人以及通过继承、受让或者承受软件著作权合同登记的申请人、法人或者其他组织。软件著作权合同登记申请人，应当是软件著作权专有许可合同或者转让合同的当事人。国家版权局主管全国软件著作权登记工作。国家版权局认定中国版权保护中心为软件登记机构。软件登记文件是证明登记主体享有软件著作权以及订立软件许可合同、转让合同的重要书面依据，但软件登记不是软件著作权产生的依据，未经登记的软件著作权或软件许可合同、转让合同仍受法律保护。

（五）侵犯软件著作权行为及法律责任

1．承担民事责任的侵权行为

除法律、行政法规另有规定外，有下列侵权行为的，应当根据具体情况，承担停止侵害、消除影响、赔礼道歉、赔偿损失等民事责任：①未经软件著作权人许可，发表或者登记其软件的；②将他人软件作为自己的软件发表或者登记的；③未经合作作者许可，将与他人合作开发的软件当作自己单独完成的软件发表或者登记的；④在他人软件上署名或者更改他人软件上署名的；⑤未经软件著作权人许可，修改、翻译其软件的；⑥其他侵犯软件著作权的行为。

2．承担综合法律责任的侵权行为

除法律、行政法规另有规定外，未经软件著作权人许可，有下列侵权行为的，应当根据具体情况，承担停止侵害、消除影响、赔礼道歉、赔偿损失等民事责任；同时损害公共利益的，可以由著作权行政管理部门责令停止侵权行为，没收违法所得，没收、销毁侵权复制品，可以并处罚款；情节严重的，著作权行政管理部门还可以没收主要用于制作侵权复制品的材料、工具、设备等；构成犯罪的，有关机关应依照刑法关于侵犯著作权罪、销售侵权复制品罪的规定，依法追究其刑事责任：

①复制或者部分复制著作权人的软件的；②向公众发行、出租、通过信息网络传播著作权人的软件的；③故意避开或者破坏著作权人为保护其软件著作权而采取的技术措施的；④故意删除或者改变软件权利管理电子信息的；⑤转让或者许可他人行使著作权人的软件著作权的。

3．软件复制品有关主体的法律责任

软件复制品的出版者、制作者不能证明出版、制作有合法授权的，或者软件复制品的发行者、出租者不能证明其发行、出租的复制品有合法来源的，应当承担法律责任。软件的复制品持有人不知道也没有合理理由应当知道该软件是侵权复制品的，不承担赔偿责任；但是，应当停止使用、销毁该侵权复制品。如停止使用并销毁该侵权复制品将给复制品人造成重大损失的，复制品使用人可以在向软件著作权人支付合理费用后继续使用。该规定起到了禁止用户持有和使用侵权复制品的作用，加大了软件著作权的保护力度。

复习思考题

1．简述知识产权的概念、特征。

2．简述专利权的概念、主体、客体。

3．简述职务发明专利权的内容。

4．简述商标权的概念、主体。

5．商标侵权行为有哪些？

6．简述著作权的概念、主体、客体。

7．简述著作权的内容。

8．著作权侵权行为有哪些？

课后讨论

1．了解我国当前《专利法》的修改动态，讨论为什么该法需要修改？

2．在世界各国的知识产权制度发展史上，药品的专利保护问题历来备受关注。究其原因，一方面是因为药品的专利垄断与公共健康和药品可及性之间存在着一定矛盾关系，另一方面还因为药品在世界各国都是受到严格法律管制的特殊商品，其在生产经营方面具有区别于一般商品的特殊性。对于一些经济发展落后的国家，人民生活水平不高，医疗落后，要想获得国外进口的价格高昂药品几乎不可能，在此情况下，为了国民的健康，甚至是生命，是否应当允许无偿或者低价使用外国的专利？

问：如何来平衡药品的专利垄断与公共健康之间的关系？

3．近年来，随着大家对商标重要性的认识，商标抢注现象无论是在国内还是国外，都越来越频繁。问：出现大量商标抢注的原因？面对日益增多的商标国外抢注行为，我国企业应如何应对？

案例分析

案例一

吴××、陈××诉翟××专利权纠纷案

原告：吴××

原告：陈××

被告：翟××

第三人：常州××数码锁业有限公司。

法定代表人：翟××，该公司执行董事。

原告吴××、陈××诉称：第三人××公司于2003年4月25日成立，二原告及被告翟××同为××公司的股东，同时被告还担任××公司的法定代表人。××公司成立后一直从事研制和开发“一匙通数码智能锁”项目，2004年××公司将该项目作为常州市科技发展计划申报。2004年7月，常州市科技局与××公司签订《常州市科技项目合同》，同年9月常州市新北区科技局也与××公司签订了《科技项目合同》。上述申报材料和科技合同中均明确研究内容是××数码锁、钥匙和钥匙设定器，项目负责人和主要研究人员都是被告。××公司为该项目的研究投入了大量的资金、设备等物质技术条件，技术成果应属××公司所有。被告以自己的名义将上述技术成果申请了四项专利，包括“一种由钥匙提供电源的微功耗电子锁具”的一项发明和一项实用新型，以及名称分别为“电子钥匙”和“电子钥匙设定工具”的两项外观设计。被告上述行为侵犯厂××公司的专利申请权，请求人民法院判令被告承担相应法律责任。一审诉讼中，两原告申请撤回就“电子钥匙”和“电子钥匙设定工具”两项外观设计专利申请权提出的诉讼请求，南京市中级人民法院经审查后批准了该申请。两原告最终请求判令“一种由钥匙提供电源的微功耗电子锁具”的发明专利和实用新型专利的申请权归属××公司，并由被告承担诉讼费用和其他合理费用。

被告翟××辩称：原告吴××和陈××不具备原告主体资格，不能以他们个人的名义提起本案诉讼；本案涉及的发明创造不属于职务发明，相关技术方案的形成时间是在第三人××公司设立之前。第三人设立后仅是对上述技术方案进行实施，而不是对上述技术方案进行开发、研究，且上述技术方案已完全被被告此前的多项专利技术所覆盖。故涉案专利申请权不应属第三人所有。

据法院查明：第三人××公司于2003年4月25日设立，发起股东为原告吴××、陈××、被告翟××及案外人李××，由翟××担任该公司执行董事、总经理。后李××退出，兹公司股东为吴××、陈××和翟××三人。该公司的经营范围为数码智能锁具、数码智能安全防范设备的制造、销售，以及数码智能锁具、机电一体化及计算机软件的技术开发、技术服务。2004年3月1日，××公司就“‘××’数码智能锁项目”向常州市高新技术开发区科技局申报“常州市科技发展计划”，计划项目设计任务书记载：“本项目产品由锁、钥匙和钥匙设定器3种独立的产品组成”；“本项目研究以世界上现有的电子锁和指纹锁为基础，其中包括磁卡电子锁、IC卡电子锁、IP卡电子锁、TM卡电子锁和电子门禁系统。在继承和发扬现有电子锁的优点，对关键技术问题有重大突破的基础上开展本项目研究”；项目主要研究人员为翟××、陶×、吴××、尤××。2004年7月22日，××公司就“‘××’数码锁项目”与常州市科学技术局签订《常州市科技项目合同》，该项目涉及锁、钥匙、钥匙设定器3种产品。2004年9月21日，××公司就“‘××’数码锁项目”与常州市新北区科学技术局签订《科技项目合同》，该合同载明项目负责人为翟××，主要研究人员为陶×、吴××和尤××。2003年9月至2004年9月，常州市科学技术局和常州市新北区科学技术局先后三次为“‘××’数码锁项目”拨款40万元。

自2003年5月至2005年7月，第三人××公司为上述项目购买了设备、元器件，并委托他人进行零部件的加工。2003年7月18日，××公司与××压铸厂签订《协议书》，由该厂按××公司提供的图纸加工电子锁具的外壳；2003年7月28日，××公司与××无线电器材厂签订《协议书》，由该厂按××公司提供的图纸加工电子锁的零部件。

2005年3月20日，第三人××公司向常州市新区工商局提交《申请报告》称：本公司自注册成立两年来，投入大量的财力和人力开发自主知识产权的“××数码智能锁”，在这两年间未形成销售。

2005年6月22日，第三人××公司与扬州市人民防空办公室签订《锁具购销协议》，约定扬州市人民防空办公室向××公司购买××数码锁具、钥匙和管理器，其中门锁170把、钥匙65把、管理器5把。

2005年8月，被告翟××以其个人名义向国家知识产权局提出关于“一种由钥匙提供电源的微功耗电子锁具”的发明专利申请、实用新型专利申请各一项。将翟××的上述专利申请文件与原告吴××、陈××提供的、标有第三人××公司名称的图纸进行比对，原告方提供的图纸所记载的技术方案与翟××的专利申请技术方案相同。

问题：

一、原告吴××、陈××是否本案适格原告？

二、被告翟××是否具有涉案专利申请权？

案例二

G县预算外资金管理局、L公司诉陶某商标侵权纠纷案

原告预算外资金管理局、L公司诉称：国家33类（酒）商品上的“汤沟”商标是经国家商标局依法注册的江苏省著名商标，该商标为预算外资金管理局所有，并由其授权两相和公司使用。“汤沟”商标在白酒市场上具有很大的影响力，为两原告创造了巨大的经济效益。被告陶某所经营的灌南县汤沟曲酒厂恶意侵犯两原告的商标权，将两原告的商标作为自己的企业字号在酒类商品上突出使用，构成侵权。请求法院判令被告立即停止商标侵权，变更其所经营的企业名称，且变更后的厂名中不得含有“汤沟”字样，赔偿两原告经济损失20万元。

被告陶某辩称：“汤沟”是县级以下行政区划的地名。汤沟镇在我国明朝末年，就以白酒业闻名于世，其悠久的酒业文化资源为汤沟人所共有，汤沟人都有合理、正当使用“汤沟”的权利。被告在自己的居住地即汤沟镇汤沟街开办家庭经营形式的“G县汤沟曲酒厂”，该字号经依法核准登记注册，应受法律保护。被告拥有自己的注册商标“珍汤”，该商标于2005年被××市工商行政管理局评为××市知名商标，被告生产的产品包装上均明确显示自己的商标。被告在自己产品包装装潢上独特使用“汤沟曲酒厂”的字样是对自己企业名称的宣传，是自己固有的权利。被告在产品包装装潢上使用“汤沟曲酒厂”字样，与原告预算外资金管理局、L公司的“汤沟”图案商标存在显著区别，不会为相关公众所混淆或误认，没有侵犯两原告商标权，更不存在赔偿问题。故两原告的诉讼请求应当驳回。

××市中级人民法院审理查明：

1987年1月30日，江苏省G县汤沟镇酒厂经国家商标局核准，注册登记“TG”加文字“汤沟”（繁体）组合图形商标，注册商品类别为第33类（酒）商品，商标注册证为276470号。后由于该酒厂名称变更，涉案“汤沟”注册商标先后由G县汤沟酒厂、江苏汤沟酒业有限公司继受。2004年9月，江苏汤沟酒业有限公司改制成为原告L公司，“汤沟”注册商标转让给原告预算外资金管理局。

2005年1月，原告预算外资金管理局与原告L公司订立商标使用许可合同，将涉案“汤沟”商标以普通许可形式有偿给予L公司使用。2006年1月，预算外资金管理局和L公司在江苏省张家港市发现G县汤沟曲酒厂生产的“珍汤”牌原浆酒，认为G县汤沟曲酒厂的企业名称中使用权利人注册商标文字“汤沟”，并在其产品包装装潢上以红底金字显示“汤沟”字样，侵犯预算外资金管理局和L公司的商标权，故诉至法院。

“汤沟”作地名使用时，是指江苏省G县汤沟镇。该镇从我国明朝末年开始以生产白酒闻名。

思考：1．被告陶某使用的“G 县汤沟曲酒厂”企业名称是否侵犯了原告预算外资金管理局和 L 公司的商标权？

2．被告陶某在其商品包装装潢上使用“汤沟曲酒厂”是否侵犯两原告商标权？

3．被告陶某是否应承担赔偿责任？

案例三

谷歌侵权门

自2004年开始对图书进行大规模数字化以来，在过去5年，谷歌已经将全球尚存有著作权的近千万种图书收入其数字图书馆，而没有通报著作权所有者本人。谷歌此举，激起了欧洲各国的反应，2005年4月27日，由法国国家图书馆牵头的欧洲19所国家图书馆负责人，在巴黎发表联合共建欧洲数字图书馆的声明，以对抗谷歌的“文化入侵”。

2008年10月，谷歌公布其与美国作家协会和美国出版商协会达成的和解协议。根据该协议，谷歌将其通过合法途径获得的图书进行数字化制作，建立数字图书馆，进行多功能开发利用，包括团体订阅、个人用户购买、公众免费查阅以及对有关数据进行技术研究和开发等使用方式。根据《美国民事诉讼法》规定，该协议一旦生效，也会对中国的著作权人产生法律效力。

2009年10月13日，央视《朝闻天下》栏目报道称，谷歌数字图书馆涉嫌大范围侵权中文图书，从中国文字著作权协会获悉，570位权利人17 922部作品在未经授权已被谷歌扫描上网。中国文字著作权协会相关负责人表示，这570位包括国家领导人、政府官员和作家在内的权利人对此毫不知情，且没有证据表明谷歌公司取得了权利人的授权。

对谷歌数字图书馆的争议实际上由来已久。一些人认为谷歌做了件大好事，使人们有机会接触许多本来无法接触到的孤本和珍贵史料，不仅为研究人员提供了便利，也为发挥史料的科研价值和史料的永久保存作出了重要贡献。部分作者和出版商则认为，谷歌不征得作者本人和出版商的同意就将图书扫描，并通过互联网向用户提供，构成了对著作权和版权的侵犯，他们指责谷歌“盗窃”全球文化成果，想垄断数字图书市场。孰是孰非，一时难有公断。

资料来源：http：//baike.baidu.com/view/2915727.htm

讨论：谷歌的行为是否侵犯了著作权人的权利，对于谷歌数字图书馆的做法，谈谈你的态度？

第十二章 保险法

保有适当的保险，是一种道德责任，是大部分国民应负有的义务。

——罗斯福

学习重点与难点

保险合同的成立和生效

财产保险合同

人身保险合同

保险利益

主要法律法规

《中华人民共和国保险法》

《最高人民法院关于适用〈中华人民共和国保险法〉若干问题的解释（一）》

《最高人民法院关于适用〈中华人民共和国保险法〉若干问题的解释（二）》

《最高人民法院关于适用〈中华人民共和国保险法〉若干问题的解释（三）》

课前预习

保险法的基本原则、保险合同的类型和特点。

保险合同中的最大诚信原则。

第一节 保险及保险法概述

一、保险的概念及作用

（一）保险概念及特征

俗话说，“天有不测风云，人有旦夕祸福”，自然灾害和意外事故是人类生活中有可能发生、也有可能不发生的或然风险。而保险就是转移风险、补偿损失的最佳手段之一。我国《保险法》规定，保险是指投保人根据合同规定，向保险人支付保险费，保险人对于合同约定的可能发生的事故因其发生所造成的财产损失承担赔偿金责任，或者当被保险人死亡、伤残、疾病或者达到合同约定的年龄、期限时承担给付保险金责任的商业保险行为。

保险是一种社会经济补偿制度，它通过共同筹集的基金用于补偿灾害造成的损失，即利用集合危险和转移危险的方法，将单个危险分散于社会，从而保障社会安定和繁荣。另一方面，保险又是一种国家法律调整的社会关系，保险的设立、变更及消灭，保险责任的承担，都是法律调整的结果。保险作为一项经济补偿制度，应具备以下要件：

（1）危险事故的发生与否具有不确定性。如果某项危险根本不可能发生，则无必要投保；如果危险肯定发生，保险人也不会承保。

（2）危险发生具有偶然性、可能性和未来性。

（3）危险之程度具有可确定性。保险要以数理统计为基础，借以确定损失率，为缴收保险费提供依据。

（二）保险的作用

保险的作用在于共同集资、协力分担、经济补偿、公平理赔。具体而言，主要包括以下作用。

1．转移风险

买保险就是把自己的风险转移出去，而接受风险的机构就是保险公司。保险公司接受风险转移是因为可保风险还是有规律可循的。通过研究风险的偶然性去寻找其必然性，掌握风险发生、发展的规律，为众多有危险顾虑的人提供了保险保障。

2．均摊损失

转移风险并非灾害事故真正离开了投保人，而是保险人借助众人的财力，给遭灾受损的投保人补偿经济损失，为其排忧解难。保险人以收取保险费用和支付赔款的形式，将少数人的巨额损失分散给众多的被保险人，从而使个人难以承受的损失，变成多数人可以承担的损失，这实际上是把损失均摊给有相同风险的投保人。所以，保险只有均摊损失的功能，而没有减少损失的功能。

3．实施补偿

分摊损失是实施补偿的前提和手段，实施补偿是分摊损失的目的。其补偿的范围主要有以下几个方面。

（1）投保人因灾害事故所遭受的财产损失。

（2）投保人因灾害事故使自己身体遭受的伤亡或保险期满应结付的保险金。

（3）投保人因灾害事故依法对他人应付的经济赔偿。

（4）投保人因另方当事人不履行合同所蒙受的经济损失。

（5）灾害事故发生后，投保人因施救保险标的所发生的一切费用。

二、保险的分类

根据不同的标准，可将保险分为若干类型，以突出各类保险的具体特征。对保险的分类主要有下列几种。

（一）依保险标的不同，保险可分为财产保险和人身保险

财产保险即以财产为标的的保险。它包括以下几种。

（1）财产保险，是指以处于静止状态的财产为标的的保险。

（2）货物运输保险，其保险标的包括运输工具、运输货物以及各种有关的利益（如运费）。

（3）农业保险，是指保险人对各种自然灾害或意外事故造成农作物欠收、损毁以及牲畜、家禽死亡等损失承担保险责任。

（4）责任保险，责任保险是无体财产保险的一种，即以被保险人的民事损害赔偿责任为保险标的的保险。

（5）保证保险，保证保险的标的是被保险人因其义务人正确履行义务而应获或应有的利益。如果义务人实施违反的行为，由此而给被保险人带来损失，则由保险人承担赔偿责任。

（6）信用保险，又称商业信用保险，它是为补偿债权人因债务人拒绝履行或履行不能而受损失所设的保险。

人身保险即以人的生命及身体机能为保险标的的保险。主要有以下 3 种类型。

（1）人寿保险，简称寿险，即以人的生命为保险标的、以人的生存或死亡为保险事故的保险。人寿保险又可分为生存保险、死亡保险及生存死亡两全保险 3 种。

（2）伤害保险，是指被保险人遭受意外事故致残或死亡时，保险人向被保险人或者其受益人给付保险金的保险。在实践中，它既可以作为单独的险种，也可以作为一种附加险种而附于某种保险之中。

（3）健康保险，又称疾病保险，是指保险人对被保险人的疾病、生育或因疾病、生育而致残或死亡承担保险责任的保险。

（二）根据保险经营主体的性质分类

根据保险经营主体的性质不同，可将保险分为公营保险和民营保险。前者是由国家直接创办保险组织或委托其他公共团体经营的保险。后者是由个人、各种相互保险组织及民营性质的股份保险公司所经营的保险。

（三）根据保险的形式不同分类

根据保险的形式不同，可将保险分为强制保险和自愿保险。强制保险又称法定保险，是由国家颁布法令强制参加的保险。自愿保险是在自愿协商的基础上由当事人订立保险合同而实现的保险。

（四）依保险经营的目的不同分类

根据保险经营的目的不同，可将保险分为营利保险和非营利保险。

（五）根据危险转移的形式不同分类

根据危险转移的形式不同，可将保险分为原保险、再保险和共同保险。原保险是指保险人对被保险人因保险事故所致的损失，承担直接的原始的赔偿责任的保险。再保险是保险人以其所承保的危险，再向其他保险人投保的保险。共同保险是由几个保险人同时对同一笔保险业务各自承保一定份额的保险。

（六）根据保险政策不同分类

根据保险政策不同，可将保险分为社会保险和普通保险。基于社会政策而设立的保险，即为社会保险，各国社会保险不以营利为目的；社会保险以外的保险称为普通保险。

三、保险业管理

保险业承担着补偿因意外灾害造成的财产损失及人身伤害的经济职能，是社会秩序和经济秩序的稳定器，直接关系到能否保证国民经济的正常运行，所以国家历来重视对保险业的行业管理。国家对保险业的管理主要有以下方面。

（一）对保险企业设立的监督

保险业绝大多数采用股份公司的形式，保险法对公司管理和利润分配，开办资金法定数额及到位，保险事故赔偿和开业费用，营业范围和资金使用问题做出明确的强制性规定。

（二）对保险企业经营的监督

主管部门将对保险企业经营的各个阶段实施监督。如对保险基本条款和费率监督，对缴存保证金和责任准备金监督，对保险企业偿付能力监督，对保险企业准备金使用的监督，对保险企业财务管理的监督，对保险企业破产清算程序的监督等。

（三）对保险市场的管理与监督

对保险市场的管理与监督，主要体现在两个方面：其一，依法维护保险经营秩序，如对本国保险行业的保护，禁止未经登记注册的单位经办保险；其二，对保险从业人员监督管理。

四、保险法概述

保险法是指调整保险关系的一切法律规范的总称。凡有关保险的组织、保险对象以及当事人的权利义务等法律规范等均属保险法。保险法有广狭两义，广义保险法包括专门的保险立法和其他法律中有关保险的法律规定；狭义保险法指保险法典或在民法商法中专门的保险立法，通常包括《保险企业法》、《保险合同法》和《保险特别法》等内容，另外国家将标准保险条款也视为保险法的一部分内容。我们通常说的保险法指狭义的定义，往往指《中华人民共和国保险法》。

1995 年 6 月 30 日，第八届全国人民代表大会常务委员会第十四次会议通过了《保险法》，这是新中国成立以来的第一部保险基本法。采用了国际上一些国家和地区集保险业法和保险合同法为一体的立法体例，是一部较为完整、系统的保险法律。

2002 年，根据中国加入世界贸易组织的承诺，2002 年 10 月 28 日第九届全国人民代表大会常务委员会第三十次会议《关于修改〈中华人民共和国保险法〉的决定》中，对《保险法》做了首次修改，并于 2003 年 1 月 1 日起实施。

最新的《保险法》是中华人民共和国第十一届全国人民代表大会常务委员会第七次会议于 2009 年 2 月 28 日修订通过的。

第二节 保险合同概述

一、保险合同的概念

保险合同是投保人与保险人之间设立、变更、终止保险法律关系的协议。保险合同是合同的一种，具有一般合同所共有的法律特征。保险合同作为一种特殊的合同类型其特征如下。

（一）保险合同是双务有偿合同

投保人负有按约定给付保险费的义务，保险人则负有在保险事故发生后给付保险金的义务。保险人履行保险金给付义务以保险事故为停止条件，因此保险合同是附停止条件的合同。

（二）保险合同是射幸合同

射幸合同是实定合同的对称。在合同订立时，双方的义务即确定的分别由各方承担的，是实定合同。所谓射幸合同，是双方当事人约定，一方对于将来的或然性事件的发生预购做出预断，以其得到验证而取得另一方当事人一定金钱的合同。

在保险合同中，导致保险人承担赔偿或给付义务的保险事故，为将来的或然性事件。如果保险事故在保险合同约定的保险期间内发生，则保险人须赔偿或给付保险金，投保人事先只交纳了少量的保险费，却获得了巨额的赔偿。如果保险期间未发生保险事故，则保险人无偿地取得投保人交付的保险费，而无须赔偿或给付保险金。因此，保险合同订立时，对于保险人与投保人来说，都平等地存在侥幸，即射幸，因而，保险合同属于射幸合同。

（三）保险合同是最大诚信合同

诚信是保险的生命线，最大诚信原则是指保险合同当事人订立合同及在合同有效期内，应依法向对方提供足以影响对方做出订约与履约决定的全部实质性重要事实，同时绝对信守合同订立的约定与承诺。从中国保险业经营的现状来看，众多现实让人觉得保险诚信不容乐观，如被保险人不如实告知或骗赔，保险人在经营与理赔方面的不诚信等行为，在一定程度上影响了中国保险业健康发展。一切合同都要求遵守诚实信用原则，保险合同更要求遵守此原则，保险法律关系中，如果隐瞒保险标的真实情况将增加保险人的风险。投保方如隐瞒保险财产真实情况，保险人有权解除合同或不负赔偿责任。

（四）保险合同是要式合同

法律要求具备一定的形式和手续的合同，称为要式合同。各国保险惯例均将保险合同做成保险单。保险合同以保险单或保险凭证或其他形式作为保险合同的书面形式。

课堂思考

一般的合同是要式合同还是非要式合同？

（五）保险合同为附合合同

附合合同与协商合同是相对应的概念。协商合同在当事人自愿协商意思表示一致的基础上产生。附合合同则是由一方当事人提出合同的主要内容，另一方则只是做出取与舍的决定，一般没有商议变更的余地。保险合同就属于这种合同。保险人依一定的根据，制定出保险合同的基本条款，投保人依照该条款，或同意接受，或不同意投保，无权修改通用的某项条款；如果有必要修改或变更保险单的某项内容，也只准采用保险人事先准备的附加条款或附属保险单，而不能依自己的意思自由规定保险合同的内容。

二、保险利益

保险利益是指投保人对保险标的具有的法律上承认的利益，即投保人可以投保的权利。如果投保人没有保险利益，签订的保险合同便没有法律效力。投保人对保险标的利益必须是法律上承认的利益，这是保险利益存在的必要条件。以不法行为所产生的利益，损害社会公共利益所得之利益等，都不得承认其为保险利益。如一个经营者以其违法经营的非法物品投保，那就不能作为保险的标的，不具有保险利益。因而可以说，保险利益必须是合法利益，不法利益不得为保险利益。

以保险标的来划分，保险利益可以分为财产保险的保险利益和人身保险的保险利益。

（一）财产保险的保险利益

财产保险的保险利益即投保人对特定财产所具有的实际或法律利益。它们从利益的表现形态上来区分，又可分为下列几种。

（1）表现为财产上的现有利益，如生产经营者对自己租来的现有设备，即是依法享有的现有利益。应当承认其保险利益。

（2）表现为财产上的期待利益，这种利益不是现有的，但是从现有利益而产生的，如经营者将其所有的设备、工具租赁出去，可以期待在此后获得利益，这种收益应当视为是一种保险利益。

（3）表现为财产上的责任利益，如财产受托人对所受托的财产，代理人对被授权的财权权利、仓储公司对接受保管的物品、运输公司对所承担运输的货物等，都承担了一定的责任，以其承担的责任为限，应当视为是有保险利益的，可以投保。

具有财产保险利益的人范围很广泛，可以是财产所有人或经营管理人，也可以是对某项财产有其他利益关系的人。如财产的保管人、抵押权人、加工承揽人、承运人等。

（二）人身保险的保险利益

人身保险的标的为人的寿命和身体，由于人的生死存亡，或身体上遭到意外伤害及疾病，这些事故会使人身受到不同的损失，而从保险中得到经济上的补偿，这种补偿是一种保险利益的体现。如果投保人以自己的生命或健康投保，当然存在保险利益；但如果以他人的生命或健康为保险标的投保，对于保险利益的确定则较为复杂。国外保险立法采取下述 3 种形式。

（1）利益主义，即被保险人的继续生存或保持健康对投保人具现实或预期的利益的，即具有保险利益。

（2）同意主义，即投保人与被保险人之间不必存在利益关系，只须经被保险人同意，即认为具有保险利益。

（3）折中主义，即一方面要求投保人与被保险人有利益关系，另一方面亦要求须经被保险人的同意，保险合同方能生效。我国《保险法》规定，投保人对下列人员具有保险利益：本人、配偶、子女、父母、与投保人有抚养、赡养或者扶养关系的其他家庭成员、近亲属。除上述人员外，被保险人同意投保人为其订立合同的，视为投保人对被保险人具有保险利益。

三、保险合同的主体

（一）保险合同的当事人

1．保险人

保险人有时也称之为承保人，是指在保险法律关系中收取保险费，于保险事故发生后向被保险人进行保险给付的人，在我国称为保险公司。

2．投保人

投保人又称要保人，即对保险标的具有保险利益，与保险人订立保险合同并承担给付保险费义务的人。投保人应具备下列条件：第一，具有相应的权利能力和行为能力。保险合同是一种法律行为，无权利能力的法人或无行为能力或限制行为能力的自然人与保险人订立的保险合同无效。我国《民法通则》中关于公民（自然人）和法人关于权利能力和行为能力的规定，亦适用于保险合同。第二，对保险标的具有保险利益。这是保险合同所特有的对投保人资格的限制，也是保险合同的生效要件。保险利益是指投保人对保险标的具有法律上或事实上的利益。正是由于保险利益的存在，才使保险与赌博或投机等行为区别开来。投保人不具有保险利益，则不能与保险人签订保险合同，即使合同已经订立，也不发生法律效力。

（二）保险合同的关系人

保险合同的关系人是指被保险人和受益人。他们对合同利益享有独立的请求权。

1．被保险人

被保险人可以是投保人，也可以不是投保人，是指受保险合同保障，保险事故在其财产或其身体上发生而受到损失时，享有向保险人请求赔偿或给付保险金权利的人。投保人在以自己的生命、身体或财产为保险标的投保而订立合同中，投保人与被保险人为同一人。被保险人应具备下列要件：第一，被保险人是保险事故发生时遭受损害的人。第二，被保险人是享有请求保险人为保险给付的请求权人，对于被保险人的资格，通常没有严格限制。但在人身保险合同中，为保护无行为能力的人生命安全，各国保险法通常规定，禁止为未成年及精神病人等无行为能力的人投保死亡之险。我国《保险法》也有此类规定。

2．受益人

受益人是指经被保险人同意，而由保险合同双方当事人约定的或由被保险人指定而产生的，保险事故发生后享有保险给付请求权的人。受益人一般存在于人身保险合同中，而财产保险合同的被保险人一般即为受益人。受益人可以是一人，也可以为数人。受益人为数人时，保险合同可以规定受益顺序，如果未规定受益顺序，且无受益代表人，保险人可向受益人中任何一人履行全部保险金给付义务。在保险合同生效后，被保险人或投保人也可以中途变换受益人，或撤销受益人的受益权。受益人的资格一般没有限制，自然人、法人均可，即使是胎儿，也可以作为受益人。

（三）保险合同的补助人

在保险合同的签订过程中，除了当事人及关系人外，常常有补助人的介入。他们虽然不是保险合同的主体，但与保险合同关系密切，其中比较主要的有保险代理人、保险经纪人。

保险代理人，是指根据保险人的委托，向保险人收取代理手续费在保险人授权范围内代为办理保险业务的单位或个人。保险代理人应当具备金融监督管理部门规定的资格条件，并取得金融监督部门颁发的经营保险代理业务许可证，向工商行政管理机关办理登记，领取营业执照，并缴存保证金或者投保职业责任保险。此外经营人寿保险业务的保险代理人，不得同时接受两个以上的委托。

保险经纪人，是指基于投保人的利益，为投保人与保险人订立保险合同提供中介服务，并依法收取佣金的单位。保险经纪人代表投保人选择保险公司并代办保险手续，但佣金由保险公司根据所收保险费的一定百分比支付。

四、保险合同条款

保险合同条款是规定保险人与被保险人之间基本权利和义务的条文，是保险合同的具体内容。保险合同条款大致分为两类：一类是基本条款，即保险人依法依据不同的险种，在保险单中预先制定的关于当事人权利义务的基本事项；另一类是特约条款，即基本条款之外，由双方当事人特别约定的事项。

（一）保险合同的基本条款

根据我国《保险法》第十九条的规定，保险合同应当包括下列内容。

（1）保险人名称和住所。保险人即承保人，指经营保险业务，与投保人订立保险合同并承担赔偿或者给付保险金责任的保险公司。保险人名称就是指作为承保人的保险公司的全称，住所是指保险公司所在的地址。

（2）投保人被保险人名称和住所，以及人身保险的受益人的名称和住所。

（3）保险标的，是指作为保险对象的财产及其有关利益或者人的寿命和身体。保险标的必须明确记载于合同，据以判断投保人对其有无保险利益，并确定保险人的保险人责任范围。

（4）保险责任和责任免除。保险责任是指保险单上记载的危险发生造成保险标的损失或约定人身保险事故发生时，保险人所承担的赔偿或给付责任。责任免除是指依法或合同约定，保险人可以不负赔偿或给付责任的范围。

保险合同应当明确保险责任和责任免除。保险合同规定有关于保险人责任免除条款的，保险人在订立保险合同时应当向投保人明确说明，未明确说明的，该条款不产生效力。

（5）保险期间和保险责任开始时间。保险期间即保险合同的有效时间。只有在保险期间发生保险事故或出现保险事件，保险人才承担赔偿或给付责任。保险责任开始时间，即保险人开始履行保险责任的时间。

（6）保险价值。是指保险标的价值，即对保险标的所有保险利益在经济上用货币估计的价值额。保险价值确定保险金额的依据，保险金额不得超过保险价值；超过保险价值的，超过部分无效。保险金额低于保险价值的，除合同另有约定外，保险人按照保险金额与保险价值的比例承担赔偿责任。

（7）保险金额。简称“保额”，是保险合同当事人约定，并在保险单中载明的保险人应当赔偿的货币额。保险金额是保险人在保险事故发生时应当承担的损失补偿或给付的最高限额，同时也是计算保险费的标准。

（8）保险费以及支付办法。保险费，简称“保费”，是投保人向保险人支付的费用。它是建立保险基金的源泉。保险费的多少，取决于保险金额的大小、保险费率的高低和保险期限的长短。

（9）保险金赔偿或者给付办法。即保险人承担保险责任的方法，一般以金钱给付为原则。

（10）违约责任和争议处理。

（11）订立合同的年、月、日。

（二）保险合同的特约条款

1．附带条款

附带条款，又称协会条款，是由保险同行业者之间根据实际需要经协议而统一制定的保险合同条款。附带条款仅见于海上保险合同中，有时候这类条款比保单本身还重要，当附带条款添附于保单时，其对保险单原有的条款有修改、补充或限制的效力。在不同的保险合同中，附带条款也不同，而且种类很多。如在船舶保险合同中的碰撞条款、本身劣质条款；在货物运输保险合同中的仓至仓条款、附注条款等。

2．保证条款

保证条款也是由保险同业协会所制定的条款，但不同于附带条款。保证条款所规定的内容是投保人或被保险人对保险人特定担保事项，即保证为某种行为或不为某种行为或保证某事实存在或不存在的真实性。

3．附加条款

附加条款，即保险合同当事人在基本条款的基础上，为增加、限制或修改原基本条款中所规定的内容而制定的条款。附加条款的适用通常有两种情况：一是补充合同内容，以适应投保人或保险人的特殊需要；二是变更保险合同内容，如变更承保范围、调整保险费率以及改正原保险条款错误等。附加条款可以印制成小纸条加贴于保险单上，也可以在保险单空白处书写而成为保险合同的组成部分。附加条款的效力高于基本条款、附带条款和保证条款的效力，后附加条款高于前附加条款的效力。

第三节 保险合同的成立与生效

一、保险合同的成立

（一）保险合同成立的程序

《保险法》第十三条规定：“投保人提出保险要求，经保险人同意承担，并就合同的条款达成协议，保险合同成立。”据此，订立保险合同的程序主要为投保和承保两个步骤。

投保，指投保人提出保险请求并提交投保单的行为，其实质为保险要约。承保是指保险人同意接受投保人请求的行为，即保险承诺。实践中，保险合同的订立一般须经以下程序。

（1）投保人提出申请，索取并填写投保单。

（2）投保人与保险人商定支付保险费的方法。

（3）承保。保险人审查投保单，向投保人询问、了解保险标的的各种情况和被保险人的身体状况，决定接受投保后即在投保单上签章。

（4）出具保险单。既可以是保险单，也可以是暂保单，还可以另出保险凭证。

（二）保险合同的形式

保险合同是要式合同，故我国《保险法》明文规定保险合同应采取书面形式。具体可包括以下几种。

1. 保险单

保险单简称“保单”，是投保人与保险人订立保险合同的正式书面凭证。由保险人或其代理人制作并签发给投保人。保险单中一般印有保险条款。当保险标的遭受损失时，保险单就成为被保险人向保险人索赔的主要凭证，同时也是保险人向被保险人理赔的主要依据。

保险单是订立保险合同的书面形式，但并非保险合同本身，而是保险合同成立的正式凭证。按《保险法》第十二条的规定，投保人提出保险要求，经保险人同意承保，并就合同的条款达成协议，合同就成立。因此，如在正式保险单签发之前发生保险事故，保险合同仍具有法律效力，保险人应按合同约定负赔偿责任。除非当事人事先约定以正式签发保险单为合同成立条件，保险人才可免除赔偿义务。

2. 保险凭证

保险凭证又称“小保单”，是一种内容和格式简化了的保险单。它一般不列明具体的保险条款，只记载投保人和保险人约定的主要内容。保险凭证上记载的内容，虽然不是保险合同的全部内容，但与保险单具有同等的法律效力。对于保险凭证未列明的内容，以相应的保险单记载为准，当保险凭证记载的内容与相应的保险单列明的内容发生抵触时，以保险凭证的记载为准。保险人向投保人出具保险凭证的，不再签发保险单。

3. 暂保单

暂保单又称“临时保单”，指保险人或其代理人在同意承保风险而又不能立即出具保险单或保险凭证时，向投保人签发的临时保险凭证。暂保单不同于保险单，但在有效期限内具有与保险单相同的效力。签发暂保单不是订立保险合同的必经程序，但在下列情况下可使用暂保单。

（1）保险代理人获得保险业务，但尚未向保险人办妥保险单之前；

（2）保险公司的分支机构，在接受投保时，须经上级公司或总公司的审批，而未获批准前；

（3）保险人和投保人就标准保险单的条款达成一致，但就标准保单记载以外的个别事项尚未达成一致，而保险人原则上同意承保时；

（4）保险人与投保人在不能确定保险条件是否符合承保标准前。

4. 投保单

投保单又称要保书，是保险人预先备制以供投保人提出保险要约时使用的格式文书。一般包括以下内容：①投保人姓名（名称）、地址；②投保人的执业或经营性质；③保险标的及其坐落位置；④保险标的的实际价值或保险价值的确定方法；⑤保险金额或保险责任限额；⑥保险期间；⑦投保人签章；⑧投保日期。

投保单本身不是保险合同，也非保险合同的正式组成部分。但投保单经投保人如实填写，并由保险人签章承保后，就成为保险合同的组成部分，补充保险单的遗漏。

5．其他书面形式

其他书面形式主要指投保人和保险人以上述 4 种方式以外的书面形式订立的保险合同。如投保人和保险人约定特殊事项的保险，并经过公证的保险合同。

二、保险合同的生效

合同的成立与合同的生效是两个不同概念。合同成立是指当事人双方按照一定方式就合同的主要条款达成了协议。而合同的生效是指合同符合生效要件而发生受法律强制力保障的拘束力。合同生效即为法律承认和保护。保险合同的生效要件如下。

（一）缔约人在订立合同时有相应的缔约能力

即保险人有法律所赋予的经营保险业务的资格。对投保人而言，自然人和法人均可与保险人订立保险合同。自然人的缔约能力以其民事行为能力为基础，无行为能力或限制行为能力人无保险合同的缔约能力，而应由其法定代理人为其订立保险合同。

（二）意思表示真实

一个有效的合同，要求合同当事人签订合同时意思表示真实，即意思表示的行为人的表示行为与内心的意思相一致。

（三）不违反法律和社会公共利益

保险人必须对保险标的有保险利益，以防道德危险和赌博行为发生；保险标的应合法，不能是盗窃所得；保险合同条款不得违反法律强制性规范，即对保险法中的有关强制规定，保险合同当事人不得以协议变更，否则保险合同无效；保险的目的在于分散危险，若保险当事人为非法的，如为骗取钱财而签订保险合同，保险合同无效。

第四节 保险合同的履行

保险合同的履行就是保险合同双方当事人依有效的保险合同，遵守最大诚信原则，正确行使权利和全面履行义务，以实现保险合同的目的的行为过程。保险合同履行应注意以下问题。

一、保险人的义务

（一）赔付义务

保险人的主要义务就是在保险合同有效期间内，一旦发生保险事故或出现规定的保险事件，由保险人提供经济上的补偿，即给付赔偿款项。保险人承担保险责任应具备以下条件。

1．必须有保险事故发生

保险事故必须是在保险合同有效期间内发生，否则，保险人不承担保险责任。

2．必须造成损失

损失的载体必须是保险标的，而且是在保险合同中订明的坐落地点所受损失。如果投保人擅自改变保险标的坐落地而未通知保险人，由此而受损失保险人不承担赔偿损失责任。

3. 保险事故的发生与损失有因果关系

保险事故的发生是原因，造成保险标的损失是结果。《保险法》规定，保险人履行义务的期限有两种，一种是按照当事人约定的期限履行义务，即在约定期限给付赔偿；另一种是保险人收到被保险人或者受益人的赔偿或者给付保险金的请求后，经核定，属于保险责任的，在与被保险人或者受益人达成有关赔偿或者给付保险金额的协议后10天内，履行赔偿或给付保险金义务。

（二）说明义务

保险人应当向投保人说明保险合同的条款内容。大多数投保人、被保险人对保险不熟悉、缺乏保险知识。投保人在不真正理解保险合同条文基础上签订的保险合同是有违公平原则的。特别是对于免责条款，保险人更应当做出明确说明。保险合同中允许有免责条款，这些条款规定了保险人不负有赔偿责任的灾害事故及其损失范围。因此必须使投保人明确知道并理解这些条款的内容，将这些条款的全部含义无保留告知投保人。如未明确说明，这些免责条款不产生效力。

课堂讨论

我国法律对格式条款的规定有哪些？格式条款是否等于霸王条款？如何认定保险公司已尽明确说明义务？

案例导读

原告：莫××。

委托代理人：余××。

被告：中国P财产保险股份有限公司××分公司。

负责人：杨××，该公司经理。

委托代理人：张××，该公司职员。

原告莫××为其所有的粤R×××××轿车向中国P财产保险股份有限公司××分公司（以下简称P保险公司）投保商业险。保险期限从2011年7月9日零时起至2012年7月8日24时止，其中车辆损失险的保险金额为128 800元。原告交足保费后，被告出具保险单同意承保。

2012年4月19日，原告驾驶被保险车辆粤R×××××行驶至××工业园附近，因天降暴雨造成路面积水，致原告车辆在驶过积水路面时突然熄火。原告随即向P保险公司报险。被告勘查员到场后拍照记录，代原告填写了《机动车辆保险索赔申请书》。《机动车辆保险索赔申请书上》损失信息栏填写了“空气格进水，H修车，修车前打95511报定损”。原告在该申请书上签字。事故后，原告召拖车公司将车拖至H汽车销售服务有限公司维修，产生拖车费350元、维修费19 256元。车辆修复后，原告向被告申请理赔遭拒。庭审中，被告对原告维修车辆产生的维修费19 256元的真实性没有异议，但认为被保险车辆涉水行使致使发动机受损，由此产生的维修费用不属于保险范围。

另查明，《机动车辆保险条款（2009版）》第二章车辆损失险第一条约定：“在保险期间内，被保险公司或其允许的合法驾驶人在使用保险车辆过程中，因下列原因造成保险车辆的损失，保险公司按照本保险合同的规定负责赔偿：……（四）雷击、暴风、龙卷风、暴雨、洪水、海啸、地陷、冰陷、崖崩、雪崩、雹灾、泥石流、滑坡……”责任免除中第六条约定：“下列损失和费用，保险公司不负责赔偿：……（三）保险车辆因遭水淹或因涉水行驶致使发动机损坏……”原告认为被告在投保时没有依法向原告解释上述保险条款，该免责条款对原告不产生法律效力。被告则提供原告的《投保单》，主张《投保单》背面投保人声明内容已载明：“……本人确认已收到《机动车交通事故责任强制保险条款》和《平安机动车辆保险条款》，且贵公司已向本人详细介绍了条款的内容，特别就黑体字部分、手写或打印版的特别约定内容做了明确说明，本人已完全理解，并同意投保”，即原告已确认保险公司履行了对保险条款的说明义务。原告莫××在庭审中主张，投保单上“莫××”的签名非本人亲笔所签，原告车辆自2006年7月至今，在P保险公司连续投保多年，续保的投保单上投保人签名是被告业务员所签，被告从未向原告解释说明保险条款内容。经原告申请，本院依法委托T司法鉴定中心对被告提供的《投保单》上“莫××”签名是否为原告本人所写进行司法鉴定。T司法鉴定中心经过对检材与样本的比对，出具《鉴定意见书》，鉴定意见认为《投保单》投保人签名处的“莫××”签名与本院提交的原告签名笔迹样本不是同一人所写。原、被告双方对《鉴定意见书》的真实性、合法性及关联性均无异议，但被告认为原告属于连续投保，应当知悉保险条款。

审判

Q人民法院经审理认为：保险合同是投保人与保险公司约定保险权利义务关系的协议。订立保险合同，应当协商一致，投保人提出保险要求，经保险公司同意承保，保险合同成立。保险合同成立后，投保人按照约定交付保险费，保险公司按照约定的时间开始承担保险责任。本案中原告的被保险车辆粤R×××××因驶过积水路面造成机动车发动机损坏，产生拖车费350元、维修费用19 256元，对此原、被告双方均无异议。双方争议的焦点是，原告车辆损坏是否属于免赔范围。

被告P保险公司提供的《投保单》以打印方式载明保险公司已向投保人送达并说明了保险条款。《投保单》上投保人签名处虽然签有“莫××”字样，但经有资质的鉴定机构鉴定，《投保单》上投保人签名处“莫××”签名与原、被告确认的原告签名样本不属于同一人，即《投保单》上签名不是原告本人所签。因此，被告不能以《投保单》上投保人声明栏所载内容证明保险公司已在投保时送达保险条款及解释说明了相关的免责条款。而被告抗辩称原告是连续投保，应视为原告知悉条款。本院认为，原告连续向被告公司投保不能免除保险公司对免责条款的说明义务，同时被告又未能举证证明保险公司在前次投保时已向原告履行对保险条款的解释说明义务。依照《中华人民共和国保险法》第十七条“订立保险合同，采用保险公司提供的格式条款的，保险公司向投保人提供的投保单应当附格式条款，保险公司应当向投保人说明合同的内容。对保险合同中免除保险公司责任的条款，保险公司在订立合同时应当在投保单、保险单或者其他保险凭证上做出足以引起投保人注意的提示，并对该条款的内容以书面或者口头形式向投保人做出明确说明；未做出提示或者明确说明的，该条款不产生效力。”被告P保险公司制定的机动车辆保险条款条款属格式合同，因被告未依法履行解释说明义务，其责任免除条款依法不产生法律效力。因此，被告以保险条款中责任免除第六条约定保险车辆因遭水淹或因涉水行驶致使发动机损坏保险公司不予赔付为由，拒绝向原告赔付相应事故损失，事实及法律依据不足，本院不予支持。对原告莫××的车辆损失19 256元及拖车费350元，合共19 606元，被告应当赔偿。

基于上述理由，Q人民法院依照《中华人民共和国保险法》第十三条、第十四条、第十七条，《中华人民共和国民事诉讼法》第六十四条第一款之规定，判决如下。

被告中国P财产保险股份有限公司Q分公司应于判决生效之日起10日内在车辆损失险保险金额范围内向原告莫××支付保险理赔款19 606元。

（三）保密义务

在保险业务中，保险人接触到被保险人的业务和财产情况，再保险人通过再保险业务知道了分出人的业务和财产情况，其中许多是商业秘密，所以保险人、再保险人有义务对这些商业秘密负保密义务。

二、投保人义务

（一）告知义务

告知义务是指订立保险合同时，保险人可以就保险标的或者被保险人的有关情况提出询问，投保人应当如实告知。告知义务的立法依据在于诚信原则，即订立合同应遵循诚实原则，以及保险技术上的特殊要求。只有投保人就有关重要事实如实告知，保险人才能正确估计、合理计算危险，确定保险费率，使保险制度科学、合理、公平。

告知的内容，各国的立法不同。有的采取无限告知，投保人对事实上与危险状况有关的一切情况都有义务如实告知保险人。无限告知又叫客观主义，法律对告知内容无确定性规定。另一种采取询问主义，又叫主观主义，即投保人仅对保险人询问的问题有如实告知的义务，对询问外的问题不负告知义务。即确定保险人书面询问的事项是与保险危险有关的事实，只要投保人如实回答保险人的询问，便认为履行了告知义务。我国《保险法》采取后一种形式。

投保人的告知义务存在于合同订立之前。保险合同一旦成立，当事人之间的权利义务就已确定，投保人即使又得知有关重要情况，也不负告知义务。至于危险增加、出险通知等义务是后面所要谈到的。

对告知义务的违反主要有两种情况。

（1）告知不确实，投保人告知的内容与事实不一致；不实告知可能是投保人故意，也可能是过失所为。

（2）未告知。未告知又可分为两种情况：①隐匿，指投保人明知有关情况是重要事实，但故意不告知保险人；②遗漏，指投保人因过失不知有关情况或虽知道但未认识到其为重要事实，或虽认识到其重要性但因疏忽而未向保险人告知。

对于违反告知义务的法律后果，各国法律规定不同。在不同的险种中，对告知义务的要求程度也有所不同，海上保险合同一般对告知义务要求较为严格，只要存在告知义务违反的事实，保险人即可解除合同或拒绝承担保险责任。在其他保险合同中，投保人违反告知义务只要不是出于故意，且造成的后果不严重，保险人不能以此作为解除合同的理由，可以采取改正保险费率，降低赔偿金额等方法变更合同。

《保险法》规定，投保人故意隐瞒事实，不履行如实告知义务的，或因过失未履行如实告知义务，足以影响保险人决定是否同意承保或者提高保险费率的，保险人有权解除保险合同。对故意不履行如实告知义务，保险人对于保险合同前发生的保险事故，不承担赔偿或者给付保险金的责任，并不退还保险费。保险人因过失未履行如实告知义务，对保险事故的发生有严重影响的，保险人对于保险合同解除前发生的保险事故，不承担赔偿责任，但可以退还保险费。此外，告知义务的履行与否还关系到保险合同是否生效，不履行告知义务，保险合同是无效的。

（二）给付保险费的义务

保险费的给付，根据当事人的约定，可分为一次给付和分期给付两种情况。投保人如果未依约定履行给付保险费的义务，则产生下列法律后果。

（1）在约定保险费给付为保险合同生效要件的，则保险合同不生效；

（2）在财产保险合同中，保险人可以请求投保人给付保险费及迟延利息，也可以终止保险合同；

（3）在人身保险合同中，约定分期给付的，在合同有效期内，如投保人未按约定交费，保险人进行催告，如投保人还不缴付，合同终止。

（三）危险增加的通知义务

危险增加是指订立保险合同时，当事人双方未曾估计到危险可能性的增加。如在投保房屋火灾险的情况下，如果该房屋原为住宅，后改为工厂厂房，则为危险增加。有时保险标的存放地点附近新建化工炼油厂等也会产生危险增加的问题。投保人应在知道危险增加后法定期限内通知保险人。保险人在接到通知后，可采取两种办法，一是增加保险费，二是解除合同。如投保人不同意增加保险费，则保险合同自动终止。在保险人接到危险增加的通知或虽未接到通知但已知道的，应在一定期限内做出增加保险费或解除合同的表示，如果不做任何表示，则视为默认，以后不得再主张增加保险费或解除合同。如投保人不履行危险增加通知义务，因保险标的危险程度增加而发生的事故，保险人不承担赔偿责任。因为危险增加的通知义务，对保险人正确估计危险具有重要意义。

（四）危险事故发生的通知义务

保险合同订立后，如果所投保的危险事故发生，应由投保人、被保险人或受益人及时通知保险人。危险事故发生的及时通知，对保险人承担保险责任至关重要。危险事故发生意味着保险人承担保险责任的条件已成就，保险人及时得知有关情况，采取适当措施，防止损失扩大，查明事实，确定损失，不致因调查拖延而难以取证。

通知的期限各国法律规定不同，有的规定为知道危险事故发生后的 5 日内、10 日内或两周之内等。我国法律仅规定应及时通知保险人。对于违反危险事故发生通知义务的后果，国际上通常有两种做法。

（1）保险人可请求赔偿因此而受到的损失，但不能解除保险合同。

（2）保险人免除保险合同上的责任。

我国法律对此尚无这方面的规定，但有些保险条款中有类似规定，如家庭财产保险合同条款中有出险后 24 小时内报案，否则保险公司有权拒赔。

（五）避免损失扩大义务

保险事故发生时被保险人有责任尽力采取必要的措施，防止和减少损失。保险事故发生后，被保险人为减少损失所支出的费用，由保险人承担。被保险人还应当遵守国家有关消防、安全、生产操作、劳动保护等方面的规定，维护保险标的的安全。保险人可以对保险标的的安全状况进行检查，及时向投保人、被保险人提出消除不安全因素和隐患的书面建议。投保人、被保险人未按照约定履行其对保险标的安全应尽的责任，或拒不接受保险人的建议，保险人有权要求增加保险费或解除合同。可见，我国防灾防损是投保人和被保险人一项重要的法定义务。

三、索赔及理赔程序

索赔是指投保人或被保险人在保险事故发生后，根据保险合同条款的规定，请求保险人履行义务的行为。理赔是指保险人接到投保人或被保险人的请求，根据保险合同的规定，对保险事故的发生以及造成的物质损失或人身伤害进行一系列调查审核并予以赔偿的行为。索赔与理赔是投保人或被保险人行使权利，保险人履行义务的过程，它是保险合同履行的核心环节，直接体现了保险的职能。

（一）索赔程序具体法律规定

1. 出险通知

投保人、被保险人或受益人知道保险事故发生后，应当及时通知保险人。

2．提供索赔单证

保险事故发生后，投保人、被保险人或受益人应当向保险人提供其所能提供的与确定保险事故的性质、原因、损失程度等有关的证明和资料，即索赔单证。

索赔单证主要包括：保险单、账册、收据、发票、装箱单等保险标的的原始单据。如为货物运输保险还应提供提单、运输合同等，出险证明书、损失鉴定证明等证明损失原因及程度的单据；如为人身保险还应出具死亡或伤残等证明；保险标的所受损失的清单及施救整理费用的原始单证。

保险人依照保险合同的约定，认为有关的证明和资料不完整的，应当通知投保人、被保险人或者受益人补充提供有关的证明和资料。

3．其他协助措施

保险人在保险事故发生后，核实损失、查实证据时，投保人应当对保险人提供一切必要的协助。如投保人或被保险人应保护出险现场，为保险人提供调查检验的方便。再如，在财产保险中，保险标的发生保险责任范围内的损失而应当由第三者负赔偿责任的，投保人向保险人提出索赔请求而获得赔偿后，必须将向第三者追偿的权利转让给保险人，并协助保险人向第三者追偿。

4．禁止索赔中的欺诈行为

保险赔付中的欺诈行为主要有以下情况：投保人、被保险人或受益人在未发生保险事故的情况下，谎称发生了保险事故，向保险人提出给付保险金的请求；故意制造保险事故，目的是为了取得保险金；虚报事故原因，夸大损失程度。如有上述行为，保险人不承担任何赔偿或给付保险金的责任，或保险人对其虚报、夸大的部分不承担赔偿或给付保险金的责任。投保人、被保险人或受益人以欺诈行为骗取的保险金和其他费用应当退回给保险人。如因欺诈行为给保险人造成损失，投保人、被保险人或受益人应赔偿保险人损失。

5．索赔时效

人寿保险的索陪时效为自知道保险事故发生之日起 5 年；其他保险的索赔时效为自知道保险事故发生之日起 2 年。

（二）理赔程序

1．立案检查

保险人在接到出险通知后，应编号立案。立案检查的主要内容如下。

（1）对保险合同的真实性及有效性进行检查。

（2）对索赔请求人的资格及保险标的进行检查。

（3）对出险的时间、地点及原因进行检查。

针对上述检查内容，如发现保险合同无效，或索赔人无资格主张索赔权，或保险事故不属承保范围和承保期限，或保险标的被擅自改变坐落地点，保险人均有权拒赔。

2．责任审核

即保险人根据立案检查所获得的材料，以确定是否承担保险责任。

保险人收到被保险人或者受益人的赔偿或者给付保险金的请求后，应当及时做出核定，并将核定结果通知被保险人或者受益人；对属于保险责任的，在与被保险人或者受益人达成有关赔偿或者给付保险金额的协议后十日内，履行赔偿或者给付保险金义务。保险合同对保险金额及赔偿或者给付期限有约定的，保险人应当依照保险合同的约定，履行赔偿或者给付保险金义务。

保险人未及时履行前款规定义务的，除支付保险金外，应当赔偿被保险人或者受益人因此受到的损失。

任何单位或者个人都不得非法干预保险人履行赔偿或者给付保险金的义务，也不得限制被保险人或者受益人取得保险金的权利。

3．核算给付金额及给付保险金

在核算给付金额时，实际损失和合理费用分别计算，每项金额不得超过合同规定的保险金额。对保险标的实际损失计算，以保险事故发生时保险标的的实际现金价值为准，即以损失时的市场价格为准。但是，对定值保险及重置成本保险则另当别论。另外，保险人应对施救费用包括哪些项目，是否合理，必要时应严格核算，以防投保人、被保险人在施救费中额外增加项目。施救费用是指保险事故发生时而为施救所支出的费用。

4．拒绝赔付和先予支付

拒绝赔付是指对不属于保险责任范围的事故，保险人应当向被保险人或者受益人发出拒绝赔偿或拒绝给付保险金通知书。《保险法》第二十五条规定："保险人收到被保险人或受益人的赔偿或者给付保险金的请求后，对不属于保险责任的，应当向被保险人或受益人发出拒绝赔偿或拒绝给付保险金通知书。"拒付通知书中必须有拒付理由，当做严肃的法律文书来制作。

先予支付是指保险人自收到赔偿或者给付保险金的请求和有关证明、资料之日起六十日内，对其赔偿或者给付保险金数额不能确定的，可采取先予支付的暂时措施。先予支付的数额应当根据已有的证明和资料可以确定的最低数额为准。先予支付只是临时性的部分支付，保险人最终确定赔付数额后，应当支付相应的差额，以结束这项临时性措施。

第五节 保险合同的变更与解除

一、保险合同的变更

保险合同变更是指在保险合同的有效期间内，由于情况变化，需要对保险合同的主体、内容等有关事项进行变动。但这种变动须经双方当事人协商，意思表示一致，并经过一定的形式和程序才能实现。一般保险合同变更的形式采取批注、附贴批单和书面协议 3 种。

（一）保险合同的主体变更

保险合同的主体变更即指保险合同中投保人、被保险人或受益人的变更。在保险合同主体变更时，由于保险标的不变，仅为投保人或保险合同的关系人发生变化，故一般叫做保险合同的转移，习惯上叫做保险单转移。

在财产保险合同中，其主体变更通常因保险标的的所有权发生转移而发生。依一般保险惯例，投保人或被保险人将保险标的的所有权转移给第三人后，因其对保险标的的保险利益丧失，保险合同失去效力，只有投保人或被保险人在转移保险标的的所有权时通知保险人，经保险人同意，并将保险单或保险凭证批改后，保险合同方能有效转移。

我国《保险法》规定，保险标的转让应当通知保险人，经保险人同意继续承保后，依法变更合同。但货物运输保险合同和另有约定的合同除外。货物运输保险合同中的保险标的是货物，具有流动性，货物在途中就可买卖易主，一般很难事先征得保险人的同意，如果过分强调保险人同意原则，必然影响财产的正常流转，有碍交易效率。所以各国保险法一般规定，保险单同货物所有权同时转移，不必经保险人同意。我国《保险法》、《海商法》均规定保险标的可转让，保险合同的权利义务随之转移。或货物运输保险合同保险责任开始后，合同当事人不得解除合同。

我国《保险法》规定，人身保险中被保险人或投保人可以变更受益人并书面通知保险人。保险人收到变更受益人的书面通知后，应当在保险单上批准。投保人变更受益人时须经被保险人同意。

（二）保险合同的内容变更

保险合同的内容变更即改变合同中约定的事项，包括被保险人地址变更，保险标的数量的增减、品种、价值或存放地点的变化，保险期限、保险金额的变更，保险责任范围的变更等情况。各国保险法一般都规定因情势变化，投保人可以请求变更保险合同的内容，但须经保险人的同意，办理变更手续后方能生效。如保险标的危险程度明显减少或保险标的价值明显减少时，保险人应当降低保险费，并按日计算退还相应的保险费。

（三）保险合同的效力变更

保险合同的效力变更即在人身保险合同中，投保人因未按期缴纳保险费致保险合同失效后，在一定期间内，投保人尚可依一定的手续恢复保险合同的效力，即保险合同失效后又复效。人身保险合同的失效并非合同效力绝对消灭。我国《保险法》规定，保险合同效力中止（因投保人超过规定的期限 60 日未支付当期保险费），经保险人与投保人协商并达成协议，在投保人补交保险费后，合同效力恢复。但如果自合同效力中止之日起 2 年内双方未达成协议，保险人有权解除合同。

二、保险合同的解除

合同解除是经双方当事人协商一致，或有解除权的一方消灭既存的合同效力的法律行为。保险合同的解除必须是针对有效成立的合同；解除必须具备解除条件；解除一般由协商达成协议，或有单方解除权的一方当事人单方解除；解除的效果是消灭合同关系。

各国保险立法规定的保险合同解除条件一般有以下几项。

（一）违反告知义务

在保险合同订立时，因隐匿或不实告知足以影响保险人对危险的正确估计或对保险费的计算，保险人有权解除保险合同。

（二）违反通知义务

当事人一方除因不可抗力而无法通知外，无论是否有过错，只要不履行通知义务，保险人有权解除合同。特别是在危险增加和事故发生后不履行通知义务是严重的违约行为。

（三）投保人违反保险费给付义务

给付保险费是投保人的主要义务，如果未如期给付，保险人有权解除合同。人身保险合同中的保险人须在投保人复效请求期限届满后方能解除合同。

（四）谎报保险事项

被保险人或者受益人在未发生保险事故情况下，谎称发生了保险事故，向保险人提出赔偿或者给付保险金请求的，保险人有权解除合同。

（五）违反保证条款

保险合同当事人一方违背保证条款的规定，他方当事人即可依此解除合同。

（六）蓄意制造保险事故

投保人、被保险人或者受益人故意制造保险事故的，保险人有权解除保险合同，不承担赔偿或给付保险金的责任。

（七）违背应尽安全责任

投保人、被保险人未按保险合同约定履行其对保险标的安全应尽责任的，保险人有权解除合同。

（八）退保

各国法律一般允许投保人中途退保。我国《海商法》规定，保险责任开始前，被保险人可以要求解除合同，即退保，但应当向保险人支付手续费。

我国《保险法》规定，保险合同成立后，除法律另有规定或当事人另有约定，投保人可以解除合同，但保险人不能解除合同。

保险合同一经解除，当事人之间的权利义务关系即告消灭。在溯及既往的情况下，保险人负有返还保险费的义务。如果保险合同的解除是因投保人的不当行为所致，返还保险费反而不利于行使解除权的保险人，所以法律规定上述情况下保险人无须返还保险费。如我国《海商法》规定，投保人故意不做告知的，保险人有权解除合同，并不退还保险费。在保险合同无溯及既往效力的情况下，保险人应将合同消灭时起至合同期限届满时止所收保险费返还给投保人，而对合同消灭前所收的保险费不予返还。投保人对合同消灭前应交付而未交付的保险费，仍应按合同规定予以履行。保险合同的解除并不排斥损害赔偿责任，有过错的一方应当负赔偿责任。

第六节 财产保险合同

一、财产保险合同的分类

财产保险种类繁多，财产保险合同也相应地被划分为许多种。根据财产的种类不同，可将财产保险合同划分为财产损失保险合同、责任保险合同、信用保险合同及保证保险合同，后三者为无形财产保险合同。责任保险合同是以被保险人对第三者依法应负的民事赔偿责任为保险标的的保险合同；信用保险合同与保证保险合同，均为保险人负责赔偿债权人因债务人不能偿付或拒绝偿付所受损失的保险合同。根据保险标的与承保危险的不同，可以将财产保险合同划分为运输工具保险合同、运输货物保险合同、农业保险合同、火灾保险合同、盗窃保险合同、海上保险合同等。

二、财产保险合同的保险标的、保险价值与保险金额

财产保险合同在保险标的、保险价值与保险金额方面的特征如下。

（一）保险标的

财产保险合同中保险标的可以是有形财产，也可以是无形利益。有形财产是指对投保人来说具有所有权或其他保险利益的财产。无形利益则是指在责任保险、保证保险、信用保险中，被保险人由于承担民事赔偿责任、违约责任以及债务人不履行义务所失去的利益。对以无形利益为保险标的的财产保险合同，我国《保险法》仅就责任保险合同做出了规定。另外，根据防灾防损的原则，《保险法》第三十六条规定，被保险人应当遵守国家有关消防、安全、生产操作、劳动保护等方面的规定，维护保险标的的安全。《保险法》第四十二条与《海商法》第二百三十六条规定，保险事故发生时，被保险人有责任尽力采取必要的措施，防止或减少保险标的的损失。

（二）保险价值

因保险价值的确定方法不同，财产保险合同分为定值保险合同与不定值保险合同。《保险法》第四十条第一款规定："保险标的的保险价值，可以由投保人和保险人约定并在合同中载明，也可以按照保险事故发生时保险标的的实际价值确定。"

保险合同双方当事人事先确定保险标的价值并将其载明于保险单或其他保险凭证的保险合同是定值保险合同。

保险合同双方当事人未事先约定保险价值，而将保险标的的实际价值留待保险事故发生需要确定其赔偿的保险金时才进行估算的保险合同是不定值保险合同。大多数财产保险合同是不定值保险合同。

在财产保险合同中，一般的做法是，保险标的能以市场估价的，保险价值按市场价格确定，这是确定保险价值的原则；不能以市场估价的，保险价值由合同当事人双方约定，这是确定保险价值的例外。但对海上保险合同、货物运输保险合同、飞机保险合同等则采用定值保险合同。

《海商法》第二百一十九条规定："保险标的的保险价值由保险人与被保险人约定。保险人与被保险人未约定保险价值的，保险价值依照下列规定计算：①船舶的保险价值，是保险责任开始时船舶的价值，包括船壳、机器、设备的价值，以及船上燃料、物料、索具、给养、淡水的价值和保险费的总和；②货物的保险价值，是保险责任开始时货物在起运地的发票价值或者非贸易商品在起运地的实际价值以及运费和保险费的总和；③运费的保险价值，是保险责任开始时承运人应收运费总额和保险费的总和；④其他保险标的的保险价值，是保险责任开始时保险标的的实际价值和保险费的总和。"

（三）保险金额

在财产保险合同中，对保险金额的规定有以下 3 种情况。

（1）保险金额超过保险价值，即超额保险。

（2）保险金额与保险价值相等，即足额保险。

（3）保险金额少于保险价值，即不足额保险。

超额保险一般会使保险合同无效，但在日本、荷兰等国家，超额保险只是使超过保险价值的部分无效。我国《保险法》第四十条第二款规定："保险金额不得超过保险价值，超过保险价值的，超过部分无效。"《海商法》第二百二十条也规定："保险金额由保险人与被保险人约定。保险金额不得超过保险价值；超过保险价值的，超过部分无效。"

足额保险可以使被保险人的利益获得全面的保障，实际损失可以获得十足的赔偿，即损失多少赔多少。

不足额保险不会导致合同无效的法律后果，但在保险事故发生时，被保险人只能得到部分赔偿。《保险法》第四十条第三款规定："保险金额低于保险价值的，除合同另有约定外，保险人按照保险金额与保险价值的比例承担赔偿责任。"《海商法》第二百三十八条也有同样的规定。

案例分析

甲有一辆汽车价值50万元，但其与保险公司签订的保险合同中将保险金额约定为40万元，并按照40万元的保险金额缴纳了保险费。后来该车在使用过程中发生撞车事件导致了部分毁损，造成损失10万元，此时保险公司应该向甲支付多少赔偿金？（　　）

A. 50万元　　B. 40万元　　C. 10万元　　D. 8万元

法律规定超额保险使保险合同无效，或使超过保险价值的部分无效，是保险利益原则与损失补偿原则的重要体现，因为如果允许当事人订立超额保险合同，则在保险事故发生造成损失时，被保险人将得到多于保险标的损失的赔偿。这既有悖保险利益原则，也有悖损失补偿原则，因为损失补偿原则不仅要求填补被保险人的实际损失，而且也应禁止被保险人从保险中得利。

三、财产保险合同的保险责任与除外责任

造成保险财产损失的原因很多，但财产保险合同中承保的危险只限于自然灾害和意外事故。保险人的赔偿责任范围是这些灾害和事故引起的直接损失，一般不包括间接损失。财产保险合同一般规定，保险人的责任不包括下列情况：战争、军事行动或暴乱、核辐射或污染、被保险人的故意行为等。《海商法》第二百四十三条规定，除合同另有约定外，因下列原因之一造成货物损失的，保险人不负赔偿责任：①航行迟延、交货延迟或者行市变化；②货物的自然损耗、本身的缺陷和自然特性；③包装不当。《海商法》第二百四十四条规定，除合同另有约定外，因下列原因之一造成保险船舶损失的，保险人不负赔偿责任：①船舶开航时不适航；②船舶自然磨损或者锈蚀。

四、财产保险合同的转让

《保险法》对财产保险合同标的的转让作出了明确的规定。根据保险利益原则，投保人对保险标的应具有保险利益，因此，保险标的的转让将导致保险合同主体的变更，即投保人或被保险人的变更。合同主体的变更又称合同的转让。最大诚实信用原则是保险合同的重要原则，在订立保险合同时，保险人对投保人与被保险人的信用、品德等方面有其考虑。因此，《保险法》第三十四条规定："保险标的的转让应当通知保险人，经保险人同意继续承保后，依法变更保险合同。但是，货物运输保险合同和另有约定的合同除外。"

海上保险合同的转让分为海上货物运输保险合同转让和船舶保险合同转让。《海商法》第二百三十条规定，因船舶转让而转让保险合同的，应当取得保险人的同意。因为船舶所有权转让后，可能改变船舶的管理状况，因而影响保险公司作出接受或拒绝继续承保的决定，以及保险费率的确定。因此，该条规定，如果未经保险人同意，则船舶保险合同从船舶转让时起解除；船舶转让发生在航次之中的，船舶保险合同至航次终了时解除。这与《保险法》的规定是一致的。因为运输货物具有流动性，货物从起运地到目的地的过程中，物权可能几经易手，保险利益也随之转移，如每次被保险人的变更都要得到保险人的同意，势必影响商品流通，所以，《保险法》规定货物运输合同的转让不必经保险人同意。《海商法》第二百二十九条也规定，海上货物运输保险合同可以由被保险人背书或者以其他方式转让，合同的权利和义务随之转移，无需征得保险人同意。即使在保险标的发生损失后，保险单仍可有效转移。

五、财产保险中的物权代位与债权代位

损失补偿原则不仅要求填补被保险人的实际损失，而且也应禁止被保险人从保险中得利。保险人对保险标的的物上代位权与对造成损失的第三人的代位求偿权，是损失补偿原则在财产保险合同上的运用。

（一）物上代位权

物上代位权，是指保险人赔偿被保险人财产的全部损失后，有直接取得保险标的的物[illegible]保险标的遭受损失后往往留有残值，当保险人依保险合同赔偿了保险金后，应取得该残[illegible]

否则，被保险人将获得保险赔偿与保险标的的双重利益，既显失公平，又易诱发道德危险。正因为如此，各国保险法均对保险人的物上代位权做出了规定。

《保险法》第四十四条规定："保险事故发生后，保险人已支付了全部保险金额，并且保险金额相等于保险价值的，受损保险标的的全部权利归于保险人；保险金额低于保险价值的，保险人按照保险金额与保险价值的比例取得受损保险标的的部分权利。"《海商法》第二百五十六条也有类似的规定。

委付制度属物上代位权制度的一种特殊形式。

委付又称保险委付，是指被保险人在保险标的处于推定全损状态时，以书面形式提出申请，愿将保险标的所有权及其上的一切权利和义务全部转移给保险人，要求保险人按全损赔偿保险金的行为。

委付最初是海上保险合同中的一项条款，后来逐渐发展成为被保险人让渡保险标的而取得保险赔偿的制度。

我国《海商法》第二百四十九条规定："保险标的发生推定全损，被保险人要求保险人按照全部损失赔偿的，应当向保险人委付保险标的。"

委付的要件为：（1）保险标的发生推定全损；（2）应就保险标的的全部提出委付请求；（3）委付不得附条件；（4）须经保险人的同意。如果保险人接受委付，则委付成立，保险人不得撤回。

（二）代位求偿权

代位求偿权，是指保险人享有的、代位行使被保险人对造成保险标的损失而负有赔偿责任的第三人的求偿权的权利。

课堂思考

代位求偿权与合同保全中的代位权的区别？

代位求偿权为解决被保险人的保险赔偿请求权与损害赔偿请求权发生重合时的利益归属提供了依据。在财产保险中，除海上保险外，各国对代位求偿权的重视远远超过了物上代位权。《保险法》第四十五条规定："因第三者对保险标的的损害而造成保险事故的，保险人自向被保险人赔偿保险金之日起，在赔偿金额范围内代位行使被保险人对第三者请求赔偿的权利。"《海商法》第二百五十二条也有类似的规定。

代位求偿权必须具备以下要件。

（1）发生的保险事故必须是保险合同所规定的保险责任范围内的事故。

（2）被保险人因保险事故的发生，对于第三人有损害赔偿请求权。

（3）保险人须依保险合同向被保险人赔偿了保险金，即代位求偿权的行使须发生在支付保险金之后。

（4）代位求偿权以保险人赔偿的保险金数额为限。因为在保险人向被保险人赔偿了保险金后，代位求偿权已从保险人的期待权转化为保险人的既得权。所以，《保险法》第四十六条规定："保险事故发生后，保险人未赔偿保险金之前，被保险人放弃对第三者的请求赔偿权利的，保险人不承担赔偿保险金的责任。保险人向被保险人赔偿保险金后，被保险人未经保险人同意放弃对第三者请求赔偿的权利的，该行为无效。由于被保险人的过错致使保险人不能行使代位请求赔偿的权利的，保险人可以相应扣减保险赔偿金。"

物上代位权是物权的代位权，代位求偿权是债权的代位权。两者的区别表现为以下两点。

）在代位求偿权中，保险人只享有被保险人应享有的权利而不承担被保险人的任何义务；而位权中，保险人在获得保险标的所有权的同时必须承担其应付的义务。

代位求偿权中，保险人行使代位求偿权所得金额不得超过其赔偿的保险金的数额；而在物上代位权中，保险人取得受损保险标的的所有权，其处理该标的或基于该标的所得之利益，如果大于其赔偿的保险金数额，则亦归保险人所有。

案例分析

2008年12月3日，王某购买了一豪华客车从事个体营运。2008年12月5日，王某与R保险公司某分公司（以下简称R保险公司）签订了保险合同。投保类别有车辆损失险6万元、第三者责任险20万元、车上人员责任险16万元。保险合同约定：保险期从1999年12月5日零时起至2000年12月4日24时止，为期1年。双方不约定驾驶员。

2000年12月3日，该投保客车在客运途中在某国道与一辆大卡车相撞，造成了3名乘客、司机、售票员受伤，车身被损的后果，王某花去医疗费、修理费等费用共1.8万元。事故发生后，经交通部门查明，责任方为货车司机，但货车司机在事故发生后逃走，交通部门正按照有关人员提供的车牌号等线索积极查找。保险事故发生后，王某立即通知了保险公司，保险公司进行现场勘察并获取了相关资料。因直接责任人尚未找到，王某向保险公司索赔。保险公司认为，王某所受财产损失是由第三人的过错行为造成的，王某应向肇事者追究责任，保险公司不应当承担赔偿责任。王某认为，该保险事故属保险公司理赔范围，保险公司有理赔的义务，自己有权要求保险公司理赔。双方发生争议，王某起诉法院。

思考：（1）保险公司是否应承担理赔责任？为什么？

（2）保险公司能否获得代位求偿权？为什么？

第七节 人身保险合同

一、人身保险合同的特征

（1）保险合同的主体的特殊性。人身保险合同中的被保险人只能是自然人，并且被保险人的寿命、身体就是保险标的。在人身保险合同的关系人中有受益人的存在。

（2）保险期限的长期性。财产保险合同的期限比较短，一般只有一年、几个月甚至更短。而人身保险合同一般为 5 年、10 年、15 年、20 年、30 年甚至是终身的。因为人身保险的目的，一是为自己年老或丧失劳动力或出现意外事故时得到经济保障，二是为扶养或赡养自己身后的家属，这就必然要求人身保险合同具有长期性。

（3）一定的储蓄性。订立人身保险合同不仅使被保险人得到了保险保障，还可以取得储蓄权益。这一点，人寿保险合同最为典型。因为有些人寿保险合同所承保的保险事故是迟早要发生的，保险人迟早要向受益人给付保险金。有些生存保险合同从某种意义上说是为了养老所进行的储蓄。需要指出的是，人寿保险合同的储蓄性只是保险合同的损失补偿原则的例外，并且其储蓄性也是有限的。

（4）不存在物权代位与债权代位。人身保险合同不存在物上代位权，这一点显而易见。人身保险合同也不存在代位求偿权，这并非人身保险合同不适用损失补偿原则，只是因为人的生命和身体的价值无法用金钱来衡量，不存在通过人身保险合同获利的问题。同样，人身保险合同也不存在超额保险与重复保险的问题。我国《保险法》第六十八条规定："人身保险的被保险人因第三者的行为而发生死亡、伤残或者疾病等保险事故的，保险人向被保险人或者受益人给付保险金后，不得享有向第三者追偿的权利。"但被保险人或者受益人仍有权向第三者请求赔偿。

课堂练习

以下有关代位求偿权的表述中错误的是？（　　）

A. 人身保险中保险人给付保险金后，不得享有对第三者追偿的权利

B. 代位求偿权只能在赔偿金额范围内行使

C. 财产保险合同中的保险人赔偿后依法自动取得代位求偿权，不需要被保险人的授权

D. 保险人对被保险人的家庭成员或者其组成人员永远不得行使代位求偿权

二、人身保险合同中的保险利益

人的生命或身体不能以货币估量其价值，但它却能产生保险利益。订立人身保险合同，亦应遵循保险利益原则，投保人必须对被保险人具有保险利益。在人身保险合同中，存在下列关系的人之间具有保险利益。

（1）投保人对本人的生命或身体具有保险利益。投保人为自己投保，投保人就是被保险人。

（2）有亲属血缘关系的人具有保险利益。配偶、子女、父母，这些成员同属一个家庭，在经济上、生活上、感情上均有密切的联系，相互存在保险利益。

（3）在同一家庭中共同生活的其他家庭成员、近亲属均相互存在保险利益。没有血缘关系但存在赡养、抚养等法定义务关系的，彼此具有保险利益。

（4）投保人以他人为被保险人投保人身保险，被保险人同意的，视为投保人对被保险人具有保险利益。

在上述前 3 种关系中，以利益主义原则来判断投保人是否具有保险利益。如果被保险人的继续生存或保持健康对投保人具有现实的或者预期的利益，则投保人具有保险利益。在上述第 4 种关系中，以同意主义原则来确定投保人的保险利益。在投保人与被保险人间不存在利益关系的，如果被保险人同意，则视为投保人具有保险利益。

我国《保险法》对于投保人以他人为被保险人订立的保险合同的保险利益问题，采取了利益主义和限制同意主义的原则来规范。限制同意主义主要表现在我国《保险法》在被保险人同意的基础上增加了两项限制。

（1）投保人不得为无民事行为能力人投保以死亡为给付条件的人身保险，父母为其未成年子女投保的人身保险的除外。未成年人父母之外的其他履行监护职责的人为未成年人订立以死亡为给付保险金条件的合同一般认定该合同无效，除非经未成年人父母同意。

（2）为有民事行为能力人订立死亡保险合同，须经被保险人以书面形式表示同意，并经被保险人认可保险金额。

三、人身保险合同中的受益人

人身保险合同中的受益人是指由被保险人或投保人指定的、享有保险金请求权的人。保险法关于受益人的规范，包含以下几个方面的内容。

（一）受益人的特征

（1）受益人是具有受领保险金资格的人。受益人享有由保险合同产生的利益，不承担缴纳保险费的义务。在保险事故发生后，受益人可以直接向保险人行使给付请求权，受领保险金。

（2）受益人的给付请求权自保险合同订立时产生，但在保险事故发生前，受益人的给付请求权只是一种期待权，这种期待权同样受到法律保护。在保险事故发生时，给付请求权由期待权转化为既得权。

（3）受益人为投保人或被保险人所指定，投保人指定受益人的，还须得到保险人的同意。受益人的给付请求权是从投保人或被保险人处受让而来。

（4）受益人不受民事行为能力及保险利益的限制。凡有民事权利能力的公民，虽然不具有民事行为能力也能作为受益人，同时也不问受益人对被保险人是否拥有保险利益。

（二）受益人的种类

人身保险合同中的受益人，通常被区分为以下 3 种。

（1）原始受益人。原始受益人是由投保人或被保险人事先指定，在保险事故发生时有权领取保险金的人。

（2）后继受益人。后继受益人是投保人或被保险人于原始受益人死亡之时，指定的受益人。如在保险合同中先指定妻子为原始受益人，妻死后又指定子女为受益人，这里的子女就是后续受益人。

（3）法定继承人。如果原始受益人、后继受益人均死亡，或者投保人自己既是被保险人，又是受益人，则被保险人死亡后，保险金应作为被保险人的遗产，由其继承人作为受益人。

（三）受益人的变更

受益人经指定后，投保人或被保险人仍有权利加以变更，受益人不得反对。但是投保人变更受益人时应当经过被保险人同意，被保险人不同意的，其变更无效。变更受益人无需征得保险人的同意，但须通知保险人，否则不得对抗保险人，亦即保险人在获通知前向原指定的受益人给付保险金的，对变更后的受益人不再负给付义务。

（四）受益权的撤销和转让

1．受益权的撤销

受益权的撤销指受益人有谋害被保险人等不轨行为时，依法撤销其受益权。我国《保险法》第六十五条第二款规定："受益人故意造成被保险人死亡或者伤残的，或者故意杀害被保险人未遂的，丧失受益权。"

2．受益权的转让

受益权不是一种现实的权利，仅仅是一种期待权，只有当保险事故发生后，才能变为既得权。所以，各国法律一般都规定，受益人在取得受益权后，可将其转让给他人，但事先必须经过投保人或被保险人的同意，或者保险合同中原先就载明允许转让，否则，转让无效。

四、人身保险合同的常见条款

人身保险合同除订明投保人、被保险人、受益人与保险人的名称和住所、保险责任等基本事项外，往往还有一些反映人身保险合同特殊性的条款。这些条款对双方当事人的权利和义务做出特殊的约定，是影响合同效力的重要因素。

（一）不可抗辩条款

不可抗辩条款又称不可争议条款，是人身保险合同常见条款之一。不可抗辩条款规定，自合同成立之日或复效之日起，经过一定时间，保险合同成为不可争议的文件，此后保险人不得再以投保人在申请时或申请复效时违反告知义务而主张合同无效。不可抗辩的期限一般为 1 年或 2 年，大多为 2 年。我国《保险法》第五十四条把不可抗辩的期限定为二年，即投保人申报的被保险人年龄不真实，保险人有权解除合同，其合同解除权只限在签订合同后的二年内行使。自合同订立或复效之日起，经过二年不行使，保险人的合同解除权消灭，保险人不得再以投保人违反如实告知义务为由解除合同拒付保险金。

（二）年龄不实条款

年龄不实条款是人寿保险合同的常见条款。被保险人的投保年龄是确定人寿保险费率的重要依据，因而如实填报是投保人应尽的义务。如果发现被保险人的投保年龄填报不实，则应区别情况采取不同的方式予以调整。《保险法》第五十四条规定："投保人申报的被保险人年龄不真实，并且其真实年龄不符合合同约定的年龄限制的，保险人可以解除合同，并在扣除手续费后，向投保人退还保险费，但是自合同成立之日起逾二年的除外。投保人申报的被保险人年龄不真实，致使投保人支付的保险费少于应付保险费的，保险人有权更正并要求投保人补交保险费，或者在给付保险金时按照实付保险费与应付保险费的比例支付。投保人申报的被保险人年龄不真实，致使投保人实付保险费多于应付保险费的，保险人应当将多收的保险费退还投保人。

（三）宽限期条款

宽限期条款是长期人寿保险合同中的常见条款之一。长期性保险合同大都分期缴纳保险费，因而在合同中订明第二次及以后各次应缴纳的保险费的数额与每次交款的间隔时间。为了避免因迟延缴纳各期保险费而致保险合同效力中止，一般在合同中规定对每次缴纳保险费有一定宽限期。我国《保险法》规定的宽限期为六十日，投保人支付首期保险费后，除合同另有约定外，投保人超过规定的期限六十日未支付当期保险费的，合同效力中止，或者由保险人按照合同约定的条件减少保险金额。

（四）复效条款

复效条款是与宽限期条款相联系的常见条款，是指投保人不按时支付当期保险费超过宽限期，保险合同效力中止以后重新恢复保险合同效力的条款。人身保险合同中投保人缴纳首期保险费后，在宽限期内仍未续缴已到期保险费的，合同效力即告中止。但仅是暂时停止效力，不是合同的终止或消灭。投保人在一定期限内和一定条件下仍然有权申请恢复合同的效力。《保险法》第五十九条规定，超过宽限期合同效力中止的，经保险人与投保人协商并达成协议，在投保人补缴保险费后，合同效力恢复。但是，自合同效力中止之日起二年内双方未达成协议的，保险人有权解除合同。

（五）自杀条款

自杀条款是死亡保险合同的常见条款。该条款一般规定，被保险人故意自杀的，保险人不承担责任。自杀是否应列入除外责任的范围，历来存在争议。赞成列入者认为，被保险人故意自杀，显然有悖保险合同之射幸性，理应将其列入除外责任，如果不列入，则易诱发道德危险；反对列入者认为，自杀死亡是死亡的原因之一，保险人根据死亡率计算保险费时已将自杀考虑在内，如果将自杀列入除外责任，不给付保险金，则不符合补偿受益人财产损失或精神损失的保险目的。因此，为了防止这种除外责任的滥用，大多数国家都对自杀条款做了时间上的限制。一般规定，只有在保险合同生效后若干年内所发生的自杀行为，保险人才得免除责任，否则保险人仍应给付保险金。我国《保险法》第六十六条规定，以死亡为给付保险金条件的合同，被保险人自杀的，保险人不承担给付保险金的责任，但是，自合同成立之日起二年后被保险人自杀的，保险人可以按照合同给付保险金。

课堂练习

根据《保险法》的规定，在下列选项中，关于财产保险和人身保险的区别与联系，说法不正确的有（　　）

A. 财产保险的索赔时效为2年，人身保险的索赔时效为5年

B. 财产保险实行保险代位的原则，人身保险不适用代位求偿权

C. 财产保险合同是一种填补损失的合同，人身保险合同实行保险金定额支付

D. 财产保险中不能指定受益人，人身保险中则可以指定受益人

复习思考题

1．简述保险的概念及分类。

2．简述保险合同中保险人和投保人的义务。

3．简述保险合同中代位权。

课后讨论

1．在保险中，如何防范投保人或者受益人的道德风险。

2．保险合同中免责条款的效力。

案例分析

案例一

甲于2003年5月20日经其婆婆乙同意后为乙购买了一份简易人身保险，指定受益人为乙之孙、甲之子丙，丙当时10岁。保险费从甲的工资中扣缴。缴费2年后，甲与乙之子丁离婚，法院判决丁享有对丙的抚养权。离婚后甲仍按照合同约定履行缴纳保险费的义务。2005年12月10日乙病故，2006年1月甲得知后向保险公司申请给付保险金，甲主张：自己是投保人，一直缴纳保险费，而且是受益人丙的母亲；与此同时，丁提出：被保险人是自己的母亲，本保险合同的受益人是丙，自己作为丙的监护人，这笔保险金应由他领取；保险公司则以甲因离婚而对乙无保险利益为由拒绝给付保险金。

1．甲要求给付保险金的请求是否合理？为什么？

2．丁要求给付保险金的请求是否合法？为什么？

3．保险公司拒付的理由是否成立？为什么？

4．本案应当如何处理？为什么？

5．假设甲在离婚后提出解除保险合同，保险公司应如何处理？

6．假设甲在离婚后不再履行缴纳保险费的义务，保险公司应如何处理？

7．假设乙不堪疾病的折磨于2005年12月10日自杀身亡，保险公司应否承担给付保险金的责任？

8．假设甲为其婆婆乙投保时，申报的年龄为62岁，而乙当时真实的年龄是66岁，保险合同约定的最高年龄限制是65岁，那么该案如何处理？保险公司应否给付保险金？

案例二

2000年12月30日，某中外合资石化公司向某保险公司投保平安福寿险，每位员工保额为2万元，受益人栏空白。2003年5月1日晚，该公司的徐女士因小事与丈夫争吵、打骂，被丈夫一气之下扼死。徐女士新婚刚刚5天，无子女，父母均健在。第二天，犯罪嫌疑人向公安局自首。现公安局已结案，定性为“激发性故意杀人罪”。

问：（1）保险公司是否应承担保险责任？为什么？

（2）如果保险公司承担保险责任，谁有权领取保险金？

第十三章 证券法

承担风险，无可指责，但同时记住千万不能孤注一掷！

——[美国]乔治·索罗斯

学习重点与难点

了解和掌握证券发行制度、证券上市制度、证券交易制度、信息披露制度等内容

各种证券欺诈行为的界定及法律后果

主要法律法规

《中华人民共和国证券法》

课前预习

证券与银行分业或合业趋势研究

有效证券监管体制构建研究

上市公司关联交易的界定及法律规制

查阅债券欺诈案例，理解证券欺诈的构成及法律责任

第一节 证券法概述

一、证券的概念

证券是以证明或设定某种权利为目的所做成的书面凭证。证券有广义和狭义之分。广义的证券包括金券、资格证券和有价证券。有价证券又可分为资本证券、货币证券和商品证券。资本证券是证明持有人享有一定的所有权和债权的书面凭证，它表明持券人对一定的本金带来的收益享有请求权，如股票、债券等；货币证券是证明持券人享有一定货币请求权的书面凭证，如汇票、本票、支票等；商品证券是证明持券人享有一定商品请求权的书面凭证，如提单、仓单等。狭义的证券专指资本证券，是指具有一定票面金额，证明持券人享有一定的所有权和债权的书面凭证。证券法上的证券指的是狭义的证券即资本证券。《中华人民共和国证券法》（以下简称《证券法》）没有对证券下明确的定义，但其第二条规定其适用范围主要是“在中华人民共和国境内，股票、公司债券和国务院依法认定的其他证券”。具体包括以下 3 类。

（一）股票

股票是最基本和最重要的证券形式，是股份公司签发的证明股东所持股份的凭证。依照是否记载股东姓名和名称，股票可分为记名股票和不记名股票；按照股东权利的性质，股票可分为普通股股票和特别股股票。我国发行的股票按照投资主体的不同，股票可分为国家股、法人股和社会公众个人股；按照认购股票投资者身份和上市地点的不同，我国将股票分为境内上市内资股（A 股）、境

内上市外资股（B 股）和境外上市外资股（包括 H 股、N 股、S 股等）3 类。

（二）公司债券

债券可分为政府债券、金融债券、企业债券和公司债券。按照《公司法》的规定，公司债券是指股份有限公司和有限责任公司为了筹集生产经营资金，依照《公司法》和《证券法》规定的程序发行的、约定在一定期限还本付息的有价证券。我国公司债券主要分为普通公司债券和可转换公司债券。前者是指债券发行人到期还本付息的公司债券，后者是指在约定期限内可以转换为股票的公司债券。

课堂思考

公司股票与公司债券有何相同与不同之处？

（三）认定证券

《证券法》调整的证券除包括股票和公司债券以外，还包括“国务院依法认定的其他证券”。我们常将此类证券称为“衍生证券”。《证券法》规定，证券衍生品种发行、交易的管理办法，由国务院依照本法的原则规定。如认股权证，是股份有限公司给予持证人的无限期或在一定期限内以确定价格购买一定数量普通股份的权利凭证。认股权证是持证人认购公司股票的一种长期选择权，它本身不是权利证明书，其持有人不具备股东资格。但认股权证能依法转让，给持有人带来很大收益，因而也是一种有价证券。

原则上，政府债券、企业债券、证券投资基金等证券《证券法》不调整，但政府债券、证券投资基金份额的上市交易，适用《证券法》。证券法所调整的证券具有如下特征。

（1）证券法所调整的证券是一种投资凭证。从证券发行人角度看，证券是证券发行人采取的融资工具；从证券投资者角度看，证券也是证券投资者的投资工具和手段。

（2）证券法所调整的证券是一种设权凭证。证券有设权证券与证权证券之分。设权证券因证券发行人签发证券而产生证券权利，证券持有人的证券权利与所持证券券面密不可分，证券权利人一旦丧失证券，即丧失证券权利。在证券法中，证券仅指证权证券，证券权利因投资者缴纳投资而产生，证券权利在发行证券以前就已存在。

（3）证券法所调整的证券具有流通性。其持有者可以随时将证券转让出售，以实现自身权利。依照《公司法》和《证券法》的规定，证券可采取背书方式转让，也可通过证券交易集中场所完成流通。

二、证券法的概念

证券法是规范证券发行、交易、服务和管理过程中发生的社会关系的法律规范的总称。证券法所调整的社会关系，既有证券发行人、证券投资人、证券公司、证券交易所等平等主体之间发生的平等的证券发行关系、交易关系、服务关系，又有证券监督管理机构对证券市场参与者进行管理、监督等活动过程中所发生的纵向监管关系，是两者的统一体。对证券法这一概念的理解，有广义和狭义两个方面。狭义的证券法是指证券法典，在我国是指 1998 年 12 月 29 日第九届全国人大常委会第六次会议通过的《证券法》。而广义的证券法是指包括《证券法》在内的一切与证券相关的法律规范的总称。

现代证券法律制度的建立，始于 20 世纪 30 年代。美国在 20 世纪二三十年代的世界性经济危机发生后，于 1933 年 7 月颁布实施了《证券法》，1934 年 6 月又颁布了《证券交易法》，并依据该法成立了联邦证券交易委员会专门负责管理证券市场，从而建立了世界上最完善的证券监管法律体系。其他国家也纷纷效法美国的立法经验，制定专门的证券法律，使本国的证券市场得到全面的法律监管。

随着我国证券市场的建立和发展，为规范证券市场，我国自 1993 年起先后颁布了《股票发行与交易管理暂行条例》《公司法》《禁止证券欺诈行为暂行办法》《证券交易所管理办法》《公开发行股票公司信息披露实施细则》《证券经营机构股票承销业务管理办法》《投资基金管理暂行办法》等一系列全面规范证券市场的法律、法规，初步构建了我国证券法律制度的框架。1998 年 12 月 29 日，第九届全国人民代表大会常务委员会第六次会议通过了《中华人民共和国证券法》，并于 1999 年 7 月 1 日正式实施。《证券法》的颁布实施，标志着我国证券市场法律制度建设进入了一个新的阶段，这对于完善证券市场的法律监管，促进证券市场的健康有序发展具有重大意义。2005 年 10 月 27 日第十届全国人民代表大会常务委员会第十八次会议修订了《证券法》，修订的重心是强化证券监管并为证券市场的发展预留空间。

三、证券法的基本原则

证券法的基本原则是证券法所规定的，在证券发行、证券交易和证券管理活动中必须遵循的根本性的行为准则，也是证券立法、司法和执法的出发点和指导思想。证券法的目的是规范证券发行和交易行为，保护投资者的合法权益，维护社会经济秩序和社会公共利益，促进市场经济的发展。证券法的基本原则就是证券法的这些基本精神、价值观念的体现。证券法的基本原则有公开、公平、公正原则；自愿有偿、诚实信用的原则；合法原则；分业经营、分业管理的原则；保护投资者合法权益的原则；国家集中统一监管与行业自律相结合的原则等。证券法的基本原则最为重要的是公开、公平、公正的基本原则。

（一）公开原则

公开原则即信息公开，也称信息披露制度，是指在证券的发行、上市和交易过程中，发行人、上市公司应及时、真实、准确、充分、完整地向社会公开披露能够影响投资者做出投资决定的一切信息资料。信息公开的义务主体几乎包括了证券市场上除普通投资人外的一切主体，如证券发行人、证券监督管理机构、证券交易所、专业的中介机构、保荐人、承销的证券公司及有关人员。

法律强制披露的文件主要包括招股说明书、公司债券募集办法、财务会计报告、上市报告文件、年度报告、中期报告、临时报告以及其他信息披露资料。信息披露法律制度的功能主要有：证券投资者进行证券投资的依据；投资者受到平等对待的保证；证券发行人、上市公司公平竞争的体现。其弊端主要是成本支出增加。

（二）公平原则

公平原则是指在证券发生和交易活动中，证券发行人、证券投资人、证券公司、证券中介机构的法律地位平等，合法权益得到平等的保护。平等是市场经济的基本要求，是进行公平竞争的基础。根据公平原则的要求，有关主体在参与证券发行和交易活动过程中，应当做到：①有平等的机会进入证券市场，不得实行差别对待；②享有相同的信息知情权；③同股同权、同价、同利；④真正贯彻自愿。

（三）公正原则

公正原则是指国家行政机关、司法机关在处理证券案件时，应严格依照法律的规定，正确处理证券纠纷与争议，及时、有效地打击证券违法犯罪行为。公正原则实质上是对证券市场的管理者、司法者权利的约束，要求管理者、司法者正确行使其法定职权，履行其法定职责，以保证证券市场的稳定和健康发展。贯彻公正原则，要求做到：①反欺诈、反操纵和反内幕交易；②严禁散布虚假的或使人迷误的消息；③禁止采用不正当的竞争手段等。

第二节 证券发行

一、证券发行概念和分类

所谓证券发行是指符合条件的证券发行人经过批准，以集资或调整股权结构为目的，将证券发售给投资者的行为。证券一经发行，证券持有人即享有证券所记载的权利，实现对证券发行人的投资。

(一) 按照发行是否借助证券承销机构，证券发行可分为直接发行和间接发行

(1) 直接发行是指证券发行主体由自身履行证券发行事务的一种证券发行方法。

(2) 间接发行是通过证券承销机构向投资者发售证券。

(二) 按照发行对象划分，证券发行可以分为公开发行和非公开发行

(1) 有下列情形之一的，为公开发行：①向不特定对象发行证券的；②向特定对象发行证券累计超过 200 人的；③法律、行政法规规定的其他发行行为。

(2) 向累计不超过 200 人的特定对象发行证券为非公开发行证券，非公开发行证券不得采用广告、公开劝诱和变相公开方式。

(三) 按照股票发行的阶段划分，证券发行可以分为设立发行和增资发行

(1) 设立发行是指股份公司在设立时，为筹集公司的注册资本所进行的股票发行。

(2) 增资发行是指股份公司为扩大公司的资本而进行的股票发行，包括向原股东配售股票和向社会公众发售新股。

二、证券发行的审核

为规范证券发行市场，保障投资人的合法权益和减少资金风险，对证券发行人进行一定方式的资格审查是十分必要的。证券发行审核制度，是证券管理机关依法对公开的证券发行做出是否允许发行决定的制度。

目前，世界各国对证券发行的审核主要有两种方式，即注册制和核准制。注册制是指政府对证券发行不做实质条件的限制，证券发行人在发行证券时，只需向政府证券管理部门报送与证券发行有关的一切有价值的文件资料，在法定期限内，政府证券管理部门未提出对证券发行的意见，即视为同意证券的发行。注册制也称形式审核或自动审核，强调证券发行的公开原则。注册制以美国为代表。核准制是指证券的发行不仅要以信息的充分公开为条件，而且还必须符合一定的适于发行的实质要件，证券管理部门不仅要审查证券发行中所公开的信息的真实性，而且要依法定标准审查发行人是否具有发行资格，经其许可，证券才能发行。核准制也称实质审核，强调对证券发行的实质审查。核准制以美国部分州和大陆法系国家为代表。

我国《证券法》确立了我国对证券发行采取核准制，即公开发行证券，必须符合法律、行政法规规定的条件，并依法报经国务院证券监督管理机构或者国务院授权的部门核准或审批，未经依法核准和审批，任何单位和个人不得向社会公开发行证券。国务院证券监督管理机构设发行审核委员会，依法审核股票发行申请。发行审核委员会由国务院证券监督管理机构的专业人员和所聘请的该

机构外的有关专家组成，以投票方式对股票发行申请进行表决，提出审核意见。

三、证券的承销

证券承销是指证券经营机构依照协议，包销或代销发行人向社会公众公开发行的证券的行为。根据我国《证券法》的规定，证券发行人不得直接向社会公众发售其所发行的证券，而应由证券经营机构进行证券承销。证券承销主要有以下两种方式。

（一）证券代销

证券代销是指证券公司代发行人发售证券，在承销期结束时，将未售出的证券全部退还发行人的承销方式。证券代销中发行人与证券公司之间是一种代理关系。

（二）证券包销

证券包销是指证券公司将发行人的证券按照协议全部购入或在承销期结束时将售后剩余证券全部自行购入的承销方式。证券包销可分为两种情况：一是全额包销，即证券公司将发行人的证券按照协议购入，然后再向投资者销售，当卖出价高于购入价时，其差价归证券公司所有；当卖出价低于购入价时，其损失也由证券公司承担。二是余额包销即证券公司在承销期结束时，将售后剩余证券全部自行购入。在全额包销中，证券公司与发行人之间是买卖合同关系；而在余额包销中，则是代理关系和附条件的买卖合同关系。

《证券法》第三十二条规定，向不特定对象发行的证券票面总值超过人民币五千万元的，应当由承销团承销。承销团应当由主承销和参与承销的证券公司组成。所谓承销团承销，也称为联合承销，是指由两个或两个以上的证券公司共同接受发行人的委托，帮助发行人发行、销售证券的一种承销方式。证券的代销、包销期限最长不得超过九十日。股票发行采取溢价发行的，其发行价格由发行人与承销的证券公司协商确定。股票发行采用代销方式，代销期限届满，向投资者出售的股票数量未达到拟公开发行股票数量百分之七十的，为发行失败。发行人应当按照发行价并加算银行同期存款利息返还股票认购人。

四、证券发行的条件

（一）股票发行的条件

股票的发行条件可分为以下两种情况。

（1）设立股份有限公司公开发行股票，应当符合《中华人民共和国公司法》规定的条件和经国务院批准的国务院证券监督管理机构规定的其他条件。经批准拟设立股份公司以募集设立方式公开发行股票的条件为：①生产经营符合国家产业政策。②发行的普通股限于一种，同股同权。③发行人认股的股本数额不少于公司拟发行股本总额的35%。④发行人认股的股本数额不少于人民币3 000万元，国家另有规定的除外。⑤向社会公众发行的部分不少于公司拟发行总额的25%，其中公司职工认购的股本数额不得超过拟向社会公众发行的股本总额的10%，公司拟发行股本总额超过人民币4 亿元的，中国证监会可酌情降低向社会公众发行部分的比例，但最低不少于公司拟发行股本总额的10%。⑥发起人在近3年内没有重大的违法行为。⑦中国证监会规定的其他条件。

（2）公司公开发行新股，应当符合下列条件：①具备健全且运行良好的组织机构。②具有持续盈利能力，财务状况良好。③最近3年财务会计文件无虚假记载，无其他重大违法行为。④经国务院批准的国务院证券监督管理机构规定的其他条件。

（二）公司债券发行的条件

公开发行公司债券，应当符合下列条件：①股份有限公司的净资产不低于人民币 3 000 万元，有限责任公司的净资产不低于人民币 6 000 万元。②累计债券余额不超过公司净资产的 40%。③最近 3 年平均可分配利润足以支付公司债券 1 年的利息。④筹集的资金投向符合国家产业政策。⑤债券的利率不超过国务院限定的利率水平。⑥国务院规定的其他条件。公开发行公司债券筹集的资金，必须用于核准的用途，不得用于弥补亏损和非生产性支出。

上市公司发行可转换为股票的公司债券，除应当符合第一款规定的条件外，还应当符合本法关于公开发行股票的条件，并报国务院证券监督管理机构核准。有下列情形之一的，不得再次公开发行公司债券：①前一次公开发行的公司债券尚未募足的；②对已公开发行的公司债券或者其他债务有违约或者延迟支付本息的事实，仍处于继续状态的；③违反本法规定，改变公开发行公司债券所募资金的用途的。

第三节 证券交易

一、证券交易的一般性规定

根据我国《证券法》的规定，投资者在进行证券交易活动中应当遵守交易的基本规则，符合以下几个方面的要求。

（1）证券交易的标的即证券交易当事人依法买卖的证券，必须是依法发行并交付的证券。非依法发行的证券，不得买卖。

在我国，证券的发行要符合法定条件，并经国务院监督管理部门的批准，未经批准擅自发行的证券，不但证券发行的行为无效，而且不得买卖。同时，虽经国务院证券监督管理部门批准发行的证券，在未依法交付给投资者之前，也不得买卖。因为证券交易的前提是证券转让人必须对所转让的证券拥有所有权或其他处分权，而在证券交付之前，这些权利都是无法确定的。此外，依法发行的股票、公司债券及其他证券，法律对其转让期限有限制性规定的，在限定的期限内不得买卖。

（2）证券交易必须在法定的场所，通过合法的方式进行。根据《证券法》的规定，依法公开发行的股票、公司债券及其他证券，应当在依法设立的证券交易所上市交易或者在国务院批准的其他证券交易场所转让。违反上述规定，私下进行上市证券的交易都是违法无效的。进行上市证券的交易，应当采取用公开集中竞价交易方式进行，并遵守证券交易所的交易规则。集中竞价应遵循价格优先、时间优先的原则。所谓价格优先，即在买入申报时，买价高的申报优于买价低的申报成交；在卖出申报时，卖价低的申报优于卖价高的申报成交。所谓时间优先，即在同价位的买卖申报情况下，申报时间在先的优先成交。此外，证券买卖成交后，应当在规定时间内办理交割过户手续，证券公司应向客户及时提供成交的书面确认文件。

（3）证券交易以现货和国务院规定的其他方式进行交易。交易所内的证券交易方式主要有：现货交易、期货交易、期权交易和信用交易。

现货交易，指证券交易双方以自己可支配的足额资金和证券进行交易，买卖成交以后即时履行证券和价款交割手续。现货交易的风险较小是应用最普遍的交易方式。

期货交易，指证券交易双方交付一定比例的保证金，按照交易协议签订时的证券价格作为成交价格，约定一定时期以后进行交割清算的一种交易方式。在交割日到来之前，交易双方可以不断进行买卖转手，但到交割日时，卖方必须按约定价格卖出证券，买方必须按约定价格买入证券，完成对冲。

期权交易，又称为选择权交易，是期货交易的衍生物。它是指交易一方付给另一方一笔期权费，取得在证券交易所内交易一定时期买卖某种证券的权利的交易方式。期权交易可以分为买进期权和卖出期权。

信用交易，又称为融资融券交易、保证金交易，指投资者在买卖证券时只需向证券公司交付一定比例的保证金，由证券公司提供资金或证券进行交易的方式。

（4）证券交易的当事人必须具有从事证券交易的资格。为确保证券交易市场的公平性和公正性，我国《证券法》还对证券交易的当事人资格进行了一定的限制。证券交易所、证券公司和证券登记结算机构的从业人员、证券监督管理机构的工作人员以及法律、行政法规禁止参与股票交易的其他人员，在任期或者法定限期内，不得直接或者以化名、借他人名义持有、买卖股票，也不得收受他人赠送的股票。这些人员原已持有的股票，必须依法转让，但是，持有、买卖公司债券、证券投资基金不受此限。另外，为股票发行出具审计报告、资产评估报告或者法律意见书等文件的专业机构和人员，在该股票承销期内和期满后六个月内，不得买卖该种股票；为上市公司出具审计报告、资产评估报告或法律意见书等文件的专业机构和人员，自接受该上市公司委托之日起至上述文件公开后五日内，不得买卖该种股票。

（5）禁止公司内部人短线交易。所谓公司内部人短线交易，是指公司内部人在法定期间内，将本公司股票买进后卖出或者卖出后买进的行为。公司内部人包括公司董事、监事等高级管理人员和持有法定比例以上股份的股东。根据《公司法》的规定，发起人持有的本公司股份，自公司成立之日起 1 年内不得转让。公司董事、监事、经理应当向公司申报所持有的本公司的股票，在任期转让也有较大的限制。依据《证券法》的规定，持有一个股份有限公司已发行的股份百分之五的股东，将其所持有的该公司的股票在买入后六个月内卖出，或者在卖出后六个月内又买入，由此所得收益归公司所有。但是证券公司因包销购入售后剩余股票而持有百分之五以上股份的，卖出该股份时不受六个月的时间限制。公司内部人进行了短线交易，其所获收益应没收归公司所有，由公司董事会执行。公司董事会未收回该收益的，其他股东有权要其执行，致使公司遭受损害的，负有责任的董事对公司依法承担连带赔偿责任。

二、证券交易的程序或步骤

我国上海和深圳证券交易所的证券交易程序基本相同。交易时间为每周一至周五，每日上午 9 点 30 分至 11 点 30 分为前市，下午 1 点至 3 点为后市，法定节假日休市。开市后如遇突发事件可宣布暂停交易。证券交易的基本程序包括：开设账户、委托交易、撮合成交、清算交割。

（1）开设账户。投资者要进行证券交易，首先应开设证券账户和资金账户。证券账户是用来存放证券的，由证券登记结算机构统一发放，可以在全国范围内任一证券营业部内使用。资金账户是用来存放买卖证券的资金的，由代理投资者交易的证券公司发放，只能在开户的证券公司营业部使用。

（2）委托交易。委托交易指投资者通过柜台递单、书面形式、电话委托、因特网、自助交易机等方式向受托证券公司发出买卖某种证券指令的法律行为。证券公司接到委托之后，应对交易指令进行合法性、真实性审查，无误后立即将交易指令传送到证券交易所内参加交易。

（3）撮合成交。证券交易所按“价格优先、时间优先”的原则采用集中连续竞价的方式撮合成交。

（4）清算交割。即在法定的期限内，将已经成交的资金和股票的正式交付。

三、证券的上市

根据 2005 年新修订的《证券法》，申请证券上市交易，应当向证券交易所提出申请，由证券交易所依法审核同意，并由双方签订上市协议。

（1）股份有限公司申请股票上市，应当符合下列条件：①股票经国务院证券监督管理机构核准已公开发行；②公司股本总额不少于人民币三千万元；③公开发行的股份达到公司股份总数的百分之二十五以上；公司股本总额超过人民币四亿元的，公开发行股份的比例为百分之十以上；④公司最近三年无重大违法行为，财务会计报告无虚假记载。

（2）公司申请公司债券上市交易，应当符合下列条件：①公司债券的期限为一年以上；②公司债券实际发行额不少于人民币五千万元；③公司申请债券上市时仍符合法定的公司债券发行条件。

四、上市公司收购

（一）上市公司收购的概念

上市公司收购是指投资者通过证券交易所集中交易方式向某一上市公司不特定多数的股票持有者购买一定数量的股票，或者通过协议方式受让该公司部分股东一定比例的股份，以取得该上市公司的控制权。前者称为要约收购，后者称为协议收购。

（二）上市公司收购的程序和规则

1. 报告和公告持股情况

《证券法》第八十六条规定，通过证券交易所的证券交易，投资者持有或者通过协议、其他安排与他人共同持有一个上市公司已发行的股份达到百分之五时，应当在该事实发生之日起三日内，向国务院证券监督管理机构、证券交易所作出书面报告，通知该上市公司，并予公告；在上述期限内，不得再行买卖该上市公司的股票。投资者持有或者通过协议、其他安排与他人共同持有一个上市公司已发行的股份达到百分之五后，其所持该上市公司已发行的股份比例每增加或者减少百分之五，应当依照前款规定进行报告和公告。在报告期限内和作出报告、公告后二日内，不得再行买卖该上市公司的股票。

2. 收购要约

通过证券交易所的证券交易，投资者持有或者通过协议、其他安排与他人共同持有一个上市公司已发行的股份达到30%时，继续进行收购的，应当依法向该上市公司所有股东发出收购上市公司全部或者部分股份的要约。但是，经国务院证券监督管理机构免除发出要约的除外。收购上市公司部分股份的收购要约应当约定，被收购公司股东承诺出售的股份数额超过预定收购的股份数额的，收购人按比例进行收购。收购要约的期限不得少于三十日，并不得超过六十日。在收购要约的有效期限内，收购人不得撤回其收购要约；收购人需要变更收购要约中事项的，必须事先向国务院证券监督管理机构及证券交易所提出报告，获准后，予以公告。

3. 终止上市交易和应当收购

收购期限届满，被收购公司股权分布不符合上市条件的，该上市公司的股票应当由证券交易所依法终止上市交易；其余仍持有被收购公司股票的股东，有权向收购人以收购要约的同等条件出售其股票，收购人应当收购。收购行为完成后，被收购公司不再具备股份有限公司条件的，应当依法变更企业形式。

4．报告和公告收购情况

收购上市公司的行为结束后，收购人应当在 15 日内将收购情况报告国务院证券监督管理机构和证券交易所，并予以公告。

第四节 证券机构

一、证券交易所

（一）证券交易所的概念

证券交易所是为证券集中交易提供场所和设施，组织和监督证券交易，实行自律管理的法人。我国的证券交易所是不以营利为目的，仅为证券的集中和有组织的交易提供场所、设施，实行自律性管理的事业法人。目前，我国有两家证券交易所，即 1990 年 12 月设立的上海证券交易所和 1991 年 1 月设立的深圳证券交易所。

我国证券交易所的设立是采用特许主义设立的。证券交易所的设立和撤销均由国务院决定。其制定和修改章程则须经国务院证券监督管理机构批准，在其名称中须标明“证券交易所”字样。各国证券交易所有公司制证券交易所和会员制证券交易所两种基本形式。我国的证券交易所在组织形式上采用的是会员制，即进入证券交易所参与集中竞价交易的必须是具有会员资格的券商或其他会员。在机构设置方面，证券交易所设理事会。证券交易所设总经理 1 人，由国务院证券监督管理机构任免。

（二）证券交易所的职能

依据《证券法》的规定，证券交易所具有以下职能：①证券交易所应当为组织公平的集中交易提供保障，公布证券交易即时行情，并按交易日制作证券市场行情表，予以公布。②依照法律、行政法规的规定，办理股票、公司债券的暂停上市、恢复上市或者终止上市的事务。③因突发性事件而影响证券交易的正常进行时，证券交易所可以采取技术性停牌的措施，因不可抗力的突发性事件或者为维护证券交易的正常秩序，证券交易所可以决定临时停市。④对在交易所进行的证券交易实行实时监控，并按照国务院证券监督管理机构的要求，对异常的交易情况提出报告。⑤对上市公司披露信息进行监督，督促上市公司依法及时、准确地披露信息。⑥依照证券法律、行政法规制定证券集中竞价交易的具体规则，制定证券交易所的会员管理规章和证券交易所从业人员业务规则，并报国务院证券监督管理机构批准。⑦对违反交易规则的证券交易人员给予纪律处分，情节严重的，取消其交易资格，禁止其入场进行证券交易。

二、证券公司

（一）证券公司的概念

证券公司是依法成立的从事有价证券经营及相关业务的非银行金融机构。对于证券经营机构，美国称为“投资银行”，英国称为“商人银行”，日本称为“证券公司”。证券公司在证券市场中具有重要的地位和作用。我国《证券法》所称证券公司，是指依照《公司法》和《证券法》的规定批准从事证券经营业务的有限责任公司和股份有限公司。证券公司是证券市场的重要主体。

（二）证券公司的业务

经国务院证券监督管理机构批准，证券公司可以经营下列部分或者全部业务：①证券经纪；②证券投资咨询；③与证券交易、证券投资活动有关的财务顾问。④证券承销与保荐；⑤证券自营；⑥证券资产管理；⑦其他证券业务。

（三）证券公司的设立

设立证券公司，必须经国务院证券监督管理机构审查批准。未经国务院证券监督管理机构批准，任何单位和个人不得经营证券业务。设立证券公司，应当具备下列条件：①有符合法律、行政法规规定的公司章程。②主要股东具有持续盈利能力，信誉良好，最近三年无重大违法违规记录，净资产不低于人民币2亿元。③有符合证券法规定的注册资本；证券公司经营本法第一百二十五条第（一）项至第（三）项业务的，注册资本最低限额为人民币五千万元；经营第（四）项至第（七）项业务之一的，注册资本最低限额为人民币一亿元；经营第（四）项至第（七）项业务中两项以上的，注册资本最低限额为人民币五亿元。证券公司的注册资本应当是实缴资本。④董事、监事、高级管理人员具备任职资格，从业人员具有证券从业资格。⑤有完善的风险管理与内部控制制度。⑥有合格的经营场所和业务设施。⑦法律、行政法规规定的和经国务院批准的国务院证券监督管理机构规定的其他条件。

证券公司的注册资本应当是实缴资本。其中，证券公司经营证券经纪、证券投资咨询、与证券交易和投资活动有关的财务顾问之一的，其注册资本最低限额为人民币 5 000 万元。经营证券承销与保荐、证券自营、证券资产管理和其他证券业务之一的，注册资本最低限额为人民币1亿元。经营证券承销与保荐、证券自营、证券资产管理和其他证券业务两项以上的，注册资本最低限额为人民币5亿元。

（四）证券公司的机构设置及人员管理

证券公司的机构按照《公司法》的规定设置。证券公司的董事、监事、高级管理人员，应当正直诚实，品行良好，熟悉证券法律、行政法规，具有履行职责所需的经营管理能力，并在任职前取得国务院证券监督管理机构核准的任职资格。有《中华人民共和国公司法》第一百四十七条规定的情形或者下列情形之一的，不得担任证券公司的董事、监事、高级管理人员：①因违法行为或者违纪行为被解除职务的证券交易所、证券登记结算机构的负责人或者证券公司的董事、监事、高级管理人员，自被解除职务之日起未逾五年。②因违法行为或者违纪行为被撤销资格的律师、注册会计师或者投资咨询机构、财务顾问机构、资信评级机构、资产评估机构、验证机构的专业人员，自被撤销资格之日起未逾五年。③因违法行为或者违纪行为被开除的证券交易所、证券登记结算机构、证券服务机构、证券公司的从业人员和被开除的国家机关工作人员，不得招聘为证券公司的从业人员。国家机关工作人员和法律、行政法规规定的禁止在公司中兼职的其他人员，不得在证券公司中兼任职务。

（五）证券公司业务规则

①证券公司必须将其证券经纪业务、证券承销业务、证券自营业务和证券资产管理业务分开办理，不得混合操作。②证券公司的自营业务必须使用自有资金和依法筹集的资金。③证券公司自营业务必须以自己的名义进行，不得假借他人名义或者以个人名义进行。证券公司不得将其自营账户借给他人使用。④证券公司客户的交易结算资金应当存放在商业银行，以每个客户的名义单独立户管理。证券公司不得将客户的交易结算资金和证券归入其自有财产。禁止任何单位或者个人以任何形式挪用客户的交易结算资金和证券。⑤证券公司办理经纪业务，应当置备统一制定的证券买卖委托书，供委托人使用。采取其他委托方式的，必须作出委托记录。客户的证券买卖委托，不论是否成交，其委托记录应当按规定的期限，保存于证券公司。⑥证券公司接受证券买卖的委托，应当根

据委托书载明的证券名称、买卖数量、出价方式、价格幅度等，按照交易规则代理买卖证券；买卖成交后，应当按规定制作买卖成交报告单交付客户。证券交易中确认交易行为及其交易结果的对账单必须真实，并由交易经办人员以外的审核人员逐笔审核，保证账面证券余额与实际持有的证券相一致。⑦证券公司为客户买卖证券提供融资融券服务，应当按照国务院的规定并经国务院证券监督管理机构批准。⑧证券公司办理经纪业务，不得接受客户的全权委托而决定证券买卖、选择证券种类、决定买卖数量或者买卖价格。⑨证券公司不得以任何方式对客户证券买卖的收益或者赔偿证券买卖的损失作出承诺。⑩证券公司及其从业人员不得未经过其依法设立的营业场所私下接受客户委托买卖证券。⑪证券公司应当妥善保存客户开户资料、委托记录、交易记录和与内部管理、业务经营有关的各项资料，任何人不得隐匿、伪造、篡改或者毁损。上述资料的保存期限不得少于20年。

三、证券登记结算机构

（一）证券登记结算机构的概念与设立

证券登记结算机构是为证券交易提供集中登记、托管与结算服务的、不以营利为目的的法人。设立证券登记结算机构，必须经国务院证券监督管理机构批准，并应具备下列条件：①自有资金不少于人民币2亿元；②具有证券登记、托管和结算服务所必需的场所和设施；③主要管理人员和业务人员必须具有证券从业资格；④国务院证券监督管理机构规定的其他条件。证券登记结算机构的名称中应当标明证券登记结算字样。

（二）证券登记结算机构的职能

证券登记结算机构履行下列职能：①证券账户、结算账户的设立；②证券的托管和过户；③证券持有人名册登记；④证券交易所上市证券交易的清算和交收；⑤受发行人的委托派发证券权益；⑥办理与上述业务有关的查询；⑦国务院证券监督管理机构批准的其他业务。

四、证券交易服务机构

证券交易服务机构是指从事证券投资咨询、资信评估，为证券发行和上市交易提供专业性服务的机构，包括证券投资咨询机构和资信评估机构等。证券投资咨询机构可以专门设立或单独设立，也可以由证券公司兼设。其业务主要是接受委托对证券投资技巧、法律问题、上市公司情况等提供研究报告和建议；为证券发行人、承销商设计有关方案，提供咨询服务；接受委托起草有关证券业务资料、文件等。证券投资资信评估机构主要是对证券投资进行研究、统计、咨询、质量评估，包括对公司发行证券评定资信等级，为投资者提供有关资信方面的咨询等。

《证券法》规定，专业的证券投资咨询机构、资信评估机构的业务人员，必须具备证券专业知识和有从事证券业务两年以上经验。同时，证券投资咨询机构的从业人员不得从事下列行为：①代理委托人从事证券投资；②与委托人约定分享证券投资收益或者分担证券投资损失；③买卖本咨询机构提供服务的上市公司股票；④利用传播媒介或者通过其他方式提供、传播虚假或者误导投资者的信息；⑤法律、行政法规禁止的其他行为。

另外，证券服务机构为证券的发行、上市、交易等证券业务活动制作、出具审计报告、资产评估报告、财务顾问报告、资信评级报告或者法律意见书等文件，应当勤勉尽责，对所依据的文件资料内容的真实性、准确性、完整性进行核查和验证。其制作、出具的文件有虚假记载、误导性陈述或者重大遗漏，给他人造成损失的，应当与发行人、上市公司承担连带赔偿责任，但是能够证明自己没有过错的除外。

五、证券业协会

（一）证券业协会的性质与机构设置

证券业协会是证券业的自律性组织，是社会团体法人。证券公司应当加入证券业协会。1991 年 8 月 28 日，我国成立了中国证券业协会。证券业协会是中国证券发展史上第一个全国性的证券行业自律管理组织，是证券经营机构依法自行组织的自律性会员组织，具有独立的社团法人资格。证券业协会的权力机构是全体会员组成的会员大会。证券业协会设理事会，理事会成员依章程规定选举产生。

（二）证券业协会的职责

证券业协会履行下列职责：①协助证券监督管理机构教育和组织会员执行证券法律、行政法规；②依法维护会员的合法权益，向证券监督管理机构反映会员的建议和要求；③收集整理证券信息，为会员提供服务；④制定会员应遵守的规则，组织会员单位的从业人员的业务培训，开展会员间的业务交流；⑤对会员之间、会员与客户之间发生的纠纷进行调解；⑥组织会员就证券业的发展、运作及有关内容进行研究；⑦监督、检查会员行为，对违反法律、行政法规或者协会章程的，按照规定给予纪律处分；⑧国务院证券监督管理机构赋予的其他职责。

六、证券监督管理机构

《证券法》规定，我国依法对证券市场实行监督管理的机构是国务院证券监督管理机构，目前是中国证券监督管理委员会。《证券法》规定，国务院证券监督管理机构在对证券市场实施监督管理中履行下列职责：①依法制定有关证券市场监督管理的规章、规则，并依法行使审批或者核准权；②依法对证券的发行、交易、登记、托管、结算进行监督管理；③依法对证券发行人、上市公司、证券交易所、证券公司、证券登记结算机构、证券投资基金管理机构、证券投资咨询机构、资信评估机构以及从事证券业务的律师事务所、会计师事务所、资产评估机构的证券业务活动进行监督管理；④依法制定从事证券业务人员的资格标准和行为准则并监督实施；⑤依法监督检查证券发行和交易的信息公开情况；⑥依法对证券业协会的活动进行指导和监督；⑦依法对违反证券市场监督管理法律、行政法规的行为进行查处；⑧法律、行政法规规定的其他职责。

国务院证券监督管理机构依法履行职责时，有权采取下列措施：①进入违法行为发生场所调查取证；②询问当事人和与被调查事件有关的单位和个人，要求其对与被调查事件有关的事项作出说明；③查阅、复制当事人和与被调查事件有关的单位和个人的证券交易记录、登记过户记录、财务会计资料及其他相关文件和资料；对可能被转移或者隐匿的文件和资料，可以予以封存；④查询当事人和与被调查事件有关的单位和个人的资金账户、证券账户，对有证据证明有转移或者隐匿违法资金、证券迹象的，可以申请司法机关予以冻结。

第五节 证券欺诈行为

我国《公司法》《证券法》《股票发行与交易暂行条例》及《禁止证券欺诈行为暂行办法》规定了证券市场中禁止的欺诈行为，主要包括：内幕交易、操纵市场、虚假陈述、欺诈客户 4 类。法律之所以禁止这些行为，主要是因为这些行为违背交易的公平性，损害公众对证券市场的信心。

一、禁止内幕交易

1. 内幕交易的界定

内幕交易是指内幕人员以获取利益或者减少损失为目的，利用内幕信息进行证券发行、交易的活动。内幕交易包括下列行为：①内幕人员利用内幕信息买卖证券或者根据内幕信息建议他人买卖证券；②内幕人员向他人泄露内幕信息，使他人利用该信息进行内幕交易；③非内幕人员通过不正当的手段或者其他途径获得内幕信息，并根据该信息买卖证券或者建议他人买卖证券；④其他内幕交易行为。

2. 内幕信息的界定

证券交易活动中，涉及公司的经营、财务或者对该公司证券的市场价格有重大影响的尚未公开的信息，为内幕信息。包括：①公司的经营方针和经营范围的重大变化；②公司的重大投资行为和重大的购置财产的决定；③公司订立重要合同，而该合同可能对公司的资产、负债、权益和经营成果产生重要影响；④公司发生重大债务和未能清偿到期重大债务的违约情况；⑤公司发生重大亏损或者遭受超过净资产 10%以上的重大损失；⑥公司生产经营的外部条件发生的重大变化；⑦公司的董事长、1/3 以上的董事或者经理发生变动；⑧持有公司 5%以上股份的股东，其持有股份情况发生较大变化；⑨公司减资、合并、分立、解散及申请破产的决定；⑩涉及公司的重大诉讼，法院依法撤销股东大会、董事会决议；⑪公司分配股利或者增资的计划；⑫公司股权结构的重大变化；⑬公司债务担保的重大变更；⑭公司营业用主要资产的抵押、出售或者报废一次超过该资产的 30%；⑮公司的董事、监事、经理、副经理或者其他高级管理人员的行为可能依法承担重大损害赔偿责任；⑯上市公司收购的有关方案；⑰国务院证券监督管理机构认定的对证券交易价格有显著影响的其他重要信息。根据《禁止证券欺诈行为暂行办法》的规定，内幕信息不包括运用公开的信息和资料对证券市场做出的预测和分析。

3. 内幕人员的界定

内幕人员是指由于持有发行人的证券，或者在发行人或者与发行人有密切联系的公司中担任董事、监事、高级管理人员，或者由于其会员地位、管理地位、监督地位和职业地位，或者作为雇员、专业顾问履行职务，能够接触或者获得内幕信息的人员。

《证券法》规定下列人员为知悉证券交易内幕信息的知情人员：①发行人的董事、监事、高级管理人员；②持有公司 5%以上股份的股东及其董事、监事、高级管理人员，公司的实际控制人及其董事、监事、高级管理人员；③发行人控股的公司及其董事、监事、高级管理人员；④由于所任公司职务可以获取公司有关证券交易信息的人员；⑤证券监督管理机构工作人员以及由于法定的职责对证券交易进行管理的其他人员；⑥保荐人、承销的证券公司、证券交易所、证券登记结算机构、证券服务机构的有关人员；⑦国务院证券监督管理机构规定的其他人员。

4. 从事内幕交易的法律责任

从事内幕交易应承担的法律责任如下。

（1）证券交易内幕信息的知情人或者非法获取内幕信息的人，在涉及证券的发行、交易或者其他对证券的价格有重大影响的信息公开前，买卖该证券，或者泄露该信息，或者建议他人买卖该证券的，责令依法处理非法持有的证券，没收违法所得，并处以违法所得 1 倍以上 5 倍以下的罚款；没有违法所得或者违法所得不足 3 万元的，处以 3 万元以上 60 万元以下的罚款。单位从事内幕交易的，还应当对直接负责的主管人员和其他直接责任人员给予警告，并处以 3 万元以上 30 万元以下的罚款。证券监督管理机构工作人员进行内幕交易的，从重处罚。

（2）内幕人员和以不正当手段或者其他途径获得内幕信息的其他人员，在涉及证券的发行、交易或者其他对证券的价格有重大影响的信息尚未公开前，买入或者卖出该证券；或者泄露该信息，情节严重的，处五年以下有期徒刑或者拘役，并处或者单处所得一倍以上五倍以下罚金；情节特别严重的，处五年以下有期徒刑，并处违法所得一倍以上五倍以下罚金；单位犯前款罪的，对单位判处罚金，并对其直接负责的主管人员和其他直接责任人员，处五年以下有期徒刑或者拘役。

二、禁止操纵市场

（一）操纵市场的界定

操纵市场是指任何单位或者个人背离市场自由竞争和供求关系原则，人为地操纵证券价格，以诱使他人参与证券交易，为自己牟取私利、扰乱证券市场秩序的行为。包括：①通过单独或者合谋，集中资金优势、持股优势或者利用信息优势联合或者连续买卖，操纵证券交易价格；②与他人串通，以事先约定的时间、价格和方式相互进行证券交易或者相互买卖并不持有的证券，影响证券交易价格或者证券交易量；③以自己为交易对象，进行不转移所有权的自买自卖，影响证券交易价格或者证券交易量；④以其他方法操纵证券交易价格。

（二）操纵市场的法律责任

操纵证券市场的，责令依法处理非法持有的证券，没收违法所得，并处以违法所得 1 倍以上 5 倍以下的罚款；没有违法所得或者违法所得不足三十万元的，处以三十万元以上三百万元以下的罚款。单位操纵证券市场的，还应当对直接负责的主管人员和其他直接责任人员给予警告，并处以十万元以上六十万元以下的罚款。

中华人民共和国第十届全国人民代表大会常务委员会第二十二次会议于 2006 年 6 月 29 日通过的中华人民共和国刑法修正案（六）规定：操纵证券、期货市场，情节严重的，处五年以下有期徒刑或者拘役，并处或者单处罚金；情节特别严重的，处五年以上十年以下有期徒刑，并处罚金。单位操纵证券、期货市场的，对单位判处罚金，并对其直接负责的主管人员和其他直接责任人员，依照前款的规定处罚。

三、禁止虚假陈述

（一）虚假陈述的界定

虚假陈述是指对证券发行、交易及其相关活动的事实、性质、前景、法律等事项作出不实、严重误导或者含有重大遗漏的、任何形式的虚假陈述或者诱导，致使投资者在不了解事实真相的情况下作出证券投资决定的行为。包括：①发行人、证券经营机构在招募说明书、上市公告书、公司报告及其他文件中做出虚假陈述；②律师事务所、会计师事务所、资产评估机构等专业性证券服务机构在其出具的法律意见书、审计报告、资产评估报告及参与制作的其他文件中做出虚假陈述；③证券交易场所、证券业协会或者其他证券业自律性组织做出对证券市场产生影响的虚假陈述；④发行人、证券经营机构、专业性证券服务机构、证券业自律性组织在向证券监管部门提交的各种文件、报告和说明中做出虚假陈述；⑤在证券发行、交易及其相关活动中的其他虚假陈述。

（二）虚假陈述的法律责任

（1）发行人、上市公司或者其他信息披露义务人未按照规定披露信息，或者所披露的信息有虚假记载、误导性陈述或者重大遗漏的，责令改正，给予警告，并处以三十万元以上六十万元以下的罚款。对直接负责的主管人员和其他直接责任人员给予警告，并处以三万元以上三十万元以下的罚款。

发行人、上市公司或者其他信息披露义务人未按照规定报送有关报告，或者报送的报告有虚假记载、误导性陈述或者重大遗漏的，责令改正，给予警告，并处以三十万元以上六十万元以下的罚款。对直接负责的主管人员和其他直接责任人员给予警告，并处以三万元以上三十万元以下的罚款。发行人、上市公司或者其他信息披露义务人的控股股东、实际控制人指使从事前两款违法行为的，依照前两款的规定处罚。

（2）编造并且传播影响证券交易的虚假信息，扰乱证券交易市场，造成严重后果的，处五年以下有期徒刑或者拘役，并处或者单处一万元以上十万元以下罚金。

四、禁止欺诈客户

（一）欺诈客户的界定

欺诈客户是指证券经营机构、证券登记、清算机构及证券发行人或者发行代理人等在证券发行、交易及相关活动中诱使投资者买卖证券以及其他违背客户真实意愿、损害客户利益的行为。包括：①证券经营机构将自营业务和代理业务混合操作；②证券经营机构违背被代理人的指令为其买卖证券；③证券经营机构不按国家有关法规和证券交易场所业务规则的规定处理证券买卖委托；④证券经营机构不在规定时间内向被代理人提供证券买卖书面确认文件；⑤证券登记、清算机构不按国家有关法规和本机构业务规则的规定办理清算、交割、过户、登记手续；⑥证券登记、清算机构擅自将顾客委托保管的证券用作抵押；⑦证券经营机构以多获取佣金为目的，诱导顾客进行不必要的证券买卖，或者在客户的账户上翻炒证券；⑧发行人或者发行代理人将证券出售给投资者时未向其提供招募说明书；⑨证券经营机构保证客户的交易收益或者允诺赔偿客户的投资损失；⑩其他违背客户真实意志，损害客户利益的行为。

（二）欺诈客户的法律责任

证券经营机构、证券登记或者清算机构以及其他各类从事证券业的机构有欺诈客户行为的，根据不同情况，单处或者并处警告、没收非法所得、罚款、限制或者暂停其经营证券业务、其从事证券业务或者撤销其证券经营业务许可、其从事证券业务许可。

证券经营机构、证券登记或者清算机构以及其他各类从事证券业机构有欺诈客户行为的直接责任人，根据不同情况，单处或者并处警告、罚款、撤销其证券经营业务许可、其从事证券业务许可。

实施欺诈客户行为，给投资者造成损失的，应当依法承担赔偿责任。

复习思考题

1. 试述证券法的基本原则。
2. 简述股票发行的条件。
3. 简述债券发行的条件。
4. 内幕交易的行为有哪些？

课后讨论

1. 探讨我国的证券监管制度存在的问题及完善。
2. 了解中外在内幕交易制度方面的异同。

案例分析

案例一

【参考案例】

陈某某等23名投资人诉D联谊公司、S证券公司虚假陈述侵权赔偿纠纷案

【裁判摘要】

根据《关于审理证券市场因虚假陈述引发的民事赔偿案件的若干规定》，上市公司的实际控制人以上市公司名义实施虚假陈述行为给投资人造成损失，投资人只起诉上市公司的，上市公司应当先行承担赔偿责任，然后再向实际控制人追偿。证券承销商、证券上市推荐人知道或者应当知道上市公司虚假陈述而不予纠正或者不出具保留意见的，构成共同侵权，对投资人的损失承担连带责任。投资人以自己受到虚假陈述侵害为由，对虚假陈述行为人提起民事赔偿诉讼的，必须以有关机关的行政处罚决定或者人民法院的刑事裁判文书为依据。此类案件的诉讼时效，应当从有关机关的行政处罚决定或者人民法院的刑事裁判文书公布之日起算。

原告：陈某某等23名投资人（名单略）。

被告：D联谊石化股份有限公司。

法定代表人：李某某，该公司董事长。

被告：S万国证券股份有限公司。

法定代表人：王某某，该公司董事长。

原告陈某某等23名投资人因认为被告D联谊石化股份有限公司（以下简称D公司）、被告S万国证券股份有限公司（以下简称S证券公司）的虚假陈述行为给其投资股票造成了损失，侵犯其民事权益，向某市中级人民法院提起诉讼。

原告诉称：被告D联谊公司和被告S证券公司在证券市场实施虚假陈述行为，已经受到中国证券监督管理委员会（以下简称中国证监会）的处罚。这不仅有中国证监会的处罚决定证实，D联谊公司1999年4月21日发布的董事会公告中也承认。二被告的虚假陈述行为使原告在投资D联谊公司股票中遭受了损失，应当对给原告造成的损失承担赔偿责任。请求判令D联谊公司给原告赔偿经济损失960 063.15元，S证券公司对此承担连带赔偿责任；由二被告负担本案诉讼费和诉讼成本费。

被告D公司辩称：1. 本案所涉虚假陈述行为，是D公司石化总厂（以下简称联谊石化总厂）以D公司名义实施的；D公司是在1998年5月6日才依法取得法人资格和营业执照，不应对此前该公司总厂实施的违法行为承担民事责任；2. 中国证监会的处罚决定是于2000年4月27日公布的，也就是说，2000年4月27日是D公司虚假陈述行为的揭露日。1999年4月20日D公司的董事会公告，仅是对投资者进行风险提示。原告方将这个日期作为D公司虚假陈述行为的揭露日，不符合法律规定；3. 原告方投资D公司股票的交易损失，主要是受系统风险及影响股价走势的多种因素

所致，与D公司被揭露的虚假陈述行为没有显而易见的因果关系；4. 原告既然主张其于1999年4月21日从D公司董事会公告中知道了虚假陈述行为的存在，其提起本案侵权之诉时，就超过了法律规定的两年诉讼时效期间，其诉讼请求不应得到支持。应当驳回原告的诉讼请求。

被告S证券公司除同意被告D公司的答辩理由外，另辩称：原告起诉的虚假陈述事实，包括《招股说明书》《上市公告》以及其他所谓“侵权事实”，均系D公司所为，依法应由实施欺诈者自行承担责任。对D公司的虚假陈述，S证券公司既不明知也未参与。要求股票承销商和上市公司推荐人识别、查验和阻断这些制假造假现象，超出了S证券公司的审核能力与义务。原告的诉讼请求应当驳回。

经法院查明：

被告D公司正式成立于1998年5月6日。

1997年4月26日，联谊石化总厂以被告D公司的名义发布《招股说明书》。该说明书中，载明被告申银证券公司是D公司股票的上市推荐人和主承销商。1997年5月23日，代码为600065A的D公司股票在上海证券交易所上市。1998年3月23日，联谊石化总厂又以D公司的名义发布《1997年年报》。1999年4月21日，根据有关部门要求，D公司在《中国证券报》上发布董事会公告，称该公司的《1997年年报》因涉嫌利润虚假、募集资金使用虚假等违法、违规行为，正在接受有关部门调查。2000年3月31日，中国证监会以证监罚字[2000]年第15.16号，作出《关于D公司违反证券法规行为的处罚决定》和《关于申银证券公司违反证券法规行为的处罚决定》。处罚决定中，认定D公司有欺诈上市、《1997年年报》内容虚假的行为；申银证券公司在为D公司编制申报材料时，有将重大虚假信息编入申报材料的违规行为。上述处罚决定均在2000年4月27日的《中国证券报》上公布。

从1997年5月23日起，原告陈某某等23人陆续购买了D公司股票；至2000年4月27日前后，这些股票分别被陈某某等23人卖出或持有。因购买D公司股票，陈某某等23人遭受的实际损失为425 388.30元，其中242 349.00元损失发生在欺诈上市虚假陈述行为实施期间。

另查明：从被告D公司《1997年年报》虚假行为被披露的1999年4月21日起，D公司股票累计成交量达到可流通部分100%的日期是同年6月21日，其间每个交易日收盘价的平均价格为9.65元；从D公司上市虚假行为被披露的2000年4月27日起，D公司股票累计成交量达到可流通部分100%的日期是同年6月23日，其间每个交易日收盘价的平均价格为13.50元。上海证券交易所股票交易的佣金和印花税，分别为3.5‰、4‰。

问：

1. D 公司是否对该公司总厂以其名义实施的虚假陈述行为承担民事责任？

2. 原告的股票交易损失与虚假陈述行为之间是否存在因果关系？

3. S 证券公司是否应对虚假陈述行为承担连带责任？

4. 原告的经济损失如何确定？

5. 原告向法院主张权利，是否超过诉讼时效期间？

案例二

某股份有限公司（下称公司）于2006年6月在某证券交易所上市。2007年以来，公司发生了下列事项。

（1）2007年5月，董事赵某将所持公司股份20万股中的2万股卖出；2008年3月，董事钱某将所持公司股份10万股中的25 000股卖出；董事孙某因出国定居，于2007年7月辞去董事职务，并于2008年3月将其所持公司股份5万股全部卖出。

（2）监事李某于2007年4月9日以均价每股8元价格购买5万股公司股票，并于2007年9月10日以均价每股16元价格将上述股票全部卖出。

（3）2007年5月12日，公司发布年度报告。为该公司年报出具审计报告的注册会计师周某于同年5月20日购买该公司股票1万股。

（4）公司股东大会于2007年5月8日通过决议，由公司收购本公司股票900万股，即公司已发行股份总额的3%，用于奖励本公司职工。同年6月，公司从资本公积金中出资收购上述股票，并将其中的600万股转让给公司职工，剩余的300万股拟在2008年10月转让给即将被吸收合并于该公司的另一企业的职工。

（5）2008年7月，公司决定拟以定向发行的方式引进外国战略投资者。双方签订的意向协议约定：第一，本次定向发行完成后，外国战略投资者首次投资取得公司已发行股份的8%；第二，外国战略投资者本次定向认购的股份在2年内不得转让。

要求：根据本题所述内容，分别回答下列问题。

1．赵某、钱某和孙某卖出所持公司股票的行为是否符合法律规定？并分别说明理由。

2．李某买卖公司股票的行为是否符合法律规定？并说明理由。

3．周某买入公司股票的行为是否符合法律规定？并说明理由。

4．公司收购用于奖励职工的本公司股票数额是否符合法律规定？并说明理由。公司从资本公积金中出资收购用于奖励职工的本公司股票的行为是否符合法律规定？并说明理由。公司预留 300 万股股票拟在 2008 年 10 月转让其他职工的行为是否符合法律规定？并说明理由。

5．公司与外国战略投资者签订的意向协议约定的内容是否符合法律规定？并说明理由。

第十四章 税法

世界上只有两件事是不可避免的，那就是税收和死亡。

——本杰明·富兰克林

学习重点与难点

税收的概念、特征，税法的构成要素

现行主要税种及各税种的征收、计算

主要法律法规

《中华人民共和国企业所得税法》

《中华人民共和国企业所得税法实施条例》

《中华人民共和国个人所得税法》

《中华人民共和国个人所得税法实施条例》

《中华人民共和国资源税暂行条例实施细则》

《中华人民共和国车船税法实施条例》

《中华人民共和国房产税暂行条例》

《中华人民共和国营业税暂行条例》

《中华人民共和国营业税暂行条例实施细则》

《中华人民共和国消费税暂行条例》

《中华人民共和国消费税暂行条例实施细则》

《中华人民共和国增值税暂行条例》

《中华人民共和国增值税暂行条例实施细则》

课前预习

房产税的改革;

十八大提出关于全面深化改革若干问题的决定中，要求深化我国的财税体制改革。从法律层面，该如何完善我国的财税法律体系。

第一节 税收与税法概述

一、税收的概念和特征

（一）税收的概念

税收是国家为实现其公共职能而凭借其政治权力，依照法律规定的程序，强制、无偿地取得财政收入的活动。税收是国家（政府）公共财政最主要的收入形式和来源。税收的本质是国家为满足社会公共需要，凭借公共权力，按照法律所规定的标准和程序，参与国民收入分配，强制取得财政收入所形成的一种特殊分配关系。它体现了一定社会制度下国家与纳税人在征收、纳税的利益分配上的一种特定分配关系。

税收活动是国家参与社会产品分配和再分配的重要手段，税收杠杆是国家据以进行宏观调控的重要工具，税收收入是国家财政收入的最主要的来源。没有税收，国家机器就不能有效运作，公共物品也不能有效供给，国家也将难以存续。正因如此，税收有着非常重要的地位。

（二）税收的特征

国家取得财政收入的手段多种多样，如税收、发行货币、发行国债、收费、罚没等，而税收则由政府征收，取之于民、用之于民。税收具有无偿性、强制性和固定性的形式特征。税收三性是一个完整的统一体，它们相辅相成、缺一不可。

1．强制性

税收是国家凭借政治力量，通过法律或法规强制征收的。负有纳税义务的组织或个人，都必须按照法律、法规的规定，依法纳税，否则就要受到法律的制裁。

2．无偿性

税收是国家凭借政治权力向纳税义务人征收的，是国家财政收入的最主要来源，国家征税时不向原纳税人支付任何报酬或代价。

3．固定性

税法规定的征税对象、税目、税率、纳税义务人、纳税办法和纳税期限都有一个相对稳定的适用期限，在一定时间内是相对固定的。对于税法预先规定的标准，不仅纳税义务人要遵守，征税人也必须严格遵守。

二、税收的分类

税收的分类是指按照一定的标准对不同税种进行归类。主要分类如下。

（一）直接税与间接税

依据税负能否转嫁，税收可以分为直接税和间接税。凡税负不能转嫁给他人，而是由纳税人直接来承担税负的税种，即为直接税，如各类所得税。凡税负可以转嫁给他人，税负人只是间接承担税负的种类，即为间接税，如各类商品税。这种分类对于研究税收归宿、税法实效等问题具有重要意义。

（二）从量税与从价税

依据税收计征标准的不同，税收可以分为从量税和从价税。凡以征税对象的数量、重量、容量等为标准从量计征的税种，为从量税，或称“从量计征”，如资源税等税种就实行从量计征。凡以征税对象的价格为标准从价计征的税种，为从价税，或称“从价计征”。多数税种，如增值税等都是实行从价计征。这种分类有利于研究税收与价格变化的关系，便于国家相机实行相应的经济政策。

（三）商品税、所得税和财产税

依据征税对象的不同，税收可以分为商品税、所得税和财产税，这通常被认为是税收最重要、最基本的分类。由于征税对象是税制的核心要素，是区分不同税收的主要标准，它直接影响到相关税种的特征、作用和征管方法等，因此，征税对象历来深受重视，许多国家、国际组织以及学者都较为认同以征税对象作为税收分类的最重要依据，从而使上述分类在税收法律建设中也具有重要地位。本章在有关具体的税收制度的介绍中，将采用这种分类。

(四)中央税和地方税

依据税收管理权和税收收益权的不同，税收可分为中央税和地方税。凡国家最高权力机关或经其授权进行税收立法、税收管理权和税收收益权归属于中央政府的税收，为中央税，简称国税。凡由地方权力机关立法开征，或者税收管理权利税收收益权归属于地方政府的税收，为地方税，简称地税。此外，有时某些税种的税收收入由中央和地方政府按分成比例共同享有，可以统称为中央与地方共享税。这种分类与一国的税收管理体制密切相关，且直接影响税收的征管。

除了上述分类以外，税收还可分为对人税与对物税、实物税和货币税、经常税和临时税、财政税和调控税、累进税和累退税等。此外，在我国的税收实务中，还把税收分为工商税收、农业税收和关税税收等。

上述的税收分类对于研究税制的模式选择、结构、税法体系等问题都是很有意义的。学习和研究税收的分类，对于理解税收的基本原理和税法的理论和实践问题都大有裨益。

三、税法的概念

税法是调整在税收活动中发生的社会关系的法律规范的总称，它是经济法的重要部门法，在经济法的宏观调控中居于重要的地位。

为了更好地理解税法的概念，有必要了解税法与税收的关系、税法的调整对象等问题。

(一)税法与税收的关系

税法与税收存在着密切的联系，表现在：税收活动必须严格依税法的规定进行，税法是税收的法律依据和法律保障。在现代法治国家，税收与税法是一一对应的，税收必须以税法为其依据和保障，而税法必须以保障税收活动的有序进行为其存在的理由和依据。

此外，税法与税收也有区别。税收作为一种经济活动，属于经济基础范畴；而税法则是一种法律制度，属于上层建筑范畴。国家和社会对税收收入与税收活动的客观需要，决定了与税收相对应税法的存在；而税法则对税收活动的有序进行和税收目的的有效实现具有极为重要的反作用。

(二)税法的调整对象

由前述税法的概念可知，税法的调整对象是在税收活动中发生的社会关系，这种社会关系简称税收关系。它可以分为两大类，即税收体制关系和税收征纳关系。前者是指各相关国家机关因税收方面的权限划分而发生的社会关系，实质上是一种权力分配关系；后者是指在税收征纳过程中发生的社会关系，主要体现为税收征纳双方之间的关系。同时，税收征纳关系还可进一步分为税收征纳实体关系和税收征纳程序关系两类。对税法的调整对象进行解析，不仅有助于理解税法的概念，而且也有助于认识税法的体系。

第二节 税法的构成要素

一、税法的构成要素的概念及其分类

税法的构成要素是构成税法所必需的基本条件，是税法必不可少的内容。税法的构成要素问题是税法理论中的重要问题。

对于税法的构成要素，可以依不同的标准做出不同的分类。例如，依据各类要素是否具有普遍意义，可将税法的构成要素分为一般要素和特别要素。前者是各类税法都必须具备的共同要素；后者仅是某类税法独具的、必备的要素。在通常情况下，一般要素往往更受关注，并可以分为人的要素、物的要素和关系要素。

除了上述分类以外，更为重要、更为通常的一种分类，是将其分为实体法要素和程序法要素。由于学者对税法的构成要素的概括不尽相同，因而下面着重介绍实体法要素和程序法要素中公认的一般要素。

二、实体法要素

税法中的实体法要素，是构成税收征纳实体法的必不可少的内容。由于这些要素是决定征税主体能否征税和纳税的纳税义务能否成立的必要条件，因而也被称为“课税要素”。实体法要素主要包括以下几个。

（一）税法主体

税法主体是在税收法律关系中享有权利和承担义务的当事人。包括征税主体和纳税主体两类。从理论上说，征税主体是国家，因为征税权是国家主权的一部分。在具体的征税活动中，国家授权政府的职能部门来实际行使征税权。在各国，一般是由税务机关和海关来具体负责税收征管。在我国，财政机关也曾长期负责农业税的征收。纳税主体又称义务人，简称纳税人，是依照税法规定直接负有纳税义务的自然人、法人和非法人组织体。纳税主体在具体的税法中还可能有其他的分类。例如，在增值税法中有一般纳税人和小规模纳税人的区分，在所得税法中有居民纳税人和非居民纳税人的区分等。

（二）征税客体

征税客体，也称征税对象或课税对象，是指征税的直接对象或称标的。它说明对什么征税的问题。征税客体在税法的构成要素中居于十分重要的地位。它是各税种相区别的主要标志，也是进行税法分类的最重要的依据，同时，还是确定征税范围的要素。依据征税对象性质的不同，可以将其分为商品、所得和财产三大类。但在具体的税法中，还需要通过税目和计税依据来对其加以具体化。

（三）税目与计税依据

税目与计税依据是对征税对象在质与量上的具体化。所谓税目，就是税法规定的征税的具体项目。它是征税对象在质的方面的具体化，反映了征税的广度。所谓计税依据，也称计税标准、计税基数，简称税基，是指根据税法规定所取得的用以计算应纳税额的依据，也即用以计算应纳税的基数。它是征税对象在量的方面的具体化，直接影响着纳税人最终的税负的承担。

（四）税率

税率是纳税额与计税基数之间的数量关系或比率。它是衡量税负高低的重要指标，是税法的核心要素。它反映国家征税的深度和国家的经济政策，是极为重要的宏观调控手段。税率可分为比例税率、累进税率和定额税率，这是税率的一种最重要的分类。比例税率，是指对同一征税对象，不论其数额大小，均按照同一比例计算应纳税的税率。累进税率，是指随着征税对象的数额由低到高逐级累进，所适用的纳税率也随之逐级提高的税率。即按征税对象数额的大小划分若干等级，每级由低到高规定相应的税率，征税对象数额越大，适用的税率越高，反之则相反。累进税率可分为全额累进税率、超额累进税率、超率累进税率等。其中，全额累进税率因其违背公平原则，一般已不采用。

（五）税收特别措施

税收特别措施包括两类，即税收优惠和税收重课措施。前者以减轻纳税人的税负为主要目标，并与一定的经济政策和社会政策相关；后者是以加征纳税人的税负为目标而采取的措施，如税款的加成、加倍征收等。

由于税法具有规制性，因而两类措施在税法中都会存在。但是通常税收优惠措施采行更为普遍。如税收减免、税收抵免、亏损结转等，在广义上均属于税收优惠，其中，税收减免运用最为广泛。

三、程序法要素

税法中的程序法要素作为保障税收征纳实体法有效实施的必不可少的要件，同样是非常重要的。对于此类要素，学者的概括不尽相同，但其中公认的一般要素是纳税时间和纳税地点。

（一）纳税时间

纳税时间，是指在纳税义务发生后，纳税人缴纳税款的期限，因而也称纳税期限。纳税期限可以分为纳税计算期和税款缴库期。前者说明纳税人应多长时间计缴一次税款，反映了计税的频率；后者说明应在多长期限内将税款缴入国库，它是纳税人实际缴纳税款的期限。

（二）纳税地点

纳税地点是纳税人依据税法规定向征税机关申报纳税的具体地点。它说明纳税人应向哪里的征税机关申报纳税以及哪里的征税机关有权进行税收管辖的问题。通常，在税法上规定的纳税地点主要是机构所在地、经济活动发生地、财产所在地、报关地等。除了上述的纳税时间和纳税地点以外，还有学者认为纳税环节、计税方法、处罚程序等也属于程序法要素，但它们在总体上是属于特别要素，不像纳税时间和纳税地点那样在形式意义的税法中规定得那么普遍。

第三节 我国现行的主要税种

一、流转税法

（一）增值税

增值税是以应税货物和应税劳务新增加的价值（增值额）为征税对象的一种税。国务院曾于 1984 年 9 月 18 日发布《中华人民共和国增值税条例（草案）》，以适应专业化协作社会大生产的需要，平衡企业间的税收负担，并同产品税一起作为我国流转税制中的重要税种。随着我国税收体制的不断改革和完善，为进一步贯彻简化税制的原则，1993 年 12 月 13 日，国务院颁布了《中华人民共和国增值税暂行条例》，（以下简称《增值税暂行条例》），在全国范围内推行以增值税为主体的流转税制度。2008 年 11 月 5 日国务院第 34 次常务会议再次修订通过《增值税暂行条例》，自 2009 年 1 月 1 日起施行新的《增值税暂行条例》。

1．纳税主体

凡是在我国境内从事销售货物或者提供加工、修理修配劳务以及进口货物的单位和个人，为增值税的纳税人。

2．征税对象

增值税的征税对象是纳税人取得商品的生产、批发、零售中的增值额，提供加工、修理修配劳务的营业额，以及进口货物的计税价格。

3．税率

按照《增值税暂行条例》的规定，增值税采用3种不同的比例税率，分为基本税率、低税率和零税率。其中：①纳税人销售或者进口除低税率和零税率以外货物以及提供加工、修理修配劳务的，为基本税率17%。②纳税人销售或者进口粮食、食用植物油；自来水、暖气、冷气、热水、煤气、石油液化气、天然气、沼气、居民用煤炭制品；图书、报纸、杂志；饲料、化肥、农药、农机、农膜；农产品（指各种动、植物初级产品）；音像制品；电子出版物；二甲醚；国务院规定的其他货物的，适用低税率为13%。③陆路（含铁路）运输、水路运输、航空运输和管道运输服务、邮政普遍服务、邮政特殊服务、其他邮政服务，税率为11%。④纳税人出口货物，除国务院另有规定的，税率为零。

纳税人兼营不同税率的货物或者应税劳务，应当分别核算不同税率货物或者应税劳务的销售额；未分别核算销售额的，从高适用税率。

4．应纳税额的计算

（1）纳税人销售货物或者提供应税劳务（以下简称销售货物或者应税劳务），应纳税额为当期销项税额抵扣当期进项税额后的余额。应纳税额计算公式如下。

应纳税额=当期销项税额−当期进项税额

当期销项税额小于当期进项税额不足抵扣时，其不足部分可以结转下期继续抵扣。

销项税额是指纳税人销售货物或者提供应税劳务，按照销售额依率计算并向购买方收取的增值税额（其计算公式为：销项税额=销售额×税率），其中销售额为纳税人销售货物或者应税劳务向购买方收取的全部价款和价外费用，但是不包括收取的销项税额。如果纳税人销售货物或者提供应税劳务的价格明显偏低而又无正当理由的，其销售额由主管税务机关核定。纳税人销售货物或者提供应税劳务，应当向购买方开具增值税专用发票，并注明销售额的销项税额。进项税额是纳税人购进货物或者接受应税劳务（以下简称购进货物或者应税劳务）支付或者负担的增值税额。

其中，准予从销项税额中抵扣的进项税额，限于下列增值税扣税凭证上注明的增值税额：①从销售方取得的增值税专用发票上注明的增值税额；②从海关取得的海关进口增值税专用缴款书上注明的增值税额；③购进农产品，除取得增值税专用发票或者海关进口增值税专用缴款书外，按照农产品收购发票或者销售发票上注明的农产品买价和13%的扣除率计算的进项税额。进项税额计算公式：进项税额=买价×扣除率；④购进或者销售货物以及在生产经营过程中支付运输费用的，按照运输费用结算单据上注明的运输费用金额和7%的扣除率计算的进项税额。进项税额计算公式：进项税额=运输费用金额×扣除率。

下列项目的进项税额不得从销项税额中抵扣。

① 用于非增值税应税项目、免征增值税项目、集体福利或者个人消费的购进货物或者应税劳务；

② 非正常损失的购进货物及相关的应税劳务；

③ 非正常损失的在产品、产成品所耗用的购进货物或者应税劳务；

④ 国务院财政、税务主管部门规定的纳税人自用消费品；

⑤ 前四项规定的货物的运输费用和销售免税货物的运输费用。

（2）小规模纳税人销售货物或者应税劳务，实行按照销售额和征收率计算应纳税额的简易办法，并不得抵扣进项税额。小规模纳税人增值税征收率为3%。应纳税额计算公式如下。

应纳税额=销售额×征收率

（3）纳税人进口货物，按照组成计税价格依率直接计算应纳税额，进口货物的增值税，由海关代征。组成计税价格和应纳税额计算公式如下。

组成计税价格=关税完税价格+关税+消费税

应纳税额=组成计税价格×税率

5．减税、免税

下列项目免征增值税：农业生产者销售的自产农产品；避孕药品和用具；古旧图书；直接用于科学研究、科学试验和教学的进口仪器、设备；外国政府、国际组织无偿援助的进口物资和设备；由残疾人的组织直接进口供残疾人专用的物品；销售的自己使用过的物品。此外，纳税人销售额未达到国务院财政、税务主管部门规定的增值税起征点的，免征增值税。

6．纳税地点和纳税期限

（1）纳税地点可归为以下几类。

① 固定业户应当向其机构所在地的主管税务机关申报纳税。总机构和分支机构不在同一县（市）的，应当分别向各自所在地的主管税务机关申报纳税；经国务院财政、税务主管部门或者其授权的财政、税务机关批准，可以由总机构汇总向总机构所在地的主管税务机关申报纳税。

② 固定业户到外县（市）销售货物或者应税劳务，应当向其机构所在地的主管税务机关申请开具外出经营活动税收管理证明，并向其机构所在地的主管税务机关申报纳税；未开具证明的，应当向销售地或者劳务发生地的主管税务机关申报纳税；未向销售地或者劳务发生地的主管税务机关申报纳税的，由其机构所在地的主管税务机关补征税款。

③ 非固定业户销售货物或者应税劳务，应当向销售地或者劳务发生地的主管税务机关申报纳税；未向销售地或者劳务发生地的主管税务机关申报纳税的，由其机构所在地或者居住地的主管税务机关补征税款。

④ 进口货物，应当向报关地海关申报纳税。

扣缴义务人应当向其机构所在地或者居住地的主管税务机关申报缴纳其扣缴的税款。

（2）纳税期限的相关规定如下。

增值税的纳税期限分别为 1 日、3 日、5 日、10 日、15 日、1 个月或者 1 个季度。纳税人的具体纳税期限，由主管税务机关根据纳税人应纳税额的大小分别核定；不能按照固定期限纳税的，可以按次纳税。

纳税人以 1 个月或者 1 个季度为 1 个纳税期的，自期满之日起 15 日内申报纳税；以 1 日、3 日、5 日、10 日或者 15 日为 1 个纳税期的，自期满之日起 5 日内预缴税款，于次月 1 日起 15 日内申报纳税并结清上月应纳税款。

纳税人进口货物，应当自海关填发海关进口增值税专用缴款书之日起 15 日内缴纳税款。纳税人出口货物适用退（免）税规定的，应当向海关办理出口手续，凭出口报关单等有关凭证，在规定的出口退（免）税申报期内按月向主管税务机关申报办理该项出口货物的退（免）税。

（二）消费税

消费税是以特定消费品和消费行为的流转额为征税对象的一种税。1993 年 12 月国务院颁布了《中华人民共和国消费税暂行条例》（以下简称《消费税暂行条例》），对消费税的征收做了明确的规定。2008 年 11 月 5 日国务院第 34 次常务会议通过对《消费税暂行条例》的修订，自 2009 年 1 月 1 日起施行。

1．纳税主体

在中华人民共和国境内生产、委托加工和进口《消费税暂行条例》规定的消费品的单位和个人，以及国务院确定的销售本条例规定的消费品的其他单位和个人，为消费税的纳税人。

2．征税范围

征税范围包括烟、酒及酒精、化妆品、贵重首饰及珠宝玉石、鞭炮及焰火、高尔夫球及球具、高档手表、游艇、木制一次性筷子、实木地板、成品油、汽车轮胎、摩托车、小汽车 14 类产品。对纳税人出口应税消费品，免征消费税；国务院另有规定的除外。

3．税率

消费税税率实行比例税率和定额税率。消费税率形式的选择，主要是根据课税对象的具体情况来确定的。对黄酒、啤酒、汽油、柴油等应税消费品采用从量定额的征收方法；对其余应税消费品则采用比例税率 3%～45%不等。纳税人兼营不同税率的应当缴纳消费税的消费品，应当分别核算不同税率应税消费品的销售额、销售数量；未分别核算销售额、销售数量，或者将不同税率的应税消费品组成成套消费品销售的，从高适用税率。

4．纳税环节

纳税人生产的应税消费品，于纳税人销售时纳税。纳税人自产自用的应税消费品，用于连续生产应税消费品的，不纳税；用于其他方面的，于移送使用时纳税。委托加工的应税消费品，除受托方为个人外，由受托方在向委托方交货时代收代缴税款。进口的应税消费品，于报关进口时纳税。

5．应纳税额的计算

消费税实行从价定率、从量定额或者从价定率和从量定额复合计税的办法计算应纳税额。

实行从价定率办法计算的应纳税额=销售额×比例税率

实行从量定额办法计算的应纳税额=销售数量×定额税率

实行复合计税办法计算的应纳税额=销售额×比例税率＋销售数量×定额税率

（三）营业税

营业税是对在我国境内从事提供劳务、转让无形资产或销售不动产的单位和个人就其营业额征收的一种税。为了调节不同行业的盈利水平，实行多环节征税，国务院曾于 1984 年 9 月 18 日发布了《中华人民共和国营业税条例（草案）》。随着我国税收体制的改革，为进一步促进社会主义市场经济的发展和保证国家财政收入，进一步完善营业税法，1993 年 12 月国务院颁布了《中华人民共和国营业税暂行条例》（以下简称《营业税暂行条例》），并于 1994 年 1 月 1 日起施行，1984 年的《中华人民共和国营业税暂行条例（草案）》同时废止。2008 年 11 月 5 日国务院第 34 次常务会议通过《营业税暂行条例》的修订，自 2009 年 1 月 1 日起施行。

1．纳税主体

《营业税暂行条例》规定，在我国境内提供应税劳务、转让无形资产或者销售不动产的单位和个人，为营业税的纳税义务人。

2．征税对象

征税对象是指从事应税行为所得的营业额。具体可分为 3 类：从事提供应税劳务的营业额；转让无形资产的转让额；销售不动产的销售额。

3．税目和税率

营业税共设 9 个税目：交通运输业、建筑业、金融保险业、邮电通信业、文化体育业、娱乐业、服务业、转让无形资产、销售不动产交。营业税的税率均为比例税率。具体为：交通运输业、建筑业、邮电通信业、文化体育业为 3%；金融保险业、服务业、转让无形资产及销售不动产为 5%；娱乐业为 5%～20%。其中纳税人经营娱乐业具体适用的税率，由省、自治区、直辖市人民政府在规定的幅度内决定。纳税人兼有不同税目的应当缴纳营业税的劳务、转让无形资产或者销售不动产，应当分别核算不同税目的营业额、转让额、销售额；未分别核算营业额的，从高适用税率。

4．应纳税额的计算

纳税人提供应税劳务、转让无形资产或者销售不动产，按照营业额和规定的税率计算应纳税额。应纳税额计算公式：应纳税额＝营业额×税率。纳税人的营业额为纳税人提供应税劳务、转让无形资产或者销售不动产收取的全部价款和价外费用。

5．减税、免税

根据《营业税暂行条例》规定，下列项目免征营业税。

（1）托儿所、幼儿园、养老院、残疾人福利机构提供的育养服务，婚姻介绍，殡葬服务；

（2）残疾人员个人提供的劳务；

（3）医院、诊所和其他医疗机构提供的医疗服务；

（4）学校和其他教育机构提供的教育劳务，学生勤工俭学提供的劳务；

（5）农业机耕、排灌、病虫害防治、植物保护、农牧保险以及相关技术培训业务，家禽、牲畜、水生动物的配种和疾病防治；

（6）纪念馆、博物馆、文化馆、文物保护单位管理机构、美术馆、展览馆、书画院、图书馆举办文化活动的门票收入，宗教场所举办文化、宗教活动的门票收入；

（7）境内保险机构为出口货物提供的保险产品。

除此之外，营业税的免税、减税项目由国务院规定。任何地区、部门均不得规定免税、减税项目。

纳税人兼营免税、减税项目的，应当分别核算免税、减税项目的营业额；未分别核算营业额的，不得免税、减税。纳税人营业额未达到国务院财政、税务主管部门规定的营业税起征点的，免征营业税；达到起征点的，依照规定全额计算缴纳营业税。

二、所得税法

（一）企业所得税

企业所得税是指国家对企业和组织的生产经营所得和其他所得征收的一种税。2007 年 3 月 16 日通过的《中华人民共和国企业所得税法》，自 2008 年 1 月 1 日起施行，同时《中华人民共和国外商投资企业和外国企业所得税法》和《中华人民共和国企业所得税暂行条例》废止，新的企业所得税法实行内资、外资企业适用统一的企业所得税，统一并适当降低企业所得税率，统一和规范税前扣除办法和标准，统一税收优惠政策，为各类企业创造了公平、规范、透明的所得税制环境。

1．纳税主体

按照《企业所得税法》的规定，在中华人民共和国境内，企业和其他取得收入的组织（以下统称企业）为企业所得税的纳税人，为企业所得税的纳税主体。企业分为居民企业和非居民企业。居民企业，是指依法在中国境内成立，或者依照外国（地区）法律成立但实际管理机构在中国境内的企业。居民企业应当就其来源于中国境内、境外的所得缴纳企业所得税。非居民企业，是指依照外国（地区）法律成立且实际管理机构不在中国境内，但在中国境内设立机构、场所的，或者在中国境内未设立机构、场所，但有来源于中国境内所得的企业。非居民企业在中国境内设立机构、场所的，应当就其所设机构、场所取得的来源于中国境内的所得，以及发生在中国境外但与其所设机构、场所有实际联系的所得，缴纳企业所得税。非居民企业在中国境内未设立机构、场所的，或者虽设立机构、场所但取得的所得与其所设机构、场所没有实际联系的，应当就其来源于中国境内的所得缴纳企业所得税。

个人独资企业、合伙企业不适用《企业所得税法》。

课堂探讨

个人独资企业，合伙企业如何缴纳税收？

2．征税对象

企业每一纳税年度的收入总额，减除不征税收入、免税收入、准予扣除的项目金额以及允许弥补的以前年度亏损后的余额，为应纳税所得额。企业以货币形式和非货币形式从各种来源取得的收入，为收入总额。包括：销售货物收入，提供劳务收入，转让财产收入，股息、红利等权益性投资收益，利息收入，租金收入，特许权使用费收入，接受捐赠收入，其他收入。

收入总额中的下列收入为不征税收入：财政拨款，依法收取并纳入财政管理的行政事业性收费、政府性基金，国务院规定的其他不征税收入。免税收入包括：国债利息收入，符合条件的居民企业之间的股息、红利等权益性投资收益，在中国境内设立机构、场所的非居民企业从居民企业取得与该机构、场所有实际联系的股息、红利等权益性投资收益，符合条件的非营利组织的收入。

企业实际发生的与取得收入有关的、合理的支出，包括成本、费用、税金、损失和其他支出，准予在计算应纳税所得额时扣除。企业发生的公益性捐赠支出，在年度利润总额12%以内的部分，准予在计算应纳税所得额时扣除。

在计算应纳税所得额时，下列支出不得扣除：向投资者支付的股息、红利等权益性投资收益款项，企业所得税税款，税收滞纳金，罚金、罚款和被没收财物的损失，《企业所得税法》第九条规定以外的捐赠支出；赞助支出；未经核定的准备金支出；与取得收入无关的其他支出。企业按照规定计算的固定资产折旧、按照规定计算的无形资产摊销费用、依法发生的作为长期待摊费用的支出，准予扣除。

3．税率

企业所得税的税率为25%。非居民企业在中国境内未设立机构、场所的，或者虽设立机构、场所但取得的所得与其所设机构、场所没有实际联系的，应当就其来源于中国境内的所得缴纳企业所得税，所得税的税率为20%。同时对于小型企业和国家鼓励的高校技术企业，国家在税率上也给予优惠，对符合条件的小型微利企业，减按20%的税率征收企业所得税。国家需要重点扶持的高新技术企业，减按15%的税率征收企业所得税。

4．税收抵免、抵补

企业取得的下列所得已在境外缴纳的所得税税额，可以从其当期应纳税额中抵免，抵免限额为该项所得依照本法规定计算的应纳税额；超过抵免限额的部分，可以在以后5个年度内，用每年度抵免限额抵免当年应抵税额后的余额进行抵补：①居民企业来源于中国境外的应税所得；②非居民企业在中国境内设立机构、场所，取得发生在中国境外但与该机构、场所有实际联系的应税所得。为了建设节约型社会，《企业所得税法》还规定企业购置用于环境保护、节能节水、安全生产等专用设备的投资额，可以按一定比例实行税额抵免。

（二）个人所得税

案例探讨

假设张某月工资为12 000元，请问，张某每个月应当缴纳多少个人所得税？

个人所得税是对在我国境内有住所或居住的个人取得的所得和在我国无住所又不居住的个人从我国境内取得的所得征收的一种税。1980年9月10日，第五届全国人民代表大会常务委员会第3次会议通过并颁布了《中华人民共和国个人所得税法》（以下简称《个人所得税法》），但随着人们生活水平的提高和物价的上涨，《个人所得税法》经过多次的修改，现在适用的是2011年6月30日通过，2011年9月1日施行的《个人所得税法》。

1．纳税主体

个人所得税的纳税主体有两类：一类是在中国境内有住所，或者无住所而在境内居住满一年的个人，该类主体从中国境内和境外取得的所得，都需依法缴纳个人所得税。另一类在中国境内无住所又不居住或者无住所而在境内居住不满一年的个人，该类主体从中国境内取得的所得，依法需缴纳个人所得税。此外，为公平税负，支持和鼓励个人投资兴办企业，促进国民经济持续、快速、健康发展，国务院决定自2000年1月1日起，对个人独资企业和合伙企业停止征收企业所得税，其投资者的生产经营所得，比照个体工商户的生产、经营所得征收个人所得税。

2．征税对象

下列各项个人所得，应纳个人所得税：工资、薪金所得，个体工商户的生产、经营所得，对企事业单位的承包经营、承租经营所得，劳务报酬所得，稿酬所得，特许权使用费所得，利息、股息、红利所得，财产租赁所得，财产转让所得，偶然所得以及经国务院财政部门确定征税的其他所得。

3．税率

根据个人所得来源不同，个人所得税实行超额累进税率与比例税率相结合的税率体系，具体如下。

（1）工资、薪金所得，适用3%～45%的超额累进税率。（参见表14-1）

（2）个体工商户的生产、经营所得和对企事业单位的承包经营、承租经营所得适用5%～35%的超额累进税率。（参见表14-2）

（3）稿酬所得，适用20%的比例税率，并按所纳税额减征30%。

（4）劳务报酬所得，适用20%的比例税率。对一次收入畸高的，可以实行加成征收，具体办法由国务院规定。

（5）特许权使用费所得；利息、股息、红利所得；财产租赁所得；财产转让所得；偶然所得以及其他所得适用20%的比例税率。

4．应纳税所得额的计算

（1）工资、薪金所得，以每月收入额减除费用3 500元后的余额，为应纳税所得额。在2006年之前，起征点为800元。

（2）个体工商户的生产、经营所得，以每一纳税年度的收入总额减除成本、费用以及损失后的余额，为应纳税所得额。

（3）对企事业单位的承包经营、承租经营所得，以每一纳税年度的收入总额减除必要费用后的余额，为应纳税所得额。

（4）劳务报酬所得、稿酬所得、特许权使用费所得、财产租赁所得，每次收入不超过4 000元的，减除800元；4 000元以上的，减除20%的费用，其余额为应纳税所得额。

（5）财产转让所得，以转让财产的收入额减除财产原值和合理费用后的余额，为应纳税所得额。

（6）利息、股息、红利所得，偶然所得和其他所得，以每次收入额为应纳税所得额。

个人将其所得对教育事业和其他公益事业捐赠的部分，按照国务院有关规定从应纳税所得中扣除。对在中国境内无住所而在中国境内取得工资、薪金所得的纳税义务人和在中国境内有住所而在中国境外取得工资、薪金所得的纳税义务人，可以根据其平均收入水平、生活水平以及汇率变化情况确定附加减除费用。纳税义务人从中国境外取得的所得，准予其在应纳税额中扣除已在境外缴纳的个人所得税税额。但扣除额不得超过该纳税义务人境外所得依照本法规定计算的应纳税额。

所以案例中张某应缴纳的税收如下。

首先扣除 3 500 元，3 500 至 5 000 部分（不超过 1 500 元），缴纳 45 元，5 000 至 8 000 部分（超过 1 500 元至 4 500 元）缴纳 300 元，8 000 至 12 000 部分，缴纳 800 元，张某总共需缴纳个人所得税 45+300+800=1 145 元。

5．减税免税

按照《个人所得税法》的规定，有下列情形之一的，经批准可以减税：省级人民政府、国务院部委和中国人民解放军军以上单位，以及外国组织、国际组织颁发的科学、教育、技术、文化、卫生、体育、环境保护等方面的奖金；国债和国家发行的金融债券利息；按照国家统一规定发给的补贴、津贴；福利费、抚恤金、救济金；保险赔款；军人的转业费、复员费；按照国家统一规定发给干部、职工的安家费、退职费、退休工资、离休工资、离休生活补助费；依照我国有关法律规定应予免税的各国驻华使馆、领事馆的外交代表、领事官员和其他人员的所得；中国政府参加的国际公约、签订的协议中规定免税的所得；经国务院财政部门批准免税的所得。

有下列情形之一的，经批准可以减征个人所得税：残疾、孤老人员和烈属的所得；因严重自然灾害造成重大损失的；其他经国务院财政部门批准减税的。

王某当月取得工资收入 9 400 元，当月个人承担住房公积金、基本养老保险金、医疗保险金、失业保险金共计 1 000 元，费用扣除额为 3 500 元，则王某当月应纳税所得额=9 400−1 000−3 500 =4 900 元。应纳个人所得税税额=4 900×20%−555（速算扣除数）=425 元。

表 14-1　　工资、薪金所得适用超额累进税率，税率为 3%～45%

级数	全月应纳税所得额	税率（%）
1	不超过 1 500 元的	3
2	超过 1 500 元至 4 500 元的部分	10
3	超过 4 500 元至 9 000 元的部分	20
4	超过 9 000 元至 35 000 元的部分	25
5	超过 35 000 元至 55 000 元的部分	30
6	超过 55 000 元至 80 000 元的部分	35
7	超过 80 000 元的部分	45

（注：本表所称全月应纳税所得额是指依照本法第六条的规定，以每月收入额减除费用 3 500 元以及附加减除费用后的余额。）

表 14-2　　个体工商户的生产、经营所得和对企事业单位的承包经营、承租经营所得适用

级数	全年应纳税所得额	税率（%）
1	不超过 15 000 元的	5
2	超过 15 000 元至 30 000 元的部分	10
3	超过 30 000 元至 60 000 元的部分	20
4	超过 60 000 元至 100 000 元的部分	30
5	超过 100 000 元的部分	35

（注：本表所称全年应纳税所得额是指依照本法第六条的规定，以每一纳税年度的收入总额减除成本、费用以及损失后的余额。）

三、财产税法

（一）房产税

房产税是以房屋为征收对象，按照房价或出租金所征收的一种税。为了加强对房屋的管理，提高房屋的使用效益，有利于控制固定资产投资规模和配合贯彻国家房产政策，国务院于 1986 年 9

月15日发布了《中华人民共和国房产税暂行条例》(以下简称《房产税暂行条例》)，自同年10月1日起施行。

1．纳税主体

纳税人是房产所有人。具体包括：产权属于全民所有的，其经营管理单位为纳税人；产权出典的，其承典人为纳税人；产权所有人、承典人不在房产所在地的，或者产权未确定及租典纠纷未解决的，其房产代管人或者使用人为纳税人。

2．征税对象

房产税的征税对象是指在城市、县城、建制镇和工矿区范围内的房产。房产税的计税依据为：①房产余值，即依照房产原值一次减除10%～30%的余值计算缴纳税；②房屋租金收入，即以房产实际租金收入为房产税的计税依据。

3．税率

房产税采用比例税率。房产税分为从价（房价）和从租（房屋租金收入）两种方法计算缴纳。从价计算缴纳的，税率为1.2%；从租计算缴纳的，税率为12%。自2008年3月1日起，对个人出租住房，不区分用途，按4%的税率征收房产税；对企事业单位、社会团体以及其他组织按市场价格向个人出租用于居住的住房，减按4%的税率征收房产税。

4．减税、免税

依照《房产税暂行条例》规定，减免税主要有：①国家机关、人民团体、军队自用的房产；②由国家财政部拨付经费的单位自用房产；③宗教寺庙、公园、名胜古迹自用的房产；④个人所有非营业用的房产；⑤经财政部批准免税的其他房产。除此之外，为了鼓励城市居民和企事业单位自建房屋，新建房屋自落成月份起，享受免税3年。翻修房屋超过新建房屋造价1/2的，免税2年。归侨或侨眷港澳同胞兴建的房屋，5年内享受免税待遇。

(二)契税

契税是国家对在境内转让土地、房屋权属的，向承受人征收的一种税。契税的作用是在房屋、土地所有权转移时，保护产权所有人对房产的合法权益，避免产权纠纷，促进安定团结，适当增加财政收入。国务院于1997年7月7日发布了《中华人民共和国契税暂行体例》，并于同年10月1日开始实施。1950年4月3日由中共中央人民政府政务院发布的《契税暂行条例》同时废止。

1．纳税主体

契税的纳税主体为承受土地、房产权属的单位或个人。

2．税率

契税采用比例税率，并实行3%～5%的幅度税率（从2008年11月1日起，对个人首次购买90平方米及以下普通住房的，契税税率暂统一下调到1%）。具体的适用税率，由省、自治区、直辖市人民政府在这个幅度内按本地区的实际情况确定，并报财政部和国家税务总局备案。

3．计税依据

①国有土地使用权出让，土地使用权出让，土地使用权出售、房屋买卖的市场价格核定。②土地使用权赠与、房屋赠与，由征收机关参照土地使用权出售、房屋买卖的市场价格核定。③土地使用权交换、房屋交换为所交换的土地使用权、房屋的价格的差额。

4．应纳税的计算

契税的应纳税额根据上述税率和计税依据计算。公式为：应纳税额=计税依据×税率。

5．减税、免税

有下列情形之一的，减征或免征契税：(1)国家机关、事业单位、社会团体、军事单位承受土地、房屋用于为公、教学、医疗科研和军事设施的，免征。（2）城镇职工按规定第一次购买公有住房的，免征。（3）因不可抗力灭失住房而重新购买住房的，酌情准予减征或免征。（4）财政部规定的其他减征、免征契税的项目。

四、资源税法

资源税是对在我国境内开采原油、天然气、煤炭、其他非金属原矿、黑色金属原矿、有色金属或者盐生产的单位和个人征收的一种税。为促进企业合理开发国家资源，加强经济核算，提高经济效益，国务院于 1993 年 12 月 25 日发布了《中华人民共和国资源税条例》，自 1994 年 1 月 1 日开始实施。1993 年 12 月 30 日又发布了《中华人民共和国资源税条例实施细则》，1984 年发布的《中华人民共和国资源税条例（草案)》《中华人民共和国盐税条例（草案)》及其实施细则同时废止。

（一）纳税主体

凡是在我国境内从事条例规定的矿产品或者盐生产的单位或个人均为资源税的纳税主体。

（二）征税对象

原油、天然气、煤炭、其他非金属原矿、黑色金属原矿、有色金属或者生产盐的开采量或者生产量为资源税的征收对象。

（三）税率

按照应税产品的课税数量和规定的单位税额计算。计算公式如下。

$$应纳税额=课税数量\times单位税额$$

其中，课税数量分为两种情况：①纳税人开采或者生产应税产品销售的，以销售量为课税数量；②纳税人开采或者生产应税产品自用的，以自用数量为课税数量。纳税人具体适用的税额，由财政部及国务院有关部门根据纳税人开采或者生产应税产品的自然状况，在规定的税额幅度内确定。

（四）减税、免税

有下列情形之一的，可减免资源税：①开采原油过程中用于加热、修井的原油，免税。②纳税人在开采或者生产应税产品过程中，因意外事故或自然灾害等原因遭受重大损失的，由省、自治区、直辖市人民政府酌情决定减税或免税。③国务院规定的其他减税、免税项目。

五、行为税法

（一）印花税

印花税是以经济活动和经济交往中书立、使用、领受具有法律效力的凭证的单位和个人征收的一种税。为了配合经济管理部门深入贯彻实施各项经济凭证和对市场的管理，促进经济行为的规范化、法制化，国务院于 1988 年 8 月 6 日发布了《中华人民共和国印花税暂行条例》(以下简称《印花税暂行条例》)，自同年 10 月 1 日起实施。

1. 纳税主体

凡是在我国境内书立、领受印花税条例所列举凭证的单位和个人都是印花税的纳税人。根据书立、领受应纳税凭证的不同，其纳税人可分别称为立合同人、立账簿人、立据人和领受人。

2. 征税对象

印花税征税对象是指《印花税暂行条例》所列举的各种凭证。征税对象的具体范围有五大类 13

个税目：①购销合同、加工承揽合同、建设工程勘察设计合同、建筑安装工程承包合同、财产租赁合同、货物运输合同、仓储保管合同、借款合同、财产保险合同、技术合同或者有上述合同性质的凭证；②产权转移书据；③营业账簿；④权利、许可证照；⑤经财政部确定征税的其他凭证。

3. 税率

印花税采用比例税率和定额税率。按比例税率征税的有各类合同性质的凭证、记载资金的账簿、产权转移书据等。其他营业账簿、权利许可证照等，按件定额纳税。比例税率分为 5 档：千分之一、万分之一、万分之三、万分之零点五、万分之零点三。定额税率的数额是人民币 5 元。

4. 纳税方法

缴纳印花税，一般实行“三自”缴纳的办法，即纳税人按照应纳税凭证的性质和适用税目、税率，自行计算应纳税额、自行购买印花税票、自行在应税凭证上粘贴印花税票并注销。鉴于有些同一份凭证一次贴花数额较大和同一凭证贴花次数频繁的实际情况，纳税人报请税务机关批准，可以采取缴款书代替贴花和按期汇总缴纳两种方法。

5. 违章处理

印花税实行“轻税重罚”的政策。依照《印花税暂行条例》规定，在应纳税凭证上未贴或少贴印花税票的，除补贴外，可处以应补贴印花税票金额 20 倍以下的罚款；不按规定注销或者划销印花税票的，可处以 10 倍以下的罚款；已贴用的印花税票揭下重用的，可处以重用印花税票金额 30 倍以下的罚款。伪造印花税票的，由税务机关依法追究刑事责任。

(二) 车船税

车船税，是指在中国境内的车辆、船舶（以下简称车船）的所有人或者管理人按照《中华人民共和国车船税暂行条例》应缴纳的一种税。其主要是以使用车船这一特定行为为征税客体，按车船种类、大小，实行定额征收的一种税。现行车船税的基本规范，是 2006 年 12 月 27 日国务院第 162 次常务会议通过颁布的《中华人民共和国车船税暂行条例》，该条例自 2007 年 1 月 1 日起施行。

1. 纳税主体

车船税的纳税人是在中国境内，车船的所有人或者管理人为车船税的纳税人。管理人是指对车船具有管理使用权，不具有所有权的单位和个人。

2. 征税范围

车船税的征税范围是依法应当在车船管理部门登记的车辆、船舶。

3. 税率

车船税采用定额税率即对征税的车船规定单位固定税额。车船税以车船种类、大小为计税依据，按不同的计税单位，规定定额税率。国务院财政部门、税务主管部门可以根据实际情况，在《车船税税目税额表》规定的税目范围和税额幅度内，划分子税目，并明确车辆的子税目税额幅度和船舶的具体适用税额。车辆的具体适用税额由省、自治区、直辖市人民政府在规定的子税目税额幅度内确定。

4. 纳税地点

车船税的纳税地点由省、自治区、直辖市人民政府根据当地实际情况确定。跨省、自治区、直辖市使用的车船，纳税地点为车船的登记地。依据规定，为了方便纳税人，对于除拖拉机、军队武警专用车辆、警用车辆、外交车辆、省级政府规定免税的公交车辆以外的机动车，纳税人如果没有缴税，应当在购买机动车交通事故责任强制保险时按照当地的车船税税额标准计算缴纳车船税。也就是说车船税可以随交强险一起，由保险公司代收代缴。

第四节 税收征收管理法律制度

一、税收征收管理法概述

税收征收管理法是调整在我国税收的征收与缴纳过程中形成的税收关系的法律规范。这里的税收关系是指税务管理、税款征收、税务检查、法律责任等关系。征收管理是指税务机关依据税法指导纳税人正确履行纳税义务，并对征纳税过程进行组织、管理、监督、检查等一系列工作的总称。

为了加强税收征收管理，保障国家税收，保护纳税人的合法权益，全国人民代表大会常务委员会于 1992 年 9 月 4 日公布了《中华人民共和国税收征收管理法》(以下简称《税收征管法》)，自 1993 年 1 月 1 日起施行。1995 年 2 月 28 日，第八届全国人民代表大会常务委员会第 12 次会议发布《关于修改〈中华人民共和国税收征收管理法〉的决定》对《税收征管法》进行了修订。2001 年 4 月 28 日，第九届全国人民代表大会常务委员会第 21 次会议再次修订。

根据《税收征管法》的规定，纳税人为法律、行政法规规定负有纳税义务的单位和个人。扣缴义务人为法律、行政法规规定负有代扣代缴、代收代缴税款义务的单位和个人。税收的开征、停征以及减税、免税、退税、补税，依照法律的规定执行。法律授权国务院规定的，依照国务院所制定的行政法规的规定执行。任何机关单位和个人不得违反法律、行政法规的规定，擅自做出税收开征、停征以及减税、免税、退税、补税的决定。国务院税务主管部门主管全国税收征收管理工作。

二、税务管理

税务管理包括税务登记、账簿凭证管理和纳税申报。

(一)税务登记

税务登记，又称纳税登记，是税务机关对纳税人的开业、变更、注销以及生产经营范围实行法定登记的一项管理制度。根据《税收征管法》的规定，企业，企业在外地设立的分支机构和从事生产、经营的场所，个体工商户和从事生产、经营的事业单位（以下统称从事生产、经营的纳税人），自领取营业执照之日起 30 日内审核并发给税务登记证件。上述规定以外的纳税人办理税务登记和扣缴义务人办理扣缴税款登记的范围和办法，由国务院规定。

从事生产、经营的纳税人，税务登记内容发生变化的，自工商行政管理机关办理变更登记之日起 30 日内或者在向工商行政管理机关申请办理注销登记之前，持有关证件向税务机关申报办理变更或者注销税务登记。

从事生产、经营的纳税人应当按照国家有关规定，持税务登记证件，在银行或者其他金融机构开立基本存款账户和其他存款账户，并将其全部账号向税务机关报告。银行和其他金融机构应当在从事生产、经营的纳税人的账户中登录税务登记证件号码，并在税务登记证件中登录从事生产、经营的纳税人的账户账号。税务机关依法查询从事生产、经营的纳税人开立账户的情况时，有关银行和其他金融机构应当予以协助。

纳税人按照国务院税务主管部门的规定使用税务登记证件。税务登记证件不得转借、涂改、损毁、买卖或者伪造。

（二）账簿、凭证管理

账簿和凭证是纳税人、扣缴义务人从事生产、经营活动必不可少的工具，也是税务机关进行财务监督和税务检查的重要依据。根据《税收征管法》的规定，纳税人、扣缴义务人按照有关法律、行政法规和国务院财政、税务主管部门的规定设置账簿，根据合法、有效凭证记账，进行核算。从事生产、经营的纳税人的财务、会计制度或者财务、会计处理办法和会计核算软件，应当报送税务机关备案。

纳税人、扣缴义务人的财务、会计制度或者财务、会计处理办法与国务院或者国务院财政、税务主管部门有关税收的规定相抵触的，依照国务院或者国务院财政、税收主管部门有关税收的规定计算应纳税款、代扣代缴和代收代缴税款。

税收机关是发票的主管机关，负责发票印刷、领购、开具、取得、保管、缴销的管理和监督。单位、个人在购销商品、提供或者接受经营服务以及从事其他经营活动中，应当按照规定开具、使用、取得发票。

国家根据税收征收管理的需要，积极推广使用税控装置。纳税人应当按照规定安装、使用税控装置，不得损毁或者擅自改动税控装置。

从事生产、经营的纳税人、扣缴义务人必须按照国务院财政、税收主管部门规定的保管期限保管账簿、记账凭证、完税凭证及其他有关资料。账簿、记账凭证、完税凭证及其他有关资料不得伪造、变造或者擅自损毁。

（三）纳税申报

纳税申报是纳税人按照法律规定的期限和内容，向征税机关提交纳税事项的书面报告的一项制度。纳税申报是纳税人、扣缴义务人履行义务的法定手续，也是税务机关征收税款的主要依据。根据《税收征管法》的规定，纳税人必须依照法律、行政法规规定或者税务机关依照法律、行政法规规定确定的申报期限、申报内容如实办理纳税申报，报送纳税申报表、财务会计报表以及税务机关根据实际需要要求纳税人报送的其他纳税资料。扣缴义务人必须依照法律、行政法规规定或者税务机关依照法律、行政法规的规定确定的申报期限、申报内容如实报送代扣代缴、代收代缴税款报告表以及税务机关根据实际需要要求扣缴义务人报送的其他有关资料。纳税人在纳税期内没有应纳税款的，也应当按照规定办理纳税申报。纳税人享受减税、免税待遇的，在减税、免税期间应当按照规定办理纳税申报。

税务机关应当建立、健全纳税自行申报纳税制度。经税务机关批准，纳税人、扣缴义务人可以直接到税务机关办理纳税申报或者报送代扣代缴、代收代缴税款报告表，也可以按照规定采取邮寄、数据电文或者其他方式办理上述申报、报送事项。纳税人、扣缴义务人不能按期办理纳税申报或者报送代扣代缴、代收代缴税款报告表的，经税务机关核准，可以延期申报。经核准延期办理纳税申报、报送事项的，应当在纳税期内按照上期实际缴纳的税额或者税务机关核定的税额预缴税款，并在核准的延期内办理税款结算。

三、税款征收

税款征收是税收征收管理中的一个核心内容，它关系到国家税款能否及时、足额入库。《税收征管法》对纳税人、扣缴义务人和税务机关在税款征收、缴纳过程中的权利、义务作了具体规定。

（1）税务机关依照法律、行政法规的规定征收税款，不得违反法律、行政法规的规定开征、停征、多征、少征、提前征收、延缓征收或者摊派税款。除税务机关、税务人员以及经税务机关依照法律、行政法规委托的单位和人员外，任何单位和个人不得进行税款征收活动。

扣缴义务人依照法律、行政法规的规定履行代扣、代收税款的义务。对法律、行政法规没有规定负有代扣、代收税款义务的单位和个人，税务机关不得要求其履行代扣、代收税款义务。扣缴义务人依法履行代扣、代收税款义务时，纳税人不得拒绝。纳税人拒绝的，扣缴义务人应当及时报告税务机关处理。税务机关按照规定付给扣缴义务人代扣、代收手续费。

（2）纳税人、扣缴义务人按照法律、行政法规规定或者税务机关依照法律、行政法规的规定确定的期限，缴纳或者解缴款。

纳税人因有特殊困难，不能按期限缴纳税款的，经省、自治区、直辖市国家税务局、地方税务局批准，可以延期缴纳税款，但是最长不得超过 3 个月。

纳税人未按照规定期限缴纳税款的，扣缴义务人未按照规定期限解缴税款的，税务机关除责令限期缴纳外，从滞纳税款之日起，按日加收滞纳税款万分之五的滞纳金。

（3）纳税人可以依照法律、行政法规的规定书面申请减税、免税。减税、免税的申请须经法律、行政法规规定的减税、免税审查批准机关审批。地方各级人民政府、各级人民政府主管部门、单位和个人违反法律、行政法规规定，擅自作出的减税、免税决定无效，税务机关不得执行，并向上级税务机关报告。

（4）税务机关征收税款时，必须给纳税人开具完税凭证。扣缴义务人代扣、代收税款时，纳税人要求扣缴义务人开具代扣、代收税款凭证的，扣缴义务人应当开具。

（5）纳税人有下列情形之一的，税务机关有权核定其应纳税额：①依照法律、行政法规的规定可以不设置账簿的；②依照法律、行政法规的规定应当设置账簿但未设置的；③擅自销毁账簿或者拒不提供纳税资料的；④虽设置账簿，但账目混乱或者成本资料、收入凭证、费用凭证残缺不全，难以查账的；⑤发生纳税义务，未按照规定的期限办理纳税申报，经税务机关责令限期申报，逾期仍不申报的；⑥纳税人申报的计税依据明显偏低，又无正当理由的。税务机关核定应纳税额的具体程序和方法由国务院税务主管部门规定。

（6）企业或者外国企业在中国境内设立的从事生产、经营的机构、场所与其关联企业之间的业务往来，应当按照独立企业之间的业务往来收取或者支付价款、费用；不按照独立企业之间的业务往来收取或者支付价款、费用而减少其应纳税的收入或者所得额的，税务机关有权进行合理调整。

（7）对未按照规定办理税务登记的从事生产、经营的纳税人以及临时从事经营的纳税人，由税务机关核定其应纳税额，责令缴纳；不缴纳的，税务机关可以扣押其价值相当于应纳税款的商品、货物。扣押后缴纳应纳税款的，税务机关必须立即解除扣押的，并归还所扣押的商品、货物；扣押后仍不缴纳应纳税款的，经县以上税务局（分局）局长批准，依法拍卖或者变卖所扣押的商品、货物，以拍卖或者变卖所得抵缴税款。

（8）税务机关有根据认为从事生产、经营的纳税人有逃避纳税义务行为的，可以在规定的纳税期之前，责令限期缴纳应纳税款；在限期内发现纳税人有明显的转移、隐匿其应纳税的商品、货物以及其他财产或者应纳税的收入的迹象的，税务机关可以责成纳税人提供纳税担保的。如果纳税人不能提供纳税担保，经县以上税务局（分局）局长批准，税务机关可以采取下列税收保全措施。

① 书面通知纳税人开户银行或者其他金融机构冻结纳税人的金额相当于应纳税款的存款。

② 扣押、查封纳税人的价值相当于应纳税款的商品、货物或者其他财产。

纳税人在前款规定的限期内缴纳税款的，税务机关必须立即解除税收保全措施；限期期满仍未缴纳税款的，经县以上税务局（分局）批准，税务机关可以书面通知纳税人开户银行或者其他金融机构从其冻结的存款中扣缴税款，或者依法拍卖或者变卖所扣押、查封的商品、货物或者其他财产，以拍卖或者变卖所得抵缴税款。个人及其所抚养家属维持生活必需的住房和用品，不在税收保全措施的范围之内。纳税人在限期内已缴纳税款，税务机关未立即解除税收保全措施，使纳税人的合法利益遭受损失的，税务机关应当承担赔偿责任。

（9）从事生产、经营的纳税人、扣缴义务人未按照规定的期限缴纳或者解缴税款，纳税担保人未按照规定的期限缴纳所担保的税款，由税务机关责令限期缴纳，逾期仍未缴纳的，经县以上税务局（分局）局长批准，税务机关可以采取下列强制执行措施。

① 书面通知其开户银行或者其他金融机构从其存款中扣缴税款。

② 扣押、查封、依法拍卖或者变卖其价值相当于应纳税款的商品、货物或者其他财产，以拍卖或者变卖所得抵缴税款。税务机关采取强制执行措施时，对前款所列纳税人、扣缴义务人、纳税担保人未缴纳的滞纳金同时强制执行。个人及其所抚养家属维持生活必需的住房和用品，不在强制执行措施的范围之内。

（10）采取税收保全措施、强制执行措施的权力，不得由法定的税务机关以外的单位和个人行使。税务机关采取税收保全措施和强制执行措施必须依照法定权限和法定程序，不得查封、扣押纳税人个人及其所抚养家属维持生活必需的住房和用品。税务机关滥用职权违法采取税收保全措施、强制执行措施，或者采取税收保全措施、强制执行措施不当，使纳税人、扣缴义务人或者纳税担保人的合法权益遭受损失的，应当依法承担赔偿责任。

（11）欠缴税款的纳税人或者他的法定代表人需要出境的，应当在出境前向税务机关结清应纳税款、滞纳金或者提供担保。未结清税款、滞纳金，又不提供担保的，税务机关可以通知出境管理机关阻止其出境。

（12）税务机关征收税款，税收优先于无担保债权，法律另有规定的除外；纳税人欠缴的税款发生在纳税人以其财产设定抵押、质押或者纳税人的财产被留置之前的，税收应当先于抵押权、质权、留置权执行。

纳税人欠缴税款，同时又被行政机关决定处以罚款、没收违法所得的，税收优先于罚款、没收违法所得。税务机关应当对纳税人欠缴税款的情况定期予以公告。纳税人有欠税情形而以其财产设定抵押、质押，应当向抵押权人、质权人说明其欠税情况。抵押权人、质权人可以请求税务机关提供有关的欠税情况。

（13）税务机关扣押商品、货物或者其他财产时，必须开付收据；查封商品、货物或者其他财产时，必须开付清单。

（14）纳税人有合并、分立情形的，应当向税务机关报告，并依法缴清税款。纳税人合并时未缴清税款的，应当由合并后的纳税人继续履行纳税义务；纳税人分立时未缴清税款的，分立后的纳税人对未履行的纳税义务应当承担连带责任。

（15）欠缴税款数额较大的纳税人在处分其不动产或者大额资产之前，应当向税务机关报告。欠缴税款的纳税人因怠于行使到期债权，或者放弃到期债权，或者无偿转让财产，或者以明显不合理的低价转让财产而受让人知道该情形，对国家税收造成损害的，税务机关可以依照合同法的规定行使代位权、撤销权。税务机关依照上述规定行使代位权、撤销权的，不免除欠缴税款的纳税人尚未履行的纳税义务和应承担的法律责任。

（16）纳税人超过应纳税额缴纳的税款，税务机关发现后应当立即退还；纳税人自结算缴纳税款之日起 3 年内发现的，可以向税务机关要求退还多缴的税款并加算银行同期存款利息，税务机关及时查实后应当立即退还；涉及从国库中退库的，依照法律、行政法规有关国库管理的规定退还。

因税务机关的责任，致使纳税人、扣缴义务人未缴或者少缴税款的，税务机关在 3 年内可以要求纳税人、扣缴义务人补缴税款，但是不得加收滞纳金。

因纳税人、扣缴义务人计算错误等失误，未缴或者少缴税款的，税务机关在 3 年内可以追征税款、滞纳金；有特殊情况的，追征其未缴或者少缴的税款、滞纳金或者所骗取的税款，不受上述规定期限的限制。

四、税务检查

税务检查制度是税收征管制度中的保障性制度，主要包括税务检查的事项、纳税人在税务检查中的义务和税务机关在税务检查中的权利。税务机关有权进行下列税务检查。

（1）检查纳税人的账簿、记账凭证、报表和有关资料，检查扣缴义务人代扣代缴、代收代缴税款账簿、记账凭证和有关资料。

（2）到纳税人的生产、经营场所和货物存放地检查纳税人应纳税的商品、货物或者其他财产，检查扣缴义务人代扣代缴、代收代缴税款有关的经营情况。

（3）责成纳税人、扣缴义务人提供与纳税或者代扣代缴、代收代缴税款有关的文件、证明材料和有关资料。

（4）询问纳税人、扣缴义务人与纳税或者代扣代缴、代收代缴税款有关的问题和情况。

（5）到车站、码头、机场、邮政企业及其分支机构检查纳税人托运、邮寄应纳税商品、货物或者其他财产的有关单据、凭证和有关资料。

（6）经县以上税务局（分局）局长批准，凭全国统一格式的检查存款账户许可证明，查询从事生产、经营的纳税人、扣缴义务人在银行或者其他金融机构的存款账户。税务机关在调查税收违法案件时，经设区的市、自治区以上税务局（分局）局长批准，可以查询案件涉嫌人员的储蓄存款。税务机关查询所获得的资料，不得用于税收以外的用途。

税务机关对从事生产、经营的纳税人以前纳税期的纳税情况依法进行税务检查时，发现纳税人有逃避纳税义务行为，并有明显的转移、隐匿其应纳税的商品、货物以及其他财产或者应纳税的收入的迹象的，可以按照法律规定的批准权限采取税收保全措施或者强制执行措施。

纳税人、扣缴义务人必须接受税务机关依法进行的税务检查，如实反映情况，提供有关资料，不得拒绝、隐瞒。税务机关依法进行税务检查时，有权向有关单位和个人调查纳税人、扣缴义务人和其他当事人与纳税或者代扣代缴税款有关的情况，有关单位和个人有义务向税务机关如实提供有关资料及证明材料。

税务机关调查税务违法案件时，对与案件有关的情况和资料，可以记录、录音、录像、照相和复制。税务机关派出的人员进行税务检查时，应当出示税务检查证和税务检查通知书，并有责任为被检查人保守秘密；未出示税务检查证和税务检查通知书的，被检查人有权拒绝检查。

五、法律责任

法律责任是税收法律关系的主体因违反税收法律关系规范所应承担的不利法律后果。税收法律责任制度包括法律责任的主体、违法行为的类型和法律责任的形式等制度。

纳税人有下列行为之一的，由税务机关责令限期改正，可以处 2 000 元以下的罚款；情节严重的，处 2 000 元以上 1 万元以下的罚款：①未按照规定的期限申报办理税务登记、变更或者注销登记的；②未按照规定设置、保管账簿或者保管记账凭证和有关资料的；③未按照规定将财务、会计制度或者财务、会计处理办法和会计核算软件报送税务机关备查的；④未按照规定将其全部银行账号向税务机关报告的；⑤未按照规定安装、使用税控装置，或者损毁或者擅自改动税控装置的。

纳税人不办理税务登记的；纳税人未按照规定使用税务登记证件，或者转借、涂改、损毁、买卖、伪造税务登记证件的；扣缴义务人未按照规定设置、保管代扣代缴、代收代缴税款账簿或者保管代扣代缴、代收代缴税款记账凭证及有关资料的；纳税人未按照规定的期限办理纳税申报和报送纳税资料的，或者扣缴义务人未按照规定的期限向税务机关报送代扣代缴、代收代缴税款报告表和有关资料的，则采取限期改正、吊销营业执照、罚款等处置措施。

对纳税人伪造、变造、隐匿、擅自销毁账簿、记账凭证，或者在账簿上多列支出或者不列、少列收入，或者经税务机关通知申报而拒不申报或者进行虚假的纳税申报，不缴或者少缴应纳税款，构成犯罪的；扣缴义务人采取上述手段，不缴或者少缴已扣、已收税款构成犯罪的；纳税人欠缴应纳税款，采取转移或者隐匿财产的手段，妨碍税务机关追缴欠缴的税款构成犯罪的；以假报出口或者其他欺骗手段，骗取国家出口退税款构成犯罪的；违反规定非法制印发票构成犯罪的；以暴力、威胁方法拒不缴款的抗税行为的，依法追究刑事责任。

税务人员利用职务上的便利，收受或者索取纳税人、扣缴义务人财物或者牟取其他不正当利益，构成犯罪的，司法机关应依法追究其刑事责任；尚不构成犯罪的，有关部门应依法给予行政处分。

税务人员徇私舞弊或者玩忽职守，不征或者少征应征税款，致使国家税款遭受重大损失，构成犯罪的，司法机关应依法追究其刑事责任；尚不构成犯罪的，有关部门应依法给予行政处分。

违反法律、行政法规的规定，擅自作出税收的开征、停征或者减税、免税、退税、补税以及其他同税收法律、行政法规相抵触的决定的，除依照规定撤销其擅自做出的决定外，补征应征未征的税款，退还不应征收而征收的税款，并由上级机关追究直接负责的主管人员和其他直接责任人员的行政责任；构成犯罪的，司法机关应依法追究其刑事责任。

违反税收法律、行政法规应当给予行政处罚的行为，在5年内未被发现的，不再给予行政处罚。

六、税务争议

税务争议包括纳税人、扣缴义务人、纳税担保人同税务机关在纳税上发生的争议和当事人对税务机关的处罚决定、强制执行措施或者税收保全措施不服发生的争议。

纳税人、扣缴义务人、纳税担保人同税务机关在纳税上发生争议时，必须先依照税务机关的纳税决定缴纳或者解缴税款及滞纳金或者提供相应的担保，然后可以依法申请行政复议；对行政复议决定不服的，可以依法向人民法院起诉。

当事人对税务机关的处罚决定、强制执行措施或者税收保全措施不服的，可以依法申请行政复议，也可以依法向人民法院起诉。当事人对税务机关的处罚决定逾期不申请行政复议也不向人民法院起诉又不履行的，做出处罚决定的税务机关可以采取强制执行措施，或者申请人民法院强制执行。

复习思考题

1. 简述税收的概念和特征。
2. 税法的要素有哪些？
3. 目前我国流转税包括哪些税种？
4. 个人所得税的应税所得包括哪些？

课后讨论

1. 随着经济的发展，我国的个人所得税的起征点从 800 元到 1 600 元、2 000 元，再到现在 3 500 元，请问，3 500 元的起征点对于现在的生活水平来说是否合适？为什么？

2. 为了控制房价，有学者建议对于具有两套以上住房的，征收房产税，谈谈你的看法。

案例分析

案例一

某民营企业高级工程师王先生2014年3月取得收入如下：（1）基本工资3 200元；（2）加班费420元；（3）综合奖1 200元；（4）省级政府颁发的科技奖金1 000元；（5）转让个人发明专利，获得收入50 000元；（6）到期国债利息1 000元。该工程师的上述收入应当缴纳个人所得税法的，已经由支付单位代扣代缴。

问题：根据以上资料，说明支付单位扣缴个人所得税的法律依据，并列出计算式。

案例二

演员王某6月领取工资5 000元，外出演出取得收入20 000元，另外取得借给某演出公司的借款利息收入5 000元。上述所得中，除工资已由单位代扣代缴税款外，其余收入均未向税务机关申报纳税。

问：（1）根据《个人所得税法》及《税收征收管理法》的有关规定，计算王某应补缴多少个人所得税。

（2）王某不申报纳税的行为是否构成犯罪，为什么？

案例三

中国某公司2008年取得境内的应税所得额为1 000万元，其在美国的分支机构当年取得的所得额为240万元，已知美国的公司所得税率为35%。该公司在B国进行投资，取得年应税所得额为350万元，已知B国的公司所得税税率为30%，并给予了改项所得应纳税减半的优惠。已知A国未与我国缔结避免双重征税的协定，B国与我国缔结了避免双重征税的协定。

问：该公司年终结算时应缴纳的企业所得税是多少？

参 考 文 献

[1] 杨紫煊．经济法（第三版）[M]．北京：北京大学出版社，高等教育出版社，2008.
[2] 袁红梅．经济法概论[M]．北京：清华大学出版社，2011.
[3] 刘隆亨．经济法概论（第五版）[M]．北京：北京大学出版社，2002.
[4] 高晋康．经济法律通论[M]．北京：高等教育出版社，2008.
[5] 李利军．经济法[M]．北京：中国铁道出版社，2011.
[6] 徐孟洲．经济法学原理与案例教程[M]．北京：中国人民大学出版社，2006.
[7] 张守文．经济法理论的重构[M]．北京：人民出版社，2004.
[8] 齐爱民．经济法新编[M]．武汉，武汉：大学出版社，2010.
[9] 屈广清．新编经济法概论[M]．大连：东北财经出版社，2012.
[10] 潘静成．经济法（第二版）[M]．北京：中国人民大学出版社，2007.
[11] 王英萍．商法（第二版）[M]．上海：上海人民出版社，2007.
[12] 邱本著．经济法通论[M]．北京：高等教育出版社，2004.
[13] 赵旭东．新公司法讲义[M]．北京：人民法院出版社，2005.
[14] 孔祥俊．反不正当竞争法新论[M]．北京：人民法院出版社，2001.
[15] 强　力．金融法[M]．北京：法律出版社，2004.
[16] 麻昌华．消费者保护法[M]．北京：中国政法大学出版社，2006.
[17] 温世扬．保险法[M]．北京：法律出版社，2003.
[18] 刘剑文．财税法学[M]．北京：高等教育出版社，2004.
[19] 郑成思．知识产权论（第三版）[M]．北京：法律出版社，2003.
[20] 李玉泉．保险法[M]．北京：法律出版社，2003.
[21] 崔建远．合同法（第三版）[M]．北京：法律出版社，2003.